JN437301

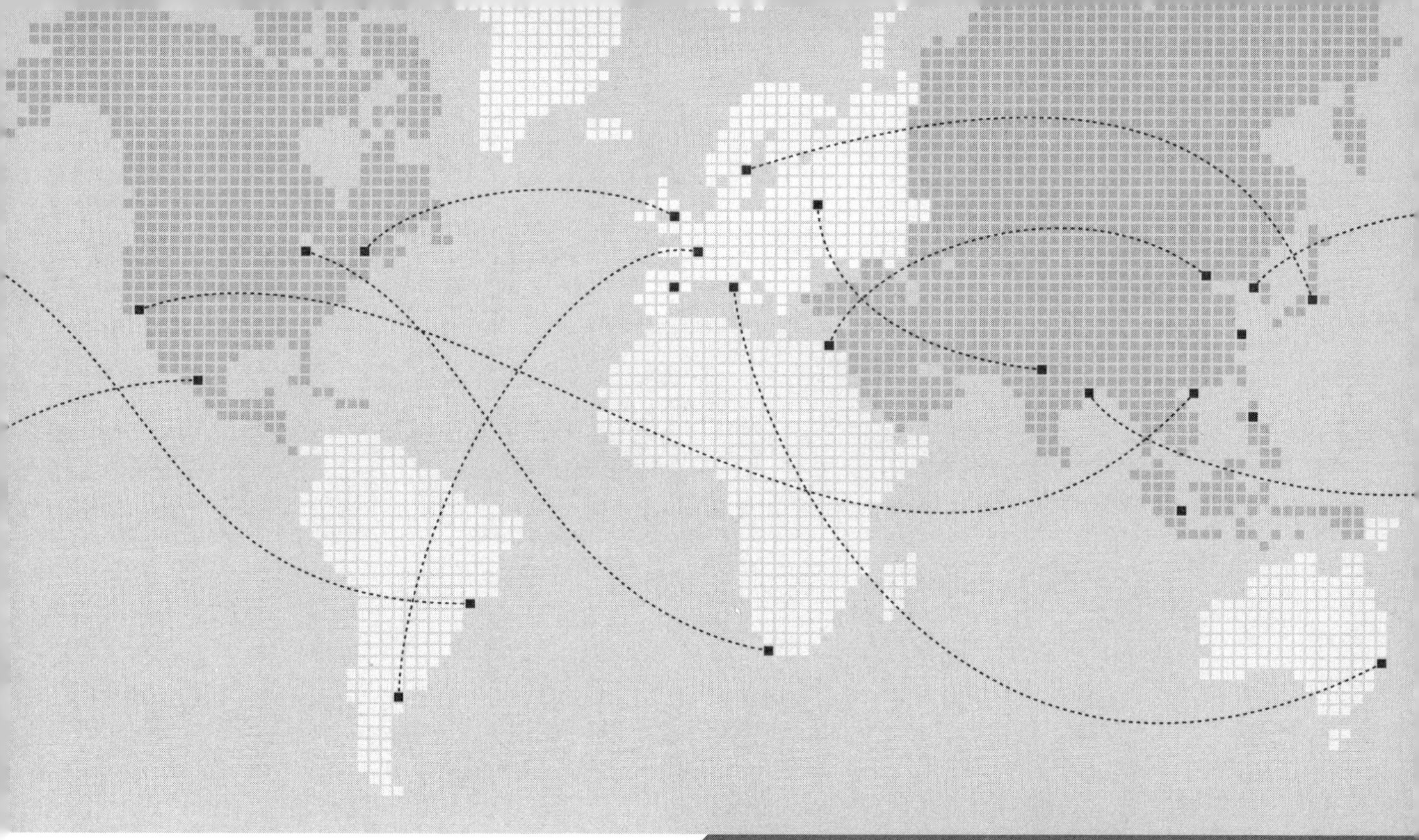

조석홍 · 김만길 공저

개정판

국제통상환경론

International Trade Environment

개정판 머리말

오늘날 21세기는 과학기술 발달과 함께 정보통신기술 발달로 전 세계 많은 사람들을 쉽게 연결시켜 주고 있다. 이제 세계는 국경 없는 무한경쟁시대로 돌입하면서 국가간의 자본, 기술, 자원, 노동력 등의 이동이 과거의 그 어느 때보다도 활발하게 진행되고 있다. 이제는 그야말로 세계는 하나의 지구촌이 되어 가고 있는 것이다. 지구촌 시대를 더욱 앞당긴 세계무역기구(WTO)가 1995년에 출범하면서 국가간 경쟁은 더욱 더 치열해지고 있다. 구소련의 해체와 동구 공산체제의 붕괴로 인해 냉전체제가 종식되면서 이제는 이념의 분쟁은 끝나고 세계 각국들은 저마다 자국의 경제 우선주의를 강화하면서 기업들은 세계화로 인해 경제적 국경구분의 의미는 상실되고 세계경제가 단일시장으로 통합되는 추세가 더욱 가속화되고 있다.

이와 함께 정보통신혁명과 과학기술의 발달은 세계가 하나의 생활단위가 되게 가속도를 붙이고 있다. 과거 지구촌 사람들이 경험했던 시간적 격차와 공간적 거리는 급속도로 압축되고 있으며, 사람과 재화의 이동은 물론 생활과 문화의 전파 속도도 엄청나게 빨라지고 있다. 이른바 지구촌이 하나의 공동체가 되어 가고 있으며 이러한 국제경제 환경들은 전 세계를 무한경쟁의 무대로 만들고 있다. 이 과정에서 모든 생산요소는 국경을 넘어 자유롭게 이동하고 또 치열하게 경쟁하는 가운데 국제통상환경의 이해와 대비책의 필요성이 더욱 절실한 시점이다.

저자는 1990년대 후반부터 국제경제에 관련된 과목을 강의해 오면서 많은 것을 느끼고 생각하게 되었다. 그래서 저자는 일천한 강의와 연구 경험에도 불구하고 누구나 국제통상환경을 쉽게 이해하였으면 하는 생각에서 집필을 결심하였지만 아직 부족한 점이 많은 것을 스스로 느끼면서 여러 문헌들의 도움을 많이 받았음을 밝힌다.

끝으로 한 권의 저서가 출판되기까지 여러분들의 많은 도움이 있었음을 다시 한 번 말씀드리면서 도서출판 두남 직원과 전두표 사장님께 감사를 드립니다.

2019년 2월

저 자

차 례

Chapter

01

국제통상 개념과 무역

Chapter 01 국제통상 개념과 무역

제1절 국제무역과 국제통상의 의의

1. 국제무역의 개념

무역의 기원에 관한 연구는 인류 최초의 교환에 관한 연구가 된다. 무역의 역사는 「아담·스미스」가 말한 바와 같이 교환이 인간 본래의 성향이라고는 할 수 없을지라도 인류와 같이 오랜 역사를 지니고 있으므로 그것을 어디까지 소급하여 무역의 의의로서 발견하는가에 있다. 무역의 고대 형태는 물물교환(barter trade), 침묵교환(silent trade), 무언무역(mute trade)이란 형태로서 교환이라는 경험을 거듭하고 있었다. 그래서 무역의 고대형태는 공동체간의 물물교환(barter trade)까지 생각할 수 있다. 그러므로 무역은 원시생활을 영위한 공동체 상호간에 처음으로 이루어졌다고 볼 수 있는 무언의 거래 즉, 물물교환(barter trade)을 말하는 것이다.

무역(international trade)이란 용어는 중국 고대의 고전(古典)인 「史記」와 「十八史略」 가운데서 「以物相貿易」, 「貿易衣服回轉數周」라는 구절에서 설명되는데 「貿」와 「易」은 매매(賣買) 또는 교환(交換)을 의미한다.

영어의 「trade」는 지나간 자국 항로 등을 뜻하는 「track」이란 단어와 걷다·밟다의 뜻을 가진 「tread」에서 유래하는 것만 보아도 무역이란 어떤 길이나 항로를 따라가서 물건을 교환하는 행위를 뜻한다 하겠다.[1]

이러한 국가간의 무역을 지칭하는 용어는 무역의 범주 및 기준에 따라 외국무역(foreign trade), 해외무역(overseas trade), 세계무역(world trade), 국제무역(international trade) 등으로 사용되고 있다. 이와 같은 용어들은 모두 일단은 국가와 국가 간의 무역을 의미하는 점에서는 공통되나 구체적인 의미는 다소 다른 것으로 해석하기도 하며 또한 사용상의 뉘앙스에도 다소 차이가 있다.

첫째, 외국무역(foreign trade)이란 주관적 입장에서 자국과 타국과의 무역이 이루어질 때 자국의 입장을 기준으로 한 무역을 의미한다. 예컨대 한국의 외국무역, 미국의 외국무역 등이 그러한 것을 가리킨다.

둘째, 해외무역(overseas trade)은 사면이 바다로 둘러싸여 있는 도시국가에서 그 나라의 입장에서 다른 모든 나라와의 무역을 가리키는 경우에 사용되는 용어로서 외국무역과 같은 뜻으로 사용된다.

셋째, 국제무역(international trade)이란 국제간의 상품·서비스 등의 매매 또는 교환을 객관적인 입장에서 사용되는 의미로서, 즉 특정한 국가를 중심으로 하지 않고 특정지역 내에 있는 국가간의 무역을 한 묶음으로 하여 사용하는 의미이다. 이를테면 아시아, 유럽에 있는 나라들간의 무역을 한 묶음으로 하여 아시아의 국제무역 또는 유럽의 국제무역이라고 한다.

넷째, 세계무역(world trade)이란 세계경제의 입장에서 세계 전체의 무역관계를 총칭하는 의미이다.

이상에서 살펴본 무역용어의 구별은 임의적인 것으로서 실제에 있어서는 국제무역과 세계무역이란 용어가 혼용되어 사용되고 있는 경우가 있는가 하면 또 어떤 경우에는 외국무역이라고도 하여 일정하지 않다.

결국 국제무역은 좁은 의미(미시적 측면에서)의 무역의미로서 원칙적으로는 단순한 상품거래(merchandise trade), 즉 재화의 수출입을 의미한다. 그러나 상품거래와 불가분의 관계에 있는 기술(technicals), 용역(services)의 유상적 제공도 포함시키는 것이 일반적 통념으로 되어 있다.

오늘날 좁은 의미의 무역은 국제무역 거래상 금액 베이스의 비중이 크기 때문에 관례상으로는 널리 사용되고 있으나 국민경제가 발달하면 할수록 대외무역 거래국에서 상품거래의 비중은 감소하는 경향이 있다.

---

1) 남풍우 외, 무역학개론, 도서출판 두남, 2010, pp.213~214.

2. 국제통상의 개념

1990년대 중반에 들어서면서 우리들의 일상생활에서 '무역(international trade)' 보다는 '국제통상(international commerce)'이라는 용어가 많이 사용되기 시작하였으며, 무역의 의미는 축소되고 국제통상의 의미는 보다 포괄적인 개념의 용어로 사용되고 있다. 그러므로 명확한 국제통상에 대한 개념정립을 위해서는 무역과 국제통상의 개념을 비교·검토하는 데에서부터 시작하여야 할 것이다.

'국제통상(國際通商)'을 사전적 의미로 해석한다면 "국제적인 거래를 통하여 상업적인 이익을 추구하는 행위"라고 할 수 있다. 무역과 국제통상 그 어느 것이든 근본적으로는 상거래를 바탕으로 시작된 것이므로, 무역과 국제통상의 관계를 상거래에 대한 기본개념에서 비교하여 본다.

일반적으로 상거래라 하면 물품의 상호교환 또는 대가지급을 전제로 하는 물품의 매매로 받아들여지고 있으며, 무역이란 이러한 의미를 국제적인 상거래(international commercial transaction)로 확대한 것이라 할 수 있다.

물품(goods)이라고 하면 일반적으로는 공산품이나 농산품과 같이 눈으로 볼 수 있는 유형재(有形財)를 의미하는 것으로 받아들여지고 있으나, 넓은 의미의 물품이라 하면 서비스(services), 지식재산권(intellectual property rights)과 같은 무형재(無形財)까지도 포함되는 개념이다. 또한 국제통상(international commerce)이란 의미는 유형재(visible goods)는 물론 무형재(invisible goods)의 거래까지도 포함하는 국제거래를 의미하는 것이며 무역(international trade)이란 유형재의 국제거래만을 의미하는 것이다.

〈표 1-1〉 물품의 종류

물품의 종류	유형재	물리적 재화(천연자원, 원자재, 반제품, 곡물 등)
	무형재	자본(해외직접투자 등)
		서비스(운송, 보험, 관광, 금융, 광고, 교육, 의료, 법무 등)
		지식재산권(산업·과학적 발명, 문예적 창작 등)

따라서 국제통상(international commerce)이란 위의 사전적 의미에서 설명한 바와 같이 국제적인 상행위라고 할 수 있는데, 국제통상에서 말하는 상행위의 범위는 일반적인 상품의 거래(수출입)는 물론 서비스·지식재산권·해외 자본투자까지도 포함하는 것으로써 일반적인 개념의 상행위만이 아니라 국가간에 이동될 수 있는 각종의 유형재 및 무형재를 모두 포함하는 것을 의미하는 것이다. 따라서 국제통상이란 광의의 무역과 동등한 개념으로 받아들여야 한다.

위와 같은 상황을 종합하면 1995년 발족한 세계무역기구(WTO)에서는 무역이라는 용어를 유형재와 무형재의 거래까지도 포함시킨 광의의 무역으로 사용하고 있음을 알 수 있다. 반면에 우리나라에서는 무역을 일반상품의 수출입으로 한정시키는 협의의 무역으로 받아들이는 경향이 있으며, 광의의 무역이라는 개념으로는 국제통상이라는 용어를 사용하고 있는 것으로 보아야 할 것이다. 따라서 본 교재에서는 무역은 협의의 개념으로 주로 사용하고자 하며, 국제통상은 광의의 개념으로 사용하고자 한다.

3. 국제무역의 특수성

1) 무역의 해상의존성

무역은 대부분이 해상운송[2]에 의하여 이루어지고 있으므로 해운과 밀접한 관련성을 갖고 있다. 해운(carriage by sea)이란 해상에서 선박을 이용하여 사람이나 화물의 장소적 이동을 시켜주고 그 대가로서 운임을 취득하는 상업적인 행위를 의미한다.

세계의 무역은 해상중심으로 해운의 발달과 함께 발전하여 왔으며, 그 후 경제규모의 확대와 더불어 무역과 해운이 분화되고 또 다시 해운과 해상보험이 분리되어 각각 독립기업으로 성장하게 되었다. 운송도 해상운송, 육상운송, 항공운송 및 내수로운송 등으로 세분화되었기 때문에 오늘날에 있어서의 해상은 이들 일체의 운송을 통상경로(route)로 하고 해상항을 중심으로 한 해운, 해상보험 그리고 상항(商港)에 있어서의 상품창고, 보세창고, 가공창고 등의 창고제도의 일체를 포함하는 통합체를 지칭하게 된다. 이와 같이 무역이 해운이라는 통상경로를 통하여 발전하여 왔기 때문에 무역의 해상의존성은 절대적이라고 할 수 있다.

2) 현재 우리나라의 경우 99% 이상이 해상운송에 의존하고 있음.

2) 무역의 기업위험성

국제간 무역거래는 일반적으로 제도, 조직, 관습 등이 다른 이질적 국가를 상대로 거래가 이루어지고, 또한 무역자체의 특유한 성질 때문에 국내거래에서 볼 수 없는 기업적 위험성이 존재하고 있다. 이러한 위험성은 세 가지로 살펴 볼 수 있는데 그 내용은 ① 상품에 관한 위험 ② 상품대금의 결제 및 금융에 관한 위험 ③ 상품가격 및 환율의 변동에 관한 위험 등이다.

(1) 상품에 관한 위험

상품의 운송 및 보관 중에 발생된 것으로 상품 그 자체에 생긴 물리적 위험이다. 이에 대하여는 해상위험 및 이에 따르는 손해보험의 운용에 의하여 그 위험이 보험자에게 전가되어 있다. 특히 운송위험에 관하여 국내 상거래에서는 보험제도의 이용이 반드시 절대조건으로 되어 있지 않으나 무역거래에서는 해상보험을 부보하는 것은 거래성립의 절대조건으로 되어있다.

(2) 상품대금의 결제 및 금융에 관한 위험

상품대금의 결제 및 금융에 관한 지급불능 또는 지급거절이 발생한 경우로서 장기신용제도의 국제적 추세에 따라서 자주 발생하는 경제적 위험이다. 이 위험에 대해서는 외국의 경우 일반적으로 신용보험제도나 국가의 재보험 제도 또는 손실보상제도에 의하여 어느 정도 그 위험을 담보해주고 있는 것이 통례이며, 우리나라는 수출보험제도에 의하여 그 위험을 담보해 주고 있다.

(3) 상품가격 및 환율의 변동에 관한 위험

무역거래에서는 무역계약시와 대금결제시까지 상당한 기일이 발생하는데 이 기간중에 상품가격의 변동이나 환율이 변동함에 따라 어느 한 당사자가 손해를 입는 위험이 발생할 수 있다.

3) 무역의 산업관련성

(1) 무역과 국제분업

무역은 국제분업(International division of labor)의 발달을 촉진시켜 생산요소의 국제적 이동을 원활하게 한다. 즉 무역은 생산조건상으로 보아 자국에서 생산하는 것이 불리한 제품은 외국에서 수입하여 자국의 수요를 충족하는 동시에, 자국에서 생산하는 것이 유리한 제품은 직접 생산하여 타국의 수요를 충족시켜 준다. 이렇게 되면 생산요소가 직접적으로 국제간에 이동하기에는 많은 애로가 있는 경우에도 한 국가의 생산요소인 자본과 노동을 가지고 직접 생산하여 자국에 공급할 뿐만 아니라 국제시장에 널리 배급할 수 있게 되므로 자유무역주의는 이론적으로 일단 근거가 밝혀진다.

(2) 무역과 국내산업

무역은 그 성질상 국내산업의 발전과 밀접한 관련을 가지고 있다. 특히 개발도상국에 있어서 국제무역은 경제발전을 촉진시키는 기본적 전략이 되고 있다.

수입의 경우 그 자체는 국제수지를 악화시키는 요인이 되지만 선진자본재와 국산불능 원자재의 수입은 국내 투자를 증대시켜 경제발전을 촉진시키는 요인이 된다. 국내재화와 대체관계에 있는 경쟁수입의 경우도 유치산업 보호라는 관점에서 수입이 억제되기도 하지만 국내산업과의 건전한 경쟁을 조성하여 국내산업의 육성에 도움이 되기도 한다.

수출의 경우는 시장의 확대에 따른 생산규모의 확대를 도모함으로써 공업화를 추진하는 기본적 요소가 될 뿐만 아니라 수출산업자체의 소득증대 효과가 발생한다. 또한 수출산업의 육성이 다른 산업의 생산과정을 유발하는 파급효과는 산업정책면에서도 중요한 것이다.

(3) 무역의 국제관습성

무역은 원래 순수한 상업의 본질을 갖고 있는 물품매매라 할 수 있다. 따라서 사적 무역 경영체로서의 무역업자들은 개별적이고 지속적인 매매활동을 통하여 수익을 올리며 또한 경영목적을 달성할 뿐만 아니라 대규모의 세계적인 국제무역도 이와 같은 개별적인 무역업자들의 매매활동의 결과라 하겠다. 그러므로 사적 무역경영의 합리적 발전은 전적으로 국제매매(International sale of goods)의 활동에 의해서 실현된다. 따라서 국제매매의 기본이 되고 있는 정형의 무역조건(trade terms)과 그것을 내용으로 하는 각종의 매매조건 및 중요한 국제상품의 무역거래에서 채택, 운용되고 있는 관례적인 거래조건에 관한 연구는 무역에 있어 기본적인 과제이다.

제2절 국제무역의 유형과 파급효과

1. 무역의 유형

1) 무역거래대상의 이동방향에 따른 구분

(1) 수출무역(export trade)

수출무역은 한 나라를 중심으로 하여 수출업자가 무역거래대상인 상품, 서비스, 지식재산권, 플랜트 및 기술 등을 국내에서 국외로 반출하는 것으로서, 일반적으로 수출이라고 한다.

(2) 수입무역(import trade)

수입무역은 한 나라를 중심으로 하여 수입업자가 무역거래대상인 상품, 서비스, 지식재산권, 플랜트 및 기술 등을 국외에서 국내로 반입하는 것으로서, 일반적으로 수입이라고 한다.

2) 수출입경로에 따른 구분

(1) 직접무역(direct trade)

직접무역은 제3국의 무역업자를 개입시키지 않고 거래당사자 간에 직접무역이 이루어지는 것을 의미한다. 다시 말하면, 수출업자는 자신들의 수출경로와 수출전략 등을 통해 직접적으로 수입업자와 1:1로 무역을 하는 것을 말한다.

(2) 간접무역(indirect trade)

간접무역이란 직접무역의 경우와 같이 양국의 거래당사자의 직접적인 매매계약에 의하여 이루어지지 않고 제3자, 즉 제3국의 무역업자 등을 통하여 무역거래가 이루어지는 경우를 말한다.

3) 제3국의 개입 여부에 따른 구분

(1) 통과무역(transit trade)

통과무역은 무역거래대상이 수출국으로부터 수입국으로 운송되는 도중에 제3국을 통과할 경우, 제3국의 입장에서 본 무역의 유형을 의미한다. 이러한 무역은 일반적으로 내륙국가에서의 무역에서 많이 볼 수 있는 형태로써 제3국은 수수료, 운임 및 보험료 등을 얻을 수 있으나 오늘날 크게 유행하지는 못하고 있다.

(2) 중계무역(intermediate trade)

중계무역은 무역거래대상이 수출국으로부터 수입국으로 직송되지 않고, 일단 제3국의 뭍으로 양륙된 다음에 양륙국 상사를 통하여 원형 그대로 또는 약간의 가공을 한 후에 수입국으로 재수출되는 것을 의미한다. 따라서 중계무역의 목적은 재수출에 의한 수출입차액 즉 중계수수료를 수취하는데 있으며 또한 원형그대로의 재수출이기 때문에 가공임을 목적으로 하는 보세가공무역과도 다르며 거래계약이 원수출자와 재수출 대상국인 수입자와 사이에 연계될 필요가 없다는 점에서 중개무역과도 다르다. 그러나 통과무역과는 중계지를 통과한다는 점에서 같으며 또한 다시 수출한다는 점에서 재수출과도 같은 형태라 할 수 있다. 중계무역의 발달요건은 ① 교통이 편리하고 자유항이어야 하고 ② 상품의 집산지이어야 하고 ③ 외환거래의 자유가 보장되어야 한다. 이러한 요건을 갖춘 대표적인 나라가 홍콩과 싱가포르 등이다.

(3) 중개무역(merchandising trade)

수출국과 수입국의 중간에서 제3국의 상인이 수출입을 중개·알선함으로써 이루어지는 무역형태이다.

(4) 스위치 무역(switch trade)

스위치 무역은 무역계약과 운송계약 등이 수출업자와 수입업자에 의하여 직접적으로 체결되지만, 대금결제만은 제3국의 업자를 개입시키는 것을 의미한다. 즉 수입국이 수출국으로부터 무역거래상 특정 외화로 대금을 지급하도록 지시 받았을 때, 실제로 그 특정 외화의 여유는 없지만, 청산계 정상에는 그 특정외화의 여유가 있을 경우, 특정 외화로 대금지급 할 것을 지시한 수출국으로부터의 수입결제에 대처하기 위하여, 특정 외화를 보유하고 또한 자국과의 청산계정에 관련되어 있는 제3국의 개입업자(switcher)를 동원하여 무역대금결제를 하는 것이 스위치무역이다.

(5) 우회무역(round-about trade)

우회무역이란 어떠한 국가가 자기나라의 외환에 대하여 통제를 심하게 할 경우 또는 무역규제가 심할 경우 이러한 외환통제 및 무역규제를 회피하기 위하여 제3국을 통하여 이루어지는 무역을 말한다.

4) 무역균형의 유지에 따른 구분

(1) 물물교환(barter trade)

당사국 간에 외환거래 없이 물품만을 서로 교환하는 무역거래를 물물교환이라 한다. 물물교환은 하나의 매매계약서로 수출입거래가 이루어지고 상품의 양과 질에 의해 쌍방간의 지급의무가 상계된다. 그리고 대응수입기간은 통상 1년이지만 거의 동시에 상품이 교환되며 대응수입의무를 제3국에 전가시킬 수 없다. 물물교환은 가장 초보적인 연계무역의 형태이며 양국간에 수출·수입할 수 있는 적절한 경우에만 이용될 수 있는 한계점이 있다.

(2) 구상무역(barter trade or give and take trade)

구상무역이란 수출입관계당사국간의 무역균형의 유지를 위하여 수출입 물품의 대금을 그에 상응하는 수입 또는 수출로 상계하는 무역으로서 대금결제시 환의 개재 여부에 따라 무환구상무역과 유환구상무역으로 구분된다.

무환구상무역은 선수입에 대한 물품대금을 외화로서 지급하지 않고, 이에 상응하는 대가의 상품을 후수출하거나 또는 선수출에 상응하는 대가로서의 물품을 후수입함에 의하여 무역당사국간에 외화의 흐름이 없는 순수한 의미로서의 물물교환 방식이라고 할 수 있다. 이와 같은 무환구상무역은 무역당사국의 물품의 수출입가액을 완전히 균형시켜서 잔액결제를 위한 외화를 필요로 하지 않는다.

한편, 유환구상무역은 무역당사국 간의 수출입대금을 결제하는 경우, 특정물품의 수입에는 특정물품의 수출을 이행조건으로 하는 등의 조건을 붙여서, 선수입에 해당하는 물품대금을 외화로 지급하고, 선수출에 따른 물품대금을 외화로 지급하는 것을 의미한다.

(3) 대응구매(counter purchase)

대응구매는 연계무역의 가장 보편적인 형태로 수출액의 일정비율만큼을 반드시 구매하겠다는 별도의 계약서를 체결하고 수출하는 거래방식이다. 구상무역과 별 차이는 없지만 두 개의 계약서에 의해 쌍방간의 거래가 이루어진다는 점이 다르다. 이와 같이 대응구매는 형식상 완전히 분리된 별도거래(two-way trade)이기 때문에 두 개의 일반신용장이 각각 개설된다. 그리고 대응수입의무를 제3국으로 전가시킬 수 있다.

(4) 산업협력(industrial cooperation)

산업협력은 수입국의 산업을 발전시킬 목적으로 자본거래, 기술 등을 공여하는 것을 말하는데 주로 환매거래와 합작투자방식으로 이루어진다. 환매거래(buy-back deal)는 수출업자가 플랜트, 장비, 기술 등을 수출하고 이에 대응하여 동 설비나 기술로 생산된 제품을 다시 구매하는 것을 말하며, 합작투자(joint venture)는 수출업자가 자본참여, 판매망 제공 등으로 수입업자와 합작하여 생산된 제품을 대응구매계약에 의해 수입해 가는 것을 뜻한다.

설명된 균형을 위한 네 가지 형태를 비교 요약하면 <표 1-2>와 같다.

〈표 1-2〉 균형유지의 비교

구분	물물교환	구상무역	대응구매	산업협력
계약서	하나의 계약서	좌 동	수출, 수입별도의 계약서	좌 동
상계방법	환거래 없음 상품에 의한 상계	환거래 발생 합의된 결제통화로 상계	좌 동	환거래 발생 합의에 의한 결제
대응수입 비율	100%	합의에 의해 결정 (10-100%)	좌 동	합의에 의해 결정 (100% 초과 가능)
대응수입기간	통상 1년 이내 (대부분 동시에 교환됨)	통상 3년 이내	통상 5년 이내	통상 3, 4~25년 이내 (대응수입이 1회에 한하지 않고 계속됨)
수입의무의 3국 전가 여부	불가	가능	가능	가능

자료: 조석홍, 국제통상론, 도서출판 두남, 2005, p.24.

5) 무역거래주체에 따른 구분

(1) 민간무역(private trade)

민간무역이란 무역거래의 주체가 민간이 되는 것을 의미한다. 즉, 개인 또는 개별무역기업들이 무역을 통한 이익을 추구하고자 하는 목적으로 무역을 하는 것을 의미하며, 일부는 국가의 특수한 상황에 의한 정부의 규제 또는 간섭을 받고 있지만, 오늘날 대부분의 무역은 민간무역이다.

(2) 국영무역(state trade)

국영무역이란 국가가 무역의 주체가 되어 국가의 계획통제 또는 무역협정 등에 의하여 무역이 이루어지는 것을 의미하는 것으로서, 공무역(public trade), 정부무역(government trade) 및 정부베이스무역(government basis trade) 등의 유형이 있다. 공무역은 국가의 공공기관이 무역의 주체가 되는 경우로서, 정부가 출자하거나 또는 무역공사를 설립하여 무역을 하는 것을 의미한다. 정부무역은 정부자체가 무역의 주체가 되는 경우로서, 정부가 비영리목적으로 무역을 하는 것을 의미한다. 한편 정부베이스무역은 넓은 의미로 볼 때는 정부무역으로서 정부가 출자하거나 대행기관을 통하여 무역을 하는 것을 의미한다.

6) 무역에 대한 국가의 간섭에 따른 구분

(1) 자유무역(free trade)

자유무역이란 국가가 무역에 대한 간섭 또는 규제를 하지 않고 무역상품의 자유로운 교역을 보장하는 무역을 의미한다. 그러나 오늘날 현실적으로 완전한 자유무역을 하는 국가는 없으며, 다소간 정도의 차이는 있을지언정 국가가 무역에 대한 통제를 하고 있어서 국제무역질서에 문제가 나타나고 있다.

(2) 보호무역(protective trade)

보호무역이란 국가가 자국산업의 보호 등을 위하여 무역에 대한 규제 또는 통제를 하는 무역을 의미한다. 오늘날 현실적으로 세계 거의 모든 국가는 자국산업 보호와 자국 이익의 확보라는 측면에서 정도의 차이는 있을지언정 보호무역을 심화시키고 있다.

(3) 신보호무역(new protective trade)

1970년대 이후 증가되고 있는 각종 무역제한 조치들을 일컫는다. 신보호무역의 특징은 다음과 같다.

① 후진국의 보호무역주의가 아니라 선진국의 보호무역주의이다.

② 보호대상이 후진국들의 유치산업이 아니라 선진국의 사양산업이다.

③ 보호무역수단 방법이 주로 비관세장벽에 의존한다.

④ 보호의 범위가 특정산업이 아닌 전 산업에 걸쳐 광범위하다.

보호수단 방법은 크게 2가지 유형인데 먼저 직접적인 규제수단으로 ① 수입할당제, ② 수입과징금, ③ 수출자율규제, ④ 시장질서 유지협정 등이고 간접적인 규제수단으로는 ① 상계관세, ② 반덤핑관세, ③ 긴급관세, ④ 수출입절차의 통제 등을 이용한다.

(4) 관리무역(managed trade)

관리무역이란 어느 국가가 대외무역정책상 국가의 수출입허가제, 수출입할당제 및 수출입링크제 등의 방법을 이용하여 무역을 관리하는 것을 의미한다. 현실적으로 오늘날의 무역은 각국이 신보호주의적 경향이 심화되고 있고, 또한 각국의 경제적인 이해관계가 상충되고 있기 때문에 단기적인 또는 장기적인 대외무역정책상 국가자체가 무역에 대한 직접적인 관리를 하고 있다.

(5) 공정무역(fair trade)

오늘날 세계의 거의 모든 국가들은 자국 산업보호 및 자국 이익의 확보 측면에서 자국 상품의 국제경쟁력을 강화시킬 목적으로 국내산업 및 수출관련산업에 제반유형의 보조금 또는 장려금을 제공하고 있다. 즉, 현실적으로 국가가 보조금의 제공 등을 통하여 자국 상품에 대한 인위적인 비교우위를 통한 경쟁력 강화를 형성시키고 있어 불공정무역(unfair trade)이 성행되고 있다.

따라서 불공정무역 등이 성행되게 되면 국제무역질서가 혼란해지기 때문에 세계 각국은 부당하고 인위적으로 상승된 국제경쟁력을 상계시키기 위하여 그에 상응하는 덤핑방지관세(anti-dumping duty) 또는 상계관세(countervailing duty), 긴급관세(emergency duty) 등을 부과하고 있다.

이러한 관점에서 공정무역이란 국제시장에서의 상품의 인위적인 경쟁력이 아닌 자연적인 국제경쟁력에 의하여 이루어지는 무역을 의미한다.

7) 상품의 가공방식에 따른 구분

(1) 일반가공무역

일반가공무역이란 외화획득을 위하여 수출할 것을 목적으로 원료의 전부나 일부를 해외에서 수입하여 가공한 후 수출하는 거래를 말한다. 이러한 가공무역에서 가공을 어디에서 하느냐에 따라 자국에서 할 경우를 능동적 가공무역(active processing trade)이라 하고, 외국으로 원자재를 보내어 그 곳에서 가공할 경우를 수동적 가공무역(passive processing trade)이라 한다.

(2) 수탁가공무역

수탁가공무역이란 외화가득액을 가득하기 위하여 대상 원자재의 전부 또는 일부를 거래상대자의 위탁에 의하여 외국에서 수입하여 이를 가공 후 위탁자 또는 그가 지정하는 제3자에게 수출하는 거래를 말한다.

즉, 외국에 있는 거래상대자로부터 가공하여 수출할 것을 전제로 소요원자재의 전부 또는 일부를 수입하여 가공 후 거래상대자 또는 그가 지정하는 자에게 수출하고 계약조건에 따라 외화가득액(foreign-exchange earnings)을 수취하는 거래로서, 이는 다시 대상원자재를 무환(無換)으로 조달하느냐, 유환(有換)으로 조달하느냐에 따라 무환수탁가공무역(無換受託加工貿易)과 유환수탁가공무역(有換受託加工貿易)으로 구분된다. 유환수탁가공무역(有換受託加工貿易)이란 대상원자재의 전부 또는 일부를 유환으로 수입하여 가공 후 수출하는 거래를 말하며, 이는 원자재의 수입대금과 가공제품의 수출대금이 직접 지급되고 수취되는 것을 말하고, 무환수탁가공무역(無換受託加工貿易)이란 대상원자재의 전부 또는 일부를 무환으로 수입하여 가공후 가공임만 받고 수출하는 거래, 즉 원자재의 수입대금과 가공제품의 수출대금의 차액만이 지급·수취되는 것이다.

(3) 위탁가공무역

위탁가공무역은 가공임을 지급하는 조건으로 가공할 원자재의 전부 또는 일부를 외국의 거래상대방에게 수출(위탁)한 후 가공 완제품을 다시 수입하는 거래를 말한다. 보통 자국에 비해서 가공임이 저렴한 국가나 기술이 상대적으로 발달한 국가로 원자재를 수출하여 가공해 줄 것을 위탁하는 경우가 많다.

8) 상품의 수·위탁 여부에 대한 구분

(1) 위탁판매무역

위탁판매무역(trade on consignment)이란 위탁판매수출로서 국내의 생산자 또는 수출업자가 외국상사에 대하여 외국시장에서의 상품의 판매를 위탁하고, 그 중개용역에 대한 일정수수료를 지급할 것을 조건으로 하는 위탁무역의 전형적인 유형이다.

(2) 수탁판매무역

수탁판매무역(trade on consignee)이란 해외의 거래상으로부터 위탁을 받아서 그 위탁자의 위험과 계산으로 외국물품을 무환으로 수입하여 자국내에서 판매하고 그 대금을 송금함으로써 위탁자로부터 수수료를 받는 것을 목적으로 하고 있다.

9) 지역간 무역에 따른 구분

(1) 남북무역(south-north trade)

지리적인 측면에서 볼 때, 선진국의 위치는 주로 지구상의 북반부의 중심부에 있고, 후진국은 주로 남반부에 위치하고 있다. 따라서 남북무역이란 이와 같은 지리적인 측면을 고려하여 나타난 무역유형으로서 선진국과 후진국간의 무역을 의미한다.

(2) 동서무역(east-west trade)

동서무역이란 자본주의 국가와 사회주의 국가와의 무역을 의미하며, 원래 동서의 의미는 유럽을 중심으로 동쪽의 공산권국가와 서쪽의 자유주의 국가의 대립을 나타낸다.

2. 수출과 국민경제

1) 긍정적인 효과

(1) 산업구조의 고도화

수출의 증대는 대량생산을 통한 규모의 경제를 실현시켜 산업구조의 고도화를 촉진시킨다. 즉 수출의 증대는 곧 생산증대로 이어지고 생산의 증대는 생산비용의 하락을 통하여 규모의 경제를 실현시켜준다. 저렴한 비용에 의한 대량생산은 경쟁력 강화로 연결되고 경쟁력 강화를 통한 수출증대는 당연한 순기능이 계속된다.

수출의 증대에 의한 산업구조의 고도화는 대량생산을 통한 경쟁력 강화로 경제 성장의 가속화를 통하여 누적적인 파급효과를 초래한다.

(2) 생산증대 및 생산유발 효과

수출은 당해 수출품의 증가를 초래할 뿐만 아니라 당해 수출품과 관련된 산업의 생산 증가를 유발시킴으로서 전반적인 국내 생산활동을 촉진시킨다. 예로서 조선 산업은 선박생산의 경우 제1차 파급효과로서 강판, 페인트, 각종 기계 및 기기와 같은 중간재의 생산유발을 가져오며, 제2차, 제3차 파급효과로서 강관, 철광석 등의 연관산업의 생산을 증대시킨다. 결과적으로 선박 1척을 수출하는 경우 수출액의 몇 배에 해당하는 생산유발 효과를 가지게 된다.

(3) 고용 및 소득유발 효과

수출의 증대는 수출과 직접·간접으로 연관성을 갖고 있는 관련 산업의 생산 활동을 촉진시켜 고용을 창출하게 된다. 이러한 고용창출 효과는 자본 집약적 산업보다는 섬유, 전자산업, 조선업과 같은 노동집약적 산업에서 두드러지는 것이 특징이다. 고용의 증대는 곧 소득의 증대로 이루어지며 제2차 및 제3차 파급효과를 가져오게 된다.

수출의 소득 유발액은 수출산업뿐만 아니라 수출관련 산업들의 생산과정에서 발생하는 부가가치의 효과를 가져온다.

(4) 외화공급 및 경기조절 효과

지속적인 경제성장을 위해서는 국내에서 조달되지 않는 필요한 원자재나 시설재를 해외로부터 도입해야만 한다. 또한 국민생활을 위한 필수재가 국내에서 공급되지 못한 경우 이를 필연적으로 해외로부터 수입해야만 한다. 수입은 외화지급을 수반하게 되는데 이러한 수입대금은 수출을 통해 획득하게 된다. 물론 필요한 물자를 물물교환의 방식에 의해 조달할 수도 있겠지만 화폐제도가 발달한 시점에서 이 방식은 극히 비현실적이다. 또한 외자도입이나 원조를 통해서 외화를 확보할 수 있지만 이 방식도 상대방 국가의 의사가 결정적이기 때문에 결국 수출이 가장 확실하고 자의적인 외화확보 수단이 된다.

이와 같이 수출은 외화공급에 있어서 중요한 역할을 할뿐만 아니라 또한 경기조절 기능도 가지고 있다. 즉 국내경기 침체로 국내수요가 둔화 추세일 때는 수출을 통해 국내시장을 보완하고, 반면 국내수요가 과열될 경우 수출을 줄임으로서 안정된 수급 상황을 유지하면서 국내경기를 조절한다.

(5) 수입유발 효과

수출의 수입 유발효과는 수출을 할 때 수출과 관련한 직접·간접 원부자재 및 시설재 등의 수입이 어느 정도 유발되는 것인가를 나타내는 것으로서 소득 유발효과와는 반대관계에 있다. 즉 수출의 수입 유발효과는 수출과 연관하여 직접·간접으로 필요한 원자재 및 기자재의 유발 수입액이 어느 정도인가를 나타내는 것으로서, 이는 산업 연관 분석에서 볼 때 소득 유발 효과 즉, 순외화 가득률 효과의 잔여분인 것이다.

이처럼 수입유발도와 외화가득률은 반대관계에 있는 것으로서 외화가득률을 높이려면 수입유발도를 낮추어야 하며 수입유발도를 낮추려면 원부자재의 국산화를 촉진해야 한다.

2) 부정적인 효과

(1) 산업구조의 왜곡

국제분업의 원리에 의해 특정산업의 생산, 수출활동이 확대될 경우 기타 산업은 외국에 의존할 수밖에 없다. 따라서 만약 비상사태에 의해 외국으로부터 수입이 어려울 경우 국가는 막대한 영향을 받게 된다. 특히 사회간접자본과 같은 기간산업의 경우 국가의 존립전체에 직결될 수 있다.

그러므로 각국은 비교열위 상태의 산업일지라도 국민경제에서 차지하는 비중이 클 경우, 그 산업에 대한 정책적 배려를 함으로써 국가 전체로 볼 때 자원의 효율적인 배분을 실현할 수 있다.

(2) 물가상승

수출은 그 반대급부로서 화폐지급을 수반한다. 수출에 의해 공급된 외화는 수출국 내에서 사용되기 위해 국내 화폐로 교환됨으로써 통화증발의 요인이 된다. 따라서 해외부분에서의 통화증발은 결국 국내물가를 상승시키게 된다. 그러므로 각국은 해외투자나 여행자유화 등을 통해 과도한 국제수지 흑자를 관리하게 된다.

3. 수입과 국민경제

1) 긍정적인 효과

(1) 국내부족 원자재 확보

공업화는 각국이 경제성장을 촉진시키기 위하여 선택하는 필수적인 과정인데 이러한 공업화 과정이 성공하기 위해서는 국내에서는 생산 또는 구입이 불가능하거나 혹은 어려운 원자재의 시의 적절한 공급이 절대적으로 중요하다.

특히 우리나라와 같이 부존자원이 부족한 국가에서는 공업화에 필요한 원유, 원면, 원모, 원당, 원목, 원유 등의 원자재 수입이 공업화를 이루는데 필수적이다. 또한 원자재들이 국내에서 생산되기는 하지만 외국에 비해 생산비용이 비쌀 경우 외국으로부터 도입함으로써 생산비용을 절감할 수 있고, 이를 바탕으로 수출경쟁력을 확보할 수 있다.

(2) 국내산업의 경쟁력 제고

외국으로부터의 수입이 이루어지면 국내생산자는 일단 위축을 받지만 이들과의 치열한 경쟁에서 살아남기 위해서 연구개발 부문에 투자를 확대하게 된다.

따라서 국내에서도 같은 제품을 생산하는 국내산업과 외국수입품과의 사이에는 치열한 시장쟁탈전이 벌어지고 경쟁력을 잃은 국내 산업들은 도산 내지 산업재편성을 요구받게 된다. 결과로서 국내 산업들은 시설 확대·기술혁신·생산성 증대·경영합리화 및 품질관리를 통하여 국제경제 환경변화에 대응할 수 있는 산업의 체질강화 및 경쟁력 제고를 유도하게 된다.

(3) 소비자의 후생증대

품질이 우수하고 저렴한 낮은 가격의 외국수입품의 국내시장 침투는 단기적으로 볼 때는 소비자들에게 후생의 증대를 가져다준다. 즉, 소비자의 입장에서는 정부의 수입개방 정책을 통하여 보다 싸고 양질의 외국제품 구매로 생활수준이 향상된다. 또한 국내상품의 품질 및 가격조건이 개선됨으로서 국내시장은 물론 국제시장에서 경쟁력도 제고되며 수출의 증대도 도모할 수 있다. 그러나 국내 소비자들의 외제선호 경향은 장기적으로 볼 때는 관련 국내기업의 도산을 초래하여 국내산업의 기반이 붕괴될 수 있는 위험을 내포하고 있다. 따라서 국산제품의 양질화와 저가격화를 통한 국제경쟁력 강화노력이 필요하다.

2) 부정적인 효과

(1) 국내산업의 위축

국내산업이 아직 경쟁력을 갖추지 못한 경우 수입급증은 국내 생산업자들은 시장기반을 잃게 되고, 급기야는 도산하는 사태가 발생할 수 있다.

더욱이 제품의 품질이 상대적으로 외제품에 비해 떨어지는 개도국 시장에서는 수입으로 인한 국내 생산업자의 피해가 심각하게 나타낼 수 있어 경쟁력 없는 국내산업의 도태가 우려된다. 더구나 개도국들의 시작단계 산업인 유치산업인 경우는 더욱 피해가 심각하므로 적절한 조치를 취하여야 한다.

(2) 소비패턴의 왜곡

외국으로부터의 수입자유화는 소비자의 구매의욕을 자극하여 사치품 등에 과대소비를 불러일으키게 된다. 특히 고급 사치재 수요의 경우 가격탄력성이 낮기 때문에 관세를 높게 부과하더라도 소비가 크게 줄지 않을 것이며 이러한 상류층의 소비패턴은 다른 소비자층에도 파급되어 결국 사치성 소비구조를 가져와 국내소비구조 소비패턴을 불건전하게 바꿔 놓게 된다.

(3) 국제수지의 악화

외화조달 및 경기조절면에서 국내에서의 수요가 감소되는 경우 위축된 국내시장을 보완하여 생산수준의 저하와 실업의 증가를 방지하며, 반대로 국내수요가 급격히 증가할 경우에는 수출증가의 억제를 통하여 경기를 조절할 수 있게 된다.

수입의 급증은 국제수지의 약화에 근본적인 원인이 된다. 때문에 각국은 국민경제의 운영에 필수불가결하며 국민경제 발전과 향상에 도움이 되는 수입만을 허용하고 불요불급한 수입들을 규제하는 무역정책을 수행하고 있다.

(4) 고용 및 소득의 감소

특정국가의 수출증대는 수출과 직접 간접으로 연관성을 갖고 있는 관련산업의 생산활동을 촉진시켜 고용을 창출하게 되지만 외국으로부터 수입이 자유롭게 이루어지면 상대적으로 국내 생산업자들의 투자가 위축되어 실업자가 늘어나고 따라서 소득이 줄어들게 된다. 특히 수입품이 노동집약적인 제품일 경우 고용과 소득에 미치는 영향이 매우 크게 나타난다.

제3절 국제무역이론

1. 고전무역이론

1) 아담 스미스(Adam Smith)의 절대생산비설

근대국가가 성립되어 발전되었던 16세기부터 18세기까지에 있어서의 지배적인 경제사상은 영국과 프랑스 등에서 발전한 중상주의(mercantilism)이다. 이와 같은 중상주의는 본질적으로 국가의 부를 증진시키는 방법은 금·은과 같은 귀금속을 가능한 한 많이 보유하는 것이고, 따라서 국가가 부유해지기 위해서는 수입을 억제하고 수출을 촉진하는 것이라고 주장한다. 왜냐하면 수출보다 수입이 많아지면 금·은의 유입보다는 유출이 많아지기 때문이다.

그러나 현실적으로 모든 국가가 동시에 수출이 수입보다 많은 수출 초과국이 될 수 없고 또한 어느 특정시점에서 금·은과 같은 귀금속의 양도 고정되어 있기 때문에 한 국가는 다른 국가를 희생시켜야만 부유해질 수 있다. 다시 말하면 중상주의는 한 국가는 다른 국가를 희생시킴에 의해서 부유해질 수 있다고 생각한다.

따라서 중상주의자들은 무역을 통한 국가의 이익이 다른 국가의 희생을 통해서만 얻어질 수 있다고 생각하였기 때문에 국가의 모든 경제활동에 대해서 국가의 강력한 통제, 즉 금·은의 국외유출을 금지하는 원시적인 통제로부터 시작하여 수출을 장려하고 수입을 억제하는 것을 주장하였다.

이와 같은 중상주의에 반기를 들고 영국의 고전파 경제학을 발전시킨 사람이 아담 스미스(Adam Smith)와 데이비드 리카아도(David Ricardo)였다.

아담 스미스(A. Smith)는 절대생산비설(absolute production analogy)에서 2국(영국, 포르투갈), 2재화(양복지와 포도주) 모델을 통하여 무역이익이 어떻게 발생되고 있는가를 살펴보았다. 다만 영국과 포르투갈은 양복지와 포도주의 생산에 노동력[3]만을 이용한다고 가정(假定)한다.

영국과 포르투갈은 <표 1-1>과 같이 양복지 1단위를 생산하는데 각각 100명, 110명의 노동량이 필요하고, 포도주 1단위의 생산에는 각각 120명, 80명의 노동량

3) 모든 상품의 총 원가는 노동력만으로 결정된다고 보았음.

이 필요하다. 노동량 자체가 상품의 생산비를 결정하고 있기 때문에 영국과 포르투갈은 각 각 양복지와 포도주의 생산에 절대우위를 가지고 있다. 따라서 <표 1-2>와 같이 영국은 양복지의 생산에 집중화를 하고, 반면에 포르투갈은 포도주의 생산에 집중화를 하여 수출하는 것이 양국으로 하여금 집중화 전보다 이익이 발생된다.

〈표 1-1〉 상품 1단위 생산에 요구되는 노동량

	양복지	포도주
영 국	100명	120명
포르투갈	110명	80명

그러나 아담 스미스(A. Smith)의 절대생산비설은 만일 2국 2재화의 모델에 있어서 어느 특정국가가 다른 국가보다 2재화 모두가 절대우위에 있을 때는 무역발생의 이유를 설명할 수가 없다. 즉 특정국가의 2재화 모두가 절대우위에 있을 경우에 절대생산비상의 차이에 의하여서는 무역이 성립될 수 없음을 의미한다.

〈표 1-2〉 무역이익

		영국	포르투갈	양국 합계
무역 전	양복지	100명=1단위	110명=1단위	2단위
	포도주	120명=1단위	80명=1단위	2단위
무역 후	양복지	220명=2.2단위		2.2단위
	포도주		190명=2.375단위	2.375단위

2) 데이비드 리카아도(David Ricardo)의 비교우위설

본질적으로 무역발생에 관한 고전적 이론은 상품의 가치는 상품을 생산하는데 투입된 노동량에 의하여 결정된다는 노동가치설(labour theory of value)에 근거하고 있다. 즉, 특정시장에서 1단위의 X상품을 생산하는데 10시간의 노동력이 필요하고, 1단위의 Y상품을 생산하는데 30시간의 노동력이 요구되는 경우에 Y상품의 가치 또는 가격은 X상품의 가치 또는 가격의 3배이다.

영국의 경제학자인 데이비드 리카아도(D. Ricardo)는 국제무역을 설명하기 위한 그의 비교생산비설(the doctrine of comparative cost)을 확립시키는데 바로 이와 같은 노동가치설을 적용하였다.

즉 상품의 가격 또는 가치는 각국에서 상품생산에 투입된 노동력의 양에 의하여 결정되며, 각 국에서 동일할 필요는 없다는 것이다. 왜냐하면 노동력이 타국보다는 어느 특정국가에서 보다 더 생산성이 있을 수도 있기 때문에, 특정상품을 생산하는데 각기 다른 양의 노동력이 요구되기 때문이다. 리카아도(D. Ricardo)가 국제무역이론에 주요한 기여를 한 것은 국제무역의 저변에 있는 것은 노동의 절대적 차이가 아닌 상대적 차이에 의한 것이라는 것을 밝힌 사실이다.

리카아도(D. Ricardo)의 비교생산비설을 2국(영국, 포르투갈), 2재화(양복지와 포도주) 모델을 통하여 무역이익이 어떻게 발생되고 있는가를 살펴보자. 다만 영국과 포르투갈은 양복지와 포도주의 생산에 노동력만을 이용한다고 가정(假定)한다.

영국과 포르투갈은 <표 1-3>과 같이 양복지 1단위를 생산하는데 각각 100명과 90명의 노동량이 필요하고, 포도주 1단위의 생산에는 각각 120명과 80명의 노동량이 요구된다. 노동량 자체가 상품의 생산비를 결정하고 있기 때문에 영국은 포르투갈에 비해서 양복지와 포도주의 생산비에 있어서 절대열위를 갖고 있고, 반면에 포르투갈은 영국에 비해서 절대우위를 가지고 있다.

따라서 아담 스미스의 절대생산비설로서는 무역의 성립이유를 규명할 수 없기 때문에 리카아도의 비교생산설이 등장하였다. 즉 리카아도는 비록 영국이 양복지와 포도주의 생산에 있어서 절대열위에 있는 것이 사실이지만, 영국과 포르투갈의 양복지와 포도주의 생산에 비교생산비의 개념을 도입하였다.

영국의 경우 양복지 1단위의 생산비가 포도주의 생산비에 0.833배(100명/120명)이고, 반면에 포르투갈의 경우 양복지 1단위의 생산비가 포도주의 생산비에 1.125배(90/80명)이다. 다시 말하면 영국은 포도주의 비교생산비를 비교하여 본다면, 영국은 양복지 1단위를 포르투갈보다 싸게 생산할 수 있고 반면에 포도주의 생산비를 양복지의 생산비와 비교하여 본다면 포르투갈은 포도주 1단위를 영국보다 싸게 생산할 수 있음을 의미한다.

이러한 경우 영국과 포르투갈은 각각 양복지와 포도주의 생산에 있어서 비교우위가 있고, 반면에 양국은 각각 포도주와 양복지에 비교열위가 있다.

한 나라의 무역이익은 교환이익과 특화이익 두 가지로 구성되어 있다. 교환이익은 한 나라가 무역 전 자급자족의 균형점에서 생산을 계속하면서 무역에 참여하여 국제상대가격으로 교환함으로서 발생하는 이익이다. 특화이익은 한 나라가 비교우위 상품에 특화함으로써 발생하는 이익이다. 2국 2재화의 모형에서 유도된 결론은 다국 다재화의 경우로 일반화하여 적용될 수 있다.

〈표 1-3〉 집중화 전의 상태

	영국	포르투갈	양국 생산합계
양복지	100명	90명	2단위
포도주	120명	80명	2단위
합 계	220명	170명	

〈표 1-4〉 집중화 후의 상태

	영국	포르투갈	생산합계
양복지	220명		2.2단위
포도주		170명	2.125단위
합 계	220명	170명	

따라서 <표 1-4>와 같이 영국은 양복지의 생산에 집중화하고, 포르투갈은 포도주의 생산에 집중화하여 무역이 발생되고, 양국에 무역이익을 발생시킨다.

3) 밀(J. S. Mill)의 상호수요이론

고전무역이론의 근간이 되는 아담 스미스(A. Smith)의 절대우위론과 데이비드 리카아도(D. Ricardo)의 비교우위설은 생산비의 절대적인 차이에 따른 절대우위나 상대적인 차이에 따른 비교우위에 의해 무역의 발생원인과 패턴을 규명하고 이에 따른 무역이익을 설명하고 있다. 그러나 절대우위 뿐만 아니라 이의 한계를 극복한 비교우위론도 상품의 국제교환비율이 구체적으로 어떻게 결정되는가를 밝히지 못하고 있다. 밀(J. S. Mill)은 상호수요(reciprocal demand)의 개념을 사용하여 이러한 한계를 극복하고 상품의 국제적인 교환비율의 결정근거를 규명했다.

(1) 상호수요균등의 법칙

밀(J. S. Mill)이 제시한 무역상품의 국제적인 교환비율 즉 교역조건은 한 나라가 제공하고자 하는 수출품의 양은 상대국에서 수입하고자 하는 수입품의 양에 따라 의존한다는 수요의 개념을 도입하여 설명하고 있다. 다시 말하면 무역상품의 교역조건은 한 나라가 제공하고자 하는 수출품의 양과 상대국에서 수입하고자 하는 수입품의 양이 동일해지는 선에서 결정된다고 보며, 따라서 각국의 수출품의 제공량은 그 수출품에 대한 상대국의 수요량과 일치한다는 것이다.[4)]

리카아도(D. Ricardo)가 무역발생의 근거를 규명하는데 있어서 공급의 측면만을 고려하고 수요의 측면을 등한시한 것과는 다르게 밀(J. S. Mill)은 수요의 측면을 고려하여 교역조건의 결정을 규명했다. 밀(J. S. Mill)의 상호수요균등의 법칙에 따르면 교역조건은 자국의 수출품에 대한 상대국의 수요와 상대국의 수출품에 대한 자국의 수요가 상호 일치되는 점에서 결정된다고 주장하고 있다.

(2) 국제교환비율의 범위

밀(J. S. Mill)은 무역상품의 교환비율을 설명하기 위해 다음과 같은 예를 들고 있다. 리카아도(D. Ricardo)는 동일한 생산량을 산출하는데 필요한 투입된 노동량을 비교하고 있는데 반하여, 밀(J. S. Mill)은 동일한 노동량을 투입하여 산출된 생산량을 비교하고 있다.

<표 1-5>에서 볼 때 영국에서는 동일한 노동량을 투입하여 양복지 20야드와 린넨 30야드를 생산하며, 독일에서는 동일노동량을 투입하여 양복지(C) 20야드와 린넨(L) 40야드를 생산하고 있다. 따라서 영국(30L/20C)과 독일(40L/20C)의 관계를 볼 때, 독일이 린넨(linen)에 있어서 비교우위를 가지고 특화하는 반면에, 영국은 상대적으로 양복지에 비교우위를 가지고 특화하여 교역을 하게 된다.

〈표 1-5〉 동일한 노동량을 투입한 생산량의 비교

	양복지(cloth)	린넨(linen)
영 국	20야드	30야드
독 일	20야드	40야드

① 무역전 국내 교환비율

무역이 이루어지기 전 영국에서는 양복지와 린넨의 국제 교환비율이 20야드 대 30야드로 성립된다. 왜냐하면 영국은 동일한 노동량을 사용하여 양복지는 20야드를, 린넨은 30야드를 각각 생산할 수 있기 때문이다. 한편 독일에서의 양복지와 린넨의 국내교환비율은 20야드 대 40야드가 성립된다. 이 또한 마찬가지로 독일은 동일한 노동량을 투입하여 양복지는 20야드를 린넨은 40야드를 각각 생산할 수 있기 때문이다.

4) Heller, H. R., International Trade, Prentice Hall Newjersy, 1973, p.36.

② 무역후 국제 교환비율

독일과 영국간에 무역이 시작되면 양복지와 린넨의 교환비율은 20C : 30L와 20C : 40L의 사이에서 성립된다. 왜냐하면 영국의 경우에 20C : 30L 이하로 교환비율이 성립되어 20C를 주는 대가로 30L 이하를 받게 된다면 직접 국내생산을 하는 것이 더 나을 것이므로 무역은 이루어지지 않게 되며, 독일의 경우도 마찬가지로 20C : 40L 이상의 교환비율이 성립되어 20C를 얻기 위해서 40L 이상을 제공해야 한다면 직접 국내생산을 하게 됨으로써 무역은 이루어질 수 없게 된다. 결국 20C : 30L~40L 사이의 교환비율 범위내에서 양국의 양복지와 린넨에 대한 상호수요가 일치하는 선에서 교역조건이 성립된다.

양국의 입장을 볼 때 영국은 20C : 40L에 근접하는 교환비율을 원할 것이고, 독일은 20C : 30L에 근접하는 교환비율을 원할 것이다. 즉, 교환비율이 20C : 40L에 근접할수록 영국은 유리하고 독일은 불리하게 되며, 20C : 40L에 근접할수록 독일은 유리하고 영국은 불리하게 된다.

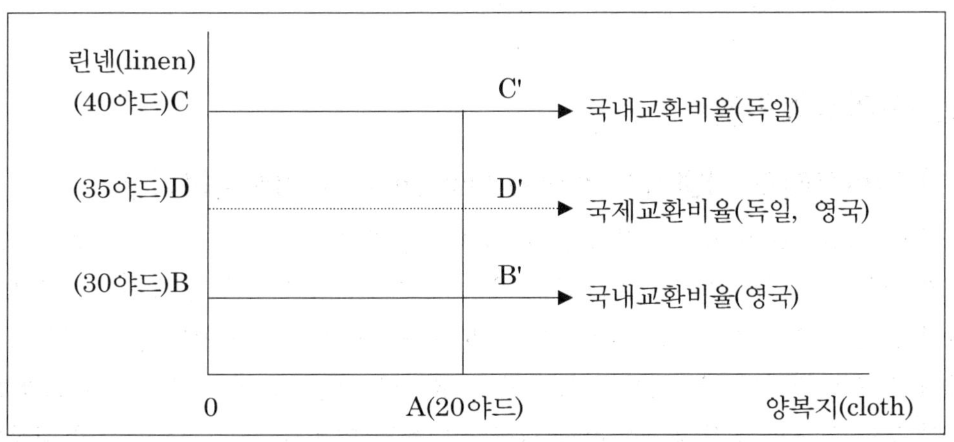

〈그림 1-2〉 무역후 국제교환비율

③ 무역이익

독일과 영국간에 무역이 가능한 20C : 30L~20C : 40L의 교환비율 범위내에서 20C : 35L에서 상호수요가 일치하여 교역조건이 성립되었다면, 독일의 경우는 무역전 5L, 영국의 경우는 5L의 무역이익이 결국 발생하게 된다. 왜냐하면 20C를 주고 30L을 얻을 수 있기 때문이다.

<그림 1-2>에서 볼 때 동일한 양복지 20야드인 OA에 대하여 무역전 영국은 30야드의 린넨인 OB를 얻을 수 있었으며 독일은 20야드의 양복지인 OA를 얻기

위해서 40야드의 린넨인 OC가 필요했다. 앞에서 언급했듯이 독일은 린넨에 영국은 양복지에 각각 특화하여 무역이 개시되면, 영국은 OA의 양복지를 제공하는 대신 OB 이상의 린넨을 요구하게 될 것이며, 반면에 독일은 OA의 양복지를 얻는 대가로 OC 이하의 린넨을 제공하려 할 것이다. 따라서 양국간의 교환비율은 린넨을 기준으로 볼 때 BB'와 CC'에서 성립되며, 상호수요가 린넨 35야드인 OD에서 일치하여 DD'의 국제교환비율이 성립하게 된다.

결국 영국은 양복지 OA를 제공하고 OB만큼의 린넨을 얻을 수 있었던 것을 OD만큼 얻게 되므로 BD만큼의 린넨, 즉 5L의 무역이익이 생기게 되며, 반면에 독일은 양복지 OA를 얻기 위하여 OC만큼의 린넨을 제공해야 했던 것을 OD만큼만 제공하게 되므로 CD만큼의 린넨, 즉 5L의 무역이익이 발생한다.

이상의 상호수요이론을 제시한 밀(J. S. Mill)의 업적은 노동가치설로 설명할 수 없었던 재화의 국제교환비율의 결정을 상호수요의 개념을 도입하여 규명했다는 것과 수요조건을 처음으로 무역이론에 도입함으로써 국제무역의 균형에 대한 설명을 처음으로 전개시켰다는 점을 들 수 있다.

2. 근대무역이론

1) 가트프리드 하벌러(Gottfried Haberler)의 기회비용이론

리카아도(D. Ricardo)는 비교생산비설을 단순화시키기 위하여 2국 2재화 및 노동가치설 등의 여러 가지 전제조건을 가정하였지만, 이와 같은 전제조건 가운데서 가장 문제가 되는 것이 노동가치설이다. 노동가치설은 상품의 가격은 투입된 노동량에 의해서 결정된다는 것으로서, 노동이 유일한 생산요소이고 동질이며 또한 노동이 모든 상품의 생산에 동일하게 일정한 비율로 이용된다고 하면 논란의 대상이 되지 않는다.

그러나 현실적으로 생산요소에는 노동 이외에도 자본 등의 여러 가지 요소들이 존재하고, 노동이 동질일 수도 없고 또한 노동이 모든 상품의 생산에 동일하게 고정적으로 이용될 수가 없다.

따라서 리카아도(D. Ricardo)의 비교생산비설에서 전제되었던 노동가치설 자체가 무의미해지기 때문에 비교생산비설의 이론적 근거에 문제가 발생되지만, 1936년에 하벌러(Gottfried Haberler)는 기회비용이론으로서 이와 같은 비교생산비설의 어려운 문제를 해결하게 되었다.

기회비용(opportunity cost)이란 한 행위의 가치를 평가할 때 그 가치를 실제로 취한 행위의 가치로 평가하는 것이 아니라 그 행위를 선택하기 때문에 포기해야 하는 다른 행위의 가치로 평가하는 것을 말한다. 즉 기회비용의 관점에서 본다면 일정량의 생산물 비용이란 그러한 생산 때문에 단념하지 않으면 안되는 다른 생산물의 량인 것이다. 예를 들어 투입된 생산요소로서 연필 1자루를 생산할 수도 있고 분필 2자루를 생산할 수도 있다고 하자. 이때 연필 1자루를 생산하기로 하였다면 분필 2자루의 생산은 포기하여야 하며, 이 경우 연필 1자루 생산의 기회비용은 분필 2자루로 나타낼 수 있다.

따라서 기회비용의 개념을 도입하면 상품의 상대가격이 비교생산비설이나 절대생산비설처럼 투하된 노동량에 의해 결정되는 것이 아니고 그 상품을 생산함에 따라 포기해야 하는 다른 상품의 생산량으로 표시할 수 있다. 기회비용설에 의하면 한 재화의 비교우위는 생산물의 기회비용에 의해 결정되는데 교역상대국에 비해 기회비용이 상대적으로 낮은 재화에 그 나라는 비교우위를 갖는 것이고, 반면에 다른 나라는 그 재화에 관해서 비교열위를 가지게 된다.

실제로 리카아도(D. Ricardo) 이후의 많은 경제학자들은 여러 가지 방법으로 리카아도(D. Ricardo)의 비교생산비에 관한 분석의 내용을 확장시켰다. 그 중에서 가장 본질적인 것은 비교생산비에 관해서 리카아도(D. Ricardo) 자신이 가정한 전제조건의 역할을 보다 더 명확하게 하는 것이었다. 리카아도(D. Ricardo) 자신이 가정한 전제조건에 의 하면 국제무역은 상품가격비상의 차이에 의하여 발생되는 것이지 상품생산의 투입량에 근거한 각각의 절대비용에 의존하지 않는다는 가정을 하고 있다. 즉 리카아도(D. Ricardo)는 비교우의를 설명하는 사례로서, 무역이익의 발생이유를 상품생산의 투입량에 근거한 비용이 아니라 특정국가가 다른 국가보다 특정물품을 보다 더 싸게 생산할 수 있다는 사실에 근거한다고 주장하였다.

2) 헥셔-오린(Heckscher-Ohlin)의 무역이론

(1) 헥셔-오린 이론의 내용

헥셔-오린 이론은 비교생산비의 결정원인을 밝히는 요소부존비율이론과 무역에 의해 무역당사국의 생산요소가격이 균등하게 된다는 요소가격균등화(factor price equalization) 명제의 두 개의 명제로 구성되어 있다.

가. 요소부존비율이론

무역이 발생하기 전 각국의 상품가격에 차이를 발생시키는 원인, 즉 비교우위의 결정원인에 있어서 공급측의 주요 원인은 ① 자연자원의 부존량과 기후조건의 차이, ② 기술의 차이, ③ 노동·자본·토지 등의 기본적(혹은 일반적) 생산요소의 부존량의 차이 등의 세 가지를 들 수 있다.

헥셔와 오린은 이 세 가지 공급측 요인 중 종래에는 그다지 주목하지 않고 있었던 ③을 무역의 기초로서 중시하였다. ①, ②가 매우 중요하기는 하지만 이들이 존재하지 않더라도 비교우위를 발생시키는 원인으로서 ③이 있을 수 있다는 것을 지적했다는 점에서 헥셔-오린 이론의 중요한 의의가 있다.

이외에도 무역전 국가간에 상품가격 차이를 발생시키는 ④ 공급측 요인으로서 규모에 관한 수확체증 혹은 체감의 존재, ⑤ 수요측 요인으로서 사람들의 기호(taste)의 차이를 들 수 있다.

이상의 요인들 중에서 헥셔와 오린(Heckscher-Ohlin)은 ③의 기본적 생산요소의 부존량에 착안하여 다음과 같이 논하고 있다.

첫째, 각국의 기본적 생산요소의 부존량이 다르다. 즉 어떤 나라에서는 노동이 풍부하여 임금이 싸고 다른 나라에서는 자본이 풍부하여 이자율이 낮다. 또 다른 나라에서는 토지가 풍부하기 때문에 지대(地代)가 싸다(국가간의 요소부존비율의 차이).

둘째, 상품마다 그 한 단위의 생산에 필요한 기본적 생산요소의 양이 다르다. 즉 어떤 종류의 상품은 노동을 많이 필요로 하여 「노동집약적(labor intensive)」이고, 다른 상품은 「자본집약적(capital intensive)」이다(상품간의 요소집약도의 차이).

셋째, 그 결과 노동이 풍부한 나라에서는 노동집약적인 상품이 낮은 생산비로 생산되어 다른 나라에 수출된다. 한편 자본이 풍부한 나라는 자본집약적인 상품을 수출하게 된다. 즉 각국은 자국에 풍부한 생산요소를 많이 사용하는 상품을 수출하고, 희소한 생산요소를 많이 사용하는 상품을 수입한다(상품상대가격의 국별 차이(비교생산비차) → 무역의 발생원인).

이와 같이 헥셔-오린 이론은 기본적 생산요소(production factor)의 부존량(non-existence quantity)과 무역패턴의 관계를 밝혔다.

나. 요소가격균등화명제

헥셔-오린 이론의 또 하나의 주요 내용은 무역이 자유롭게 이루어진다면 노동과 자본 등의 요소가격은 국제적으로 균등화하는 경향이 있다는 것이다. 이것을 헥셔-오린 이론(Heckscher-Ohlin theorem)의 제2명제라고 하며, 이는 사뮤엘슨(Paul Samuelson)이 헥셔-오린 이론을 검토하는 과정에서 도출되었다.

무역이 행해질 때, 일국은 자국에서 상대적으로 풍부한 생산요소를 많이 사용하는 상품을 수출하게 되므로 그 생산요소에 대한 수요가 증가하며, 이에 따라 그 생산요소의 가격이 상승하게 된다. 한편 그 나라는 상대적으로 희소한 생산요소를 집약적으로 사용하는 상품을 수입하게 되므로, 그 생산요소에 대한 수요가 감소하며, 따라서 그 생산요소의 가격은 하락하게 된다.

예컨대 어떤 나라에서는 그 무역상대국에 비해 노동이 풍부하고 자본이 희소하다고 하자. 무역이 발생하기 전에는 그 나라의 임금이 낮고 이자율이 높을 것이다. 따라서 노동집약재(labor-intensive goods)인 섬유제품 등의 가격은 낮고 자본집약재(capital-intensive goods)인 화학제품 등의 가격은 높을 것이다. 이 경우에 무역이 이루어지면, 이 나라로부터는 노동집약적인 상품이 수출되고 자본집약적인 상품이 수입된다. 그 결과 노동에 대한 수요가 증가하여 임금은 상승한다. 한편 수입의 증가와 더불어 자본집약적인 상품의 국내생산이 감소함에 따라 자본에 대한 수요가 감소하여 이자율은 하락한다.

무역상대국에서는 그 반대의 과정에 의해 임금이 하락하고 이자율은 상승할 것이다. 이와 같이 비록 생산요소가 국제적으로 이동하지 않더라도 국제무역의 결과 각 국간의 생산요소 가격 차이가 무역 전과 비교하여 어느 정도 균등화하는 경향이 있다는 것이 요소가격균등화명제(elemental equalization proposition)의 내용이다.

이와 같은 헥셔-오린 이론의 제2명제는 엄격히 말해서 「생산요소가격의 불완전균등화」이다. 사뮤엘슨(Paul Samuelson)은 이 점에 대한 분석을 더욱 진척시켜, 무역은 단지 각 생산요소의 가격을 국제적으로 균등화하는 방향으로 변화시킬 뿐 아니라, 생산요소의 국제간 격차를 완전히 소멸시킨다고 하는 「완전균등화의 명제(proposition of total equalization)」를 이끌어 내었다.

이와 같이 무역을 통해 요소가격의 국제균등화가 이루어지게 된다면 국제간의 생산요소의 이동이 전연 없더라도 각 생산요소의 한계생산성은 모든 나라에서 동일하게 된다. 생산요소의 한계생산성이 균등화된다고 하는 것은 자원이 보다 효율적으로 이용된다는 것을 의미하는 것이므로 자유무역은 무역당사국 전체의 자원의 최적배분을 실현한다고 하는 중요한 결론을 얻게 된다.

3. 현대무역이론

1) 대표적 수요이론

전통적 무역이론은 양국간의 비교생산비의 차이에 의해 무역패턴을 규명하였고, 특히 리카아도(D. Ricardo)의 비교생산비설을 수정 확충하는데 결정적인 역할을 한 헥셔-오린의 이론은 요소부존양에 의하여 비교생산비설의 결정요인을 분석하고 무역에 의한 요소가격의 변동을 설명한 이론이다. 즉, 과거의 이와 같은 전통적인 무역이론은 비교생산비의 차이나 생산요소 부존의 차이에 따른 무역패턴을 규명하는 수직적 분업의 개념을 반영시킨 무역 이론이다.

그러나 오늘날의 상황을 감안할 때 소득수준, 수요패턴, 산업의 발전단계 등이 유사한 나라들이 많이 존재하고 있으며, 이러한 경우 요소부존이나 비교생산비의 차이는 거의 적을 것이다. 따라서 무역패턴의 규명을 전통적인 비교생산비나 요소부존의 차이에 의하지 아니하고 다른 측면에서 규명하려는 새로운 무역이론들이 전개되었는 바, 이 중의 하나가 린더(S.B. Linder)에 의해 주장된 대표적 수요이론이다.

린더는 무역패턴을 규명함에 있어서 1차산품의 무역패턴과 공산품을 중심으로 한 2차 상품의 무역패턴으로 구분하고, 1차산품의 무역패턴은 요소부존이론에 의해서 설명될 수 있으나 공산품의 무역패턴은 설명될 수 없다고 하였다. 왜냐하면 소득이나 요소구조 또는 요소부존상태가 거의 비슷한 수준인 선진국 상호간의 공산품 무역패턴은 수평적 분업의 개념을 도입해야만 가능한 것이지 수직적 분업의 개념을 반영시켜 규명할 수 없기 때문이다.

이러한 공산품의 무역패턴을 규명하기 위해서 린더는 대표적 수요(representative demand)의 존재를 주장했다. 즉 대표적 수요이론에 의하면 특정상품이 잠재적 수출상품이 되기 위해서는 자국시장내에서 우선적으로 그 상품에 대한 어느 정도의 큰 수요인 대표적 수요가 존재해야 한다고 본다.

이렇게 국내 시장을 배경으로 형성된 특정상품에 대한 대표적 수요를 바탕으로 소득과 수요구조가 비슷한 나라에 수출을 하게 된다는 것이다. 따라서 소득이나 수요패턴이 비슷한 나라 사이에서 공산품 무역이 활발하게 이루어진다고 보고 있다. 린더의 이와 같은 대표적 수요이론에 의하면 공산품의 무역패턴은 수요구조에 의하여 결정되고, 수요구조는 1인당 국민소득에 의존하므로 1인당 국민소득이 비슷한 수준에 있는 국가 상호간 공산품의 무역구조는 더욱 커지게 된다.

2) 연구개발(R&D)요소이론

연구개발요소이론은 키싱(D. B. Kessing)과 그루버(W. Gruber), 메타(D. Metha) 및 버논(R. Vernon)의 3인 공동연구에 의해 제창되었는 바, 이 새로운 무역이론은 연구개발요소를 무역패턴의 주요한 요인으로 보고 무역발생의 근거를 연구개발요소에서 구하고자 한 이론이다.

즉, 전통적인 무역이론으로는 설명할 수 없었던 기술혁신의 계속적인 흐름이 발생하는 이유를 이른바 연구개발요소에서 구하고자 한 이론으로, 키싱(D. B. Kessing) 등은 연구개발요소가 무역패턴에 주는 영향을 중시하고 미국의 수출성과와 연구개발 노력과의 관계를 실증적으로 검증하여 이 이론을 주장하였다.

키싱은 미국의 산업이 여타 주요 선진국과의 경쟁에서 어떠한 비교우위가 존재하는가를 실증적으로 분석한 결과, 연구개발(R&D : Research and Development)에 종사하고 있는 과학자, 기술자 및 숙련노동자 등의 우수한 질적 노동을 많이 보유하고 있는 미국의 산업일수록 국제경쟁력을 강하게 가지게 되며 수출비율도 또한 높다는 사실을 증명하였다.

연구개발요소이론을 주장한 그루버(W. Gruber), 메타(D. Metha), 버논(R. Vernon) 등의 3인 공동연구에서도 마찬가지로, 미국의 산업이 OECD국가 및 주요 선진국에 비해서 연구개발(R&D)요소가 풍부할수록 국제경쟁력이 강하고 비교우위를 가진다는 사실이 파악되어 키싱(D. B. Kessing)의 주장을 뒷받침 하였다.

요컨대 이러한 연구개발요소이론에 따르면 연구개발(R&D)요소인 우수한 질적 노동력이 풍부한 나라가 비교우위를 가지고 수출하게 된다는 것이다.

3) 기술격차론

기술변화라는 동태적인 요인이 국제무역에 미치는 효과를 규명하고 있는 학설로서 기술갭설(technology gap theory)이라고도 한다. 이 이론은 포스너(M. v. Posner), 그루버(W. Gruber), 메타(D. Mehta), 버논(R. Vernon), 후바우어(G. C. Hufbauer)에 의해서 주장되고 있다.

무역패턴을 기술수준의 격차로써 설명하고 있다. 기술격차설에서는 기술을 원천적으로 창조하고 개발하는 국가와 그렇지 못한 국가를 구분하고 있다. 전자를 선진국, 후자를 개발도상국이라고 하면, 기술갭은 외환갭과는 또 다른 측면에서 선진국 대개발도상국의 무역패턴에 대한 설명을 시도하고 있다. 기술개발에 의해서 여러 가지 종류의 전자제품, 컴퓨터 등과 같은 신제품이 개발되었을 때, 이 신개발제품들은 국내시장의 반응을 분석하게 될 것이며, 이들 상품의 시장구축이 이룩되면 차츰차츰 해외로 시장을 확대해 나갈 것이다. 그러므로 신개발품은 기술개발국의 수출상품으로 등장하게 될 것이다. 신개발품의 수입국이 기술개발국으로부터 기술을 도입해 감에 따라 수입국과 기술개발국간의 기술갭은 점차로 축소되어 갈 것이다.

또한 신개발품 수입국의 국내시장에 점차로 확대되어 감에 따라 신개발품 수입국은 국내생산을 고려하게 된다. 개발품생산이 국제적인 독점권에 저촉되지 않은 한에 있어서는 적절한 보호조치에 힘입어 신개발품 수입국의 국내생산이 실현될 수 있다.

이에 따라 기술개발국의 개발상품은 수출항목에서 점차로 자취를 감추게 될 것이다. 즉, 기술개발국으로부터의 기술전파에 의해서 기술갭이 점차로 메워짐에 따라 기술개발국의 수출은 점점 소멸되어 간다. 기술개발국은 기술갭에 의해 수출을 지속적으로 성장시키기 위해서는 전에 없었던 새로운 상품을 개발하고, 이 상품의 외국시장으로의 파급을 위해 노력을 경주하게 된다. 결과적으로 기술갭설은 기술의 생성과 전파를 무역의 흐름에 적용시키고 있는 것이다. 즉 A국이 신기술을 개발하여 x재라는 신상품을 생산할 경우 B국은 이 신상품을 A국으로부터 전입하지만 후에 A국의 생산기술을 모방하여 이를 생산한 후 다시 A국으로 수출하게 된다는 것이다. 이에 따라 B국의 무역패턴이 역전된다는 이론이다. 그동안 새로운 기술을 개발한 A국은 기술갭을 이용하여 수출하지만 이에 비하여 A국으로부터 신기술을 모방한 B국은 기술갭을 축소시켜 저임금을 이용하여 수출한다는 것이다.

4) 제품수명주기이론

제품수명주기이론은 마케팅에서 개발 발전된 이론으로서, 제품수명주기, 즉 하나의 새로운 제품이 시장에 도입되어, 처음 시장에 알려져 판매되기 시작한 후 시간이 경과함에 따라 매출액 및 침투율이 변화되어 최종적으로 쇠퇴되어 사라져 가는 과정을 나타낸 것이다.

이러한 제품수명주기이론에 대하여 버논(R. Vernon)은 제품수명주기를 국제적인 차원으로 확대·발전시켜 각국의 기술 및 소득수준의 차이와 제품의 시장국별 도입시기의 차이에 근거하여 특정제품의 국제무역패턴과 해외생산입지의 변화과정을 설명하고 있는데 이를 국제제품수명주기이론이라 한다. 버논(R. Vernon)의 연구관점은 국제무역 및 직접투자의 발생·성장·쇠퇴의 과정을 전통적인 비교우위론적 관점이라기보다는 기술혁신의 시간성, 규모의 경제, 시장의 불확실성 및 경쟁변수의 변화 등에 초점을 맞추고 있다.

국제제품수명주기이론의 이론 구성은 크게 다음과 같이 세 가지로 구분할 수 있다.

첫째, 국내시장에서의 상품수명주기 이론과 마찬가지로 기업의 제품활동은 일반적으로 국제시장내에서도 도입기, 성장기 성숙기, 쇠퇴기 등의 활동단계를 거친다.

둘째, 선진국과 후진국 사이에는 소득, 기술수준, 노동 등 생산요소비용면에서 차이가 나며, 선진국과 후진국 사이에는 소비, 생산면에서 시차(time lag)가 존재한다.

셋째, 상품수명주기와 선·후진국간 소비수준, 생산능력 격차로 선진국과 후진국 사이의 무역 및 투자패턴은 수명주기단계별로 다르게 나타나는데, 초기에는 기술주도의 무역 및 투자패턴이 나타나고 후기로 갈수록 생산요소비용이 무역 및 투자패턴결정의 주요변수가 된다.

학자들마다 수명주기단계와 단계별 주장 내용이 차이가 날 수 있지만 일반적으로 제품수명주기단계는 도입기, 성장기, 성숙기, 쇠퇴기로 구분할 수 있다.

(1) 도입기(new phase stage)

도입기에서는 기업활동의 우위가 다른 기업들보다 먼저 신제품을 시장에 성공적으로 도입하는가에 달려있다. 따라서 이 단계에서는 제품기술개발을 위한 R&D활동이 중심이 되며, 따라서 기술개발력과 가격이 높은 신제품에 대한 소비가 가능한 고소득 국가가 우선적인 신제품개발국이 될 잠재성이 높다.

일단 제품이 시장에 도입된 이후에도 생산기술과 제품의 모델이 아직 불안정한 상태에 있기 때문에 엔지니어링의 역할이 점차 커지게 되는 단계이다. 일단 제품이 시장도입에 성공하면 공급기업은 독점적 입장에서 사업을 운영할 수 있게 되며 동제품에 대한 수요층이 초기 혁신그룹으로 구성되어 가격탄력성이 낮게 나타난다. 따라서. 초기제품가격은 기업의 독점가격전략에 의하여 고가격대에 설정되기 때문에 소득수준이 높은 대형 선진국 시장을 중심으로 열리게 된다. 따라서 생산과 소비가 도입기 초기 과정에는 대체로 선진국에서만 나타나게 되고 국제무역이나 해외투자는 발생하지 않게 된다.

(2) 성장기(growing stage)

제품의 시장진입으로 제품에 대한 수요가 늘어나면, 동제품에 대한 높은 수익성에 자극 받아 후발 진입기업이 나타나게 되고 이에 따라 가격도 과점가격전략에 의거

약간 낮아지게 된다. 이러한 단계에서는 동제품에 대한 정보가 외국 소비자들에게도 확산되게 되고, 소비자들을 중심으로 가격도 약간 낮아졌기 때문에 외국시장에서도 혁신적 성향을 갖는 소비자층을 중심으로 동제품에 대한 수요가 발생하게 된다.

기술선진국의 입장에서는 외국시장의 초기 수요가 규모의 경제를 달성하기는 미약한 수준이라는 판단아래 해외생산은 이루어지지 않고, 수출증대에 노력하게 된다.

외국시장에서는 국내생산의 가능성을 모색하게 되고, 나아가서는 관세, 비관세 장벽을 강화하여 수입대체를 시작하는 단계이다.

(3) 성숙기(mature stage)

성숙기에 접어들게 되면, 제품의 수요확대와 더불어 생산기술의 안정화가 진행되며 시장진입 기업들의 수가 점점 확대되게 되고 기술이 표준화되어 기술상의 우위보다는 대량생산에 의한 공급능력경쟁에 접어들게 된다. 기업들간의 경쟁은 제품차별화를 중심으로 진행되며, 가격경쟁의 격화와 더불어 제품가격도 점차 떨어진 국내시장에서의 사업기회는 점차 사라지게 된다. 한편 이 시기는 외국시장에서 본격적인 수입대체단계에 접어들고, 시장규모는 급격히 성장하게 된다.

따라서 이 시기의 해외생산기지는 주로 선진국과 비슷한 수요패턴을 가지고 있으며, 규모의 경제를 달성할 수 있는 나라가 된다. 선진국의 기업들은 해외시장의 수입규제와 수요증대 그리고 본국에서의 가격경쟁심화로 외국에서의 생산을 시작하게 되며, 초기에는 현지 기술수준 등을 감안하여 주로 저급제품의 생산에 주력하게 된다. 이러한 국가간 생산체계의 차이는 선진국은 후진국에 고급품을 후진국은 선진국에 저급제품을 수출하는 교차무역의 형태로 나타나기 쉽다.

(4) 쇠퇴기(declining stage)

제품의 표준화가 완전히 이루어진 시기로, 가격경쟁이 더욱 치열해지며, 생산입지는 선진국보다 노동비용이 싼 개발도상국이 더 유리하게 된다. 선진국이 생산입지로 임금이 싼 개발도상국을 선택하게 되는 이유는 국제시장에서 가격경쟁력이 있는 제품을 생산·공급하기 위한 것과 보호무역 장벽을 회피하고 수출시장을 유지하기 위한 것과 우회수출 등 전략적인 목적을 들 수 있다.

선진국 시장에서는 동제품이 사양화되면서, 더 이상 기술개발이나 마케팅 투자가 나타나지 않게 되고 후진국의 외국생산기지로 공장 시설이 이전됨으로써 선진국 생산기지의 공동화 현상이 나타나게 된다. 이 시기는 생산원가가 싼 후진국 생산기지에서 선진국 시장으로의 역수출이 나타나게 되며, 관련 기술과 자본은 선진국에서 후진국으로 이전하게 된다. 따라서 후진국 기업들은 선진국으로 역수출을 하게 되며, 수출경쟁력은 어느 나라의 기업이 싸고 효율적인 생산능력을 갖추고 있는가에 달려 있기 때문에 비교우위가 주요 결정변수가 된다.

이상에서 살펴본 제품의 각 수명주기별 도입, 성장, 성숙, 쇠퇴기의 관계를 도표로 요약하면 <표 1-6>과 같다.

〈표 1-6〉 제품수명주기이론의 단계별 특성

	도 입 기	성 장 기	성 숙 기	쇠 퇴 기
기술요소	제품혁신	모방에 의함	R&D	No R&D
경쟁양상	독과점 양상	신규진입 : 시간경쟁	경쟁력과 제품에 대한 차별성이 중요	완전경쟁
가 격	고 가격	가격 인하	가격 인하	원가수준
	엔지니어링	대규모 생산체제 마케팅 노력 증대	마케팅 노력 증가	
소비지	미국 등 선진국 에서만 소비	외국에서와 선진국에서 소비	외국의 소비규모 증가	선진국 : 신규 수요 감소
생산지	최초 개발국	기타 선진국 확대	외국의 생산 증가	후발개도국
무역방향	무역 발생 없음	기술 격차 무역	무역 : 쌍방무역 후진국→선진국(저급품) 선진국→후진국(고급품)	무역 : 후진국 → 선진국

자료 : 조석홍, 국제통상론, 도서출판 두남, 2005, p.58.

제4절 국제무역과 정책

1. 무역정책의 의의

무역정책은 농업정책, 공업정책, 재정정책, 고용정책 등과 마찬가지로 국민경제의 발전을 위하여 일국의 정부가 취하는 하나의 정책으로, 수출증대와 수입규제만을 그 목적으로 하는 것이 아니고 다른 국내 경제정책과 더불어 국민경제의 균형적 발전에 궁극적 목적이 있다. 다만, 여타의 국내 경제정책과 상이한 점은 무역정책은 주로 대외무역 거래를 대상으로 하는 개념을 가지고 있으며, 국내경제활동을 대상으로 하는 다른 경제정책과 어느 정도 성격을 달리하고 있는데 일반적으로 무역정책은 다음과 같은 성격을 가지고 있다.

첫째, 무역정책은 그 효과와 영향이 국내외경제에 확산된다.

예를 들면, 어느 나라가 자국의 국내산업을 보호하고 국제수지를 개선하기 위하여 관세 및 비관세장벽 등 무역제한 정책을 실시한다면 국내에서는 산업보호에 의하여 생산량이 증가되며 이에 따라 고용기회가 확대되고 소득이 증대된다. 또한 국제수지가 개선되고 대외지급준비자산이 증가된다. 따라서 이러한 효과에 의하여 국내경제는 발전될 가능성이 있게 된다.

반면에 이와 같이 어느 일국이 무역제한 정책을 실시한다면 교역상대국의 수출은 억제되지 않을 수 없기 때문에 그 나라의 산업은 위축된다. 이에 따라 고용량이 감소되고 소득수준은 저하되며 그리고 수출의 억제에 의하여 국제수지는 악화된다. 그러므로 교역상대국은 불리한 영향을 받을 가능성이 많다. 더욱이 무역제한 정책을 실시하는 국가의 경제규모가 거대하고 그 나라의 경제가 국제경제에 있어서 지배적인 역할을 한다면 그 외 모든 나라는 심각한 충격을 받을 우려가 있다.

둘째, 무역정책은 개개의 국내경제정책과 밀접한 관련을 맺고 있을 뿐만 아니라 모든 국내경제정책을 포함한 종합적 정책의 성격을 띠고 있다.

예를 들면, 일반적으로 어느 나라가 국내산업을 보호하기 위하여 수입제한정책을 실시하는 경우에는 그 수입제한정책만으로 국내산업이 육성되지는 않는다. 따라서 필요한 재정금융정책 등 여러 가지 개별정책을 동시에 실시해야 된다. 오늘날 모든 국가에서 실시되고 있는 재정금융 정책 등 대부분의 개별경제 정책은 수출확대에 그 주요한 목적이 있기 때문에 무역정책은 종합적 경제정책의 성격을 띠고 있다.

무역정책과 국내산업 정책은 긴밀한 관계를 맺고 있으므로 자유무역 정책이나 보호무역 정책도 국내 산업정책과 분리될 수 없다. 이는 바로 무역정책과 산업정책의 일체성을 의미하는 것이다. 동시에 고용증대, 경기진작 및 경제성장 등을 촉진하기 위하여 무역정책이 수립된다. 더욱이 수출과 수입의 비중이 크면 무역정책이 가진 종합적 성격은 한층 더 뚜렷하게 나타난다.

2. 무역정책의 기조

오늘날까지 세계경제는 다양한 유형의 무역장벽으로부터 벗어난 자유무역을 하지도 못했고 또한 생각할 수도 없었다. 그러나 현실적으로 이와 같은 무역장벽의 성격과 범주는 각 시대에 따라 국제무역에 대한 과도하게 엄격한 규제의 시대로부터 실제적으로 자유무역에 대한 철학이 다소간에 면밀하게 이행되었던 시대로 또 다시 자국이익의 확보라는 목적하에 진부한 제한이 부활되는 시대로 움직이는 시계추와 같이 상이하고 또한 다양하였다.

이와 같이 변화하는 무역정책은 경제뿐만 아니라 정치, 사회, 문화 및 사상의 광범위한 역사발전의 일부였다고 볼 수 있다. 이러한 관점에서 일반적으로 무역정책은 자유무역정책과 보호무역 정책에 입각하여 실시되고 있기 때문에 자유무역정책과 보호무역 정책은 무역정책의 기조라고 볼 수 있다.

무역정책의 기조는 시대와 국가에 따라 다르고 또한 경제발전단계에 따라 달라진다. 그러므로 무역정책의 기조는 특정한 무역정책에만 한정된 것은 아니며, 무역정책의 기조로서의 자유무역 정책과 보호무역 정책은 역사상 일반적으로 번갈아 실시되기도 하였고 또한 동시에 실시되기도 하였다.

자유무역정책은 주로 경제가 발전된 선진국에서 지지를 받았고, 보호무역정책은 일반적으로 경제발전이 뒤떨어진 후진국에서 실시되었다. 더욱이 각국 간의 산업구조에 있어서 이질화 현상이 발생된 경우에는 세계적으로 자유무역 정책이 우선적으로 채택되었다. 이와 반대로 각국 간의 산업구조에 있어서 동질화 현상이 발생된 경우에는 보호무역 정책이 우선적으로 채택되었다.

이기적인 국민 경제주의와 협조적인 국제 경제주의가 상호 교차되는 오늘날의 국제경제 여건 하에서 무역정책의 기조가 어떻게 수립될 것인가 하는 문제는 향후의 중대한 과제이다. 우선 국제무역 질서의 확립과 국제경제의 균형적인 성장을 촉진시키고 더욱 선진국과 개발도상국간의 경제적 격차를 완화시키기 위해서는 각국이 취하고 있는 편협한 이기적인 국민 경제주의를 지양하고 협조적인 국제경제주의를 준수하여 세계규모의 무역자유화를 추구하지 않으면 안 된다. 이러한 무역자유화는 주로 경제발전 수준이 높은 선진국이 앞장을 서서 적극적으로 실시되어야 할 것이다.

3. 무역정책의 목표

1) 국내산업의 보호

국내산업을 보호하기 위하여 세계의 모든 국가는 관세 및 비관세장벽을 설치하여 외국상품의 수입을 적극적으로 규제하고 있다. 오늘날 일반적으로 각국이 수입을 규제하기 위하여 취하는 조치는 관세, 수입할당, 수입과징금, 수입예치금 등이 있다. WTO에서는 오늘날 각국이 취하고 있는 이러한 수입제한조치를 완화 내지 철폐하기 위하여 많은 노력하고 있으나, 현실적으로 정도의 차이는 있을지언정 모든 나라에서는 이러한 제한조치를 부분적으로 실시하고 있는 실정이다.

2) 국제수지의 개선

각국이 국제수지개선에 주요한 정책목표를 설정하고 있는 것은 국제수지가 그 나라의 대외경제활동을 반영하기 때문이다. 상품의 국제경쟁력 자체가 상승되면 수출이 현저히 증가되고 수입이 감소되는 동시에 자본이 유입되어 국제수지는 개선되어 대외지급준비 자산은 증가된다. 각국이 국제수지개선에 집중을 하는 것은 외환시세를 안정시키기 위해서이다. 왜냐하면 외환시세는 그 나라 경제력의 지표이고 그 효과는 국민경제와 개별경제에 대하여 중요한 영향을 미치게 되기 때문이다. 따라서 각국은 외환시세의 안정화를 통하여 자국 국민경제의 균형적 성장을 꾀하려고 한다.

3) 자원의 효율적 배분

자원의 효율적 배분에 무역정책의 목표를 설정하는 것은 어느 나라에서도 자원을 무한하게 가지고 있지 않기 때문이다. 일반적으로 선진국에서는 자본이 풍부하지만 노동은 부족하고, 반면에 개발도상국에서는 노동이 풍부하지만 자본은 부족하다. 개도국에서는 노동이 풍부하다고 하지만 그 노동은 현대의 생산기술하에서 그들의 국민경제를 효율적으로 운영하는데 부적합한 경우도 있다. 자원을 효율적으로 배분하기 위해서는 국제분업체제가 확립되어야 하며 동시에 무역장벽을 제거하지 않으면 안되며 또한 자유경쟁이 촉진되어야 한다.

4) 완전고용

경제적으로 보면 완전고용이 실현되지 않을 경우 그 나라의 자원은 효율적으로 사용되지 않기 때문에 손실이 발생된다. 그리고 사회적으로 보면 실업자는 당해 노동인구를 사회적으로 퇴화시키기 때문에 윤리적 문제가 따른다. 무역정책면에서는 수출을 확대시키고 수입을 억제시킴으로써 완전고용 실현과 국내산업을 육성시키려고 하는 경향이 있다.

5) 물가안정

물가 상승은 국민경제의 안정기조를 파괴할 뿐만 아니라 경제성장을 저해하고 완전고용에 악영향을 미치며, 또한 수출과 국민 경제생활에 대하여 심각한 충격을 주기도 한다. 일반적으로 물가안정을 위한 무역정책의 실시 내용은 국내물가가 상승될 경우에는 물가상승의 선도적 역할을 하는 품목의 수출을 가급적 억제하고 이와 동시에 당해 품목의 수입을 개방하는 경향이 있다.

한편 국내물가와 외환시세는 쌍방적 인과관계 또는 함수관계를 맺고 있기 때문에 국제수지의 개선과 외환시세의 안정을 통하여 국내물가를 안정시키지 않으면 안 된다. 이는 국내물가가 상승되면 외환시세가 상승하고 외환시세가 상승되면 국내물가는 다시 상승되기 때문이다. 그러므로 국내물가의 안정화는 국내 경제정책의 수단만으로 부족하기 때문에 무역 정책의 수단을 통하여 달성되어야 한다.

6) 경제성장

각국이 경제성장을 달성하려면 대내적인 재정금융정책 등 국내경제정책만으로 절대 부족하다. 그러므로 수출정책, 수입정책, 국제수지 정책 등 대외무역정책을 수립하지 않으면 안되고 또 이러한 정책을 과감히 실시해야 한다. 경제성장을 위한 무역정책으로서는 우선 제품 및 반제품의 수출확대정책과 공업용원자재의 수입장려정책이 채택되며 이와 더불어 국제수지 개선정책 등이 채택된다.

4. 무역정책의 변천과정

1) 중상주의의 발전

중상주의는 근대 민족국가 및 국민경제의 성립과 더불어 생성되었으며 16세기부터 18세기까지 서유럽 각지의 통일국가들이 자국의 번영유지와 국민경제의 확립을 위하여 실시하였던 경제정책이다. 그 당시의 경제 및 사회환경은 봉건제도와 중세적 도시경제가 붕괴되고 중앙집권적 국가제도가 확립됨에 따라 국가의 화폐적 지출이 급진적으로 증대되었고, 한편 봉건적 도시경제에서 국민경제로 전환되고 더욱이 상품의 유통범위가 확대됨에 따라 화폐의 수요는 급진적으로 증가되었다.

그러므로 중상주의의 본거지인 유럽제국에서는 화폐의 중요성과 필요성을 다시 인식하게 되었고 귀금속을 국부와 동일시함으로써 당시 유럽에서는 화폐의 소재인

금·은 등 귀금속을 많이 획득하려고 집중적 조치를 강행하였으며 그 정책적 수단으로 강력한 보호 무역정책을 실시하게 되었다.

중상주의 무역정책의 본질적인 목적은 유리한 무역차액을 획득하는 것으로서 동 목적을 추구하고자 수출장려금, 수출품의 국내생산에 필요한 원재료의 수출금지 및 수입관세의 환급 등과 같은 수출지원방법을 통해 수출을 최대한도로 확대시켰다. 왜냐하면 수출잉여를 획득하기 위해서는 수입보다 항상 수출이 많은 수출초과가 되어야 하기 때문이다. 동시에 국내생산에 소요되는 원재료와 귀금속을 제외하고는 모든 수입을 제한하기 위해서 사용했던 수단은 완전한 수입금지로부터 고율의 보호관세를 부과하는 것이었다.

2) 자유무역정책의 발전

중상주의의 국가 중심적인 보호간섭주의가 경제사상을 지배하게 되자 중상주의에 대한 비판이 제기되었고, 특히 중상주의를 발전시켰던 역사적인 상황이 점차 변화되어감에 따라 그 당시까지 중상주의의 이론적 근거가 되었던 무역차액설과 무역제한정책 등도 그 시대의 정신과 요구에 적대적이 되었고 더 중요한 것은 산업혁명에 의한 경제적이고 기술적인 발전이었다.

실제로 18세기 중반 이후부터 국가에 의한 국내거래 또는 국제무역에 과도할 정도의 엄격한 규제 또는 통제는 이윤획득을 위한 산업발전의 개념에 상반되는 것이었다. 아담 스미스는 귀금속을 국부와 동일시하는 중상주의의 오류를 지적한 후 국부란 화폐에 의하여 구입되는 재화라는 점을 강조하고 중상주의를 타파했으며 이와 동시에 자유무역론을 주장하였다. 영국은 산업혁명에 의하여 공업이 발전되고 제품의 국제경쟁력이 강화됨에 따라 자유무역을 실천하려고 노력하였고, 공업의 발전에 의해 식량 및 원료의 확보와 제품의 수출시장 개척이 요청됨에 따라 자유무역정책을 채택하려고 노력하였다.

3) 보호무역정책의 발전

한편 그 당시 경제발전수준이 뒤떨어진 미국과 독일에서는 국내산업을 보호하기 위하여 보호무역정책을 채택하지 않을 수 없었다. 미국의 해밀 턴(A. Hamilton)은 그가 의회에 제출한 보고서를 통하여 공업보호의 필요성을 역설했으며 이러한 영향을 받아 독일의 리스트(F. List)도 자유무역의 이론 내지 정책의 보편타당성을 배척하고 경제정책에 있어서 국가의 역할을 중시하면서 보호무역주의의 실천적 이론을 수립했다. 따라서 그 당시 영국에서는 자유무역정책이 우선적으로 실시되었으나 미국과 독일에서는 보호무역정책이 지배적 역할을 했다.

4) 신보호주의무역의 대두

영국을 비롯한 서구가 공업화되기 시작한 이후 세계의 무역량은 각국의 무역정책 기조와 경기변동의 변화에 따라 기복이 있기는 하였으나 지속적으로 확대되어 왔다. 자유무역주의는 당시의 세계무역을 확대시키는 주요 요인이 되었으며 후진 공업국인 독일의 보호무역주의와 1차 세계대전 및 1930년대의 대공황에 따른 보호무역주의의 일반화는 세계무역을 수축시키는 결과를 초래하였다.

2차 세계대전 이후에는 주요국 통화의 교환성 회복과 더불어 자유무역을 이상으로 하는 GATT 및 IMF의 창설을 계기로 하여 세계무역은 급속하게 확대되어 왔다. 그러나 1970년대부터 미국을 중심으로 한 주요 선진국들은 국익존중이라는 방침하에 무조건 자유무역주의로부터 조건부 자유무역주의라는 새로운 형태의 보호무역정책으로 전환하고 있다.

미국 제일주의 새로운 보호무역정책의 등장(America First Policy the rise of new protectionism)으로 지금 세계정세는 고립주의와 보호무역정책(주의)(protectionist measures)의 흐름에 민감하다. 이 정책은 "자국 산업의 보호와 발전을 위하여 국가가 무역 활동에 적극 개입하여 수입금지, 보호관세 부과 등을 통하여 외국상품의 국내 수입을 억제하는 것을 말한다."의 정책에 대하여 유엔 사무총장은 세계무역을 제한하는 것은 가난한 나라들을 해칠 것이라고 언급하면서 여러 나라들이 경제침체 대응방안으로 보호무역주의로 전환하는 것을 반대하는 경고성명을 냈었다.

한편 중국은 2016년 상반기에 17개국과 지역이 제기한 65건의 무역구제 조사에 직면하고 있으며 이는 연간 기준으로 66.67% 증가된 것이다. 중국 정부의 한 대변인은 장기간의 세계무역 침체가 보호무역정책이 대두(擡頭)하는 근본적 이유는 아니지만 "이는 확실히 한 요인(要因)이다"라고 말했다.

Chapter

02

국제통상 정책변화

Chapter 02 국제통상 정책변화

제 1 절 보호주의와 신보호주의

1. 보호주의의 이론적 근거

보호무역주의가 필요하고 또 타당하다는 주장을 펴기 위해서는 보호무역정책이 자유무역정책보다 경제적으로 보아 더 유리하다는 점을 이론적으로 제시하여야 하며, 이러한 보호무역주의의 윤리성을 이론적으로 접근하는 데에는 다음과 같은 몇 가지의 논의가 전개되고 있다.

1) 유치산업 보호론

유치산업 보호론은 자국의 유치산업(infant industry)을 보호하기 위하여 이 산업에서 생산되는 제품과 경쟁관계에 있는 외국산 수입품에 대하여 보호관세를 부과해야 한다고 주장한다. 수입제한 조치를 취하면 수입이 억제되며, 국내유치산업은 외국의 산업과 경쟁을 피할 수 있기 때문에 육성될 가능성이 있다.

유치산업보호론은 해밀턴(A. Hamilton)의 영향을 받은 리스트(F. List)에 의하여 처음으로 주장되었으며, 공업화가 뒤떨어진 후진국으로서는 먼저 유치산업(infant industry)을 보호하여 공업부문이 성숙한 후에 자유무역으로 전환하는 것이 바람직하다는 보호무역주의 이론으로, 리스트는 공업보호를 정당화하기 위한 근거로서 유치산업보호론을 주장하였다. 이 이론은 오늘날에 있어서도 보호무역정책의 가장 유력한 근거가 되고 있다.

2) 국제수지개선론

국제수지개선론은 수입초과 현상에 의하여 초래되는 만성적인 국제수지의 적자를 해소하기 위하여 수입규제 조치가 필요하다고 주장하는 이론이다. 보호무역론을 주장하는 주요한 이론적 근거인 국제수지개선론은 1·2차 세계대전 동안 광범위하게 논의되었고, 특히 케인즈(J. M. Keynes)도 이를 지지했다. 2차대전 직후, 유럽제국은 달러부족을 해결하기 위하여 국제수지개선론을 활발히 주장하였고 더욱이 최근 들어 만성적인 국제수지의 적자에 직면하고 있는 개발도상국들은 평가조정이나 국내경제 억제에 대신해서 국제수지 조정수단으로 이의 정당성을 크게 강조하고 있는 실정이다.

3) 고용증대론

고용증대론은 보호무역정책의 실시로 수출증대, 수입감소가 되면 해외의 수입수요가 증가하고 국내의 수입수요가 국내수요로 전환되어 국내산업의 생산활동은 그만큼 활성화되고 조업률과 가동률이 상승하여 국내의 실업을 감소시키거나 고용을 증대시킬 수 있으며 임금을 상승시킬 수 있다는 주장이다. 특히 1국의 임금율이나 생산비가 교역상대국에 비하여 높고, 더욱 경직적인 경우에 수입제한조치를 취하면 고용의 감소를 방지할 수 있을 뿐만 아니라 이를 증대시킬 수 있다. 케인즈는 관세에 의하여 고용수준이 자유무역의 경우보다 증대된다고 지적하였다.

4) 소득배분론

소득분배론은 자유무역이 생산요소의 가격을 변동시키고 생산요소간의 소득을 변동시킴에 따라 자국의 근로자에 대한 유리한 소득배분을 제공하기 위해서는 수입품에 보호관세를 부과할 필요가 있다고 주장하는 이론이다. 자유무역은 생산요소의 가격을 국제적으로 균등화시키는 경향이 있으나, 보호무역은 이를 저지시키는 경향이 있다. 노동희소국에서 노동집약제의 수입에 대하여 관세를 부과하면 그 나라에서 노동집약재의 가격은 인상되고 노동에 대한 수요가 증가되기 때문에 임금은 인상된다. 따라서 관세는 노동희소국의 노동자에 대하여 소득을 유리하게 배분한다.

한편 자본이 풍부한 나라에 있어서는 이와 반대의 현상이 발생될 것이다. 스톨

퍼(W. F. Stolfer)와 사뮤엘슨(P. A. Samuelson)은 미국 노동자의 실질임금수준의 저하를 방지하기 위하여 보호관세제도가 중요하다고 역설하였다.

5) 교역조건개선론

교역조건개선론은 무역이익을 결정적으로 가늠하는 교역조건을 개선하기 위하여 보호무역 정책이 필요하다고 보는 견해이다. 이 교역조건개선론은 보호무역정책의 이론적 근거로서 오래전부터 인정받아 왔다. 교역조건을 개선하기 위한 보호무역정책의 유력한 수단은 관세인데, 밀(J. S. Mill), 마샬(A. Marshall), 에지워스(F. Y. Edgeworth), 타우식(F. W. Taussig) 등 여러 학자들은 수입품에 대하여 관세가 부과되면 교역상대국은 손실을 입지만, 관세부과국은 상대국의 희생으로 무역이익을 얻을 수 있다는 점을 인식하였다. 이 가운데서도 특히 마샬과 에지워스는 수입품에 대하여 정당한 관세가 부과되면 관세부과국은 자유무역의 경우보다 더 유리하다는 점을 시사했다.

(1) 그 밖의 이론적 근거

① 특정산업진흥과 자급자족

어떠한 경제외적인 이유에 의하여 특정산업을 건설하고 그 산업의 생산규모를 확대시키거나 혹은 이를 적어도 일정한 수준까지 유지하기 위하여 보호무역정책을 실시해야 한다는 주장을 경제외적 이유에 대한 산업보호론이라고 하며, 그 대표적인 예는 항공 및 원자력산업에 대한 보호조치이다.

한편, 특정생산물의 국내생산량을 증가시켜 자급자족을 도모하기 위하여 보호무역정책을 실시해야 한다는 주장을 자급자족론이라고 부른다. 특정산업의 진흥과 자급자족론은 정치적 문제와 국방과 긴밀한 관련을 맺고 있다.

② 사치품의 소비억제

보호무역정책은 불요불급품목이나 사치성품목의 수입을 억제하고 이에 의하여 이 품목에 대한 소비를 억제하기 위하여 실시된다. 불요불급 및 사치성 품목에 대한 소비는 국민의 소비패턴을 왜곡시키고 저축을 저해시키므로 이에 대한 조치의 일환으로써 수입을 억제한다.

③ 관세수입

보호무역정책은 관세수입을 증가시키기 위하여 실시된다. 관세수입은 정부재원의 주요한 원천이며, 이는 정부재정 중에 압도적 비중을 차지하고 있다. 관세수입은 경제적 이유에 포함되지만, 재정수입을 위한 관세부과는 관세에 의한 무역량의 변동, 생산 및 소비패턴의 변동, 생산요소의 배분 등의 효과와는 일치하지 않으므로 이는 경제외적으로 고려된 것이다.

④ 관세교섭

보호무역정책은 교역상대국의 관세장벽 및 비관세장벽을 완화시키기 위하여 실시된다. 자국이 교역상대국의 무역제한조치에 대항하기 위하여 보호무역정책을 실시하면 보복과 역보복의 악순환에 의하여 교역량은 현저히 감소되지만, 새로운 관세협정이나 무역협정을 통하여 이를 개선시킬 수 있는 전기를 마련할 수 있다. 이는 극히 제한적인 이유에 지나지 않는다.

(2) 하밀톤(A. Hamilton)의 공업보호론

하밀톤(A. Hamilton)은 미국의 공업이 유럽제국에 비하여 유치한 상태에 놓여있으므로 공업에 대한 보호조성책을 실시하지 않는다면 그 성장가능성이 박탈당한다고 지적하면서, 미국의 공업을 보호 육성하기 위하여 제조업에 대한 국가의 보호조치가 반드시 필요하다고 주장했다.

그는 국내공업에 대한 국가의 보호정책에 의하여 일시적으로 국내가격이 인상되는 경향이 있으나, 피보호산업이 발전되면 시장가격은 인하되며 더욱 국내시장에서 경쟁이 이루어지면 독점을 해소되고 상품가격은 합리적 이윤의 하한선까지 인하된다고 보았다. 그는 보호에 의한 일시적인 시장가격의 등귀는 공업발전에 의한 항구적 시장가격의 인하로 보상된다고 믿었으며, 제조업이 발전됨에 따라 제품가격이 인하된다면 농업부문에서도 이익을 얻을 수 있다는 점을 밝혔다.

하밀톤(A. Hamilton)은 공업보호의 방법으로 관세, 수출입금지, 보조금, 장려금 및 과세면제 등의 정책적 수단을 제시했는데, 이 중에서 관세가 가장 효과적이라고 주장하였다. 따라서 하밀톤(A. Hamilton)은 미국의 공업을 보호 육성하기 위하여 자유무역제도를 철폐하고 유럽으로부터의 수입품에 대하여 관세를 부과해야 한다고 주장했다.

그가 밝힌 피보호공업의 선정기준은 원료의 자급능력, 작업의 기계대체가능성,

보호정책상의 편익, 제품용도의 범위, 그 외의 이익, 특히 국방에 대한 기여도 등이다. 하밀톤(A. Hamilton)은 이 선정기준에 비추어 철강업을 비롯한 16개 공업에 대하여 구체적 조건을 검토한 후 선정기준에 대한 이들 공업의 적합여부, 보호여부, 보호정도를 구체적으로 상세히 명시했다. 따라서 하밀톤(A. Hamilton)의 공업보호론은 일반이론에서 흔히 다루고 있는 추상론에서 벗어나 실천가능성을 제시했다는 점이 특징이다.

하밀톤(A. Hamilton)의 공업보호론은 산업분화론으로도 불리워지는데, 산업분화론이란 간단하게 말하면 국가의 독립을 확보하고 국민경제의 발전을 위해서는 오직 농업에만 의존하는 것보다 공업화에 의하여 산업을 분화시키고 이에 따라 산업간의 분업의 이익과 상호의 수요창출에 의하여 안정된 시장을 확보하는 것이 필요하다는 주장이다. 한편, 국내공업을 보호육성하기 위해서는 관세 등에 의하여 수입을 억제하지 않으면 안되기 때문에, 하밀톤(A. Hamilton)의 이러한 주장은 리스트에게 상당한 영향을 미쳤고 나중에 유치산업보호론의 유력한 이론적 근거가 되었다.

(3) 리스트(F. List)의 유치산업보호론

유치산업보호론(infant industry arguments)은 현재는 경쟁력이 없고 유치한 단계에 있지만 일정 기간 보호할 경우 경쟁력을 획득할 수 있는 산업을 보호 육성해야 한다는 주장이다. 이 주장의 중요한 점은 보호는 일시적이어야 하며 시간이 경과함에 따라 경쟁력을 획득할 수 있어야 한다는 것이다. 시간이라는 요소가 개입되므로 이는 본질적으로 동태적인 개념이다.

유치산업보호의 정당성은 어디에 있는가? 유치산업보호가 완전하게 정당화되는 경우는 동태적 외부경제의 존재이다. 외부경제는 한 기업이나 산업의 생산활동이 다른 기업이나 산업의 생산성 향상과 생산비 하락에 긍정적인 효과를 나타내는 것이다. 그러므로 동태적 외부경제는 한 기업이나 산업의 생산경험이 축적되면서 다른 기업이나 산업에 긍정적인 효과를 나타내는 현상을 의미한다.

이러한 경우 정책적인 보호의 필요성은 다음과 같이 설명할 수 있다. 예를 들어 어떤 기업이 막대한 연구개발투자와 생산노력에 의하여 학습효과를 통한 기술과 경험을 축적했다고 하자. 그런데 이 소중한 지식과 경험을 자연스럽게 다른 기업이나 산업에 전파되는 외부경제효과를 나타낸다고 하면, 다른 기업이나 산업은 아무런 비용도 없이 이 효과를 향유하게 된다. 경제 전체로 보면 이는 분명히 유익한 효과임에 틀림없다. 그러나 맨 처음 막대한 비용을 들여 기술과 경험을 개발하고 획득한 기업의 입장에서는 원래의 비용을 환수하기가 어렵게 된다. 이런 상황에서는 어떤 기업도 선뜻 이러한 투자를 감행하려 하지 않을 것이다. 이때야말로 정부가 정책적으로 이를 보호하고 육성해 줄 가치가 있는 것이다.

국내산업을 보호하는 데는 여러 가지 사회적 비용이 따른다. 보호기간 동안 높은 상품가격이 유지되므로 소비자들의 후생이 감소하고, 보호받지 못하는 다른 산업 분야의 상대적인 피해도 수반될 수 있다. 결국 산업보호는 장래의 이익을 위하여 현재의 희생을 감수하는 것이다. 따라서 구체적으로 보호대상 유치산업을 선정하는 데에는 이익과 비용에 대한 면밀한 분석이 필요하게 된다.

현실적으로 어떤 산업이 충분한 동태적 외부경제를 가지고 있어서 이를 보호해 줄 가치가 있는지 정확하게 판단하기는 어려운 일이다. 선험적으로는 농업보다는 공업이 공업 중에서도 경공업보다는 중화학공업이 더 큰 동태적 외부경제를 나타내는 것으로 인정받고 있다. 이러한 점 때문에 유치산업보호론은 바로 공업보호론이라고 해석되는 것이다. 그러나 특정 산업의 외부경제효과가 얼마나 되는지 그리고 보호의 미래이익이 어느 정도이며 보호의 사회적 비용이 또 얼마나 되는지 이를 정확하게 측정하는 것은 대단히 어려운 일이라 또 보호대상 산업이 결정되어도 얼마 동안이나 보호해야 할 것인지. 어떤 수단을 통해 보호할 것인지. 그리고 보호의 강도는 어느 정도여야 하는지 그 구체적인 내용을 합리적으로 결정하는 것도 쉬운 일이 아니다. 하나하나에 따라 보호의 효과와 비용의 크기가 달라질 것이다.

이러한 어려움 때문인지 실제로 수많은 나라에서 유치산업본호론에 근거하여 광범위한 공업보호정책을 추진하였지만 그 성과는 기대에 미치지 못한 것으로 평가되고 있다. 그럼에도 불구하고 유치산업보호론은 개발도상국의 공업화를 통한 경제발전에 유일한 이론적 대안으로서 여전히 신봉되고 있다.

2. 신보호무역주의

자본주의의 발전과 함께 국제무역은 상당히 빠른 속도로 증대되었다. 2차대전이 끝나갈 즈음에 설립된 관세 및 무역에 관한 일반협정 즉, GATT(General Agreements on Tariffs and Trade)는 최초의 국제무역기구로서 세계무역 자유화를 위하여 주도적인 역할을 하였다. 그리하여 1950년대와 60년대에 세계무역은 역사상 유례없는 비약적 발전을 이룩한다. 물론 자본주의는 선진국을 중심으로 이루어진 성과였으나 자유무역주의는 어느 때보다도 확고하게 주창되었다.

그런데 70년대에 들어서자 세계무역환경이 크게 변화되었다. 이른바 석유파동을 거치면서 세계경제는 높은 실업률과 인플레이션이 동시에 나타나는 스태그플레이션 현상에 시달리면서 경기침체에 빠져들었다. 그리고 중요한 변화는 세계무역구조의 판도가 크게 달라지고 있었다는 점이다. 전후 세계경제는 미국의 주도하에 질서를 잡아왔으나 일본경제의 부상과 유럽의 경제부흥에 따라 다극화되었고, 미국은 무역적자가 나타나면서 어려움에 직면하였다. 특히 신흥공업국이라 불리는 일단의 개발도상국들이 비약적으로 성장하면서 선진국들을 위협하기에 이르렀다.

이러한 환경변화로 인해 세계경제에는 다시 보호무역적인 분위기가 형성되기 시작하였다. 그런데 이 시기의 보호무역의 내용을 보면 과거의 유치산업보호론으로 대표되던 보호무역의 내용과는 판이하게 다른 성격을 나타내고 있다. 그리하여 이를 신보호주의(new protectionism)라 부른다.

신보호주의의 성격을 전통적 보호주의와 비교해서 살펴보면 다음과 같다.

첫째, 전통적인 보호주의는 유치산업을 중심으로 경쟁력을 획득하기 위한 산업보호를 주장하는 데 반하여 신보호주의는 경쟁력을 잃어가는 사양산업의 보호를 의도하고 있다. 그러므로 유치산업 보호가 산업을 육성하기 위한 적극적 보호정책이라면, 신보호주의는 산업의 몰락을 저지하기 위한 방어적 보호정책이라고 할 수 있다.

둘째, 보호정책을 채택하는 나라를 보면 전통적 보호주의에서는 경제발전 단계가 낮아서 공업화를 추진하는 개발도상국임에 반하여 신보호주의에서는 공업화가 완성된 선진국들이다. 선진국들은 고용증대와 무역적자 해소를 위해서 무역개입을 시도하고 있는데, 과거 줄곧 자유무역을 주장하던 사실에 비추어 보면 이는 논리적 모순이라 아니할 수 없다. 비교생산비설에 근거하면 비교우위를 잃어버린 사양산업이 위축되는 것은 당연한 현상이다. 이때 비교우위산업이 확장되면서 고용을 흡수할 경우 그 마찰은 해소될 수 있다. 그런데 당시 선진국들은 경기침체로 인해 고용흡수가 어려웠기 때문에 이를 보호무역으로 해결하고자 하였던 것이다.

셋째, 보호수단을 보면 전통적인 보호주의에서는 관세가 가장 보편적인데 반하여 신보호주의에서는 관세 이외의 수단 즉 비관세장벽이 동원되고 있다. 그 이유는 GATT체제 아래서 무역자유화를 추진하면서 관세는 상당히 낮아졌는데 이를 다시 높이는 것이 용이하지 않았기 때문이었다. 특히 GATT의 무차별원칙에 따라 수입규제 내용은 회원국 모든 나라에 동일하게 적용되어야 하므로 수입규제 대상을 특정 국가에 한정시킬 수 없었다. 그리하여 수입수량제한, 수출자율규제 등 여러 비관세정책 수단들을 도입하게 된 것이다.

넷째, 전통적 보호주의는 상대수출국에 관계없이 국내산업보호를 위한 무역장벽을 설치하는 데 반해 신보호주의에서는 수출국을 의식한 차별적인 무역규제가 이루어진다. 이것은 문제의 원인이 소수의 특정국가에 국한되고 있다고 판단하고 있기 때문이다. 그리하여 GATT와 같은 국제기구 내에서 다자간 무역협상을 통하여 문제를 해결하기보다는 당사국간 쌍무적인 무역협상을 통하여 해결하고자 하였다. 그 결과 90년대 전반에 이를 때까지 많은 나라들 간에 쌍무적인 통상마찰이 빈번하게 나타나게 되었다. 그런데 신보호주의는 앞서 지적한 것처럼 확고한 이론적 정당성을 배경으로 이루어지는 것이 아니다. 본질적으로 신보호주의는 불황기나 전시처럼 어려운 경제적 상황에 직면하여 행해지던 보호주의적 경향과 다를 바가 없다. 다만 자유무역주의가 한창 무르익어 가던 시점에 나타나서 새로운 현상으로 부각되었을 뿐이다. 이러한 경향이 국제적인 무역마찰을 초래하고 국제무역질서를 혼란스럽게 만들자 다시금 이를 바로잡아야 한다는 주장이 제기되어, 80년대 중반에 다자간 무역협상이 시작되고 협상의 타결로 WTO라는 새로운 국제무역기구가 출범하였다. 이제 WTO를 중심으로 새로운 자유무역질서가 잡혀 나갈 것으로 기대되고 있다.

제2절 자유주의 무역정책

A. Smith는 다음과 같은 세가지 일반적 근거에 의하여 자유무역을 주장하였다.

첫째, 소비자이익이란 관점에서이며 둘째, 자유경쟁을 통한 경제발전을 추구하는 데서이고 셋째, 국제분업의 이익이란 관점에서이다.

1. 소비자이익론

소비자의 이익면에서 보면 자유무역론은 사회적 관점에서 주장한 이론이라고 볼 수 있다. 즉 모든 소비행위는 모든 생산행위의 유일한 목적이므로 생산자의 이익을 침해하지 않는 정도에서 고려되어야 한다. 소비자는 다수이고 생산자는 소수이므로 생산자의 이익을 위하여 소비자의 이익을 희생한다는 것은 소수자의 이익을 위하여 다수자의 이익을 희생시키는 결과가 된다. 그러므로 소비자의 입장에서 볼 때 소비물품의 공급지가 어느 지역이든지를 불문하고 소비자는 최저가격으로 구입함으로써 이익을 취할 수 있는데, 만일 국가가 보호무역을 취하게 된다면 소수생산자를 위하여 다수소비자의 이익을 희생시키는 결과가 된다는 것이다. 그러므로 보호관세에 의하여 외국상품의 유입을 억제하고 수입상품에 비하여 품질과 가격면에서 뒤떨어진 국산품의 사용을 소비자에게 강요함은 소비자의 이익을 무시하는 결과가 된다는 것이다.

특히 국가가 생산자에게 수출장려금을 주어 그 제품의 판로를 해외시장에 확장하는 처사는 국내 소비자에게 이중의 부담을 주는 결과가 된다고 비난하고 있다. 그 이유는 수출장려금제도는 일면 국내시장에 있어서 물가를 상승시키며, 다른 한편으로는 수출장려금 지불을 위한 재원은 일반 국민이 부담하는 조세에 그 원천이 있기 때문이다. 그럼에도 불구하고 중상주의에 있어서는 소비자의 이익은 거의 언제나 생산자의 이익을 위하여 희생되었고, 모든 산업 및 상업의 궁극적 목적으로 생산이 고려되었다고 아담 스미스는 비판하고 있는 것이다.

물론 아담 스미스를 비롯한 영국 경제학자가 주장하는 바와 같이 소비는 경제의 목적이며, 생산은 그 수단에 불과하다는 것은 부정할 수 없다. 그렇지만 생산자의 이익을 도모하는 것이 곧 소비자의 이익을 희생시키며 또한 보호무역이 생산자의 이익만을 고려하고 노동자 등 사회대중의 이익을 무시한다고는 볼 수 없다. 왜냐하면, 오늘날의 경제는 교환경제이므로 생산된 제품은 스스로 소비되지 않고 화폐와 교환되며, 교환된 화폐는 생산자 개인의 수입에 그치지 않고 기업 관계자의 보수로서 지급되고, 그 지급된 소득은 다시 소비와 투자로 지출되기 때문이다. 그러므로 국내산업의 보호육성을 위한 보호무역은 그 이익이 비단 생산자에게만 돌아가는 것은 아니다. 즉 보호정책에 의하여 기업이 번영하면 고용기회가 확대되고 생산량이 증대되어 결과적으로는 소득이 증대되고 이을 가지고 저렴한 상품을 매입할 수 있으므로 소비자의 이익도 될 수 있다는 점에서 비판의 대상이 된다.

2. 자유경쟁설

고전학파의 이론중에서 자유무역론을 옹호하는 유력한 학설로서 자유경쟁설이 있다. 이 자유경쟁설에 의하면 자유경쟁은 산업발달을 촉진시키는 가장 유력한 자극제이며, 생산기술의 진보나 경영개선도 경쟁에 의해서만이 촉진될 수 있다고 하는 것이다. 이처럼 자유경쟁이 국가 경제발전에 유익하다고 생각된다면 국내에서만이라도 대외무역정책에 자유경쟁을 적용시키는 것이 오히려 경제발전을 더욱 촉진시킬 수 있는 길이라고 하였다. 이러한 견지에서 자유무역제는 대외무역에 있어서 기본적인 정책이라고 하였다. 그러나 이와 같은 이론도 자유경쟁의 장점만을 보고 단점은 전혀 고려하지 않았다는 점에서 비판의 대상이 되고 있다.

즉 자유경쟁은, 경쟁에서 승리를 거두게 된 자는 이익이 되겠지만 패자에게 불리하다는 것이다. 예컨대 국제경쟁 당사국간의 실력이 비등할 때에 경쟁에 의한 자극으로 기술과 경영면에서 개선이 이루어질 것이나, 양국간의 생산력의 격차가 월등히 큰 경우에는 열세에 놓인 나라의 산업은 기술이나 경영개선은 고사하고 아주 도산되고 만다는 경우를 생각할 수 있다. 이러한 경우 오히려 국가의 보호정책에 의하여 외국으로부터 경쟁을 완화하고 양국 산업에 있어서 우열의 격차를 축소시키는 것이 현명한 정책이라 하겠다.

3. 국제분업론

자유무역을 주장함에 있어서 아담 스미스는 그의 이론적 근거를 국제분업의 이익에 두고 있다. 그리하여 그는 국제분업론을 설명하기 위하여 우선 인간이 지닌 경제활동의 동기부터 설명하면서 합리화를 추구하였다. 즉 인간의 근본적인 경제활동의 동기는 이기심에 있으며, 이를 위해서는 각각 자기의 이익에 가장 유리한 자본과 노동의 사용법을 선택할 것이다. 또한 이와 같은 각 개인의 이기심을 위한 경제활동은 서로 충돌될 것 같지만, 그것은 보이지 않는 손(invisible hand)에 의하여 조화되며, 각 개인의 이기심에 의한 이익추구는 결과적으로 사회전체의 이익과 일치된다는 것을 주장하였다. 따라서 아담 스미스는 이와 같은 원리를 외국무역에 적용시키고 있다.

즉 각 개인이 이기심에 의한 이익을 추구하려면 무엇보다도 대대적으로 분업이 정리되어야 할 것이다. 이것은 시장의 규모에 따라 제한을 받게 되므로 넓은 시장이야말로 분업의 성쇠를 좌우하는 요건이며, 이것은 자유무역에 의하여 자기나라에서 생산하는 것보다는 저렴한 값으로 외국으로부터 공급할 수만 있다면 그 생산물의 생산은 외국에 위임하고 자국은 외국에 비하여 조건이 우월한 생산에 특화하여 그 생산품의 일부를 외국의 생산품과 교환하는 것이 이롭다는 것을 주장하였다.

다시 말하면 국제분업을 통해서 상호무역을 하면 당사국의 어느 쪽이나 다같이 최대의 이익을 얻을 수 있다는 주장이다. 그러나 위와 같은 주장에 대하여 다음과 같은 비판을 받고 있다. 즉 경제상 최대의 능률을 올릴 수 있는 분업에 의한 전문화라는 것이 생산량을 높이고 개인적인 이익이 크며 세계무역에 있어서의 물량이 최대가 된다는 것도 의심할 여지가 없다.

또한 국제간의 무역을 자유화할 때 각국은 유리한 입장에서 생산할 수 있는 상품을 만들어 상호 수출함으로써 가장 유효한 국제분업이 자동적으로 이루어질 수 있을 것이다. 그러나 이와 같은 주장은 현실적인 면에서 볼 때 외국무역이나 국제분업 발전의 역사적 성질을 완전히 도외시한 행위라고 하지 않을 수 없다는 견지에서 비판을 받고 있다. 즉 자본주의에 있어서 외국무역은 항상 필연적이라고 보겠지만 그의 발전단계를 달리함에 따라 외국무역의 역할이나 형태도 서로 다르며 국가에 따라서도 다르다는 것이다.

제3절 관세정책(Tariff Policy)

1. 관세의 개념

관세(customs duty, tariff, zoll)라 함은 국가가 수입물품에 대하여 법률 또는 조약에 의하여 부과·징수하는 조세의 일종이다. 이를 보다 구체적으로 나누어 설명하면 다음과 같다.

1) 관세는 조세의 일종이다

조세란 국가가 법률에 근거하여 반대급부없이 강제적으로 징수하는 금전을 말한다. 근대국가에 있어서 조세는 국회의 승인을 얻은 법률에 의하여 부과하는 것을 원칙으로 한다. 우리 헌법도 "조세의 종목과 세율은 법률로 정한다"고 규정함으로써 관세를 포함한 모든 조세는 법률에 의해서만 부과 징수할 수 있다는 이른바 조세법률주의를 선언하고 있다. 그러나 입법기술상 조세에 관한 모든 사항을 빠짐없이 모두 법률에 규정한다는 것은 거의 불가능할뿐더러 특히 관세의 경우에는 내외

경제정세의 여건에 기동성 있게 대체하기 위하여 탄력관세제도(flexible tariff system)를 인정하고 있다.

2) 관세는 관세영역을 출입하는 물품에 대하여 부과한다

관세영역(customs boundary, customs territory)은 관세법의 효력이 미치는 영역으로서 이는 일국의 통치영역과는 구별되나 대체로 관세영역과 통치영역은 동일하다. 다만, 예외적으로 하나의 통치영역내에 수개의 관세영역을 가지는 경우도 있으며, 반면 수개의 통치영역이 합하여 하나의 관세영역을 형성하는 경우를 볼 수 있는데, 우리나라의 수출자유지역 등은 전자의 예이고, Benelux 관세영역은 후자에 속하는 대표적인 경우이다.

3) 관세는 대물세이며 수시세이다

관세는 수출입하는 물품에 대하여 부과한다는 점에서 대물세이며, 소득세나 재산세와 같은 대인세와는 다르다. 따라서 대물세는 납세자와 담세자가 같지 않으므로 간접세이기도 하고, 종국적으로는 물품의 소비를 대상으로 하기 때문에 소비세이기도 하다. 관세는 또한 소득세와 법인세 등과 같이 정기적으로 부과되는 조세가 아니고 물품이 수출입 될 때마다 수시로 부과되는 것이기 때문에 수시세이다. 따라서 그 납부에 대한 책임자를 사전에 파악하기는 곤란하다.

4) 관세는 전가된다

따라서 수입물품에 부과되는 관세는 그 부담이 최종소비자에게 전가된다. 즉 세액을 상품가격에 첨가하여 수입업자로부터 도매업자에게, 도매업자는 소매업자에게 그리고 최종적으로 소매업자는 소비자에게 이를 전가한다. 이와 같은 관세의 전가형태를 전전이라고 하지만, 반대로 상품가격에서 세액을 공제하여 수입업자로부터 해외의 수출업자에게 당해 상품의 해외수출업자는 그 상품의 제조업자에게 전가는 경우도 있는데, 이를 관세의 역전 또는 후전이라고 한다.

5) 관세는 생필품 경과, 사치품 중과 및 원자재 경과, 완제품 중과의 경향이 있다

국민생활에 긴요한 물품이 국내생산이 없다고 할 때 이에 고율의 관세를 부과한다면 국민생활은 그만큼 곤란을 받게 된다. 반면, 사치성물품이 국내시장에 유입되고 국민에게 전시 효과적인 소비패턴을 유발하게 한다면 국민경제발전을 크게 저해한다. 따라서 사치품이나 불요불급한 물품에 대하여는 고율의 관세, 생필품 및 생산재에 대하여는 일반적으로 무세 또는 저율의 관세가 부과된다.

6) 관세는 자유무역의 장벽이 된다

수량제한·외환관리와 함께 관세를 자유무역의 3대 장벽이라고 부른다. 수량제한은 수출입물품의 양적 제한으로서 수출입허가·추천·링크·쿼터제 등을 말하고, 외환관리는 환율의 조작에 의하여 수출입무역을 규제하는 것을 말한다. 그러나 관세에 의한 무역규제는 관세율의 조정수단에 의하여 이루어진다. 이상에서 말한 3대 무역장벽 중 수량제한이나 외환관리를 직접규제수단이라고 하며 관세를 간접규제수단이라고 한다. 또한 관세를 제외한 각종의 무역장애를 비관세장벽(Non-Tariff Barriers : NTB)이라고 한다.

7) 관세는 재정정책적 측면은 물론 복합적 정책목표달성을 위한 중요수단이다

관세는 재정정책적 측면은 물론 복합적 정책목표 달성을 위한 수단으로서 중요시된다. 관세는 원래 국가의 재정수입을 목적으로 부과하였지만, 그러나 관세가 경제정책목적의 구현수단으로 이용될 때 국민경제에 미치는 영향은 매우 크다. 특히 관세는 오늘날에 이르러서는 물가안정·산업보호 무역진흥 등의 복합적 정책목표 달성을 위한 물가안정·산업정책·무역정책 등의 정책수단으로 파악되어야 할 것이다. 따라서 이러한 복합적 경제정책목표 달성을 위한 관세정책변수인 관세율조정이나 탄력관세 등은 중대한 의의를 갖게 된다.

2. 관세의 종류

관세는 분류기준에 따라서 여러 가지 종류가 있는데 과세의 기회에 따라 수입세·수출세·통과세, 과세목적에 따라 재정관세·보호관세, 과세방법에 따라 종가세·종량세·혼합세, 과세근거에 따라·국정관세·협정관세 및 기타의 특수관세로서 특혜관세·차별관세·탄력관세 등이 있다.

1) 과세기회에 의한 분류

(1) 수입세

수입세(import duties)라 함은 물품의 이동방향에 따라 일국의 관세영역 안으로 이동할 때에 부과하는 관세를 말한다. 즉 수입세란 국내에 유입하는 외국상품에 대해 부과하는 관세로서 관세의 가장 일반적인 형태이다. 수입관세는 국제무역에 가장 큰 저해요인으로 처음에는 재정수입을 주목적으로 했으나 오늘날은 국제경쟁으로부터 국내산업을 보호하기 위해 널리 채용되고 있으며 특히 이러한 현상은 아시아, 아프리카, 남미의 후진지역에서 현저하다.

(2) 수출세

수출세(export duties)는 일국의 관세영역 밖으로 이동할 때에 부과하는 관세를 말한다. 수출세는 수출을 제한하는 결과를 초래하기 때문에 각국이 거의 활용하지 않고 있지만 ① 재정수입의 확보, ② 전략물자와 공업화에 필요한 원료 등의 국내확보, ③ 특정물품의 국내물가상승 방지를 목적으로 일부 국가에서 소수의 품목에 대해서만 부과하고 있는 예, 즉, 브라질의 커피, 스페인의 코르크, 이탈리아의 유황, 필리핀의 원목, 말레이시아의 고무 등이 그 좋은 예이다.

(3) 통과세

통과세(transit duties)라 함은 일국의 관세영역을 지나갈 때 부과하는 관세를 말한다. 통과세는 초기 단계의 관세의 지배적 유형이었으나 1921년 「바르셀로나 회의」에서 통과세 부과를 금지하는 국제협정이 체결되었고 특히 GATT협정 제5조 제3항에서도 통과화물에 대한 관세 및 통과세 면제규정이 있어 오늘날에는 모든 나라에서 통과세를 부과하지 않고 있다.

2) 과세목적에 의한 분류

(1) 재정관세

재정관세(revenue duties)라 함은 세입관세 또는 수입관세라고도 하며, 주로 국고의 수입을 목적으로 과세한다. 그러므로 관세의 설정 및 세율의 결정에 관하여는 재정수입을 확보한다는 것이 제1차적 의의를 갖고 부수적으로 국내산업 보호효과를 띤다.

(2) 보호관세

보호관세(protective duties)는 구체적인 보호목적에 따라, 경제공황의 영향을 막기 위하여 물가나 외환가치가 떨어진 국가로부터 수입되는 물품에 부과하는 공황관세(crisis duties), 외국물품의 수입금지를 목적으로 고율의 관세를 부과하는 금지관세(prohibitive duties), 유치산업(infant industry)의 보호를 목적으로 하는 육성관세(nurse duties), 현존산업의 유지를 목적으로 하는 유지관세(preserving duties), 국내시장에 대한 외국제품의 압박을 방지하기 위하여 부과되는 방위관세(national defence duties) 등으로 분류된다.

3) 과세방법에 의한 분류

(1) 종가세

종가세(ad valorem duties)는 수입되는 물품의 가격을 과세표준으로 하여 세액을 산출한다. 즉, 수입물품의 가격×관세율의 산식에 따라 세액을 계산하게 된다. 종가세는 종량세보다 그 역사가 오래되었으며, 이미 고대와 중세에서 일반적으로 사용되었다고 한다. 종가세의 경우 동일품목에 대하여 동율의 관세를 부과하더라도 당해 물품의 가격이 상승하면 관세수입도 많아지며 가격이 하락하면 관세수입도 적어진다.

종가세의 장점은 종량세에 비해 공평성 있는 조세부담을 한다는 점과 인플레이션 때에는 세율의 변경 없이 세수입을 올릴 수 있다. 그러나 종가세는 시간·장소·거래방법에 따라 항상 변동하는 물품의 가격을 정확히 파악하는 것이 어렵고, 따라서 과세가격을 확정하는데 복잡한 절차와 많은 비용이 드는 단점도 있다. 현재 우리나라의 관세율구조를 보면 대부분의 품목이 종가세 방법에 따라 세액을 산출한다.

(2) 종량세

종량세(specific duties)는 수입되는 물품의 수량을 과세표준으로 하여 세액을 산출한다. 즉, 수입물품의 단위수량당 세액 × 수량의 산식에 따라 세액을 계산하게 된다. 이와 같이 종량세는 수입물품의 수량에 의거 부과되므로 고가품이든 저가품이든 구별없이 일률적으로 관세를 부과한다는 점이 종량세의 장점이 되는 동시에 또한 단점이 되기도 한다. 즉, 평가의 어려움을 파악하지 아니하여도 되는 장점이 있는 반면, 고·저가 구별없이 통일적으로 관세를 부과한다는 불공평한 단점이 있다. 예컨대, 자동차에 대하여 종가세방법을 취하면 고가품에 대하여는 많은 관세를 부과하고 저가품에 대하여는 낮은 관세를 부과하게 되지만, 종량세방법을 취할 때에는 고급자동차·저급자동차 구별없이 대수에 따라 일률적인 관세를 부과하는 관세부담의 불공평을 초래한다.

(3) 혼합세

혼합세(combined duties)는 다시 선택세(alternative duties)와 복합세(compound duties)로 분류된다. 선택세라 함은 한 품목에 대하여 종가세율과 종량세액을 동시에 정하여 두고 양자중 높은 세율을 적용한다. 즉 X물의 경우 120% 그러나 kg당 60,000원 이상이라 표시하여 종가·종량 방식에 따라 세액을 산출한 후 그중 높은 세액을 선택 과세하는 방식을 취한다. 그러나 복합세는 동일할 품목에 대하여 종가·종량 세율 및 세액을 동시에 정한 후 양 방법으로 산출된 세액을 합하여 과세하는 방식을 취한다(예컨대, 50% + kg당 100원). 현재 우리나라 관세율표상에는 이상과 같은 선택 및 복합방식은 택하지 않는다.

4) 과세근거에 의한 분류

(1) 국정관세

국정관세(national duties)라 함은 일국이 관세주권에 의하여 자주적으로 관세율을 설정한 관세를 말하고, 이에 따른 세율을 국정세율(national tariff)이라고 한다. 우리나라 관세율표(tariff schedules of korea)상에는 “기본”이라고 표시하고 있다.

(2) 협정관세

협정관세(conventional duties)란 일국이 타국과의 조약에 따라 특정물품에 대하여 관세율을 협정하여 당해 조약의 유효기간 중에는 당해 협정된 세율을 변경하지 아니할 의무를 지는 것을 협정세율(conventional tariff)이라고 한다. 현행 관세율표상에는 “협정”이라고 표시하고 있다.

5) 과세차별에 의한 분류

(1) 특혜관세

특혜관세(preferential duties)라 함은 특별한 관계가 있는 상대국에 대하여 특히 저율의 관세를 부과하는 일종의 할인관세(discount tariff)를 말한다. 특혜관세에는 기존특혜와 일반특혜의 두 종류가 있다.

전자는 제1차 세계대전 후의 경제블록화의 경향에 기인하여 발전한 특혜관세로서 식민지를 보유하는 본국을 중심으로 식민지 및 식민지로부터 독립을 쟁취한 독립국이 상호 관세상 특별히 유리한 취급을 하는 경우의 관세를 말한다. 영연방특혜·프랑스연방특혜가 그 전형적인 예에 속한다. 후자는 선진국이 개도국으로부터 수입되는 농수산물, 완제품 및 반제품에 대하여 일반적, 무차별적으로 관세를 철폐 또는 세율을 인하해주는 것을 말한다.

(2) 차별관세

차별관세(differential duties)라 함은 특정국가의 상품 또는 특정의 품목에 대하여 타 상품보다 할인세율을 적용하거나 또는 할증세율을 적용하는 것을 말한다. 특정국가의 물품에 대하여 타국의 물품과는 다른 관세를 부과하는 관계로 수입관세율표의 이례(異例)를 행한다.

관세는 어느 나라에 대해서도 평등관세를 원칙으로 하지만, 특정지역과의 무역을 촉진하기 위한 방법으로서 또는 통상조약을 유리하게 도입하는 교섭수단으로서 혹은 상대국에 부당한 압박항쟁을 주지 않도록 하는 예방정책으로서 이용된다. 오늘날에는 최혜국약관의 보급, WTO에 의한 보편적 협정세율 등에 의하여 이와 같은 차별관세는 거의 그 예를 볼 수 없다.

(3) 탄력관세

탄력관세제도(flexible tariff system)는 관세율의 경직성을 완화하여 국제경제환경에 신축적으로 대응할 수 있도록 하기 위하여 관세율에 탄력성을 부여하여 정책목적을 원활하게 수행하려는 제도로서, 행정부에 법률이 정하는 일정한 범위내에서 관세율의 변경권을 위임하고 있다. 현재 우리나라의 탄력관세에는 반덤핑관세, 보복관세, 긴급관세, 상계관세, 편익관세, 조정관세, 농림축산물에 대한 특별긴급관세, 계절관세 및 할당관세가 있다.

① **반덤핑관세(Anti-Dumping Duty)**

정상적인 가격보다 부당하게 저렴한 가격으로 수입되는 물품으로 인해 국내 산업이 피해를 입거나 입을 우려가 있을 경우, 수출기업이 특정제품을 덤핑수출 함으로써 수입국의 동종 산업이 실질적 피해(Material Injury)를 받거나 받을 우려가 있을 경우 수입국이 해당제품의 수입에 대해 관세를 부과할 수 있는데 이를 반덤핑관세라 한다.

② **보복관세(Retaliatory Duty)**

우리나라의 수출물품, 선박, 항공기 등에 대하여 불리한 대우를 하는 국가로부터의 수입물품에 대하여 그 보복수단으로서 관세를 부과하는 것을 보복관세라고 한다. 그러나 현실적인 국제경제관계에서 보복은 또 다른 보복을 야기시키기 때문에 신중을 기할 필요가 있다.

③ **긴급관세(Emergency Duty)**

국민 경제상 중요한 산업을 긴급히 보호할 필요가 있거나 특정 물품의 수입을 긴급히 억제할 필요가 있거나 또는 산업구조의 변동으로 물품간의 세율이 현저하게 불균형하여 이를 시정할 필요가 있을 경우에 특정수입품의 국내외 가격차에 상당하는 율의 범위 내에서 관세를 할증하여 부과하는 관세를 말한다.

④ **농림축산물에 대한 특별 긴급관세**

농림축산물에 대한 긴급관세란 1993년 12월 15일에 타결된 우루과이라운드(UR) 농림축산물 관세협상 결과를 1994년 12월 30일에 개정된 관세법에서 수용한 것으로서 UR협상에서 양허한 농림축산물의 수입 물량이 급증하거나 국제가격이 하락하는 경우에는 당초 양허한 세율을 초과하여 관세를 부과할 수 있도록 함으로써 저가 농림축산물의 일시적 수입급증으로 인한 국내 농가의 피해를 예방하기 위한 관세제도이다.

⑤ **상계관세(Countervailing Duty)**

자유무차별원칙을 기본으로 하는 WTO체제하에서 국제시장에 있어서의 무역경쟁은 자유롭고 공정하게(free and fair) 이루어질 것을 이상으로 하고 있다. 그러나 현실적으로 대부분의 국가는 자국의 수출진흥정책이나 산업정책에 따라서 직접 또는 간접적으로 수출에 대하여 보조금 내지 장려금 정책을 이용하고 있다. 이와 같이 어떤 국가에서 보조금 또는 장려금을 받은 물품은 인위적으로 또는 부당하게 가격경쟁력이 올라가기 때문에 국제무역질서를 교란시키게 되며, 수입국의 입장에서는 수출국정부의 지원하에 염가로 수입되는 물품으로 인하여 동종물품을 생산하는 국내 산업에 심각한 피해를 초래할 가능성이 다분하다.

따라서 이와 같은 국제무역상의 부당함을 상계시키기 위해서 부과되는 것이 상계관세이다. 다시 말하면 상계관세는 외국에서 생산장려금 또는 수출장려금을 직접 또는 간접적으로 받은 물품이 수입되는 경우에 그 물품의 수입으로 인하여 국내산업이 실질적인 피해를 받거나 받을 우려가 있는 경우 또는 국내산업의 확립이 저해되는 경우에 관세를 추징할 수 있도록 하여 장려금이나 보조금을 받은 수입품의 경쟁력을 상계시켜 국내 산업을 보호하려는 차원에서 부과되는 관세를 의미한다.

⑥ 편익관세(Beneficial Duty)

통상조약 혹은 관세협정에 따른 관세상 혜택을 받지 못하는 국가의 물품에 대해 이 조약이나 협정을 체결한 국가에 대해 제공하고 있는 관세상 혜택 범위 내에서 관세에 관한 편익을 제공하는 관세를 뜻한다. 관세상 혜택이란 통상조약 혹은 관세협정에 명시된 최혜국약관에 의한 최혜국대우를 말한다.

⑦ 계절관세

계절관세라 함은 가격이 계절에 따라 현저하게 차이가 있는 물품으로서 동종물품·유사물품 또는 대체물품의 수입으로 국내시장이 교란되거나 생산 기반이 붕괴될 우려가 있는 경우에는 계절 구분에 따라 당해 물품의 국내외가격차에 상당하는 관세를 부과할 수 있는 제도이다. 이는 농산물과 자연산 품목은 계절에 따라 가격변동이 심하므로 국내 물가에 영향을 미치는 것을 관세율의 조정으로 제거하려는 것으로 주로 국산의 농산물보호와 소비자의 이익을 조화시키기 위한 것으로 이용하고 있다.

⑧ 조정관세(Adjustment Duty)

조정관세란 정부의 수입 자유화 개방정책에 따라 그 부작용을 관세정책 면에서 시정·보완하려는 목적으로 1984년부터 실시된 제도이다. 대외무역법 등에 의하여 새로이 수입자동승인품목으로 지정된 물품 중에 수입증대나 저가 수입으로 인하여 국내 산업을 저해하거나, 국민 소비 생활의 질서를 문란하게 할 가능성이 높은 품목을 무역계획상으로는 자유화시켰지만, 관세율을 상향조정하는 등 수용태세가 갖추어 질 때까지 관세장벽에 의하여 수입을 억제하여 국내 산업을 보호하려는 것이 이 제도의 목적이다.

⑨ 할당관세(Tariff Quota)

할당관세는 특정상품이 정부가 정한 일정수량까지 수입될 때에는 저세율의 관세를 부과하고, 일정수량을 초과하여 수입될 때에는 고세율의 관세를 부과하는 것을 의미하는 것으로서, 일종의 이중관세제도이다.

이러한 제도는 특정물품에 대하여 그 수입을 억제하려는 국내 생산자측의 요청과 이 물품을 저렴한 가격으로 입수하려는 수요자측의 상반되는 요청이 공존하고, 더욱이 그 물품의 국내 총생산량이 총 수요량에 따르지 못할 경우에 이중관세율에 의하여 양당사자의 요청을 동시에 충족시키려는 취지이다.

제4절 비관세정책

1. 비관세장벽의 개념

비관세장벽(non-tariff barriers : NTB)이란 국제무역을 저해하는 관세 이외의 모든 무역정책의 수단을 의미한다. 비관세장벽은 일반적으로 ① 수입을 양적으로 제한하거나, ② 수입상품의 가격을 제한하거나, ③ 외국수출업자 및 국내 수입업자에게 비용 혹은 위험부담을 증가시키는 조치들을 포함하고 있다.

미국의 월터(Ingo. Walter)는 비관세장벽을 다음과 같이 정의하고 있다.

> "국제무역의 규모·방향 또는 상품구성을 왜곡시키는 작용을 하는 정부의 모든 정책과 관행을 포괄적으로 지칭하는 것이다."

또한 볼드윈(K. E Baldwin)은 다음과 같이 정의하고 있다.

"국제간에 거래되는 재화 및 용역 또는 이들 재화 및 용역을 생산하는데 사용되는 자원이 세계의 잠재적인 실질소득을 감소시키는 결과를 가져오도록 배분되게끔 하는 정부 또는 민간에 의해 채용되는 일체의 수단을 말한다".

일본의 고시마(小島淸)는 다음과 같이 정의하고 있다.

"세계의 자유로운 무역을 저해하거나 교란하는 관세 이외의 방법으로 정부가 국산품과 외국상품(또는 국내시장과 외국시장)을 차별하는 직접·간접의 선별적인 규제를 말한다."

관세 이외의 무역규제조치는 그 시행주체가 중앙정부·지방정부 또는 민간단체냐를 불문하고 또한 동 규제가 WTO협정·국제협정 또는 2국간 조약에서 인정되고 있느냐의 여부에 관계없이 그것이 무역제한적인 정책적 목적을 내포하고 있는 한 모두 비관세장벽으로 간주되고 있는 것이다.

2. 비관세장벽의 완화를 위한 국제적 논의 동향

비관세장벽에 대한 다자간 협상이 본격적으로 논의되기 시작한 것은 GATT의 다자간 협상인 동경라운드(1973~1979)에서였다.

동경라운드에서는 6개 협상그룹의 하나로 비관세 협상그룹이 만들어져, 수입허가절차·기술장벽·정부조달·보조금·상계관세·반덤핑 등에 관해 주로 논의하였다. 그 결과 각 관련분야별로 협정을 체결했는데 이것이 MTN(Multilateral Trade Negotiation : 다자간 무역협정)협정이라 불리는 6개 비관세장벽에 관한 협정이다. 그러나 MTN협정이 마련되었음에도 불구하고 GATT회원국에게 일괄 적용된 것이 아니라 각 협정에 가입한 국가간에만 적용된 데다 각국의 가입도 부진하여 기대만큼의 비관세장벽완화효과를 보지 못했다.

이에 따라 1986년부터 개최된 제8차 다자간 협상인 우루과이라운드(UR)에서도 비관세분야를 중요한 협상의제로 포함하여 비관세장벽 완화방안을 계속 논의하였다.

UR협상에서는 비관세장벽과 관계되는 핵심문제들에 대해 별도의 협상그룹(MTN협정·보조금·상계관세·세이프가드 등)이 만들어졌고, 농산물·섬유 등을 타 협상그룹에서도 관련 비관세조치를 자체적으로 다루었으며, 비관세 협상그룹에서는 대상 범위(대상조치 및 품목)와 협상방식에 관한 논의를 주로 하였다.

그리하여 1993년 12월 15일 타결된 UR에서는 기존의 GATT체제 내외에 존재하던 많은 수입 제한적 예외규정들, 예컨대 섬유협정(MFA), 회색지대조치(Grey Area), 농산물에 대한 예외, 국제수지 제한 등이 철폐되거나 제한되어 다자간 자유무역이 크게 강화되었고, 동경라운드의 MTN 중 반덤핑·보조금·상계관세·수입허가절차·기술장벽·관세평가 등이 세계무역기구(WTO)의 전회원국에 적용되어 각종 비관세장벽을 철폐하는 것이 세계자유무역질서를 유지하는데 긴요하다는 인식이 심화되었다.

3. 비관세장벽의 특성

국제무역거래를 하는데 있어 각국은 종류와 형태는 비록 상이하여도 자국의 실정에 따라 어떠한 비관세장벽이 존재하게 마련인데, 이러한 비관세장벽의 특징을 살펴보면 다음과 같다.

1) 효과측정의 곤란성

비관세장벽의 무역제한적 효과를 종합적 또는 개별품목별로 수량화하여 측정해내는 일은 매우 어렵다. 왜냐하면 비관세장벽은 그 유형에 따라 영향을 미치는 품목범위가 각각 다르고, 어떤 유형은 시간에 따라 극히 유동적이어서 관계당국의 판단에 따라 실시되거나 외부에는 모습을 나타내지 않고 은밀히 적용되는 경우도 있기 때문이다.

2) 개발도상국에 차별적인 성격

비관세장벽이 무역에 미치는 영향은 명목상으로는 비차별적인 것 같지만, 사실상 개발도상국에 크게 불리하며, 따라서 동 장벽의 제거과정에 있어서는 개발도상국의 이익이 특별히 고려되어야 한다.

3) 복잡성

비관세장벽은 관세와는 달리 그 적용 및 운영이 매우 복잡하고 분별이 불가능하다. 그리하여 많은 국가는 산업보호를 위해 보다 편리한 방법으로 비관세장벽을 이용하는 경향이 많다.

즉 무역정책이나 국내산업보호를 주된 목적으로 하지 않고, 기타의 목적인 소비자보호·환경보호·보건위생·국가안전보장·조세부담의 공평 등의 목적으로 무역을 제한하는 경우에, 이러한 목적에 당해 비관세장벽 철폐요구에 대한 조화문제는 매우 어려운 것이다.

4) 협상곤란성

비관세장벽은 관세와는 달리 그 완화 및 철폐를 위한 협상이 매우 곤란하다.

비관세장벽은 복잡다양, 불확실한 성질, 계측 불가능성 때문에 양허정도를 비교할 지표의 설정이 불가능하며, 또한 대부분의 비관세장벽은 일정한 기준이 없어 설사 정부간에 협상이 이루어졌다 하더라도 그것이 비관세장벽의 철폐를 보장해줄 수 없기 때문이다.

5) 불확실성

비관세장벽은 정보부족 및 변칙적인 제도의 운영으로 인한 불확실성을 들 수 있다. 그리하여 수입국의 비관세장벽 실시로 인해 자신의 수출이 어떤 제한을 받게 될 것인지 확실하게 판단하기 어렵다.

4. 비관세장벽의 분류

각국의 비관세장벽은 수량제한이나 정부조달 관행상의 내외차별 등과 같이 WTO 협정 및 기타 국제규범에 위배되는 조치뿐만 아니라, 관련 국제규범을 보호주의적 의도를 가지고 남·오용하거나 자국의 법규에 근거하여 일방적으로 취하는 규제조치 등과 같이, 무역제한적인 성격을 가진 관세 이외의 모든 무역장벽을 대상으로 하고 있다.

1) 수량제한

수량제한은 비관세장벽 중 가장 분명하게 드러나는 수입규제조치로서, 수입금지를 비롯하여 수입쿼터를 설정하는 수입할당, 수출업자로 하여금 자율적으로 수출량을 제한하도록 하는 수출자율규제 등이 포함된다.

(1) 수입금지

일반적으로 국가안보를 저해하거나 소비자의 건강과 복지를 보호하기 위해 또는 멸종위기에 처한 동식물의 수입금지, 환경보호 등을 이유로 특정물품의 수입을 금지하는 것을 말한다. 구체적으로 무기·탄약·폭발물 등은 국가의 허가가 없으면 수입금지 시키거나 음란물·마약류 및 가짜상표를 붙인 물품들에 대하여 수입을 금지하는 것이다.

(2) 수입할당

다자간 섬유협정(Multi-fiber Agreement : MFA)에 근거하여 주요 섬유수출국들과 쌍무협정을 체결하고, 이들 국가로부터 섬유류 수입에 대해 쌍무쿼터를 설정하고 규제하는 것을 말한다. MFA는 섬유류 교역의 확대, 자유화 및 수출입 시장에서의 교란요인을 제거하기 위해 마련한 다자간 섬유협정이다. 또한 일부 농산물에 대하여 수입쿼터가 이루어지고 있다.

(3) 수출자율규제

일반적으로 수입국의 요청에 의하여 수입당사국과 자율규제협정 또는 기타 양해각서의 형태를 통해 이루어지고 있다. 그 중 수출자율규제협정(Voluntary Restraint Arrangement : VRA)은 특정상품에 관한 수입국과 수출국의 무역량을 일정기간 일정 한도까지만 거래할 것을 상호 합의에 의하여 규정하며, 이를 초과하여 거래되는 물량에 대해서는 수입국의 자유재량에 의하여 규제할 수 있다. 미국의 경우에는 국내제조업자들을 외국의 경쟁으로부터 보호하기 위한 조치의 일환으로 자동차·철강 및 공장기계 등에 대해 수출자율규제(Voluntary Export Restraint : VER)를 시행하고 있다.

2) 수입절차상의 제한

이는 수입허가와 통관절차상의 제한으로 나눌 수 있는데, 전자는 특정조건을 충족시키는 경우에 한해서 관련기관이 수입허가를 부여하는 것이며, 후자는 통관항구 또는 공항을 지정하거나 통관시 불필요한 지연을 행하는 것 등을 말한다.

(1) 수입허가

대부분의 농산물(치즈·우유 및 낙농제품, 과일·채소 및 견과류, 동·식물 및 그 제품) 등도 정부로부터 수입허가를 받아야 하며, 정부의 식품 안전검사류의 검사를 받는 경우나, 냉장고·세탁기·TV 등을 비롯한 가정용품의 수입품목에 대해 복수의 원산지규정을 적용하는 경우 등이다.

(2) 통관절차상의 제한

수입절차가 통관 항 별로 다를 뿐만 아니라, 지역별 세관장이 수입물품의 통관절차에서 행사하는 재량권의 범위가 넓어 수입업자가 동일 수입품목에 대해 복수의 원산지규정을 적용하는 경우 등이다.

3) 수입품의 가격제한

수입품의 가격을 제한하는 조치로는 최저수입가격제도·수입과징금·반덤핑 및 상계관세 등이 있다. 최저수입가격제도는 목표가격(최저수입가격)을 설정하여 수입품의 가격이 이보다 낮은 경우 추가조치를 행하는 것을 말하며, 수입과징금은 수입가격을 인상시키기 위한 의도에서 수입시 부과되는 일정 과징금을 의미한다. 반덤핑 및 상계관세는 수출국 덤핑 및 수출보조금 지급에 따른 효과를 상계하기 위해 추가관세를 부과하는 것을 말한다.

(1) 수입과징금

수입과징금(import surtax)은 수입을 억제하기 위하여 수입품에 부과하는 부과세를 말한다. 이 제도는 수입품에 과징금을 부과하여 수입가격을 높여 수입량을 줄이기 위해 사용되는 것으로 관세와 유사하나 관세를 인상하기가 어렵기 때문에 관세 대신에 일시적으로 이용하는 것이다. 또한 관세부과는 품목별로 부과되는 반면 수입과징금은 전면적으로 부과될 수 있다는 점이 다르다. 수입과징금은 고정과징금과 가변과징금이 있는데 가변과징금은 수입량이나 수입가격이 변함에 따라 수입국이 임의로 수입상품에 과징금을 부과함으로써 수입가격의 변화를 통해 수입을 조정하는 것이다.

수입과징금의 사례로는 1971년 미국이 4개월간 10%의 수입과징금을 부과한 바 있으며 EU의 공동농업정책에서도 수입과징금을 실시하고 있다.

(2) 반덤핑 및 상계관세

반덤핑관세(anti-dumping tariff)는 외국상품이 덤핑가격으로 국내시장을 침범하려 할 때 이것을 방지하기 위하여 부과하는 관세이다.

덤핑관세를 부과하는 목적은 덤핑되는 상품의 국내시장 침투로 인한 국내산업의 타격, 고용기회의 상실 등 경제혼란을 방지하기 위한 대항조치를 취하는 데 있고 덤핑방지관세를 부과하는 방법은 덤핑의 효과를 상계하는 만큼의 관세를 추가 부담시키는 것으로서 그 세액은 정상거래가격과 덤핑가격과의 차이가 되는 것이다. 상계관세(countervailing tariff)는 수출국에서 장려금이나 보조금을 지급받은 물품이 수입되어 국내산업을 저해하는 경우에 이러한 물품의 수입을 억제하기 위하여 관세를 추가하여 부과하는 것을 말한다.

장려금이나 보조금을 받은 수출품은 그만큼 국제경쟁력이 강화되어 다국시장 진출이 용이하고 수입국에서는 그에 따라서 국내산업이 저해될 가능성이 발생한다. 그리하여 수입국은 이에 대한 대항조치로서 보조금이나 장려금액만큼 관세액을 높이게 되는데 이것을 상계관세라 하는 것이다.

4) 정부조달에 있어서의 제한

이는 각국 정부가 행하는 국제입찰시 국외공급자(국외상품 및 서비스)보다 국내공급자(국내상품 및 서비스)를 우대하는 것과 같은 내외차별조치를 말한다.

미국은 'Buy American'이라고 알려진 차별적인 정부조달규정을 연방 및 주정부차원에서 광범위하게 적용하고 있다.

5) 기술장벽(표준 및 규정에 의한 제한)

이는 각종 기술표준·포장 및 라벨링·보건·위생·안전규정 등에 의한 제한을 의미한다. 미국은 소비자보호 및 환경보전을 위해 연방정부가 강제적인 기준을 설정하고 준수의무를 부과하고 있으며, 주 및 지방정부 차원에서도 다양한 기술규정이 존재하며, 일부 보건안전기준 및 환경기준 등이 지나치게 엄격하고 자의적으로 운영되는 경우가 있어 미국시장으로의 접근시 심각한 무역장벽으로 작용하고 있다.

6) 투자 및 서비스장벽

이는 외국인 투자에 대해 취하는 현지부품조달요건(Local Content Requirements), 수출입균형요건, 외환규제, 국내판매요건 등의 투자규제조치와, 각국이 국내산업의 보호·육성, 문화와 전통의 보호라는 관점에서 서비스교역에 대해 취하는 다양한 규제조치를 말한다.

Chapter

03

국제경제협력기구

Chapter 03

국제경제협력기구

제 1 절 UNCTAD(유엔무역개발회의)

1. 설립동기

제2차 세계대전 이후 GATT 체제를 중심으로 한 세계통상질서는 무역 및 외환의 자유화를 통하여 세계무역을 크게 신장시켰다. 그러나 이러한 세계무역의 신장은 주로 선진국 위주의 것이라고 볼 수 있어, 선진국과 개발도상국과의 경제적 격차는 더욱 확대되는 경향이었다. 이러한 경제적 격차문제, 특히 개발도상국의 경제발전에 관한 문제의 등장배경을 보면 대체로 다음과 같다.

개발도상국의 입장에서는 선진제국의 식민지로부터 해방되어 정치적 자립과 아울러 경제적 자립을 달성하기 위하여 경제개발을 서둘지 않으면 안되었다. 그러나 경제개발에 필요한 자본조달에 있어서 국내조달에는 한계가 있으므로 외자도입에 의존하지 않을 수 없는 형편이었다. 이러한 외자의 동원에는 선진국의 원조나 차관에 의존하는 것보다 수출을 통한 방법이 보다 유리하다는 인식하에 개발도상국들은 수출에 총력을 기울이게 되었다.

한편, 선진국은 개발도상국을 새로운 시장으로 인식하게 되어 쌍방은 교역증대에 치중하게 되었다. 그러나 개발도상국의 수출신장률은 선진국의 수출신장률에 미치지 못하여 남북간의 경제적 격차는 시간이 갈수록 점점 확대되었다. 이렇게 계속되는 경제적 격차를 해소하기 위해서는 남북간의 국제적 협력이 무엇보다 필요하게 되었다.

이렇게 남북간의 경제적 격차가 심화되는 외부적 요인으로는 첫째로, 선진국 중심의 국제경제질서의 형성, 특히 통상질서는 선진국 중심으로 이루어졌기 때문에 개발도상국에게는 매우 불리하다는 것이다.

둘째로, 개발도상국의 수출이 장기적으로 정체상태를 벗어나지 못하고 있다는 것이다.

셋째로, 선진국의 무역장벽강화를 들 수 있다. 특히 선진국은 관세장벽보다는 비관세장벽에 의하여 개발도상국의 수출상품에 대해 무역제한을 강화하고 있다는 것이다.

넷째로, 개발도상국의 주요 수출상품의 교역조건이 장기적으로 악화되어 왔기 때문에 무역이익이 개발도상국에서 선진국으로 이전됨으로써 남북간의 경제적 격차가 더욱 심화되었다는 것이다.

다섯째로, 선진국은 기술혁신의 촉진에 의하여 고도의 경제성장을 유지할 수 있으나, 개발도상국에서는 기술혁신이 부진하기 때문에 상대적으로 불리한 입장에 있게 된다는 것이다.

또, 1950년대 GATT 내에 표출된 불만의 주요 원천은 1차산품 국가들의 미약한 수출성과였다. 수출활동의 부진요인은 1차산품 국가의 국내정책에서도 기인하였지만, 대부분의 개도국가들은 선진산업국이 자국의 비효율적인 농업부문을 보호하기 위해 GATT의 예외규정을 적용해 온 결과 1차산품을 수출하는 개도국들에게 손실을 주고 있다고 확신하고 있었다.

더욱이 1960년대에 케네디 다자간무역협상이 개최되기까지 농산품은 관세인하협상의 대상에서 제외되어 있었다. 이에 대한 시비는 불문에 부치고 개도국들은 GATT를 후진국의 암담한 경제상황을 도외시하는 일종의 '부국의 모임(rich man's club)'으로 보게 되었으며, 1960년대 초 개도국들은 그들이 당면한 무역문제를 투표권이 유일하게 강력한 UN에서 해결하려는 자세를 취하게 되어 결국 유엔무역개발회의인 UNCTAD(United Nations Conference on Trade and Development)를 탄생시키게 되었다.

2. UNCTAD 조직

회원국은 각국의 경제상황에 따라 A그룹(아시아·아프리카), B그룹(OECD 회원국), C그룹(라틴아메리카 국가), D그룹(사회주의 국가) 및 독자그룹(중국, 헝가리, 이스라엘)으로 나누고, 상설기구로서 총회, 무역개발회의, 사무국 등을 두고 매 4년마다 정기총회를 개최하여 오고 있다. 우리나라는 1964년 3월 제1차 UNCTAD 총회에서 가입한 바 있다. UNCTAD의 주요조직은 다음과 같다.

1) 총회(Conference)

UNCTAD의 총회는 유엔 산하에 설치되어 있으며, UNCTAD 전회원국으로 구성되는 최고의 의사결정기구로서 4년마다 1회씩 개최된다.

2) 무역개발이사회(Trade and Development Board : TDB)

무역개발이사회에는 희망하는 회원국은 모두 참여할 수 있으며, 매년 2회씩 개최된다. 무역개발이사회는 총회의 결정사항에 대한 이행 여부를 검토, 연구 및 보고하고, 총회의 운영, 각 위원회의 토의 및 결정사항을 매년 유엔총회에 보고하며, 하부기구의 설립과 임무를 정하는 기능을 수행한다.

3) 위원회(Committees)

위원회에는 1차산품위원회, 빈곤완화위원회, 개도국서비스분야 육성위원회, 개도국간 경제협력위원회, 특혜 특별위원회 및 제한적 영업관행에 관한 정부간 정부위원회, 3개의 특별작업반 그룹 등 7개의 위원회가 있다. 각 위원회는 분야별로 협정의 체결, 기금의 마련, 관세제도의 설립 및 전문가회의 개최 등의 기능을 수행한다.

4) 사무국(Secretariat)

사무국은 총회, 이사회 및 산하기관의 고유업무를 처리하는 기관이며, 사무총장은 유엔 사무총장에 의해 임명되고 유엔 총회의 승인을 얻어야 한다.

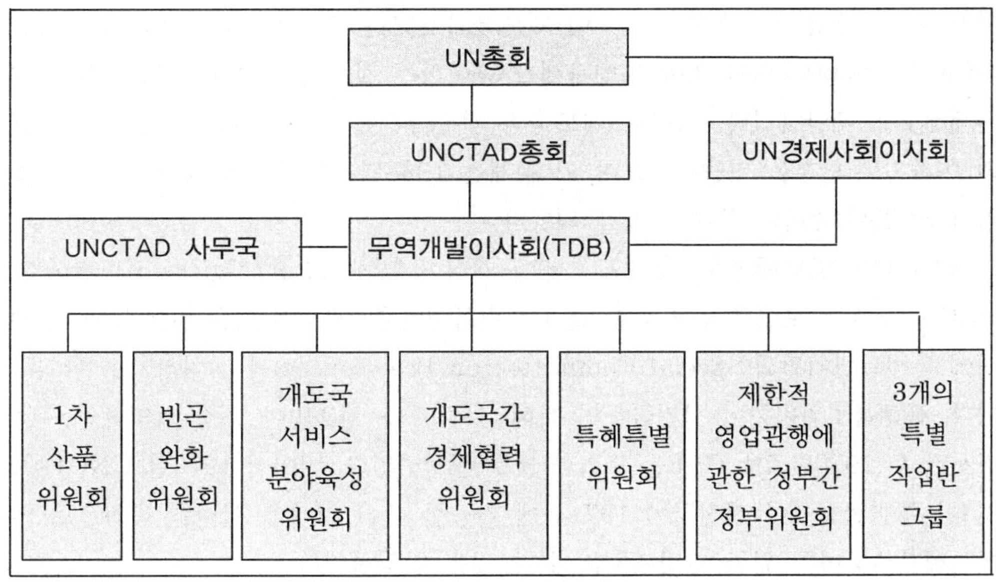

〈그림 3-1〉 UNCTAD의 조직

3. UNCTAD 활동

1) 1차~2차(1960년대)

제1차 UNCTAD에서 토의된 주요 내용은 ① 국제상품협정(ICAs : International Commodity Agreements)의 확충 등 1차산품 수출가격의 안정문제, ② 저개발국의 공산품 반제품 및 완제품수출과 특혜관세의 도입문제, ③ 저개발국에 대한 국제적 자금공여문제, ④ UNCTAD의 기구문제 등이었다. 한마디로 제1차 UNCTAD총회의 내용은 저개발국의 경제발전을 위한 '원조보다는 무역'이라는 표어로 대표되어졌다.

그런데 개별위원회에 상정된 제안은 모두 선진·개도국간의 이해대립으로 만족할 만한 성과를 얻지 못한 채 법적 구속력이 애매한 권고형태로 일관되었으며 실질적인 해결은 미루어졌다. 그러나 선진 각국 국민소득(뒤에 GNP로 바뀌어졌음) 1%의 대개도국 원조목표설정 및 UNCTAD의 상설기관으로 무역개발이사회를 설치하기로 합의한 것은 커다란 성과로 평가된다.

개도국에 대한 GSP문제가 처음으로 제기된 것은 UNCTAD 제1차 총회에 제출된 프레비쉬 보고서를 배경으로 하고 있다. 동보고서는 개도국의 선진공업국에 대한 수출증대를 목적으로 선진국이 개도국의 완제품 및 반제품에 대하여 할당관세(tariff quota)제도에 의한 특혜관세를 공여하는 것을 골자로 한 일반적인 특혜관세제도를 제안하였다. 그러나 개도국과 선진국간에 그리고 개도국간, 선진국간의 이견으로 난항을 거듭하였으며 이 문제는 1968년 2월 뉴델리에서 개최된 제2차 UNCTAD총회의 주된 의제가 되었다.

제2차 UNCTAD총회에서는 '77그룹'이 작성한 '알제리헌장'(Algier's Charter)과 OECD보고서를 토대로 토론을 한 결과 일반특혜관세제도의 설립을 위해 UNCTAD 내에 특혜특별위원회(Special Committee on Preferences)를 설치하기로 합의하였다. 특혜특별위원회는 선진국들의 특혜 '리스트'를 제출받아 조정·협의작업을 종결시킨 후 1970년 7월 GSP를 도입할 것을 결정하였다. 이어서 1970년 UNCTAD 제4차 특별총회에서 선진국이 1971년에 가능한 빠른 시기에 실시할 목적으로 일반특혜관세공여를 위한 입법조치를 취할 것을 합의하였다.

2) 제3차~7차(1970~1980년대)

(1) 개도국간 무역특혜제도(GSTP)

브레튼우즈체제의 붕괴, 석유파동, 높은 물가상승, 심각한 개도국의 외채누적 등 국제경제환경의 악화 속에서 일층 강화된 선진공업국의 보호무역주의는 제3차 UNCTAD총회에서 선진·개도국간 격렬한 대립을 야기시켰으며 남북간 협상은 정치화되었다. 제3차 UNCTAD 총회를 대비해 1971년에 개최된 제2회 '77그룹' 각료회의는 특히 개도국간 상호협력의 필요성을 강조하였다. 이러한 분위기 속에 UNCTAD는 개도국의 발전을 위한 집단적 자조와 상호 협력증진의 필요성을 인식하고 1971년 11월 GATT 의무면제(waiver)를 허용받은 '개도국 상호간 무역협상에 관한 의정서(Protocol Relating to Trade Negotiations Among Developing Countries)'에 근거하여 '개도국간 무역특혜제도(GSTP: Global System of Trade Preferences among Developing Countries)'를 추진하게 되었다. GSTP는 '77그룹' 개도국간에 상호 특혜세율을 적용하여 무역확대를 촉진함으로써 개별 국내시장의 협소성을 극복하고 비교우위에 따른 양산체제를 확립하여 규모의 경제이익을 향유할 수 있을 뿐만 아니라 개도국시장에서 선진국과의 경쟁에서도 유리한 입장을 확보하는 등 개도국제품의 수출을 지원하는 것을 목적으로 하고 있다.

GSTP는 1976년 8월 제4차 UNCTAD 총회에서 정식으로 거론되었고 1986년

5월부터 개도국간에 특혜관세협상이 개시되어 1988년 4월에 체결되어 다음해 1989년 4월에 정식 발효되었다. 그러나 GSTP협상은 GSTP가 개도국의 상이한 경제발전단계에 따른 다양한 욕구를 반영하여야 한다는 UNCTAD의 공식적인 이념에도 불구하고 사실은 GATT 상호주의에 입각하여 협상이 전개되었다.

(2) 신국제경제질서(NIEO : New International Economic Order) 선언

1971년 리마에서 개최된 제2회 '77그룹' 각료회의와 제3차 UNCTAD 총회는 IMF체제에 대한 비판과 국제통화개혁을 제기하는 등 남북간의 격렬한 대립을 야기시켰다. 이러한 가운데 1973년 10월 석유가격을 4배로 인상시키는데 성공한 석유수출기구(OPEC: Organization of Petroleum Exporting Countries)는 개도국들의 발언권을 강화시켰다. 이러한 분위기 속에 '신국제경제질서' 요구가 구체화되었다. 마침내 1974년 4월 제6차 자원관련 UN특별총회는 '신국제경제질서의 확립에 관한 선언과 행동계획(Declaration and the Program of Action on the Establishment of a New International Economic Order)을 발표하기에 이르렀다.

신국제경제질서 선언은 남북관계를 근본적으로 시정하여 모든 국가간의 주권평등, 상호의존, 공동이익 및 협력이라는 기초에 입각하여 새로운 경제질서를 창출하려는 웅장한 계획이다. 사실 NIEO는 그 동안 개도국이 요청하여 온 선진국의 일방적 무역자유화조치를 새로운 이념적 용어로 재포장한 것으로 선진국에서 개도국으로의 경제자원의 재분배와 기술의 대폭적인 이전을 선진국의 도덕적인 의무로 선언하는 것이다.

(3) 1차산품통합계획(IPC)과 국제상품협정

무역과 경제발전의 관계에 대한 UNCTAD의 주안점이 프레비쉬이론의 영향으로 만성적인 1차산품의 교역조건 악화에 있음을 상기할 때 UNCTAD의 핵심적 활동이 1차산품의 수출자를 위한 시장조건을 개선하는데 집중되어 왔다는 것은 당연한 결과이다. 이러한 맥락에서 1976년 제4차 UNCTAD총회는 종래 개별 상품별로 체결·관리되어온 상품협정을 총괄적으로 관리할 수 있는 국제기구를 설립하여 1차산품의 가격 및 수급안정문제를 종합적으로 관리하는 것을 골자로 하는 '1차산품종합계획(IPC: Integrated Program for Commodities)'을 채택하여 NIEO의 목표

달성에 크게 기여하였다.

UNCTAD의 IPC 후원 아래 코코아, 커피, 동, 면화, 주석 등을 대상으로한 다수의 국제상품협정(ICAs: International Commodity Agreements)이 체결되었다. 국제상품협정은 기본적으로 생산자 카르텔이다. 국제상품협정의 회원국인 생산자국은 회원국 전원이 용인하는 세계가격수준에서 결정된 총수출량 중 자국 몫인 '수출쿼터'를 할당받는다. 일부 국제상품협정은 안정기금(stabilization fund)을 설치하고 상품을 비축하여 과잉생산으로 가격이 합의된 최저가격 이하로 인하될 경우 잉여분을 구입하고, 공급부족으로 가격이 설정된 최고가격 이상으로 상승할 경우 재고를 방출하여 당해 상품가격을 협정된 가격대(price range)에 안정시킬 수 있도록 자금을 지원한다.

그러나 국제상품협정은 1차산품 가격을 바람직한 수준에 유지시키는데 별로 성과를 거두지 못하고 있다. 제일 큰 어려움은 대부분의 카르텔협정에서 흔히 속출되는 일로서 개별 회원국이 공급제한 약속을 부당히 회피하려는 성향을 보인다는데 있다. 또한 카르텔이 의도대로 운영되려면 당해 상품의 모든 또는 거의 모든 생산자가 회원이 되어야 하는데, 상당수의 국제상품협정이 이러한 요구조건을 충족시키지 못하고 있다.

3) 제8차~12차(1990년대 이후)

1970년대와 1980년대에 걸쳐 UNCTAD는 남북간 정책토론의 중추적인 포럼장이 되었다. 그러나 많은 협상의제들이 정치화되어 선진·개도국의 회원국가간 극심한 대립과 분열을 야기하였다. 1980년대에는 경제문제의 진단과 처방에 있어서 선진·개도국간 총체적인 공감대가 형성되는 듯하였으나, UNCTAD는 변화를 외면하였으며, 대다수 회원국은 UNCTAD의 효율성 및 존립 자체에 대해 회의를 표출하였다.

제8차 UNCTAD 총회는 구소련 붕괴 이후 최초의 회합이었는데 시장경제체계에 입각한 경제정책이 고용의 창출과 소득의 증가를 통해 경제발전을 도모하는데 있어서 최적의 기반이라는 매우 보편적인 견해를 제시하였다. 새로운 UNCTAD의 핵심적 관심사는 성장과 발전에 필요한 국내정책을 모색하는 것이었으며 이것도 과거와 같이 구속력 있는 국제적 합의 또는 다분히 정치적 결의를 기도하는 접근보다는 회원국간 공감대의 형성을 통하여 추진하기로 하였다.

〈표 3-1〉 UNCTAD총회 개최현황

차 수	회 기	장 소	참 가 국
1 차	1964년 3/23~6/16(86일)	제네바	121개국
2 차	1968년 2/1~3/29(57일)	뉴델리	121개국
3 차	1972년 4/13~5/21(40일)	칠레 산티아고	132개국
4 차	1976년 5/2~5/31(30일)	케냐 나이로비	139개국
5 차	1979년 5/7~6/3(28일)	마닐라	144개국
6 차	1983년 6/6~7/3(28일)	유고 멜그라드	160개국
7 차	1987년 7/9~8/3(28일)	제네바	143개국
8 차	1992년 2/8~2/25(18일)	콜롬비아 까르타헤나	128개국
9 차	1996년 4/26~5/11(16일)	남아공 미드랜드	128개국
10 차	2000년 2/12~2/19(8일)	태국 방콕	190개국
11 차	2004년 6/14~6/18(5일)	브라질 상파울로	140개국
12 차	2008년 4/20~4/25(6일)	가나 아크라	150개국
13 차	2012년 4/21~4/26(5일)	카타르 도하	193개국
14 차	2016년 7/17~7/22(6일)	케냐 나이로비	194개국

제9차 UNCTAD총회의 최대과제는 세계화, 자유화 과정에서 개도국, 특히 최빈개도국(LLDC: Least Less Developed Countries)이 다자무역체제에서 더 이상 소외(marginalization)되지 않고 동참할 수 있도록 지원하기 위해, UNCTAD를 보다 실용적이고 효율적인 기구로 개혁하는 것이었다.

태국 방콕에서 열린 UNCTAD 제10차 총회에 참석한 세계 48개 최빈국은 선진국의 시장개방과 부채탕감을 강력히 촉구했다. 최빈국들은 이를 위해 선진국들이 관세철폐와 쿼터제 철회 등 실질적인 조치를 취해 경제발전을 지원해 달라고 요구하며 10차 UNCTAD총회 폐막 때 이 같은 내용의 '방콕선언' 등 2016년까지 총 14차 총회를 개최하였다.

4) UNCTAD의 성과

UNCTAD의 테두리 내에서 그래도 유일한 성과라고 할 수 있는 것은 일반특혜관세제도(Generalized System of Preferences : GSP)이다. 일반특혜관세제도는 수출을 통한 개발의 촉진에 있으며 그 수단으로서 모든 선진국이 모든 개발도상국으로부터 수입하는 공산품에 대한 관세면제를 주 내용으로 하는 관세상의 특혜를 제공한다는 것이다.

GSP제도의 중요내용으로는 다음과 같다.

① 대상품목별로 볼 때 농산품은 개별적으로 지정하는 Positive List를 적용하며 공산품은 Negative List를 적용한다. 따라서 공산품은 예외품목을 제외하고는 원칙적으로 전 품목이 이에 해당되며,

② 선진국의 경우에 특혜품의 수입이 격증하여 국내산업이 타격을 받을 경우에는 보호 및 조정을 취할 수 있고,

③ 특혜관세의 세율은 농산품의 경우에는 완전 면제하거나 특정품목에는 20-50%를 부과하며, 공산품의 경우에는 완전 면제하며,

④ 특혜는 UNCTAD에서 관장하며 기간은 10년으로 하고 만료 1년에 연장여부를 결정토록 하고,

⑤ 특혜관세는 잠정적인 구속력을 갖고 있을 뿐이며, 긴급사태시에는 일부 또는 전부를 철회할 수 있다.

GSP제도는 1971년 당시 EC와 일본이, 1972년부터는 미국을 제외한 모든 선진국이 그리고 미국은 1976년부터 실시하고 있으나 GSP제도는 개발도상국의 공산품 수출증대에 기여하는데 있어서는 다음과 같은 문제점들이 있다.

첫째, 대부분의 선진국들은 개발도상국이 비교우위를 갖는 품목에 대하여서는 소위 주요품목이니 또는 민간품목(sensitive item)이니 하여 특혜대상에서 제외시키거나 특혜수입한도(ceiling)를 정하고 있다.

둘째, 개발도상국 중에서도 GSP제도의 혜택을 누릴 수 있었던 나라들은 어느 정도 공업화가 이룩된 선발개발도상국 또는 중진국이라고 할 수 있는데 최근의 GATT를 중심으로 한 국제무역협상에는 졸업(graduation)개념을 적용하고 있다. 이러한 졸업개념은 후진국경제를 탈피한 선진개도국 등에 대해서는 GSP제도를 유보하려는 움직임이 한층 구체화되고 있다.

제2절 OECD(경제협력개발기구)

1. 설립배경

경제협력개발기구(Organization for Economic Cooperation and Development : OECD)는 미국이 유럽의 경제부흥을 돕기 위하여 제2차 세계대전 직후에 실시한 마샬계획의 관리기관인 OEEC를 계승하여 발족한 유럽경제통합의 한 기구이다. 1948년 4월에 창설된 OEEC(Organization for European Economic Cooperation : 유럽경제협력기구)는 유럽결제동맹(European Payment Union : EPU)을 통한 다각적 결제방식으로 무역을 신장시켰고, 1950년에 무역자유화 규약(Code of Liberalization)을 설정하여 수량제한조치의 철폐에 힘쓰는 등 무역자유화에 노력하였다. 그 후 1961년 9월 30일에 OEEC는 발전적 해체를 하고 OEEC가맹국 18개국에 미국과 캐나다를 합쳐 20개국의 가맹국을 가진 OECD의 발족을 보게 되었다. OEEC는 단순히 유럽의 지역적인 협력기구에 불과하였으나 OECD는 일종의 선진국그룹같이 취급되고 있다.

OECD는 엄격한 의미에서는 경제협의체로서 GATT와 같은 강력한 국제기구는 아니나 세계경제에 미치는 그 영향력은 대단하다. 세계경제의 운영전략을 수립하거나 정책방향을 제시함으로써 1960년대에는 경제성장의 촉진, 1970년대에는 에너지 및 경제위기의 극복, 1980년대는 세계경제의 불황극복 등 세계경제의 현안을 해결하는데 실질적인 영향력을 행사하여 왔다.

최근 OECD는 냉전체제의 종식 이후의 새로운 국제질서에 부응하여 일부 선발개발도상국과 동구권 국가들을 포함하는 소위 '같은 생각을 가진(like-minded)'국가들의 모임으로 변화하고 있으며, 세계경제에 미치는 영향력이 더욱 확대될 것으로 전망되고 있다. 현재 OECD는 범세계적인 경제개발기구로의 이행을 모색하고 있다.

현재 총회원국은 34개국이며, 우리나라와 헝가리, 폴란드, 체코 등이 OECD 이행국가(Partners in Transition : PIT)로 각종 위원회에 참가하고 있다. 우리나라는 1995년 3월 29일 가입신청서를 제출하였고, 1996년 12월 12일 29번째 가입국이 되었다.

〈표 3-2〉 OECD 연대별 회원국 현황(2018년 6월 현재 35개국)

연도 \ 내용	회 원 국	비고
1960년대	오스트리아, 벨기에, 덴마크, 프랑스, 독일, 그리스, 아이슬란드, 이탈리아, 룩셈부르크, 네덜란드, 노르웨이, 포르투갈, 스페인, 스웨덴, 스위스, 터키, 영국, 미국, 캐나다, 트리스테	창설 멤버
	일본(1964), 핀란드(1969)	
1970년대	오스트레일리아(1971), 뉴질랜드(1973)	
1980년대		
1990년대 이후	멕시코(1994), 체코슬로바키아(1996), 헝가리(196), 폴란드(1996), 한국(1996), 슬로바키아(2000), 칠레(2010), 슬로베니아(2010), 이스라엘(2010), 에스토니아(2010), 라트비아(2016)	

자료 : 외교부 홈페이지 인용.

한편, 주로 선진국들인 OECD 회원국들의 인구는 전 세계 인구의 18%에 불과하여, 통합경제규모가 1994년을 기준으로 전 세계 GNP의 81%, 수출액은 61%, 수입액은 70%를 차지하고, 1인당 GNP 규모에 있어서도 약 20,106달러를 기록하는 등 막강한 경제력을 보유하고 있다.

2. 설립목적

OECD 설립의 목적은 OECD 협정문 제1조에 명기되어 있으며, 그 내용은 다음의 세 가지로 요약된다.

첫째, 회원국들의 경제성장촉진을 통하여 고용증대 및 생활수준의 향상을 도모하고, 세계경제의 발전에 주도적·선도적으로 기여하는 것이다.

둘째, 개발도상국들에 대한 원조를 통하여 후진국들의 건전한 경제성장에 기여는 것이다.

셋째, 다자간·무차별적인 자유무역원칙에 따른 세계무역의 확대에 기여하는 것이다.

이러한 목표를 달성하기 위해 회원국들은 ① 자국 경제자원의 효율적인 이용을 촉진하고, ② 과학, 기술분야에서 자원개발과 연구활동을 촉진하고, ③ 재정금융상의 안정을 달성하고 타국경제를 위협하는 사태를 방지할 수 있는 정책을 시행하며, ④ 제품 및 서비스 교역상의 장애요인을 제거하고 자본이동의 자유화를 촉진하며, ⑤ 기술원조 및 수출시장 확대를 통한 개도국의 경제발전을 지원하기로 합의하였다.

또한 OECD의 제반목표와 목표달성을 위한 약속사항을 이행하기 위해 회원국들은 항시 정보를 교환하고, 지속적인 협의와 연구를 행하고 합의된 계획에 참가하며 긴밀히 협력하고 특정한 경우에는 합의된 조치를 취한다는 것이다.

3. 기본성격

OECD의 기본성격은 다음과 같다.

첫째, OECD는 포괄적인 국제경제협의체이다. 현재의 WTO나 IMF(International Monetary Fund)는 무역, 통화, 환경 및 개발분야 중 특정 분야만을 다루는데 비하여, OECD는 이러한 4대 기본분야는 물론이고 경쟁정책, 에너지, 고용, 교육, 소비자보호 등 모든 경제·사회·복지문제까지를 포괄하는 종합적인 경제협의기구로서 각국의 경제정책 상호간의 관계를 감시·연구하고 이를 근거로 정책조정을 유도할 수 있는 유일한 국제기구이다.

둘째, OECD는 클럽(Club)적 성격을 지니고 있다. 즉 OECD는 WTO에서와 같이 강행적인 국제규범을 직접 교섭하거나 제정하는 기구가 아니라, 회원국들의 경제성장촉진과 경제운영의 효율성을 높이기 위하여 필요한 경제정책의 방향, 원칙 또는 지침을 채택하여 상호간의 공감대 속에서 결정사항을 시행하는 클럽적인 협의기구이다.

따라서 주요사항에 대하여 찬성국은 공동의 규범을 수락하고 반대국은 이에 불참 또는 유보할 수 있다. 이에 대한 최선의 방법은 회원국간에 “동료간의 압력”(peer pressure)의 방식을 공동의 목표를 달성할 수 있을 뿐이다. 단지 모든 회원국들은 OECD 설립협정에 규정된 자유주의에 의한 시장경제제도를 준수하고, 개도국에 대한 원조규정, 그리고 자본거래의 자유화규약 및 무역외거래의 자유화 규약은 최소한으로 지켜야 한다.

셋째, OECD는 범세계적인 경제·무역규범의 선도역할을 담당하고 있다. 근본적으로 OECD는 서방 선진국들간의 경제협력을 위한 기구로 출발하였으나, 세계경제에서 차지하는 회원국들의 경제적 비중과 선도적 역할로 인하여 세계경제 전체의 성장과 세계무역질서를 구축하는데 주도하고 있다. 특히 OECD는 EU(유럽연합)이라는 유럽세계와 미국, 일본 등 비유럽 선진국간의 협력체라는 이점을 활용하여 GATT(WTO) 등에서 개도국까지를 포함하는 범세계적 무역규범화를 이끌어 왔으며, 지금도 새로운 무역이슈에 대한 개념정립의 기반을 마련해 가고 있다.

예컨대 반덤핑, 비관세장벽에 관한 문제는 1960년대 OECD에서 먼저 개념이 정립된 후 1970년대의 동경라운드에 반영되었으며, 또 서비스, 금융, 지식재산권 분야 등의 자유화에 관한 문제도 1970년대에 OECD에서 개념이 정립된 후 UR 협상에 반영된 바 있다. 그리고 최근에는 뉴라운드라 불리는 무역과 투자, 환경, 경쟁정책, 노동, 국내정책의 상호 조화문제를 OECD에서 중점적으로 논의 중에 있다.

넷째, OECD는 지역경제공동체와 세계경제협력기구 등을 접목시키는 역할을 하고 있다. OECD 회원국은 범세계적인 경제기구인 WTO와 IMF의 회원국이면서 또 EU, NAFTA, APEC 등 지역주의적 경제공동체의 구성원이므로 이러한 기구들의 상호 협력도 촉진하고 있다. 또 이러한 협력은 경제적 측면뿐만 아니라 정치적 성격도 공유하여 다원적 민주주의 체제, 시장경제원리 및 인권존종 등의 가치를 존중하는 회원국들간의 동질성을 중시하고 있다.

다섯째, OECD는 각종 회의 및 의사결정은 협상(negotiation) 방식이 아니라 협의(discussion) 방식으로 진행된다. 즉 주요사항을 결정하는 경우 반대의 의견도 존중하고 각 회원국의 자유로운 정책선택의 원칙을 토대로 하여 만장일치의 합의제(consensus)에 의하여 이루어지며, 또 결정된 사항에 대하여는 회원국에 대한 강요가 아니라 토의의 축적과 공감대의 형성에 의한 회원국간의 정책조화를 중시하고 있다.

만약 회원국간에 해결하기 어려운 문제가 발생하면, 관련위원회가 장기간에 걸쳐 문제점의 검증, 상관관계의 분석, 수량적 증거자료의 수집 및 정리 등 철저한 기초연구를 수행하고, 협의에 임해서는 각국의 정책결정 관계자들이 직접 참여하는 대면회의(confrontation)의 방식으로 공감대가 형성될 때까지 문제를 협의하고 검토한다.

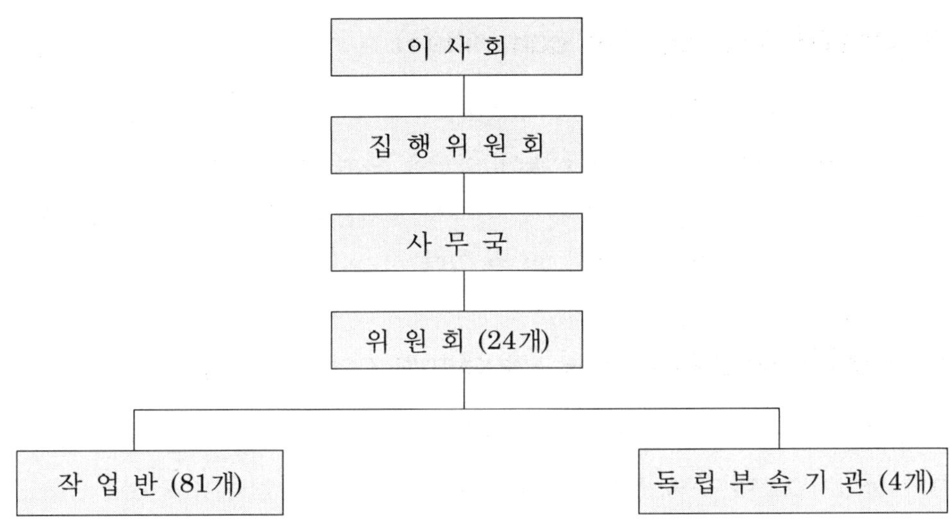

〈그림 3-2〉 OECD 조직구성도

4. 조 직

OECD는 크게 이사회, 집행위원회, 특별집행위원회, 부분별 위원회 및 이들의 활동을 보조하는 사무국으로 구성되어 있으며, 약 2,000명에 가까운 스탭이 근무하고 있고, 회원국의 분담금으로 충당되는 예산은 연간 약 2.6억 달러 수준이다. 이와 더불어 산하에 반독립적인 부속기구와 자문기관이 있는데, 이들의 구성 및 역할은 다음과 같다.

1) 이사회(council)

이사회는 OECD의 최고 의사결정기구로서 각료이사회(council at ministeral level)와 상주대표이사회로 구분되는데 각료이사회는 회원국의 각료로 구성되어 연 1회 개최되며 G-7 정상회담 전에 개최되어 G-7 회담에서 논의될 의제들에 대한 회원국간의 사전 입장조정이 이루어진다. 반면 상주대표이사회(council at permanent representatives level)는 OECD 주재 각 회원국들의 대사들로 구성되어 있으며 통상 주 1회에 개최된다. 이사회는 각 회원국이 직면하고 있는 주요 경제 및 사회문제 등 전반적인 사항들을 토의·조정하며, 신규회원국의 가입여부, 예산승인, 각종 위원회의 활동사항의 점검 및 지시 등 기구활동 전반에 대한 최종적인 의사결정권을 갖는다.

2) 집행위원회(executive committee)

이사회의 활동을 보좌하기 위한 기구로서 14개국으로 구성되어 있다. 본 위원회는 이사회 결정사항의 집행·감독기관의 역할을 하며 일반위원회의 보고서, 제안 및 자료 등의 이사회 제출전의 검토 및 이사회 개최준비 등 OECD의 전반적인 활동을 실질적으로 주도하는 기구라 할 수 있다.

3) 특별집행위원회(special executive committee)

1972년 각 회원국의 국제경제 분야 고위담당자들이 다양한 주제들을 검토하기 위하여 구성되었는데 주로 무역자유화와 통화제도 개혁방안을 검토한다.

4) 분야별 전문위원회, 실무작업반 및 전문가그룹

OECD에는 집행위원회나 예산위원회 이외에 회원국 대표들의 실질적인 토의기구로서 24개의 분야별 전문위원회가 있고 그 산하에는 보다 전문적인 81개의 실무작업반(working party) 및 전문가그룹(expert group)이 있다. 위원회, 실무작업반 및 전문가그룹의 토의에는 회원국의 상주대표단 및 본국으로부터의 전문가가 참여한다.

5) 사무국(secretariat)

이사회와 위원회의 활동을 지원하는 행정부서 및 분야별 전문가집단으로 구성된 세계적인 두뇌집단으로서 각종 위원회 및 전문가그룹에서 토의될 자료 및 보고서를 작성하는 역할을 수행하고 OECD의 제반활동을 기획, 관리, 조정한다. 인적 구성으로는 대외적으로 OECD를 대표하는 사무총장과 3인의 사무처장 그리고 2천여명의 정규인력이 있으며 분야별로 경제통계국, 무역국, 금융, 재정, 기업국 등으로 조직되어 있다. 또한 동구권 국가들의 시장경제체제로의 순조로운 이행을 지원하기 위한 동구협력센터(Center for Cooperation with the European Economics in Transition)가 있다.

6) 산하 반독립적 부속기구

OECD 내에는 분야별 위원회와는 별도로 특정한 목적이나 활동을 위한 반독립적인 부속기구가 존재하는데 이들 기구의 경우에는 가입절차가 신축적이고 각기 독자적인 이사회에 의해서 운영되고 있다. 구체적으로 ① 핵에너지기구(Nuclear Energy Agency : NEA), ② 개발센터(Development Center : DC), ③ 교육연구혁신센터(Center for Educational Research and Innovation : CERI), ④ 국제에너지기구(International Energy Agency : IEA)가 있다.

7) 민간자문기구

OECD는 국제기구 및 민간기구와 다양하게 협조관계를 구축하고 있는데 OECD의 주요 민간자문기구는 ① 기업·산업자문위원회(Business and Industry Advisory Committee : BIAC), ② 노동조합자문위원회(Trade Union Advisiry Committee : TUAC)가 있다.

5. OECD의 주요규범

OECD규범(Acts)은 OECD가 회원국에게 적용시킬 목적으로 채택한 제규정으로서 이사회의 의결을 거쳐서 결정되며 회원국의 의무내용을 구체적으로 규정하고 있다. OECD규범은 효력의 강도와 적용범위에 따라 결정사항(demission), 권고사항(recommendation), 선언(declaration), 지침(guideline), 양해각서(understanding) 등으로 구분하고 있다. 이 가운데 결정사항은 법적 강제성을 갖는 규정으로 회원국 모두가 궁극적으로 준수해야 할 내용들이 포함되어 있다. 반면 기타 규정들은 법적 강제성은 없으나 회원국들이 가능한 한 준수 또는 지지하는 것이 바람직하다고 판단되는 사항들로 구성되어 있다.

OECD 제규정을 분야별로 분류해 보면 총 규정의 수는 166개로 결정사항 38개, 권고사항 107개, 기타 21개의 규정으로 구성되어 있으며 환경, 금융 및 산업분야 등과 관련된 규정이 큰 비중을 차지하고 있다.

한편 금융분야에서 경상무역외거래와 자본이동과 관련된 결정사항은 비록 각각 1개에 지나지 않으나 이 규정들은 OECD의 양대 자유화규약으로 OECD를 특징짓는 대표적인 규정이다. OECD의 주요 규정 중 금융, 환경, 산업, 재정, 무역분야를 중심으로 주요 내용을 소개하면 다음과 같다.

1) 금융분야

금융분야와 관련된 규정은 경상무역외거래와 자본이동과 관련된 양대 자유화규약, 국제투자 및 국제기업과 관련된 규정 그리고 금융시장 및 보험관련 규정 등으로 구성되어 있다.

(1) 양대 자유화 규약

OECD는 보다 자유로운 거래가 보장되는 국제경제 환경을 조성하기 위한 주요 수단으로 1961년 12월 OECD 이사회의 결정사항으로 양대 자유화 규약인 「경상무역외거래 자유화 규약(Code of Liberalization of Current Invisible Operations)」과 「자본이동 자유화 규약(Code of Liberalization of Capital Movement)」을 채택하였다.

경상무역외거래 자유화 규약은 무역거래 및 서비스거래에 따른 자금의 대외지급 및 이전의 자유화뿐만 아니라 국제간 서비스거래 관련 계약체결의 자유화를 포함하고 있다. 이런 점에서 OECD의 경상무역외거래 자유화 규약은 경상거래와 관련된 대외지급의 제한철폐를 의미하는 IMF협정문 8조보다 자유화 범위가 포괄적이라고 할 수 있다. 한편 자본이동자유화규약은 직접투자를 포함하여 단기 및 장기 자본거래 등 국제간의 가능한 모든 형태의 자본거래를 자유화 항목으로 포함하고 있다.

(2) 양대 자유화 규약의 주요 원칙

OECD는 양대 자유화 규약을 각 회원국에 요구하고 집행해 나가는 데 있어서 점진적 자유화, 내국민대우, 무차별대우 등 3가지의 주요 원칙을 제시하고 있다. 점진적 자유화 원칙이란 각 회원국이 자국의 경제발전 정도 및 자유화 수용능력 그리고 현재 직면하고 있는 경제상황 등을 고려하여 무조건적이고 전면적인 자유화보다는 점진적인 자유화를 추진하도록 허용하는 것을 말한다.

따라서 각 회원국들은 자유화 규약에 명시된 자유화 항목에 대해 자국의 경제상황에 따라 자유화 유보 또는 적용면제 등의 조치를 취할 수 있는 것이다. 내국민대우원칙이란 외국인의 국내시장 진입이나 일단 설립된 외국인 지배기업에 대한 대우를 내국인이나 내국인 지배기업의 경우와 동등하게 부여할 것을 의미한다. 동원칙은 자본이동 규약의 대내 직접투자 항목에 포함된 회사 설립권 관련사항과 경상무역외 거래규약의 보험, 은행 및 금융서비스 공급기업의 해외지사와 대리점의 설립 및 운영과 관련된 항목에 명기되어 있다.

한편, 무차별대우원칙은 한 회원국의 자유화 조치는 여타 회원국의 자유화의 정도와는 무관하게 모든 회원국에게 무차별적으로 적용되어야 함을 의미한다. 그러나 관세 또는 통화동맹을 결성하여 관련 동맹국가에게 OECD자유화 규약보다 더 높은 수준의 자유화 조치를 부여할 수 있으며, 또한 금융 또는 보험서비스 분야 등 일부 분야에서 대내외 직접투자와 관련하여 상호주의를 적용할 수 있는 등 무차별대우원칙에는 일부 예외가 인정되고 있다.

(3) 경상무역외거래 자유화 규약의 항목별 내용

경상무역외거래 자유화 규약은 무역거래 및 서비스거래에 따른 자금의 대외지급 및 이전의 자유화뿐만 아니라 국제간 서비스거래 관련 계약체결의 자유화를 포함하고 있다. 경상무역외거래 규약의 자유화 항목은 11개의 대항목과 57개의 소 항목, 그리고 보험, 은행 및 금융서비스, 항공운송, 여행 및 관광 그리고 필름관련 대항목에 대한 부속서로 구성되어 있다. 본 규약의 주요 내용은 서비스의 국경간 거래체결의 자유화와 그에 수반되는 대가지급의 자유화라고 할 수 있다.

(4) 자본이동 자유화 규약의 항목별 내용

자본이동 자유화 규약은 직접투자를 포함하여 단기 및 장기 자본거래 등 국가간의 가능한 모든 형태의 자본거래를 자유화 항목으로 포함하고 있다. 따라서 OECD 자본이동 자유화 규약은 직접투자, 부동산거래, 단기금융시장거래, 자본시장거래, 담보 및 신용, 외환거래, 파생금융상품거래, 개인적 자본거래 등 국가간 자본거래의 거의 모든 유형이 포함된 유일한 자본거래관련 국제규범이다. 자본이동 자유화 규약의 항목은 <표 3-3>에 나타난 바와 같이 16개의 대항목과 91개의 소 항목으로 구성되는데, 소 항목은 다시 List A와 List B 항목으로 구분된다. List A 항목은 일단 자유화가 된 후에는 자유화 유보가 금지되는 항목이며, List B 항목은 경제상황의 변화에 따라 재유보가 가능한 항목을 말한다.

〈표 3-3〉 분야별 OECD규정

분 야	결정사항 (decisions)	권고사항 (recommendations)	선언, 지침 및 기타규정 (declarations, guidelines, etc)	계
금 융	6	15	2	23
경상무역외거래	1	1	-	2
자 본 이 동	1	-	-	1
국제투자 및 국제기업	4	6	2	12
금 융 시 장	-	6	-	6
보 험	-	2	-	2
환 경	13	41	3	57
환 경 정 책	-	10	3	13
대 기	-	1	-	1
수 질	-	5	-	5
에 너 지	-	4	-	4
폐 기 물	5	3	-	8
화 학 물 질	7	8	-	15
오염물질의 국경이동	1	4	-	5
환 경 상 태 보 고	-	1	-	1
소 음	-	2	-	2
해 안 및 해 양	-	3	-	3
산 업	12	7	4	23
농 업	11	3	-	14
철 강	-	-	1	1
조 선	-	-	3	3
해 운	-	2	-	2
관 광	1	2	-	3
에 너 지	6	4	3	13
일 반 에 너 지	1	-	-	1
핵 에 너 지	5	4	3	12
경쟁제도 및 소비자정책	1	14	-	15
경쟁제도 및 정책	-	7	-	7
소 비 자 정 책	1	7	-	8
재 정	-	13	1	14
무 역	-	4	2	6
과학·기술 및 정보	-	4	2	6
과학 및 기술정책	-	2	1	3
정보·컴퓨터 및 통신	-	2	1	3
교육 및 고용	-	2	3	5
교 육	-	-	1	1
고용·노동 및 사회문제	-	2	2	4
개별원조	-	3	1	4
합 계	38	107	21	166

자료 : 대한상공회의소 한국경제연구센터, 2014.

〈표 3-4〉 자본이동 자유화규약 항목

대 항 목	소 항 목		
	List A	List B	계
1. 직접투자	6	-	6
2. 직접투자의 청산	2	-	2
3. 부동산거래	2	2	4
4. 자본시장에서의 거래	8	-	8
5. 단기금융시장에서의 거래	-	12	12
6. 매매가능 금융수단 및 증권화되지 않는 권리 등의 거래	-	10	10
7. 공동투자증권의 거래	8	-	8
8. 무역 및 용역제공관련 신용	2	1	3
9. 금융상의 신용 및 대부	-	2	2
10. 담보, 보증 및 Back-up Facility 금융	6	2	8
11. 예금계정거래	2	2	4
12. 외환거래	-	6	6
13. 생명보험	2	-	2
14. 개인적 자본거래	7	1	8
15. 자본의 실물이동	4	-	4
16. 비거주소유 봉쇄자금의 처분	4	-	4
계	53	38	91

자료 : 대한상공회의소 한국경제연구센터, 2014.

(5) 국제투자 및 국제기업 관련 규정

국제투자 및 다국적 관련 규정에는 국제기업에 대한 전반적인 사항 및 외국기업에 대한 내국민대우 관련사항, 국제투자 및 인센티브에 관한 사항, 외국인 재산보호 등에 관한 제반규정이 포함되어 있다.

"국제투자 및 국제기업에 관한 OECD선언"에는 외국인투자기업의 중요성 및 국가간 협력증대의 필요성을 강조하고 국제기업에 대한 일반지침, 내국민대우, 투자규제 및 인센티브, 회원국들간의 협의절차, 정기적인 규정의 재검토에 관한 내용이 포함되어 있다. "국제기업 지침에 관한 이사회 결정"에서는 국가별 연락창구의 설치와 국제투자 및 국제기업위원회의 전반적인 역할을 언급하고 있으며, 국제기업에 적용되는 각국 법령의 조화문제를 해결하기 위한 구체적 방안을 포함하는 규정이 있다.

내국민대우와 관련해서는 공공질서 및 안보목적의 예외사항을 가능한 한 축소시키도록 권고하는 규정, 서비스부문에서 외국인투자기업에 대해 예외적으로 적용하고 있는 사항들의 축소, 공공원조 및 정부보조금과 관련된 외국기업에 대한 내국민대우, 국내자본시장에서의 자금조달과 관련된 내국민대우의 내용을 포함하는 다수의 규정을 시행중에 있다. 한편, "국제투자의 유인 및 규제에 관한 이사회 결정"에서는 투자흐름을 왜곡시키는 회원국의 투자규제 및 인센티브를 최소화시키기 위한 구체적 방안이 포함되어 있다.

(6) 금융시장관련 규정

거주자의 해외증권매입을 제한하거나 회원국의 은행 및 기타 금융기관이 신디케이트나 증권매각단에 참여하는 것을 규제하는 조건의 철폐 그리고 해외증권 발행시 자국통화 표시를 규제하는 조치의 완화 등의 내용을 갖는「외국증권의 공모 및 상장에 관한 이사회 권고」, 외국 공동투자증권기관의 영업허가의 자유화 확대 규정을 포함하는「공동투자증권기관의 운영요건에 관한 이사회 권고」, 비상장증권 또는 비가격고시 증권투자에 대한 회원국의 규제와 관련된 사항, 일반에게 공모되는 증권의 공개요건과 절차 그리고 외국증권의 공모, 상장, 평가 등에 대한 감독규제와 관련된 사항들이 권고 규정으로 제시되고 있다.

(7) 보험관련 규정

개인보험에 대한 감독기능을 갖는 회원국의 해당기관간에 개인보험에 대한 감독을 보다 효과적으로 수행하기 위한 정보교환의 계약체결을 권고하는 규정과 보험사업 면허발급시 필요한 보험산업에 대한 분류를 OECD가 제시하는 기준에 따르도록 권장하는 규정 등이 있다.

2) 환경분야

환경관련 OECD규정은 1994년 말 현재 총 179개의 OECD규정 중 1/3이 훨씬 넘는 72개에 이른다. 그와 같은 규정들은 오염자부담원칙의 수립, 환경지표와 관련된 환경계정의 개발 등 환경정책과 관련된 사항뿐만 아니라 대기오염, 에너지효율제고, 폐기물 재활용, 소음경감 등 국내 환경대책과 폐기물의 국가간 이동, 해양오염 등의 지구환경문제 등을 전반적으로 포괄하고 있다.

3) 산업분야

산업관련 분야의 주요 관련규정에는 농업관련규정, 철강관련규정, 조선관련규정, 해운관련규정이 있다.

4) 재정분야

여기에는 조세회피 및 탈세와 관련된 사항, 관련기업간의 이전가격 결정문제, 국제조세 협정 하에서 과세와 관련된 효율적인 정보교환문제 그리고 이중과세 방지문제 등과 관련된 사항들을 주 내용으로 하는 권고규정들과 회원국들이 양자간 조세협약을 체결하거나 개정할 경우 참고할 표준조세협약을 제시하고 있는 규정 등이 있다.

이전가격과 관련된 주요 내용은 이전가격을 산정하여 과세소득을 결정할 경우에는 OECD의 이전가격결정에 관한 보고서의 지침을 원용할 것을 권고하고 있으며, 정보교환의 문제에 있어서는 OECD의 표준서식을 채택할 것을 권고하고 있다. 또한 이중과세 방지와 관련해서는 부동산, 상속 및 증여 그리고 산업용, 상업용 및 과학실습용 장비의 임대와 컨테이너 임대 등에서 발생하는 소득과 관련된 이중과세 방지를 위한 회원국 또는 비회원국간의 협정체결을 적극 권장하는 내용을 포함하고 있다. 그리고 1992년에 제정된 「소득 및 자본에 대한 표준조세 협약에 관한 이사회 권고」에서는 조세협약 체결시 또는 개정시 반영해야 할 구체적인 내용 및 형식을 제시하고 있다.

5) 무역분야

무역규제의 본질적 목적과 무관하거나 교역에 장애가 되는 행정적, 기술적 규제사항의 철폐를 주요 내용으로 하는 「무역확대에 장애가 되는 행정, 기술적 규제에 관한 이사회 권고」, 특정 의약품의 회원국간의 교역을 촉진하기 위하여 각국의 의약품 등록절차에 대한 상호 인정 및 조화와 간소화 그리고 각국의 의약품 및 향후 제조품에 대한 표시부착절차의 간소화를 규정하고 있는 「특정의약품의 등록절차에 관한 이사회 권고」, 「의약품 세부품목표시 부착절차에 관한 이사회 권고」 등이 있다.

그리고 수입자유화된 물품에 대한 수입가격제한 철폐, 수량제한이 없는 수입규제조치로서의 사용금지, 수량제한이 없는 물품의 통과시 수입승인서류 제출면제, 쿼터가 적용되는 물품의 수입시 절차간소화 등의 내용을 포함하는 「수입절차 간소화 및 표준화에 관한 이사회 권고」 규정이 있다. 또한 개방적, 다자간 무역체제 유지를 위한 GATT체제의 강화와 수출경쟁력 왜곡효과가 있는 정책이나 조치의 억제 등 무역부문의 자유화를 제한하는 내용을 포함하는 「무역정책선언」이 있다.

5 OECD 회원국

OECD는 18개 기존 OEEC 회원국 및 미국, 캐나다 등 총 20개국이 OECD의 창설 회원국으로서 OECD 설립협정에 서명함으로써 출범하였다. OECD는 초기에 선진국 위주로 회원을 늘렸으나, 1990년 이후 비선진국권으로 회원국 및 협력관계를 확대하였다. 즉 OECD회원이 되기 위한 기본자격은 다원적 민주주의 국가로서, 시장경제체제를 보유하고, 인권을 존중하는 국가이어야 한다. 가입의 결정은 이사회의 초청에 의하여 전 회원국의 만장일치를 필요로 하며, 가입효력발생(정식가입)은 가입서를 프랑스 정부에 기탁함으로써 효력이 발생하는데 우리나라는 1996년 29번째 회원국으로 가입하였다.

현재(2018년 6월) OECD가입국은 그리스, 네덜란드, 노르웨이, 뉴질랜드, 덴마크, 독일, 룩셈부르크, 미국, 멕시코, 벨기에, 스웨덴, 스위스, 스페인, 슬로바키아, 슬로베니아, 아일랜드, 아이슬란드, 에스토니아, 영국, 오스트리아, 이스라엘, 이탈리아, 일본, 체코, 칠레, 캐나다, 터키, 포르투갈, 폴란드, 프랑스, 핀란드, 한국, 헝가리, 호주, 라트비아 등 35개국이다.

제 3 절 IMF(국제통화기금)

1. 설립배경

2차 세계대전이 끝나갈 무렵인 1944년 브레턴우즈협정(Bretton Woods Agreement)에 따라 2차 세계대전 이후 정치적, 경제적으로 세계적인 주도권을 잡은 미국의 주도로 설립되었다. 무역거래에서는 자유무역의 안정적인 성장을 주장하며 GATT

(관세와 무역에 관한 일반 협정)체제를 출범시켰고 이러한 실물거래를 안정적으로 뒷받침하기 위해 국제 환안정 및 국제 유동성 확대 보장을 목적으로 설립되었다.

1945년 12월 설립되어, 1947년 3월부터 IBRD(International Bank for Reconstruction and Development, 국제부흥개발은행)와 함께 업무를 개시한 국제금융기구 자매기관인 IBRD가 장기금융기관이라면 IMF(국제통화기금, International Monetary Fund)는 단기 국제금융기관이다.

조직구성은 총회·이사회·사무국과 그밖에 20개국 재무장관위원회, 잠정위원회, 개발위원회 등이 있다. 최고기관인 총회는 각 가맹국이 임명하는 대표 1인과 대리 1인으로 구성되며 회합은 연차회합과 임시로 열리는 특별회합이 있으며 100억 달러로 출발해 여러 차례 증자를 통해 1970년 10월 30일부터 총액 289억 510만 달러가 되었다. 가맹국은 일정한 할당액에 따라 25%를 금으로 75%를 자국 통화로 출자한다. 할당액은 가맹국의 요청에 따라 조정할 수 있으며 이것은 각 가맹국이 IMF의 자금을 이용할 때 대출한도를 정하는 기준이 되며, 출자금은 SDR(Special Drawing Rights: 특별인출권)로 표시한다.

2. 가맹국 상황과 우리나라

현재 본부는 워싱턴에 있으며 2018년 7월 현재 가맹국 수는 189개국이며 가맹국은 크게 14조국과 8조국으로 나누어진다. '8조국'이란 IMF 협정 제8조에서 규정하고 있는 의무규정을 준수할 것을 수락한 국가를 말한다. 8조에서는 경상지불에 대한 환제한 철폐, 차별적 통화조치철폐, 다른 외국보유 잔고에 대한 교환성 부여 등 3가지 의무를 부과하고 있으며 이 의무를 수락이행하는 국가를 8조국이라 한다. '14조국'이란 IMF 협정 제14조의 의무를 이행할 것을 수락하고 잠정적으로 외국환 관리를 할 수 있는 국가를 말하는데 개발도상국이 대부분이다. IMF는 돈을 낸 비율에 따라 의결권을 갖기 때문에 돈을 가장 많이 낸 미국의 입김이 강하게 작용한다. 현재 미국은 전체 기금의 18%정도를 내고 있고, 따라서 의결권도 18%를 행사한다. 따라서 IMF의 정책이 결정되기 위해서는 83% 이상이 찬성해야 한다는 현실을 감안하면 미국의 영향력은 절대적이다.

우리나라는 1955년 8월 26일 IMF에 58번째 회원국(14조국)으로 가입했으며 65년부터 87년까지 대기성차관(stand-by credit) 25억 9,000만 SDR을 인출해 만성적인 국제수지 적자를 보전하는 데 요긴하게 사용했다. 그러나 지난 86년 이후 경상수지가 큰 폭의 흑자를 나타내면서 외환사정이 호전됨에 따라 88년에는 IMF에서 지원받은 자금중 극히 일부를 제외하고는 모두 상환했다. 또한 같은 해 11월 1일부터 IMF 협정문 제8조의 의무를 수락함으로써 IMF 제8조국으로 이행했다. 그러다가 우리나라는 지난 1997년 외환위기로 11월 21일 IMF에 구제금융을 신청하고, 그해 12월 5일 1차로 55.6억 달러를 차입한 이후 IMF로부터 1999년 5월 20일까지 총 10차에 걸쳐 195억 달러를 차입했었다. 당초 상환기일은 2004년 5월로 되어 있었으나 외환보유액 수준이 크게 증가하여 2001년 8월 23일 차입금을 전액 상환했다.

IMF가 국제금융시장에 개입한 것은 82년 중남미국가들의 채무불이행 위기, 95년 멕시코 페소화위기, 1997년 한국 및 동남아시아 환위기 개입 등이 대표적이다. IMF관리체제는 '고금리'와 '재정긴축'을 특징으로 한다. IMF가 우리나라에 요구한 개혁정책 또한 고금리와 긴축, 부실한 금융기관 및 기업의 퇴출, 시장의 완전개방 등으로 요약된다.

3. IMF활동

1) 국제통화기금의 운영자금

국제통화기금은 각국의 국제무역 규모, 국민소득액, 국제준비금 보유량 등에 따라 회원국 정부의 출자로 이루어진다. 회원국은 일시적인 국제수지 불균형이 있을 경우 필요한 외환을 IMF로부터 자국통화로 구입할 수 있다. 또 회원국들의 일시적인 국제수지 불균형을 지원하기 위한 방편들도 마련하고 있다. 1952년 대기성 차관협정(Standby Arrangements)을 도입하여 회원국이 실질적 필요를 예상해서 미리 대출한도액을 협상할 수 있도록 하였다.

1961년에는 10개국이 대기성 차관(standby credit)을 제공하는 일반차입협정(General Arrangements to Borrow)을 체결하였다. 1963년에는 수출변동에 대한 보상금융제도(Compensatory Financing of Export Fluctuations)를 도입하여 개발도상국이 갑작스런 수출액 감소에 직면했을 때, 외환을 통제하거나 극심한 불황을 겪지 않고도 이에 대처할 수 있도록 해주는 방법이다.

국제거래의 규모가 확대되고 금융위기가 잇달아 발생함에 따라 국제수지 안정을 위해 쓰일 추가 준비금이 필요해지자 1969년 10월 IMF 연례회의에서 국제유동성 공급을 영구적으로 확대하는 SDR 창설을 승인하였다. SDR로 인해 금이나 회원국들의 자국통화를 추가로 출자하지 않고도, 사실상 회원국들의 할당액이 증가하는 효과가 나타났다. 1986년부터 IMF는 IBRD와 함께 빈곤한 나라들을 원조하기 위한 수십 억 달러의 공동대출자금을 새롭게 조성하였다.

국제통화기금은 제2차 세계대전 후의 세계금융 외환기구를 마련하여 외환을 안정시킴으로써 세계무역의 확대, 세계경제의 발전에 크게 기여하였다. 그러나 미국달러를 중심으로 한 국제 금환본위제(金換本位制) 성격을 띠고 있기 때문에 국제거래가 증가한다. 이에 따른 국제 유동성의 증가는 미국의 국제수지에 적자를 일으키고, 이는 다시 달러 신인도를 하락시키는 모순이 있다. 반대로 달러 신인도를 회복시키려면 미국 국제수지의 균형을 도모해야 하고, 그것은 국제 유동성을 감소시키는 결과를 가져온다.

2) 주요활동

국제통화기금은 세계무역의 안정된 확대를 통하여 가맹국들의 고용증대, 소득증가, 생산자원개발에 기여하는 것을 궁극적인 목적으로 한다. 이를 위하여 다음과 같은 활동을 하고 있다.

(1) 외환시세 안정

제2차 세계대전 전 평가절하 경쟁이 세계경제를 혼란으로 빠뜨린 경험이 있어, IMF를 설립할 때는 외환시세의 안정을 중요하게 여겼다. 외환시세의 기초가 되는 각국 통화 환평가는 금 또는 미국 달러 가치를 기준으로 표시한다. 각 가맹국은 IMF평가의 상하 각 1% 이내로 외환시세를 안정시킬 의무를 진다. 다만 가맹국의 경제에 기본적 불균형이 있을 경우에는 절상·절하 등 평가 변경을 인정하며, 10% 이내면 IMF의 사전 승인을 필요로 하지 않으나, 10% 이상이면 사전 승인이 필요하다. 그러나 이러한 원칙은 1971년 통화위기 때 무시되어 다각적인 평가조정이 이루어졌다.

(2) 외환제한 철폐

가맹국은 IMF의 목적을 달성하기 위하여 외환제한을 철폐할 의무가 있다. 첫째는 경상적 지불에 대한 외환제한의 철폐다. 가맹국은 IMF의 승인이 없는 한 상품무역이나 용역거래를 위한 지불에 제한을 해서는 안 된다. 둘째는 차별적인 통과

조치의 철폐다. 쌍무적 무역협정이나 복수환율제 등 다른 나라와 다른 결제방법을 사용하거나 다른 외환시세를 적용해서는 안 된다. 셋째는 외국인 자국통화 보유잔액의 교환성이다. 외국인이 보유하는 자국통화의 잔액을 요구하는 대로 금, 미국 달러, 상대국 통화로 교환해 주어야 한다. 이러한 외환제한의 철폐에 관해서는 IMF협정 제8조에 규정되어 있으며, 이를 승인한 나라를 IMF 8조국이라고 한다.

(3) 자금 공여

가맹국의 국제수지가 일시적으로 불균형(적자)이 되었을 경우, 평가절하·수입제한을 피할 수 있도록 IMF가 외화자금을 공여할 수 있다. 이 경우 외화자금의 공여는 관계국 통화당국에 대해서만 이루어지며, 대가로 자국통화를 IMF에 지불한다. 이는 일반적으로 경상거래를 위한 지불에 필요한 경우에 한하며, 한 나라가 이용할 수 있는 외화자금의 양은 그 나라의 출자액의 125%까지고, 3~5년 이내에 상환해야 하였다.

그러나 1980년 IMF·IBRD 합동 연례총회에서 비산유 개발도상국의 부채 격증에 따른 국제수지 악화를 집중 논의하면서 IMF 융자한도 600% 확대, 개발도상국에 대한 경제구조 조정차관 확대 등을 합의하였다. 그러나 1981년에 열린 IMF·IBRD 합동 연례총회에서 선진국들이 긴축정책을 더욱 강화하기로 합의하여 빈국들에 대한 원조증대의 기대가 무산되었다.

제4절 IBRD(국제부흥개발은행)와 IDA(국제개발협회)

1. IBRD

국제부흥개발은행(IBRD : International Bank for Reconstruction and Development) 제2차 세계대전 후 전쟁 복구자금과 개발도상국에 대한 경제개발 자금을 지원할 목적으로 1945년 12월 IMF와 함께 설립되었다. 그러나 설립 초기에는 주로 전쟁 복구자금을 지원하였으나 미국이 독자적으로 서유럽을 지원하자 IBRD는 개도국에 대한 장기 개발 자금 융자에 주력하게 되었다.

IBRD의 주요 업무는 다음과 같다.

첫째, 개발도상국의 개발 자금을 지원하되, 자금 융자 대상국은 1인당 국민 소득이 일정액 이하인 가맹국에 한하고 있다.

둘째, IBRD는 융자 활동과 더불어 가맹국의 개발 계획에도 참여하여 필요한 각종 기술을 지원하고 있다. 즉, 개발 계획의 수립과 집행에 참여하여 조언을 하며, 개발도상국의 개발 담당자의 교육을 실시하기도 한다.

셋째, 개발도상국에 대한 여러 가지 지원을 수혜국의 개발 목표에 맞도록 효과적으로 운영 관리하는 업무를 수행하고 있다.

2. IDA

국제개발협회(IDA : International Development Association)는 저개발국에 개발자금을 지원하고 있던 IBRD는 중소득 개발도상국만을 대상으로 한정함에 저소득 개발도상국의 지원이 어렵게 되자 1960년 11월 미국을 중심으로 저소득 개발도상국의 지원만을 담당하는 국제개발 금융기구인 IDA가 설립되었다. 비슷한 역할을 하는 기존의 국제부흥개발은행(IBRD)의 산하기관이며 IBRD의 기능을 보완하는 역할을 한다. 기존의 IBRD도 저개발 국가와 개발도상국에 자금을 지원하는 역할을 맡았지만 돈을 빌리는 조건이 까다롭다는 평가가 많았다. 이 때문에 IBRD의 자금은 설립 목적과는 다소 다르게 중진국에 주로 대출됐고 가난에 허덕이던 저개발 국가는 실질적인 혜택을 받지 못했다. 이를 극복하기 위해 국제연합(UN)은 보다 완화된 대출 조건으로 장기 저이자 대출을 집행하는 국제개발협회를 세웠다. 미국, 호주, 캐나다 등 자금을 투자하는 나라와 베트남, 태국, 인도 등 당시 IBRD에 가입해 있던 68개 회원국 전체가 참여하였으며 한국도 1961년 정식으로 가입하였다.

IDA의 목적은 저개발국을 대상으로 개발자금을 지원하기 위해 장기 무이자의 자금을 제공하여 경제개발 촉진과 생산성 증대를 통하여 생활수준을 향상시키는데 있다고 볼 수 있고, 주요 업무는 IBRD보다 완화된 조건으로 자금을 투자하는 일이다. 필요한 재원은 IBRD의 수익금과 선진국들의 투자금으로 이뤄진다. 국제개발협회의 가장 큰 특징은 자금을 무이자로 대출한다는 점이다. 상환 기간도 35~40년으로 긴 편이며, 대출은 달러화로 이뤄지지만 상환은 각 나라의 화폐로 대신할 수 있다.

Chapter

04

국제 통상질서 전개

Chapter 04 국제 통상질서 전개

제1절 국제무역기구(ITO) 설립추진

1. ITO 설립추진 배경

제2차 세계대전 이후 미국과 영국을 중심으로 한 선진국들은 세계무역환경을 개선하기 위한 노력을 전개하였다. 특히 미국은 1930년 사상 최악의 보호무역법안인 '스무트-홀리 관세법'(Smoot-Hawley Tariff Act) 제정 이후 주요 교역상대국들과 관세인하 노력을 전개해 나갔다. 미국은 1934년에 제정한 '상호무역협정법'(Reciprocal Trade Agreement Act)을 근거로 1945년까지 32개 국가들과 쌍무적인 관세인하협정을 체결하였다.

미국은 당시 과거에 단행하였던 관세인상과 수량규제 등과 같은 보호무역조치를 반복하지 않겠다는 의지를 갖고 있었다. 미국은 더 나아가 다자간 무역체계를 중심으로 자유무역을 확대하는 것이 각국은 물론 세계경제의 성장, 번영, 안정, 평화를 가져다 줄 수 있을 것으로 믿게 되었다.

따라서 미국은 제2차 세계대전 이후 '브레튼우즈'(Bretton Woods)회의 때 무역을 관할할 국제기구 설립의 필요성을 인식하고 비슷한 생각을 하고 있는 영국과 캐나다와 함께 이를 타진한 바 있다. 그러나 브레튼우즈 회의에서는 국제통화기금과 세계은행의 설립만을 결정하고 무역을 관장할 국제기구의 설립은 본 의제에서 제외되었다.

미국은 1940년대 중반 자유무역의 확대와 관련하여 2개의 복안을 가지고 있었다. 하나는 상호무역협정법에 근거한 관세인하협상권이 1948년까지 연장된 것을 계기로 다자간관세인하 협정을 체결하는 것이고, 다른 하나는 1946년 2월에 개최된 UN의 경제사회이사회(UNESCO) 1차 회의 때 의결된 국제무역기구(ITO) 현장을 제정하는 것에 적극 참여하는 것이었다. 이와 같은 배경하에 1947년 4월에서 11월까지 스위스 제네바에서는 세 가지 협상이 진행되었다. 첫째는 국제무역기구의 헌장 초안을 작성하기 위한 협상이고, 둘째는 관세인하를 위한 다자간 협상이었으며, 셋째는 관세협상 결과의 이행과 관련된 일반의무조항을 제정하기 위한 협상이었다. 그러나 관세인하와 이와 관련된 일반의무조항의 제정을 위한 협상은 제네바에서 마무리되었으나 국제무역기구의 헌장제정을 위한 협상은 결론을 맺지 못하고 추후 재개하기로 합의하였다.

1947년 11월 쿠바의 아바나(Havana)에서는 54개국이 참여한 가운데 국제무역기구(ITO : International Trade Organization)의 헌장을 제정하기 위한 회의가 재개되었으며 국제무역기구의 헌장을 최종적으로 1948년 3월에 완결되었다. 아바나 헌장(Havana Charter)에는 전통적인 관세 및 일반적 무역규제에 대한 규정 외에도 많은 민감한 조항들이 포함되어 미국, 영국을 비롯한 주요국가들간에 입장 차이가 심했다. 즉 기업의 경쟁제한적 행위에 대한 규제조항, 광물과 곡물과 같은 1차산품에 대한 협정, 고용과 국내경제 상황에 따른 예외규정, 국제투자관련규정 등이 포함되어 많은 논란의 소지를 남기게 되었다.

2. ITO 설립 실패

미 의회는 아바나 헌장의 비준동의를 위한 정차를 밟지 않았으며 당시 미국의 투르먼(Truman) 대통령은 1950년 비준동의 의뢰를 철회하였다.

이로써 ITO의 설립은 실패로 돌아가게 되었다. 미국이 국제무역기구의 설립을 반대한 데에는 많은 이유가 있었다. 가장 근본적인 이유는 무역관련법안의 제정을 통해 미국의 무역정책을 통제해 온 미 의회가 국제무역기구에 의해 그 권한이 제한 받을 수 있다는 우려에 있었다. 또한 경쟁정책, 국제투자정책, 긴급수입제한조치 등 국제무역기구 협정에 포함된 많은 조항들에 대해 미국 내 업계도 강한 불만을 표시하였던 것으로 알려지고 있다. 그렇다고 미국만 반대하고 다른 참가국들은 다 만족한 것은 결코 아니었다. 54개국이 참여한 협상이었기 때문에 각 나라의 이해가 달라 이슈별로 합의를 도출하기 매우 힘들었다. 특히 미국과 영국이 결정적인 영향력을 발휘했던 브레튼우즈 협상과는 달리 국내 정치적 상황에 따라 이들간의 입장 차이가 큰 경우가 많았다. 영국은 영국령 국가와 지역에 대한 우대조치 허용을 주장하였으며 다수의 유럽국가들은 국제수지를 근거로 한 긴급수입제한조치의 허용을 강력히 주장하였다. 또한 개도국들도 경제발전과 관련된 예외조항을 요구하였다. 아바나 헌장은 모든 국가들의 요구사항을 만족시키기 위해 많은 타협안을 수용하게 되었으며 그 결과 어느 한 국가도 만족시키지 못하는 협정문이 되고 만 것으로 평가되고 있다.

3. GATT체제 출범

1947년 10월 스위스 제네바에서 다자간 관세인하 협상이 종료되자 이를 국제무역기구(ITO) 출범 이후 함께 발효시키자는 의견과 관세인하 협정을 독립적으로 우선 발표시키자는 의견이 참가국들 사이에 엇갈려 나왔다. 협상 참가국들은 결국 관세인하 협상 결과로 도출된 '관세 및 무역에 관한 일반협정(GATT : General Agreement on Tariffs and Trade)' 을 먼저 발효시키기로 합의하였다. 이러한 합의 도출에는 미국의 영향력이 결정적인 역할을 하였다.

즉 미국은 1948년에 미행정부에 부여된 관세협상 권한이 종료될 예정이어서 그 전에 GATT를 발효시키기를 원하였던 것이다. 다른 참가국들도 ITO 설립이 불투명한 상황에서 관세인하협상 결과의 이행을 지연시키는 것은 문제가 있다고 보았다. 그러나 미국은 GATT의 체결도 국회의 비준동의가 필요한 것으로 판단되자 매우 어려운 상황에 빠지게 된다. 관세인하협상 결과의 수용이 국회의 비준동의가 요구되는 이유는 GATT의 제2부에 관세절차, 수량규제, 보조금, 반덤핑 관세, 내국민대우 등 실질적인 의무조항들이 포함되어 있기 때문이었다. 즉 이러한 의무조항들은 의회가 행정부에 부여한 협상권한 밖의 사항으로 간주되어 국회 비준동의가 필요해진 것이다. 당시 미의회는 행정부의 협상권한에 대해 매우 민감한 입장을 견지하고 있던 상황이어서 이러한 조항들이 포함된 GATT에 대해 부정적인 시각을 가지고 있었다. 영국, 프랑스, 독일, 캐나다, 호주 등 주요국가들도 자국의 이해관계가 심각하게 걸려있는 사항들이 포함된 GATT를 그대로 수용하기가 부담스럽게 느끼고 있는 실정이었다.

미국과 주요국들은 크게 두 가지 방법으로 이러한 어려움을 슬기롭게 극복해 나갔다. 첫째, GATT를 잠정협정안(Protocol of Provisional Application)으로 채택키로 하였다. 이로 인해 GATT를 수용하는 데 있어서 의회 비준동의가 필요없게 되었으며 GATT에 참여하는 국가들은 회원국이라고 하지 않고 체약국이라 일컫게 된 것이다. 둘째, GATT 제2부에 대해서는 조부조항(Grandfathreing Clause)을 적용시켜 기존의 무역관련 법안들을 예외로 간주해 주었다. 그 한 예로 미국의 상계관세 부과시 산업피해 검사를 하지 않아도 되었던 것은 동 제도가 GATT발효 이전에 이미 존재하고 있었고 조부조항을 통한 예외규정을 적용 받았기 때문이다. 그러나 그러한 법규나 제도가 새로 개정되면 예외가 될 수 없도록 함으로써 조부조항이 남용되는 것에 대비하였다. 따라서 GATT발효 이후 출범한 유럽공동체(EC)는 조부조항에 따른 권리를 부여받지 못하였다. GATT발효 당시 조부조항에 근거하여 예외로 빠져 나왔던 법규와 제도를 이 시간이 지나면서 그 수가 많이 줄어들었다.

GATT는 처음부터 잠정협정안으로 출발하였기에 국제기구로 간주되지 않았다. 따라서 초기에는 정식 사무국도 없었으며 나중에 국제무역기구 설립을 위해 구성된 임시위원회가 GATT사무국 역할을 담당하게 되었다. 이렇게 잠정협정으로 출발한 GATT는 계속해서 정식 국제기구로 변신하려는 노력을 거듭하였으나 실패하였으며 1995년 세계무역기구(WTO)로 확대·개편되면서 정식 국제기구로 탈바꿈하게 되었다.

제2절 GATT와 국제무역질서

1. GATT의 설립

1) 보호주의의 교훈

세계경제는 1929년부터 1930년대 초까지 대공황(Great Depression)을 겪었다. 대공황으로 경기침체가 계속되자 세계주요 무역국들은 자국산업의 활로를 찾기 위하여 환율의 평가절하, 관세율 인상, 수입제한 등의 보호무역정책으로 자국의 수출은 촉진하면서 수입을 억제하였다. 이는 결국 교역 상대국의 보복정책을 초래하는 악순환이 반복되어 국제무역 및 경제의 침체는 더욱 심화되었다.

결국 각국은 제2차 대전을 겪으면서 더욱 더 국제경제정책에 대한 상호협조의 필요성을 느끼게 되었고 이에 따라 1941년 미국과 영국은 대서양헌장(Atlantic charter)을 발표하였다. 이 헌장에는 전후 국제경제협력에 대한 큰 테두리가 설정되었는데, 다자주의(multilateralism)와 신자유주의(newliberalism)가 그것이다. 여기서 다자주의는 특정국가에 대해서는 특혜무역의 관계를 맺고 다른 국가에게는 불리한 대우를 하는 차별대우와 달리 여러 국가들이 동시에 상호 특혜무역의 관계를 맺고 이 관계를 모든 국가에 무차별적으로 적용한다는 것이며, 신자유주의(newliberalism)는 자유무역주의의 실현을 위해 각국이 협조하고, 각종 시장왜곡과 자유무역을 저해하는 인위적인 요소들을 제거한다는 것이다.

2) GATT의 탄생

GATT는 1947년 10월 30일 23개국에 의해 조인되었고, 1948년 1월 1일을 기해 그 협정문이 발효됨으로써 공식적인 활동을 시작하게 되지만, 당초 GATT는 ITO (International Trade Organization : 국제무역기구) 헌장의 통상정책을 조속히 발효시키고 이에 의한 국제무역기구가 설립되기까지 다자간 무역협정 실시의 공백을 메우기 위하여 잠정적으로 채택된 협정에 불과하며, 그 조문도 ITO의 관세 및 무역에 관한 부분만으로 구성되어 있었다. 그러나 그 후 ITO가 무산됨에 따라 GATT가 국제무역질서를 통제하게 되었고 이후 GATT는 1993년 12월 종결된 우루과이라운드의 결과에 따라 세계무역기구(WTO)로 새롭게 출범하게 되었다. 그러나 WTO도 기본적으로 GATT의 기본이념과 원칙을 승계하는 것이므로 여기서는 GATT의 기본원칙, 성격, 그리고 그 동안의 활동 등을 살펴본다. 한편, 한국은 1967년 4월에 73번째로 GATT에 가입하였다.

2. GATT의 기본원칙

GATT의 궁극적인 목적은 회원국들의 생활수준 향상, 완전고용 실현, 실질소득 및 유효수요의 점진적 증대 도모, 세계자원의 효율적 이용 또는 완전이용, 상품의 생산 및 교환 확대 등과 같은 거시적 목표를 실현하는 것이다. 이를 위해 GATT는 자유무역의 원칙(free trade principle)과 무차별원칙(non-discrimination principle)을 기본원칙으로 하고 있다.

1) 자유무역의 원칙

자유무역 원칙은 물량적 수입제한은 철폐하고, 무역규제 수단으로서는 관세만을 인정하지만 현행 관세율을 인상하는 것은 허용하지 않고 다자간 교섭에 의하여 관세율을 인하한다는 것으로서 즉, GATT는 특히 물량적 수입제한이 자유무역을 저해하는 중요한 요인이 되고 있다고 보고 이를 철폐하는 한편 관세율은 다자간 협상에 의하여 점진적으로 인하함으로써 무역자유화를 실현시키려고 하였으나 GATT는 다음과 같은 특수한 경우에 한하여 예외를 인정였다.

첫째, 각 가맹국은 국내농업 보호나 국내농산물 가격하락을 방지하기 위하여 농산물에 대하여 수입제한을 실시할 수 있도록 하였다.

둘째, 국제수지개선을 위하여 수입제한을 할 수 있도록 허용하였다. 즉, 국제수지가 크게 악화되어 있는 국가는 수입수량을 제한할 수 있는데, 국제수지악화에 대한 판단은 IMF 당국이 결정하도록 하였다.

셋째, 개발도상국 경제개발에 따른 특정산업의 확립을 위하여 수입제한을 할 수 있도록 하였다.

넷째, 긴급조치에 의하여 수입제한을 할 수 있도록 규정하고 있다. 특정상품의 수입이 예상외로 증가됨으로써 국내 동종산업이 심각한 피해를 받고 있거나 받게 될 염려가 있을 때, 국내산업의 보호를 위해 일시적으로 수입을 제한하거나 관세율을 인상하여 이에 대처할 수 있도록 하였는데 이를 긴급수입 제한조치(safeguard)라고도 한다.

다섯째, 경제외적 요인, 즉 공중도덕, 위생, 국보급 보호 등의 용인에 의한 일반적 예외를 인정하였다.

여섯째, 국가의 안전보장을 위해 수입을 제한할 수 있도록 하였다.

일곱째, 총회에서 2/3의 동의를 통해 의무면제(Waiver) 승인을 얻어 수입제한 조치를 취할 수 있도록 하였다.

여덟째, 서비스교역에 대해서는 GATT조문에 자유무역에 대한 규정을 두지 않음으로써 자유무역에 대한 예외를 사실상 인정하였다.

2) 무차별원칙

GATT는 국제무역환경에 있어서 자유무역을 실현하는데 따른 회원국들간 이해관계 침해방지 및 상호간의 원만한 문제해결을 통한 각국 분쟁해결과 무역발전을 위한 토대를 형성하기 위하여 최혜국대우, 내국민대우, 상호주의, 공정무역 등의 무차별원칙을 채택하였다.

(1) 최혜국대우

국제무역의 규범이 되고 있는 GATT의 최혜국대우(Most Favored Nation Treatment ; MFN)원칙은 GATT 회원국 중 어느 한 국가가 다른 국가에게 관세 인하조치 같은 경제상 일체의 권리 및 이익을 부여할 경우, 제3국에 대해서도 동일한 조치를 취해야 한다는 것으로, 2국간의 배타적인 특혜조치는 인정되지 않으며, 그 특혜조치는 모든 회원국에게 동일하게 적용되도록 보장하고 있다. 따라서 GATT의 기본원칙은 수입제한의 철폐와 관세인하에 의한 무역자유화 혜택을 최혜국대우원칙에 입각하여 모든 회원국에게 무차별적으로 제공하는데 있다.

(2) 내국민대우

내국민대우(National Treatment)원칙이란 국내 조세정책이나 정부의 규제조치를 적용함에 있어서 수입품(또는 외국기업활동)과 국내상품(또는 국내기업활동)은 아무런 차별없이 동등하게 취급되어야 한다는 원칙을 말한다.

즉 GATT 회원국은 조세, 국내 과징금, 국내운송 및 판매 등에 있어서 국내상품(국내기업)에 대해서 특혜조치를 취하기 위한 목적으로 다른 회원국들로부터 동종 수입상품(해외기업)에 대하여 차별대우를 해서는 안된다는 것을 규정하고 있다. 이와 같은 내국민대우원칙 적용은 모든 수입국에 대한 무조건적 동등대우를 규정한 최혜국대우(MFN)원칙을 국내적으로 보완하는 것이다.

(3) 상호주의

상호주의(reciprocity)원칙은 GATT의 한 회원국이 관세를 인하하게 되면 상대국도 반드시 그에 상응하는 관세인하를 단행하여야 한다는 것이다. 즉 어느 한 나라가 관세양허를 시행하면 이를 수용한 나라는 그 대가로 이에 상응하는 양허를 반드시 제공해야 한다고 규정하고 있다.

이와 같은 상호주의 의무(reciprocity obligations)의 구체화는 자유무역과 관련된 무임승차문제를 사전에 방지하기 위한 것이다. 어떤 특정한 나라가 국내수입시장에서는 관세양허를 제공하지 않으면서 그들의 수출시장에서는 관세양허를 활용하여 더 많은 관세의 편익을 수용한다면, 그 나라는 무역자유화의 비용을 부담하지 않은 결과를 가져오게 되므로 이를 사전에 방지하기 위해서는 상호주의에 입각해야 한다는 것이다.

(4) 공정무역

공정무역(fair trade)원칙은 순수한 시장경제원칙에 입각한 상업적 베이스에서 자유롭고 상호 공정한 경쟁기회를 보장하고, 이를 저해하는 경쟁 왜곡 행위에 대해서는 적절한 대응조치를 취할 수 있도록 허용하고 있는 '왜곡되지 않은 경쟁(undistorted competition)' 원칙을 의미한다.

공정무역의 확보방안으로서는 덤핑 및 제한적 기업관행(restrictive business practices)과 같은 사적 차원의 경쟁 왜곡 행위에 대한 반덤핑관세 부과와 공적 차원의 경쟁 왜곡 행위인 보조금 지급에 대한 상계관세 부과 등과 같은 대응조치를 마련하는 것이다.

3. GATT의 성격과 개발도상국

1) GATT의 성격

GATT의 성격은 체계성이 미비된 국제협정, 구속력이 미약한 법체계, 불완전한 국제경제기구 등의 측면에서 살펴보아야 한다. 왜냐하면 GATT는 앞에서 설명한 데로 ITO 발족무산에 따라 단지 "관세와 무역에 관한 일반협정"으로서 단지 국가간 하나의 협정일 뿐이다.

첫째, GATT 규정은 각국의 주장이 복잡하게 반영되어 있는 잠정적 협정이어서 그 체계성이 미비하였다. 즉 ITO 헌장 채택 전에 논의된 관세 및 무역에 관한 규정을 발췌하여 GATT 규정으로 삼았기 때문에 각국 주장이 복잡하게 반영되어 있어서 그 해석상 어려움이 따르는 법체계를 이루고 있다.

둘째, GATT는 원래 무역자유화와 무차별대우 등 국제무역상의 원칙을 규정한 협정에 불과하므로 국제경제기구로서의 성격을 구비하지 못하고 있었다. 즉, GATT는 처음부터 일정한 규정에 의하여 설립되지 않고, 회원국의 공동행위에 입각하여 ITO에 대신하는 잠정적인 협정에 불과하기 때문에 엄밀한 의미에서 국제경제기구라고 볼 수 없었다. 따라서 GATT규정은 국제무역의 제문제를 단편적으로 취급하고 있기 때문에 법적인 면에서 구속력이 미약하였다. 다만 최혜국대우와 관세인하 등 관세에 관하여 규정과 관세교섭, GATT의 가입 및 탈퇴에 대한 절차에 있어서는 어느 정도 구속력이 있었다. 그러나 수입제한조치 원칙, 무차별대우 원칙, 덤핑 및 보조금과 같은 비관세장벽의 문제 등을 규정과 개발도상국 무역확대문제 규정은 가맹시점의 국내법의 범위 내에서만 그 이행의무가 부여되어 있기 때문에 별로 구속력이 없었다.

2) GATT와 개발도상국

GATT는 앞에서 지적한 것처럼 국제협정의 체계성미비, 구속력이 약한 법적 효과 등의 면에서 불비한 점이 많았고 또한 GATT의 무역자유화 노력과 무차별원칙 채택 등으로 국제무역 확대에 크게 공헌했지만 국제무역 확대는 주로 선진국들 몫이었고, 개발도상국들을 위해서는 그 효과가 미미한 실정이었다.

1957년에는 개발도상국의 무역확대 및 개발을 연관시켜 개발도상국의 경제발전을 촉진시켜야 한다는 하벌러 보고서(Haberler Report)가 제13회 GATT총회에 제출되었고, GATT는 그 내용의 일부를 수용하여 1958년에 제3위원회(Committee Ⅲ)를 탄생시켰다. 이 위원회의 탄생은 자유무역의 원칙을 수정할 필요가 있다는 것을 묵시적으로 인정한 것이라 할 수 있다.

1962년에는 UN무역개발회의(UNCTAD) 창립총회를 앞둔 시점에서 프레비쉬(R. Prebisch)는 「개발을 위한 새로운 무역정책을 향하여」(Towards a New Trade Policy for Development)라는 보고서를 작성하여 발표하였다. 이 보고서는 선진국과 개발도상국간의 경제적 격차를 완화시켜 개발도상국의 무역확대와 경제개발을 이룩하여 남북문제를 해결하는 새로운 국제무역기구 창설을 주장하였다.

4. GATT의 다자간 무역협상

1) GATT의 다자간 무역협상의 성과

GATT 목적은 앞에서 논한 바와 같이 자유무역과 무차별원칙에 의거하여 국제무역확대와 세계경제발전을 추구하는데 있다. 이를 실현하기 위해서 GATT는 회원국간의 다자간 무역협상(Multilateral Trade Negotiation ; MTN)을 통하여 무역제한의 철폐 및 관세율의 인하를 추진하였다.

<표 4-1>은 GATT의 다자간 무역협상의 성과 중에서 관세부문만을 종합적으로 나타내고 있다. 여기서 다자간 무역협상에서 사용되고 있는 양허품목수란 관세인하를 허용하는 품목수를 말하며, 총양허액이란 관세인하율을 당시의 국제무역액으로 표시한 금액을 의미한다.

1947년 제네바에서 열린 제1차 협상은 GATT를 탄생시킨 회의였으며, 제5차 딜론 라운드까지는 2개국간 품목별 관세교섭 협상방식이 주로 취해졌다. 그러나 이러한 2국간 관세인하 협상방식에서는 개별적 품목에 대한 관세인하가 이루어졌기 때문에 시간이 많이 소요되어 비효율적이었을 뿐만 아니라 협상이 어려운 품목의 관세인하가 부진하였다. 그리하여 1964년부터 시작되어 1967년에 타결된 제6차 다자간 협상인 케네디라운드(Kenedy Round)에서는 일괄적 관세인하협상을 통해 획기적인 성과를 거두었는데, 약 30,000여 개의 품목에 대하여 평균 35%의 관세율 인하가 이루어져 국제무역협상에서 큰 의미를 가진 협상이 되었다.

〈표 4-1〉 GATT의 역대 다자간 무역협상

협상기간	명칭	참가국	타 결 내 용
제1차(47년)	제네바라운드	23	4만5천여 개 품목 관세인하
제2차(49년)	안시라운드	13	5천여 개 품목 추가 관세인하
제3차(50~51년)	토르케이라운드	38	8천7백 개 품목 관세인하
제4차(55~56년)	제네바라운드	26	25억 달러 규모 추가 관세인하
제5차(60~62년)	딜론라운드	26	4천4백개 품목 관세인하
제6차(64~67년)	케네디라운드	62	전산업에 걸친 실질적 관세인하
제7차(73~79년)	도쿄라운드	102	관세인하 및 공공조달·보조금 등 기술적 무역장벽에 대한 국제규정 개선
제8차(86~94년)	우루과이라운드	123	공산품관세인하 및 농산물시장개방, 서비스, 지식재산권 등 무체물거래 인정
제9차 (2001~현재)	DDA	164 (진행중)	농수산·서비스·규범·환경 등

한편, 케네디라운드 이후 관세율이 대폭적으로 인하되었으나 많은 GATT 회원국이 관세이외의 각종 비관세장벽을 사용함으로써 관세율 인하만으로는 국제무역 확대를 이룩하는 것이 어렵게 되었다. 이에 따라 1973년부터 1979년까지 계속된 7차 동경라운드(Tokyo Round)에서는 관세인하뿐만이 아니라 비관세장벽의 완화 및 철폐에 관한 협상이 주요 내용으로 다루어졌다. 그리고 1993년 12월에 타결된 8차 UR에서는 관세장벽 및 비관세장벽뿐만 아니라 농산물 교역, 서비스무역, 지식재산권, 무역관련 투자조치 등 새로운 분야의 협상이 포괄적으로 이루어졌다.

제3절 케네디라운드 협상

1. 케네디라운드 협상의 개념

케네디라운드(Kennedy Round)란 미국 대통령 케네디(J. F. Kennedy)의 제안에 의하여 1964년 5월부터 1967년 6월까지 약 3년 동안 제네바에서 62개국이 참가한 가운데 개최된 여섯 번째의 대규모적인 다자간무역협상을 의미한다. 이 케네디라운드의 정식 명칭은 'GATT체약국이 주최한 1964년부터 1967년까지의 무역회의'이다. 케네디라운드는 국제무역을 저해하고 있는 관세장벽을 완화하여 무역자유화를 촉진하기 위하여 개최되었다.

2. 케네디라운드 협상의 배경

1) 관세인하 협상방식의 결함

케네디라운드는 종래 2국간 품목별 관세인하 교섭에 의한 GATT 관세인하 협상방식의 결함을 해결하기 위해서 개최되었다. 제1차 관세인하 협상부터 제5차 관세인하 협상까지 5회에 걸쳐서 GATT는 양국간 품목별 관세인하 교섭에 의하여 양국간 베이스로 어떤 상품의 관세율을 얼마만큼 인하시킬 것인가를 교섭하였다. 그러나 이러한 방식은 협상회수가 거듭됨에 따라 이상 다자간무역협상의 결함에서 설명한 바와 같이 상당한 결함이 노출되었기 때문에 관세의 일괄 인하방식의 채택이 필요하게 되었다.

2) 지역적 경제통합체의 결성

케네디라운드는 당시 EEC 등 지역적 경제통합체의 대외 공통관세율을 인하시키기 위하여 개최되었다. 당시 EEC·EFTA 등 경제통합체는 역내 우선주의와 역외 차별주의에 입각하여 통합체 내부의 국가에 대하여 관세를 철폐하거나 인하하는데 반하여, 통합체 외부의 국가에 대하여 공통적으로 적용되는 고율의 차별관세를 부과하였다. 경제통합의 대내 공통관세율을 인하하는 데 반하여 통합체 외부의 국가에 대하여 공통적으로 적용되는 고율의 차별관세를 부과하였다. 결제통합체의 대외 공통관세율을 인하시키기 위해서는 세계 주요국가들이 적용하고 있는 관세율의 일괄인하가 필요하게 되었다.

3. 케네디라운드의 특징

1) 관세의 일괄인하 방식

케네디라운드에서는 종래 양국간 품목별 관세인하 교섭방식이 지양되고 관세의 일괄인하 방식이 채택되었다. 이러한 방식이 채택된 것은 종래의 관세교섭 방식에는 교섭횟수가 거듭됨에 따라 상당한 결함이 드러나게 되었고, 더욱이 당시 EEC·EFTA 등 지역적 경제통합체의 결성 등으로 말미암아 관세의 일관인하가 불가피하게 되었다. 따라서 케네디라운드에서는 이러한 점으로 말미암아 극히 소수의 예외를 제외하고 실질적 관세일괄인하 방식이 채택되었으며, 당시 그 일관인하가 불가피하게 되었다.

따라서 케네디라운드에서는 이러한 점으로 말미암아 극히 소수의 예외를 제외하고 실질적 관세일괄인하 방식이 채택되었으며, 당시 그 일괄인하 폭은 40%를 원칙으로 하였다. 이 원칙을 중심으로 실제의 관세교섭이 전개된 것은 GATT의 역사상 획기적이었다. 이 원칙은 당초의 목표대로 실현되지 않았으나 각국이 관세를 양허한 3만여 품목가운데 50% 또는 그 이상의 관세인하가 실현된 품목이 많았다는 점은 주목할 만하다.

2) 관세인하협상대상품목의 다양화

관세인하협상 대상품목은 종래 광공업품에만 집중되었으나 케네디라운드에서는 광공업품만 아니라 농산물 등 1차산품도 포함되었다. 각국은 국내농업을 보호하고 농업소득을 안정시키기 위하여 농산품 수입에 대한 관세 및 비관세 등 제한조치를 취했기 때문에 종래의 관세인하협상에서는 농산물의 협상대상범위가 극히 제한되었다.

그러나 케네디라운드에서는 농산물의 수출입의 중요성이 인정되어 이의 수출확대를 위하여 농산물이 전면적으로 협상대상품목에 포함되었다. 그러나 실제의 협상과정에서 GATT는 농업보호상태를 단적으로 표시하는 국내생산자 지지가격에 대하여 교섭하려고 고집했고, 한편 미국은 무역확대를 위하여 관세 등 수입제한조치에 대하여 교섭하려고 고집하였기 때문에 결국 농산물에 대한 교섭은 관세인하를 중심으로 마무리되었다.

3) 개발도상국 주요품목에 대한 무역장벽완화

케네디라운드에서 선진공업국은 개발도상국의 주요 수출 관심품목에 대한 무역장해를 가급적 완화시키려고 노력했고, 이와 더불어 선진공업국은 관세교섭시에 개발도상국들과의 상호주의를 기대할 수 없다는 점을 인식하게 되었다. 따라서 선진공업국은 관세교섭시에 개발도상국에 대하여 상호주의를 요구하지 않았으나, 개발도상국은 선진공업국의 관세인하 등에 불만을 가졌다.

4) 비관세장벽의 교섭대상취급

케네디라운드에서는 관세장벽뿐만 아니라 비관세장벽도 교섭의 대상으로 취급되었다. 그러나 종전의 GATT의 관세인하협상에서는 비관세장벽의 협상대상으로 취급되는 경우는 극히 적었고, 더욱이 실제적인 면에서 그 성과가 이루어진 경우도 드물었다. 케네디라운드 교섭에 있어서는 특정국의 상품에 대한 차별대우를 제거할 수 있는 방법이 검토되었고, 또한 관세인하의 성과가 비관세장벽에 의하여 상쇄되거나 또는 무효화 되지 않도록 일련의 방법이 검토되었다. 비관세장벽이 협상대상에 포함된 것은 GATT 가맹국간에 관세 인하되어 무역자유화가 진전됨에 따라 비관세장벽은 무역확대를 저해하는 요인으로 적용했기 때문이었다.

4. 케네디라운드 협상의 성과

1) 관세장벽의 완화

케네디라운드는 교섭가맹국수·관세양허품목수·관세인하율·인하품목의 무역액 등으로, 감안해 볼 때, GATT의 수차의 관세인하 교섭성과 중 획기적 협상이었다. 케네디라운드에 참가한 62개 국가 중 우리나라를 비롯한 37개 국가는 본 교섭에서 관세의 인하를 양허하는데, 당시 세계무역총액의 역 75%를 차지했던 이들 37개국이 양허한 300,300종이었고 그 무역액은 400여 달러에 달했다. 이는 딜론라운드(Dillon Round)에서 양허된 품목수 4,400종의 7.5배에 해당되며, 또한 그 무역액 50억 달러의 8배에 해당된다. 뿐만 아니라 관세의 평균인하율은 딜론라운드에서는 7%에 지나지 않았으나 케네디라운드에서는 35%였다. 그리고 케네디라운드에서 양허된 품목수는 GATT가 창설된 이래 5차에 걸친 총 양허품목수 65,000종에 비하여 거의 절반에 해당된다. 이는 실질적으로 전산업에 걸친 관세인하라고 볼 수 있다.

2) 비관세장벽의 협상대상취급

케네디라운드의 성과는 관세를 일괄적으로 인하시킨 것뿐만 아니라, 관세장벽 이외에 비관세장벽 문제도 협상대상으로 취급하여 이를 경감시켰다는 점이다. 케네디라운드에선 타결된 비관세장벽의 완화 등 기타의 문제는 다음과 같다. ① ASP(American Selling Price) 협상, ② 덤핑방지규약 및 곡물 협정, ③ EEC의 자동차도로세의 개선에 관한 약속, ④ 이탈리아 對日자동차의 자유화에 관한 약속, ⑤ 수입을 국가가 관리하고 있는 폴란드 및 그 외 국가의 수입증가에 대한 약속 등이었다.

제4절 도쿄라운드 협상

1. 도쿄라운드 협상의 목적

도쿄라운드(Tokyo Round)란 GATT의 주제하에서 1973년 9월부터 1979년 4월까지 약 5년 동안 일본 동경에서 99개국이 참석한 가운데 개최된 일곱 번째의 대규모적인 다자간무역협상을 의미한다.

도쿄라운드의 개최목적은 다음과 같다. ① 국제무역의 확대를 저해하는 모든 무역장벽을 점진적으로 철폐하고 국제적인 무역규범을 개선함으로써 세계무역의 자유화와 확대를 실현하여 전 인류의 복지를 증진시킨다. ② 개발도상국의 수출의 확대 및 다양화, 외화수입의 증대, 수출관심품목의 대외시장조건의 개선 등을 도모한다.

2. 도쿄라운드 협상의 배경

1) 무역장벽의 상존

도쿄라운드가 개최될 무렵에는 무역장벽이 상존해 있었다. 케네디라운드의 관세일괄인하에 따라 종래의 관세율은 상당히 높아서 무역자유화가 저해되었다. 그리고 이 관세장벽뿐만 아니라 비관세장벽이 더욱 더 강화되어 국제무역의 확대가 억제되지 않을 수 없었다. 따라서 이러한 무역장벽을 완화함으로써 무역자유화를 촉진하기 위하여 도쿄라운드가 개최된 것이다.

2) 국제경제의 침체

도쿄라운드가 개최될 무렵에는 국제경제가 침체되었다. 1973년에 야기된 제1차 석유파동으로 인하여 세계 각국에서는 석유가격이 폭등하고, 이에 따라 물가가 폭등한데다가 경기는 현저히 침체되었다. 이 스태그플레이션(Stagflation)은 국제무역의 확대를 저해시킬 뿐만 아니라 보호무역주의를 한층 더 강화시켰다. 따라서 석유파동에 따른 국제경제의 침체를 해소하기 위하여 도쿄라운드가 개최된 것이다.

3) 남북문제의 심화

도쿄라운드가 개최될 무렵에는 남북문제가 심화되었다. 1960년대 초에 본격적으로 대두된 남북문제로 말미암아 UNCTAD가 개최되었고, 이 UNCTAD 총회에서는 개발도상국의 경제개발과 수출증대를 도모하기 위하여 일반특혜관세제도를 마련했다. 그러나 이 제도만으로는 남북문제를 기본적으로 해결할 수 없게 되자 개발도상국은 새로운 다자간무역협상의 개최를 요구했었다. 남북문제의 심화도 도쿄라운드를 개최하게 된 하나의 동기이다.

4) 지역적 배타주의의 확산

도쿄라운드가 개최될 무렵에는 지역적 배타주의가 확산되었다. 당시 EEC는 1968년 역내관세를 철폐하고 1972년 영국·에이레·화란 등을 가입시켜 유럽 경제공동체를 확대시켰으며, 구 식민지 종속국들과도 특혜적 무역협정을 체결하여 역내 우선주의·역외 차별주의를 강화하는 등 지역적 배타주의를 고조시켰다. 또한 개발도상국에서도 지역적 경제통합체의 결성을 추진하고 석유파동에 따른 자원민족주의를 강화했다. 이러한 지역적 배타주의를 완화하고 세계경제를 다극화를 억제하기 위하여 도쿄라운드가 개최된 것이다.

3. 도쿄라운드 협상의 특징

1) 협상대상의 포괄성

도쿄라운드는 종래 개최된 일반관세 협상이나 다자간무역협상에 비하여 그 협상대상이 매우 포괄적이었다. 케네디라운드까지의 다자간무역협상의 대상은 주로 관세율 인하였으나 도쿄라운드의 협상대상은 관세율인하뿐만 아니라 비관세 장벽, 개발도상국우대조치, 농산물무역 등이 포함되었다. 도쿄라운드의 이러한 협상대상 중에 가장 중점적으로 논의된 것이 비관세 장벽이었다.

2) 개발도상국 우대조치

도쿄라운드에서는 개발도상국에 대한 우대조치가 진지하게 논의되었고, 이 논의 과정에서 개발도상국이 선발 개발도상국과 후발개발도상국으로 분류되어 이들 국가에 대한 상이한 대우부여가 합의 되었다. 즉 후발개도국에 대해서는 더욱 유리한 특혜를 부여하고, 이에 반하여 선발개도국에 대해서는 개발도상국 졸업개념을 도입하여 특혜공여를 축소하는 동시에 GATT의 의무를 이행하도록 하였다.

3) 협상주체의 확대

도쿄라운드에서는 많은 국가가 참가했으며 개발 도상국도 선진 공업국과 더불어 협상의 주체적 역할을 담당하였다. 케네디라운드에 참가한 국가수는 54개국이었으나 협상주체는 주로 미국과 EC 국가이었다. 그러나 도쿄라운드에서는 개발 도상국도 협상의 주체적 역할을 하였다. 이는 개발 도상국의 국제정치경제적 지위가 그만큼 신장된 것을 의미한다.

4. 도쿄라운드 협상의 성과

1) 비관세장벽부문의 협정체결

도쿄라운드에서는 비관세 장벽 부문의 협정이 체결되었다. 과거 케네디라운드까지만 하더라도 무역협상대상은 주로 관세장벽부문이었다. 그러나 도쿄라운드에서는 관세장벽뿐만 아니라 비관세장벽도 협상대상으로 삼아 이 비관세장벽을 완화시키려고 집중적 논의가 추진되었다. 도쿄라운드에서 비관세장벽이 주요한 협상대상으로 상정된 것은 과거 케네디라운드까지 다자간 무역협상에 따라 선진공업국의 공산품의 관세율이 10% 이하로 인하된 데 반하여, 비관세장벽문제는 해결되지 않았기 때문이다. 비관세장벽문제는 케네디라운드에서도 상정되었으나 이 문제가 제대로 해결되지 않게 되자 비관세장벽은 국제무역의 확대를 저해하는 기본적 요인으로 작용하게 되었다. 즉 당시 비관세장벽은 무역규제의 주요한 정책수단으로 이용되었다. 도쿄라운드에서는 GATT가맹국으로부터 통고받은 850여 유형의 비관세장벽을 분류하여 일부에 관한 협정을 체결하였다.

2) 개발도상국 우대협정 체결

도쿄라운드에서는 개발도상국에 대한 특별 우대협정이 체결되었다. 도쿄라운드에서 합의된 개발도상국에 대한 특별 우대조치로서는, ① 선진공업국의 對개발도상국 우대조치의 실시 및 이 조치의 합법화, ② 개발도상국 상호간의 우대조치의 부여 및 이 조치의 합법화, ③ 선진공업국의 對개발도상국 비상호주의의 인정, ④

개발도상국의 구제수지상의 목적을 위한 수량제한 조치의 인정 등을 들 수 있다.

도쿄라운드는 이러한 배경 하에서 개발도상국의 수출확대를 통한 경제성장을 지원하기 위하여 개발도상국 우대조치를 마련한 것이다. 이 우대조치에 따라 GATT 가맹국은 최혜국대우 원칙에도 불구하고 개발도상국에 대하여 일반특혜관세를 공여하는 등 우대조치를 실시할 수 있었으며, 개발도상국 상호간에도 우대조치를 부여할 수 있었다. 그리고 후발 개발도상국은 더욱 유리한 우대조치를 의미하는데, 이 조치는 무차별원칙을 지도이념으로 한 GATT의 기본정신에 위배되었으나 이 우대조치는 도쿄라운드에서 합법화·정당화되었다는 것은 매우 주요한 성과라고 볼 수 있다.

그리고 도쿄라운드에서는 선진공업국이 무역협상을 추진할 경우 개발도상국에 대하여 관세율의 인하 등을 대가로 이에 상응하는 조치를 기대하지 않기로 합의되었다. 이는 선진공업국이 개발도상국에 대하여 상호주의를 요구하지 않을 것을 약속한 것을 의미한다.

3) 개발도상국 졸업개념의 도입

도쿄라운드에서는 선발개발도상국에 대한 무역준칙이 명문화되었다. 이 무역준칙은 개발도상국이 지속적인 경제성장을 달성할 경우 개발도상국의 범주에서 제외되며, 이 범주에서 벗어난 개발도상국(이는 선발개도국, 중진국 또는 신흥공업국을 지칭한다)은 GATT의 의무를 수행해야 하는 것을 규정한 규범이다. 선발개발국에 대한 무역준칙의 핵심은 개발도상국 졸업조항이다. 어느 개발도상국이 지속적인 경제성장으로 개발도상국 졸업조항의 적용을 받게 되면, 그 나라는 선발개도국으로 인정되어 남북문제를 해결하기 위하여 선진공업국이 개발도상국에 공여하고 있는 일반특혜관세제도 상의 혜택을 받을 수 없게 된다.

개발도상국 졸업조항은 개발도상국에 대한 권능부여 조항(Enabling Clause)으로서 이른바 졸업개념을 규정한 것을 말한다. 도쿄라운드에서 처음으로 도입된 졸업개념에 따라 최근 선진공업국은 일반 특혜관세제도의 졸업정책(Graduation Policy)을 실시하고 있다. 일반특혜관세제도(Generalized System of Preference: GSP)의 졸업, 즉 GSP 졸업이란 종래 GSP의 혜택을 받아오던 개발도상국이 지속적인 경제개발을 통하여 1인당 GNP를 증가시키고 수출상품의 국제경쟁력을 강화시킴에 따라 GSP 공여국이 이들 개발도상국을 국별로 GSP 수혜대상국에서 제외시키나 또는 일부국가의 일부 특정 품목을 GSP 수혜대상품목에서 제외시키는 것을 의미한다. 도쿄라운드에서 개발도상국 졸업개념이 처음으로 도입되었다는 것은 매우 주목할 만하다.

4) 국제관리무역체제의 조성

도쿄라운드의 다자간무역협상의 결과로 국제관리무역체제가 조성되었다. 도쿄라운드의 개최목적은 모든 무역장벽을 점진적으로 철폐하여 무역자유화와 무역확대를 추구한다고 하면서도 도쿄라운드에서는 실제적인 면에서 선진공업국이 보호무역주의를 합법화할 국제통상 상의 근거가 마련되었다. 그 대표적인 국제무역관리협정이 다자간 섬유협정이다.

다자간섬유협정은 분명히 GATT의 기본원칙인 최혜국대우와 일반적 수량규제 금지조항에 위배된 것이다. 1979년에 개정된 미국의 통상협정법이 도쿄라운드에서 타결된 통상협정과 일치하고 있는 점은 도쿄라운드가 무역자유화에 이바지한 점도 크지만 보호무역주의의 합법화를 조성했다고 볼 수밖에 없다.

제5절 우루과이라운드(UR) 협상

1. UR 협상의 추진과 목적

우루과이라운드(Uruguay Round)란 1986년 7월 21일부터 1993년 12월 15일까지 약 7년 동안 우루과이 푼타 델 에스테(Punta Del Este)에서 채택된 GATT 각료선언에 따라 추진되었다.

우루과이라운드는 1983년 5월 윌리암스버그 경제정상회담에서 최초로 제기되어 그 해 11월 미·일정상회담을 계기로 본격적으로 논의되기 시작하였다. 그 후 1985년 11월 제41차 GATT 총회에서는 새로운 다자간무역협상의 목적·의제·추진방식 등을 다루기 위한 준비위원회 설치에 합의하였으며, 이 합의에 따라 설치된 준비위원회는 1986년 수차에 걸친 회의를 통하여 다자간무역협상의 개최를 추진하기 시작하였다. 이 준비과정에서 각국 간에는 서비스 무역·지식재산권보호·무역관련투자 등 여러 가지 문제를 둘러싸고 상당한 논란이 야기되었다.

이 결과로 말미암아 1986년 7월 GATT 각료회의에 제출된 각료선언문의 초안은 단일안이 채택되지 못하고 각국의 의견이 반영된 3개안이 제출되었다. GATT 각료회의에서는 이 3개안에 대한 토의를 거쳐 단일의 각료선언문을 채택하게 된 것이다.

2. UR 협상의 배경

1) 신보호무역주의의 만연

우루과이라운드가 추진될 당시에는 신 보호무역주의가 만연되었다. 우루과이라운드가 최초로 제기되었던 1983년부터 이의 개최를 위한 1986년 GATT 각료선언까지만 하더라도 국제무역질서는 무역자유화가 현저히 후퇴되고 무역보호조치가 기승을 부렸다. 당시 무역보호호조치가 기승을 부렸던 것은 각국이 그들의 국내산업·국내고용·국제수지 등을 보호하기 위하여 수입규제조치를 강화했기 때문이다. 수입규제조치의 정책수단으로는 관세·수입할당제·반덤핑관세·상계관세 등 전통적 수입규제정책수단뿐만 아니라 수출자율규제·시장질서협정 등 새로운 수입규제정책수단이 채택되었다. 이러한 신 보호무역주의를 완화하기 위하여 새로운 다자간 무역협상의 개최가 요구되었다.

2) GATT 기능의 약화

우루과이라운드의 개최가 추진될 무렵 GATT의 기능이 약화되었고 GATT에 대한 가맹국의 신뢰도도 저하되었다. GATT는 무역자유화와 최혜국대우의 기본원칙하에서 국제무역의 확대에 상당한 기여를 했으나 국제경제구조의 급진적 변혁으로 말미암아 무역자유화가 무역보호화로 전환되고 최혜국대우의 원칙이 점진적으로 깨어짐에 따라 그 기능이 현저히 약화되었다. 그리고 GATT는 국제무역질서의 급진적 변혁과 자국이익 우선주의에 능동적으로 기민하게 대처하지 못했기 때문에 이에 대한 가맹국의 신뢰가 저하되지 않을 수 없었다. 따라서 GATT의 기능을 강화하고, 이에 대한 신뢰도를 제고하기 위하여 새로운 다자간무역협상이 필요하게 된 것이다.

3) 새로운 무역부문의 대두

국제경제구조의 급진적 변혁으로 인한 새로운 무역부문이 대두됨에 따라 새로운 다자간무역협상이 요청되었다. 과학기술이 발달하여 고도기술 첨단상품이 개발되어 그 무역량이 증대되고 산업이 발달하여 서비스 무역의 비중이 증대됨에 따라 이러한 새로운 무역부문에 관한 국제적 협정의 체결이 필요하게 되었다. 그 대표적 부문이 서비스 무역·지식재산권 보호·무역관련투자 등이 있다. 이러한 부문을 둘러싸고 GATT 가맹국간의 마찰이 심화되고 있기 때문에 이를 GATT의 체제 하에서 국제적으로 타결하기 위하여 새로운 무역협상이 요청되었다.

4) 개발도상국의 욕구증대

개발도상국의 수출확대를 통한 경제성장의 욕구를 해결하기 위하여 다자간무역협상의 개최가 불가피했다. 개발도상국의 경제개발과 수출확대는 그동안 국제적 노력에도 불구하고 좀처럼 해결되지 않았다. 그러므로 개발도상국 문제가 제기되지 않을 수 없었다. 따라서 개발도상국의 對선진공업국 시장접근의 기회를 확대하고 개발도상국의 자조적 노력을 자원함으로써 그들의 생활수준의 향상을 위하여 새로운 다자간무역협상이 필요하게 된 것이다.

3. UR 협상의 특징

1) 협정대상의 다양화

우루과이라운드는 도쿄라운드보다 그 다자간무역협상의 대상이 매우 다양하고 포괄적이었다. 이 다자간무역협상에서는 관세장벽과 비관세장벽이 주요한 협상대상으로 채택되었을 뿐 아니라 서비스무역·지식재산권·무역관련투자·선적 전 검사·원산지규정·분쟁해결절차 등 국제무역이 직면하고 있던 모든 현안이 협상대상으로 채택되었다. 그리고 우루과이라운드에서는 각 의제가 포괄적으로 처리되었다.

2) 신보호무역주의에 대한 도전

우루과이라운드는 비관세장벽이 강화된 신 보호무역주의 하에서 추진되었다. 도쿄라운드까지 일곱 차례에 걸친 다자간무역협상에 의한 관세율의 대폭적인 인하로 말미암아 관세는 무역장벽으로서의 기능이 현저히 약화되었다. 따라서 비관세장벽이 관세에 대신하여 주요한 무역장벽으로 대두되게 되었다.

4. UR 협상타결과 국제무역 질서

1) 국제분업 구조의 개편

우루과이라운드가 타결됨에 따라 국제분업구조가 급격히 개편될 것으로 보인다. 국제분업 구조의 개편은 생산부문에서뿐만 아니라 서비스 부문 등 세계경제의 모든 부문에 걸쳐 이루어지게 될 것이다. 그것은 우루과이라운드 다자간무역협상 타결로 모든 경제부문에 걸쳐 관세장벽과 비관세장벽이 철폐되거나 혹은 대폭 완화됨으로써 세계적 무역자유화가 촉진되기 때문이다. 상품무역의 자유화가 촉진되면 국제적으로 비교우위에 있는 산업은 생산특화를 높여 그 산업구조를 강화시킬 수 있게 될 것이다. 그러나 비교열위를 면치 못하고 있는 산업은 외국의 강력한 국제경쟁력을 갖춘 산업과의 치열한 경쟁에서 쇠퇴할 수 밖에 없게 될 것이다.

이와 마찬가지로 서비스 무역의 자유화가 촉진되면 국제적으로 비교우위에 있는 서비스 산업은 5대양 6대주 세계 어느 서비스 시장으로라도 진출할 수 있고 그 서비스산업구조를 강화시킬 수도 있게 될 것이다. 그러나 비교우위가 약하거나 혹은 비교열위에서 벗어나지 못하고 있는 서비스 산업은 외국의 강력한 경쟁력을 갖춘 서비스 산업과의 경쟁에서 쇠퇴하지 않을 수 없게 될 것이다.

따라서 우루과이라운드 타결로 경제적 국경의 개념이 사라지고 비교우위의 원칙에 따라 모든 산업이 특화를 하게 되고 외국으로 진출을 하게 될 경우 국제비교우위도가 높은 산업의 생산·판매·수출 등 모든 경제활동은 활성화하여 그 결제구조는 그 전에 비하여 한층 강화되게 마련이다. 그러나 국제비교우위도가 낮은 산업은 치열한 국제경쟁에 배겨내지 못하고 소멸될 것이다. 따라서 우루과이라운드 타결된 이후의 세계경제 하에서는 각국의 산업의 국제비교우위도가 국제분업 구조의 재편성을 결정하는 기본적 요인으로 작용하게 될 것으로 전망된다.

우루과이라운드가 타결되어 세계의 상품시장과 서비스시장이 전면적으로 개방됨에 따라 자본이 풍부하고 기술수준이 높은 선진 여러 나라의 산업구조는 첨단기술 집약산업 등 제조업을 중심으로 하는 생산 산업구조와 금융산업 등을 근간으로 하는 서비스 산업구조로 개편될 것으로 전망된다. 그것은 선진 여러 나라에서는 이들 산업부문이 비교우위를 확보하고 있기 때문이다.

한편 노동이 풍부하여 임금이 싼 개발도상국들의 산업구조는 섬유산업 등 노동집약산업을 뼈대로 하는 산업구조로 재편성될 것이 뻔하다. 개발도상국에서 보호·

육성되고 있는 기술집약산업 등은 세계시장의 전면적 개방과 선진 여러 나라의 기술이전 거부로 전략적인 특화산업으로서의 위상이 약화되지 않을 수 없게 될 것이다.

2) 지역적 경제블럭의 강화

우루과이라운드 타결을 지역적 경제블럭을 강화시킬 가능성이 클 것으로 전망된다. GATT주재 하에서 추진된 다자간 무역협상의 본래의 목적은 경제적 지역주의를 완화시키고 세계적 무역자유화를 추구하는 데 있었던 것이 사실이다. 1967년 타결된 케네디라운드(Kennedy Round)만 하더라도 미국은 EEC의 배타적 지역주의를 타파하기 위하여 이를 추진시켰고, 1993년에 타결된 우루과이라운드 역시 미국은 '유럽의 경제요새'로 변모해 가고 있는 EU의 무역장벽을 허물기 위하여 이를 추진시켰던 것이 사실이다. 그러나 케네디라운드가 타결되었으나 EEC의 배타적 지역주의는 완화되기는커녕 오히려 강화되어 온 것이 사실이다. 이러한 점에 비추어 보면 우루과이라운드가 타결되었다고 해서 EU·NAFTA 등 서방경제블럭(Western Economic Bloc)을 주축으로 하는 지역주의가 완화되리라고 기대할 수 없을 것이다.

3) 상품무역자유화의 촉진

우루과이라운드 다자간무역협상이 타결됨에 따라 세계 차원의 상품무역 자유화가 지속적으로 실현될 것으로 전망된다. 그 이유는 우루과이라운드 타결로 종래 상품의 국제적 이동을 규제해 오던 관세장벽과 비관세장벽이 대폭적으로 완화되었기 때문이다.

우루과이라운드 타결로 무역장벽이 현저히 완화될 조짐을 보이고 있는 것은 이 다자간무역협상에서 관세·농산물·섬유 및 의류·반덤핑·보조금 및 상계관세·긴급수입제한조치 등의 협정이 체결되었기 때문이다.

4) 서비스 시장의 개방확대

우루과이라운드가 타결됨에 따라 세계 서비스 시장이 전면적으로 개방될 것으로 보인다. 그것은 상품교역을 저해하는 관세장벽과 비관세장벽이 완화될 뿐 아니라 서비스 무역의 자유화가 대폭 확대되기 때문이다. 우루과이라운드 타결이 세계 서비스 시장을 전면적으로 개방시키게 된 것은 무역장벽 완화로 상품시장이 대폭 개방됨에 따라 서비스 공급이 대폭확대 되게 될 뿐만 아니라 이와 더불어 서비스 무역이 확대되고 무역관련투자규제가 완화되기 때문이다.

5. UR 협상의 평가

우루과이라운드는 GATT가 주재한 제8차 다자간무역협상이다. 우루과이라운드가 타결됨에 따라 종래 국제무역을 저해해오던 관세장벽과 비관세 장벽이 철폐 혹은 완화됨으로서 세계적 무역자유화가 촉진되게 되었다. 무역장벽 완화에 의한 세계적 무역자유화 추구는 우루과이라운드의 기본적 목적이므로 이는 국제무역 상 커다란 의의를 지니고 있다고 보아야 할 것이다.

우루과이라운드에서는 '서비스 교역에 관한 일반협정'이 체결되어 모든 가맹국에 대해 최혜국대우(MFN)가 기본적 의무로 부여되고, 양허한 서비스 분야에 대해서는 내국민대우가 적용될 뿐 아니라 서비스 자체의 이동은 물론 서비스 공급주체인 외국인직접투자·인력이동 등 광범위한 분야에 걸쳐 서비스 교역의 자유화가 촉진되게 되었다. 서비스 무역자유화에 의한 상품무역자유화 촉진과 세계무역의 확대는 우루과이라운드 출범목적 중의 하나이므로 이것 역시 국제무역 상 커다란 의의를 지니고 있는 것이다.

우루과이라운드 다자간무역협상의 타결 의의는 종래 GATT에서 다루지 못했던 농산물·섬유·동경 라운드 협정 등을 다자간체제로 끌어들이고, 이와 더불어 통상현안분야도 다자간협상대상에 포함시킴으로써 국제무역 전반에 걸쳐 총괄적 규범을 제정한 점에서도 찾아볼 수 있다.

GATT가 창설된 이래 제7차 다자간무역협상에 이르기까지 좀처럼 의제로 상정되지 못했던 농산물·섬유 등이 우루과이라운드에서 그 협정이 체결되었고, 또한 서비스교역·지식재산권 등 새로운 분야도 그 협정이 체결되었다고 하는 것은 국제무역 확대에 획기적인 결과로 평가되고 있다.

Chapter

05

WTO 출범과 국제통상

Chapter 05 WTO 출범과 국제통상

제1절 WTO체제의 성립

1. WTO체제의 성립의 의의

1994년 4월 모로코의 마라케시(Marrakesh)에서 개최된 UR각료회의를 끝으로 지난 1986년 9월 우루과이의 푼타 델 에스테(Punta Del Este)에서 출범하여 7년 반 동안을 끌어온 UR협상이 공식적으로 마무리되었다.

전 세계 125개국(GATT 가입국 123개국 포함)의 대표들이 참가한 UR 각료회의는 GATT체제의 한계를 극복하고 세계무역질서를 더욱 효과적으로 규율하기 위하여 WTO(World Trade Organization : 세계무역기구) 설립협정도 104개국에 의해 서명되었으며 미국·일본 등 주요국가가 국회비준 후 협정수락을 통보하여 우리나라도 1994년 12월 16일 협정가입안에 대한 국회비준이 통과되어 협정수락을 통보하였으며 WTO는 드디어 1995년 1월 1일 출범하게 되었다. 이에 따라 1947년 10월 제정되어 그간 47년여 동안 세계교역을 관할해온 GATT체제는 막을 내리고 신 GATT체제라 할 수 있는 WTO시대가 도래하였다.

WTO체제는 GATT체제에서는 볼 수 없는 세계 각국의 시장개방 확대조치, 공정하고 명료한 무역규범마련, 규범이탈자에 대한 제재를 강화할 수 있는 효과적인 분쟁해결 절차를 마련하는 등 많은 특징을 가지고 있다.

① 세계는 UR협정의 이행기구 및 국제무역에 관한 UN으로 역할을 할 WTO를 설립함으로써 과거 GATT체제가 가지고 있던 한계를 극복하려고 하였다.

즉, 일반적으로 GATT가 국제기구로 오해되고 있으나 그 명칭에 나타난 바와 같이 관세 및 무역에 관한 일반협정으로서 동협정의 효율적 운용을 위해 사무국을 설치하는 등 그 운영을 국제기구처럼 해온 변형된 임시체제에 불과하였다.

이에 따라 GATT는 최근에 와서 체약국간의 무역주의의 확산이나 차별적인 지역주의의 대두를 효과적으로 규율하지 못함은 물론 새로운 국제무역의 구도변화를 충분히 포괄하지 못하는 등의 어려움에 봉착하였다.

WTO는 이와 같은 GATT의 한계를 극복하여 새로운 국제무역질서를 구축하는 데 있다.

② WTO체제는 GATT기능을 더욱 강화하여 서비스·지식재산권 등 새로운 교역과제를 포괄하고, 회원국의 무역관련법, 제도, 관행 등의 명료성을 제고시킴으로써 세계교역을 증진하려고 하는 것이다.

③ GATT 출범시 시도되었던 브레튼우즈(Bretton Woods)의 3두체제, 즉 외환분야의 IMF, 경제개발 분야의 IBRD, 국제무역 분야의 ITO가 ITO(국제무역기구)의 설립 실패로 무산되었으나, WTO의 신설로 인해 ITO의 뒤늦은 출범이 되었다.

④ WTO체제의 출범은 결국 세계경제가 하나의 규범(즉 WTO협정)과 하나의 기구(즉 WTO)로 통일되어 한지붕 경제권이 됨을 뜻하고, 산업·무역의 세계화와 함께 국경없는 무한경쟁시대로 돌입하는 새로운 국제무역환경의 기반이 조성되었다.

2. WTO 최종협정문의 개요

UR협상 결과를 총정리하고 있는 UR최종협정문(Final Act Embodying the Results of Uruguay Round of Multilateral Trade Negotiations)의 내용을 크게 구분하면 다음과 같다.

1) 최종의정서(Final Act)

협상결과를 확인하고 WTO설립협정을 국내비준 절차에 회부하겠다는 약속문서

2) WTO설립협정

새로운 무역기구 설립 및 동 기구의 제도적·절차적 구조를 명시한 핵심적 내용으로 UR협상 결과를 반영하고 있으며, 서문 및 16개 조문으로 구성된 본문(즉 WTO 설립협정)과 부속서로서 17개의 다자간 무역협정(Multilateral Trade Agreement : MTA) 및 4개의 복수국간 무역협정((Plurilateral Trade Agreement : PTA)으로 이루어져 있다.

다자간 무역협정(MTA)들은 WTO협정의 일부로서 모든 회원국에 적용되는데 MTA는 WTO설립협정의 부속서 1, 부속서 2 및 부속서 3을 총칭한다.

부속서 1은 상품교역·서비스교역 및 지식재산권에 관한 협정으로서 부속서 1A(농업, 위생, 섬유, 기술장벽, 투자, 반덤핑, 관세평가, 선적전검사, 원산지규정, 수입허가절차, 보조금 및 상계관세, 긴급수입 제한조치협정 등 12개 협정), 부속서 1B(서비스협정), 부속서 1C(지식재산권협정)로 구성되어 있다.

또한 부속서 2는 분쟁해결규칙 및 절차에 관한 양해이고, 부속서 3은 각국의 무역정책을 주기적으로 검토하는 무역정책검토제도에 관한 것이다.

그리고 부속서 4는 복수국간협정(PTA)으로 WTO협정의 일부이기는 하나 이 협정들을 수락한 회원국에게만 적용되는 것으로 민간항공기, 정부조달, 국제낙농, 국제우육협정 등이 있다. 그 중 우리나라는 정부조달협정에만 가입하였고, 1997년 1월에 발효하였다.

3) 관련각료 결정 및 선언

WTO협정을 보완하기 위하여 협정과 직접적으로 관련 있는 내용을 명기하고 있으며, 반덤핑협정과 관련된 결정 및 선언, 통보절차에 관한 결정, 최빈개도국을 위한 조치에 관한 결정 등 12개 분야에 대한 결정 및 선언 등이다.

3. WTO체제의 특징과 기본원칙

1) 특징

(1) 규범성

WTO체제의 가장 큰 특징은 소위 "규칙의 보전(Rule integrity)"을 강화하고 있다는 점이다. WTO체제는 GATT체제와는 달리 회원국의 협약불이행에 대하여 분쟁해결절차를 통해 강력한 제재를 가할 수 있게 함으로써 국제경제사회에서의 법의 지배를 실현하고 있다.

(2) 포괄성

과거 GATT체제하에서 배제되어왔던 서비스교역·지식재산권 분야를 포함하고, 상품교역 분야에서도 사각지대였던 농업·섬유분야를 WTO체제에 편입시키고, 동경라운드협정 등을 다자간 체제로 복귀시켜 교역에 관한 모든 분야와 문제를 포괄함으로써 국제교역에 관한 총괄적 규범을 제정하였다.

(3) 진보성

WTO체제는 관세 및 비관세장벽을 축소 철폐하고, GATT체제의 강화, 서비스 및 지식재산권 보호 등 새로운 과제에 대한 새로운 규범을 마련하고, 무역정책평가기구(Trade Policy Review Body : TPRB)에서 각국의 교역정책·관행을 주기적으로 감시하게 함으로써 국경없는 교역을 위한 획기적인 진전을 이룩하고 있다.

(4) 발전단계별 고려

WTO체제는 발전단계가 낮은 국가들의 협약 시행상의 어려움을 고려하여 개도국·저개발국에 대해 상응하는 협약시행 유예기간을 부여함으로써 모든 후진국의 참여를 유도하고 있다. 예를 들면 지식재산권(TRIPs) 협정에서는 선진국에 대해 1년간의, 개도국에 대해서는 5년간의 시행유예기간을 부여하고 있어 우리나라도 선진국으로 분류되느냐, 아니면 개발도상국으로 분류되느냐에 따라 중대한 영향을 받을 수 있다.

2) 기본원칙

(1) 최혜국 대우(Most-Favoured Nation Treatment : MFN) 원칙

이는 국가간의 무차별원칙으로서, 한 회원국의 어떤 조치에 의한 혜택이 일정한 국가에게만 돌아가는 것이 아니며, 전회원국에 똑같이 베풀어져야 함을 의미한다.

즉 WTO체약국은 모두 '최혜국'으로 동등하게 대우해야 한다는 것을 의미하며 모든 분야에서 요구되는 핵심원칙이다. 일반상품의 경우에는 최혜국대우가 어떠한 예외도 없이 적용되어야 하나 서비스협정에서는 이 원칙에 대한 예외를 최혜국대우 일탈목록에 기재토록 함으로써 예외를 인정하고 있는데, 그 이유는 서비스교역은 일반적으로 규율하는 국제협정이 없었으며, 부문별로 양국간이나 복수간 협약들만이 존재해온 까닭에 최혜국대우를 절대적으로 준수하는 경우 기존의 협약국들 외의 국가들은 무임승차 효과를 누리게 되고, 이로 인해 불공평한 교역이 야기될 가능성이 있기 때문이다.

(2) 내국민대우(National Treatment)원칙

이는 외국인과 내국인을 똑같이 대우해야 한다는 원칙으로, 지식재산권협정(TRIPs)에서는 이 원칙의 무조건 적용이 요구되나 서비스협정(GATS)에서는 내국민대우 원칙 적용에 대한 구체적인 약속을 국별양허표에 기재하도록 하고 있다. 그러므로 양허계획서에 별도로 명기되지 않는 한 타회원국들의 서비스나 서비스 공급자에 대해 자국의 서비스나 서비스 공급자들보다 불리하지 않은 대우를 취해야 한다.

(3) 시장접근(Market Access) 보장

이는 관세나 조세를 제외한 재화용역의 공급에 대한 일체의 제한을 철폐해야 한다는 원칙으로, 내국민대우 원칙과 함께 시장개방의 양대 요소를 이루고 있다. 그러나 서비스(GATS)협정에서는 각 회원국이 타회원국들의 국내시장 접근에 있어 양허계획서에 명시한 사항보다 불리한 대우를 받지 않는다고 규정하고 있어, 국별양허표에 분야별로 구체적인 시장접근 범위를 정하도록 하고 있다.

(4) 투명성(Transparency)의 원칙

각국의 행정·사법기관의 의사결정이나 법령적용, 제도운용이 합리적이며 예측가능하여야 하고, 결정에 관한 이유가 고지되어야 하며, 그러한 결정의 기초가 되는 모든 법령 및 자료들이 공개되어야 한다는 원칙으로 개방의 실질적인 요소라 할 수 있다.

WTO협정에서는 체약국들의 무역관련법·제도·정책 및 관행을 정기적으로 평가하기 위하여 TPRM(Trade Policy Review Mechanism : 무역정책심사제도) 기능을 더욱 강화하도록 하여, 중장기적으로 회원국들의 무역관련 제도를 감시함으로써 세계교역환경을 보호무역 추세로부터 방어하는 역할을 담당하고 있다.

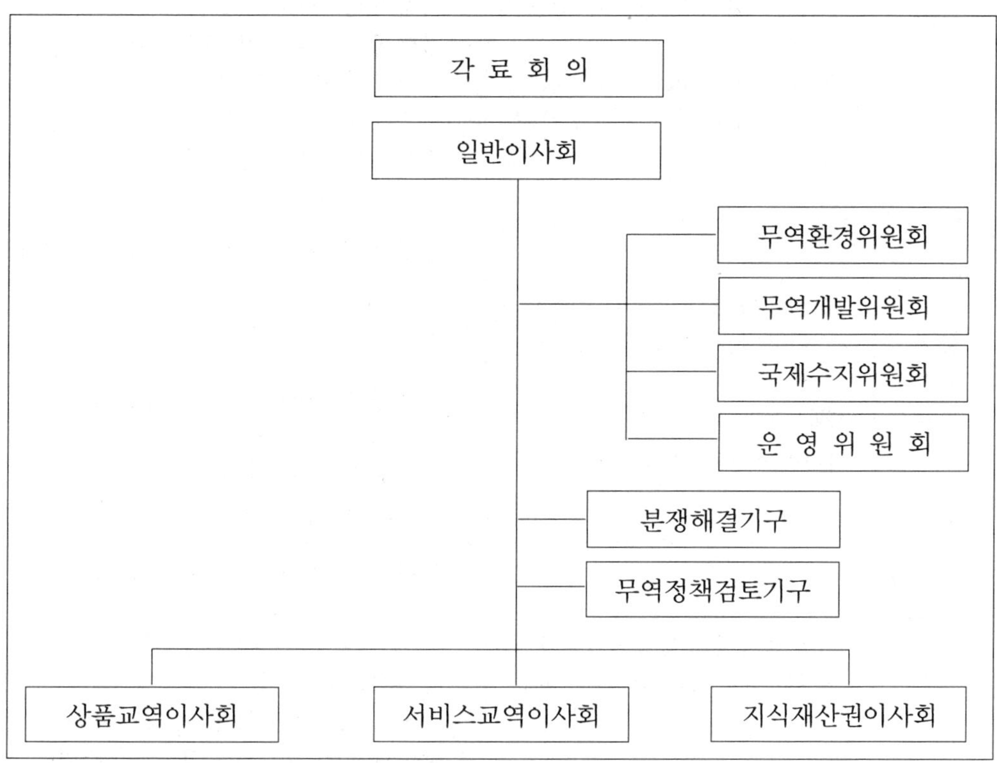

〈그림 5-1〉 WTO 조직도

〈표 5-1〉 GATT와 WTO의 차이

체제 내용	GATT	WTO
기구의 성격	- 국제협정일 뿐 엄밀한 의미의 국제기구는 아니었음 - 불완전한 브레튼우즈 체제	- 국제법인으로서 국제기구의 역할을 수행 - 브레튼우즈 체제의 완성
국제 무역 규율범위	- 공산품과 일부 농산물 - 농산물과 서비스의 교역 제한 허용됨	- 농산물, 공산품, 서비스 등 국제적으로 교역되는 모든 상품

국제 규범	– 포괄적인 무역규범의 제정에는 실패 – 보조금 협정과 반덤핑 협정의 제정 – NTB(Non-Tariff Barriers)에 대한 규범제정을 시도했으나 실패	– 관세 및 비관세 장벽 완화 – 17개 다자간 협정과 4개의 복수간 협정 포괄 – 서비스(GATS) 제정 – 지식재산권 협정(TRIPs) 제정 – 반덤핑 관세 부과 기준 강화 – 보조금의 운용 기준 강화 – 세이프가드 협정을 통해 회색조치 철폐 의무화
분쟁 해결 절차	– 상설 분쟁해결 기구가 없음 무역분쟁에 대한 권고안만 제시 – 교차보복(cross-secter retaliation) 없음	– 상설 분쟁해결 기구인 DSB의 신설과 상소기구의 신설 – 분쟁해결의 단계적 절차와 이행기간 명료화 – DSB결정사항의 집행용이(negative consensus 채택) – 교차보복(cross-sector retaliation)이 가능
새로운 규범 설정	– 서비스, 지식재산권, 투자 조치 등에 대한 규범이 없음	– 서비스, 지식재산권, 투자조치도 규율대상에 포함 – 서비스 협정체결(서비스 규율원칙, 양허계획표 작성) – 지식재산권 관련 국제규범제정(특허권, 상표권 등의 보호기준 및 절차 마련)

제2절 DDA 협상전개

1. 협상개요

2002년 1월에 출범을 하여 2005년 1월 1일까지 종료하기로 한 DDA(Doha Development Agenda)협상은 그 동안 협상진행이 지지부진하여 몇 차례의 협상 종료 연기 끝에 2006년 말까지 종료하기로 연장을 했으나 끝내 협상의 중단이 선언되었다. 이유는 개도국과 선진국의 첨예한 대립속에서 농업부문등서 의견차로 합의도출 실패를 가져오고 말았다. DDA 협상의 핵심 쟁점은 이른바 '3角쟁점'(triangle issues)으로 불리는 ① 미국의 농업보조금 감축 ② EU의 농산물 수입 관세 인하 ③ 개도국의 공산품 관세감축인데 이들 세 가지 쟁점은 DDA 협상을 이끌고 있는 3대 세력인 미국과 EU, G20의 이해관계와 밀접히 연관되어 있었다. DDA 협상이 중단됨에 앞으로 세계 각국들은 FTA에 주력해 나갈 것으로 예상된다. 특히 국제통상 환경을 주도하고 있는 미국은 자국과 이해관계가 있는 국가를 대상으로 우선적으로 FTA를 체결함으로써 당면한 현안을 직접 해결해 나갈 것으로 대부분 국제통상전문가들은 내다보고 있다. 따라서 우리나라는 DDA 협상 재개를 예의 주시하면서도 적극적인 FTA 추진을 하되 스파게티 볼 내지 누들볼 효과 같은 부작용을 피하는 지혜로운 국가 통상 정책이 필요한 시기이다.

2. 전개배경

DDA(Doha Development Agenda) 협상은 2002년 초부터 WTO에서 진행되고 있는 새로운 다자간무역협상을 의미한다. 이러한 다자간 무역협상은 제2차 세계대전 이후 지금까지 모두 8차례가 열렸으며 이러한 협상은 시장개방을 확대하고 자유로운 무역을 위한 규범을 확립함으로써 국제무역과 세계경제의 성장에 크게 기여했다. 특히 1986년부터 1993년까지 진행되었던 우루과이라운드(UR)협상은 결국 1995년 WTO를 출범시킴으로써 세계경제질서에 중요한 변화를 가져왔다.

그러면서 WTO 회원국들은 UR협상을 타결하면서 농산물과 서비스분야의 시장개방 내용이 미흡하다고 판단하여 2000년부터 추가적인 자유화 협상을 시작하기로 약속하였다. 그러나 많은 회원국들은 공산품분야에서도 아직 상당한 무역장벽이 남아있고 또 UR협상에서의 합의 결과를 이행하는 과정에서 많은 문제점들이 나타나고 있으며 세계화의 진전에 따른 무역환경의 변화를 반영하기 위해 새로운 무역규범이 필요하다고 생각하여 다른 분야에서도 추가적인 협상을 시작할 것을 희망하였다.

이에 따라 WTO 회원국들은 1998년 5월 제네바에서 개최된 제2차 각료회의에서 폭넓은 분야에서의 무역자유화를 위한 새로운 다자간 무역협상을 준비하기로 합의하였으며 3년 반의 논의를 거쳐 2001년 11월 카타르의 수도 도하(Doha)에서 개최된 제4차 각료회의에서 DDA협상의 출범을 선언하는 각료선언을 채택하는데 성공했다.

그리하여 2002년 1월에 출범을 하여 2005년 1월 1일까지 종료하기로 한 DDA (Doha Development Agenda)협상은 그 동안 협상진행이 지지부진하여 몇 차례의 협상종료 연기 끝에 2006년 말까지 종료하기로 연장을 하였으나 지난 2006년 7월 24일 WTO 협상의 최고 기구인 무역협상위원회(Trade Negotiation Committee)에서 라이 사무총장은 끝내 협상의 중단(Suspend)을 선언했다가 2007년 1월 다시 전개를 선언하였으나 현재까지 계속적으로 중단과 전개를 반복하고 있다.

3. DDA 협상 진행과정

1) DDA 협상의 특성

(1) DDA 협상방식

DDA 협상 방식(modality)은 모든 의제에 대한 협의를 동시에 진행, 동시에 종결하고 모든 참가국이 협상 결과를 수용하는 일괄타결방식(single under-taking package deal)을 적용하였다. 이는 일부 분야의 협상결과만을 선별적으로 받아들인다면 협상자체가 의미가 없기 때문에 UR 협상과 마찬가지로 일괄타결방식이 채택된 것이며 다만 조기 합의사항은 조기 시행이 가능하도록 합의하였다.

(2) DDA 협상체계

WTO에서 가장 중요한 기구는 각료회의와 일반이사회이다. 각료회의는 최고의 의사결정기구로서 회원국 대표들이 주기적(원칙적으로 2년)으로 모여 주요사안들을 결정하며, 상설기구인 일반이사회(주로 각국의 WTO 대사가 대표로 참석)는 각료회의의 결정을 집행하며 평소에 각료회의의 임무를 대행하는 협상 체계를 구성하였다.

2) DDA 협상 진행 내용

(1) 2005년까지 DDA 협상 내용

DDA는 2001년 11월 새무역규범 논의를 위하여 출범하였고 2003년 칸쿤 각료회의에서 협상 기본골격을 합의 하고 2005년 1월 1일까지 최종 타결을 목표로 하였다. 협상분야는 농업, 서비스, 비농산물, 규범(반덤핑, 보조금), 환경, 지식재산권, 분쟁해결 등 7개 분야를(<표 5-2> 참조) 중점적으로 논의하기로 하였다. 그러나 2003년 칸쿤 각료회의는 협상 기본골격 합의에 실패를 하였다. 이유는 개도국과 선진국의 첨예한 대립속에서 농업부문과 싱가포르 이슈[1]에서 의견차로 합의 도출 실패를 가져오고 말았다.

〈표 5-2〉 DDA협상의 주요 의제

구 분		의 제
시장개방 관련 의제		농업, 비농산물 시장접근(농산품, 임·수산물), 서비스
규범관련 의제	기존 협정 개정	규범(반덤핑, 보조금, 지역무역협정), 분쟁해결양해
	신규 규범 개정	싱가포르 이슈(투자, 경쟁정책, 무역원활화, 정부조달투명성)
기 타		무역과 환경, 지식재산권
비 고		무역과 개발

주 : 싱가포르 이슈 중 무역원활화를 제외한 나머지 3개 분야는 협상의제에서 제외(2004. 8.)
자료 : 대외경제정책연구원.

그러나 2004년 7월 개최된 WTO 일반이사회에서 DDA협상의 Framework를 설정하기 위한 제안서에서는 당초 2005년 1월 1일까지 최종타결 목표를 2005년 12월 홍콩 각료회의 때까지 연기로 합의를 하였다.

그 후 2005년 홍콩 각료회의에서는 DDA 협상의 모멘텀을 확보하였는데 이것은 홍콩 각료회의에서 DDA 협상 결렬에 대한 불안감을 회원국들이 공유함에 따라 대·내외적 협상 진행의 모멘텀 확보를 위해 협상 목표를 하향 수정하여 회원국의 입장 확인과 향후 협상일정 및 안건의 구체화선에서 합의를 한 것이다. 이러한 합의 내용들은 2006년 12월로 DDA 협상 최종타결 목표기한으로 연기하되 2006년 4월 30일까지 농업 및 비농산물 시장접근(NAMA)의 협상세부원칙 도출을 목표로 하고 2006년 7월 31일까지 포괄적 이행계획서 초안 제출을 하기로 합의한 내용이었다.

2) 2006년 DDA 협상 내용

먼저 2006년 4월 30일에는 농업 및 비농산물 시장접근(NAMA) 협상세부 원칙

1) 싱가포르 이슈 : 투자, 경쟁, 무역원활화, 정부조달 포함. 개도국이 의제 포함에 반대.

도출 합의에 실패하고 말았다. 이유는 우선 "Basic Triangle of trade-off"에서 EU와 G20[2]는 미국의 국내농업보조금 삭감을 주장했고 G20과 미국은 EU의 농산품 관세율 감축을 요구 했으며 EU와 미국은 개도국의 공산품과 서비스시장 개방 확대를 요구 하여 결국 2006년 7월 31까지 협상세부원칙 기한 연장을 하기로 하였다.

2006년 7월 17일의 G8회의에서 협상세부원칙 도출기한을 8월 중순으로 연장하였다. 그러나 이러한 합의는 WTO 회원국간 의견 차이를 좁히지 못하여 2006년 7월 31일까지는 협상 세부원칙 합의가 불가능하여 G8회의에서 비회원국인 러시아를 제외한 G7과 회의에 초청된 인도, 브라질 등 주요 개도국들이 DDA 세부원칙 도출기한을 연장하기에 이르렀다. 그러나 2006년 7월 24일 WTO 의장 파스칼 라미는 DDA 협상 중단 선언을 하고 말았는데 가장 큰 이유는 2006년 7월 23일과 24일 주요 6개국(G6) 통상장관회의에서 끝내 농산품관세와 보조금삭감과 비농산물 시장접근(NAMA)의 관세감축에 대한 의견차를 좁히지 못함이 가장 큰 원인이 되었다.

3) DDA 협상 중단 선언

EU는 무역원활화와 같은 개발을 위한 Agenda(어젠다) 만은 계속 논의할 것을 제의했지만 WTO 의장 파스칼 라미는 모든 회원국들이 협상재개에 부담을 느끼지 않는 분위기 형성 때까지는 개별 어젠다 협상진행을 반대[3]하였고 반면 미국은 최빈개도국에게 부여하기로 한 최빈개도국 수출품목의 무관세·무쿼터는 DDA협상타결을 전제로 한 것이라는 의미의 발언을 하였다. 또 인도, 호주, 미국은 규칙에 근거한 다자간 무역체계의 필요성을 역설하며 도하개발어젠다 협상재개 의지를 표현하였으며 결국 파스칼 라미는 DDA 협상재개를 위해서는 기존협상과정에서 도출되었던 양허수준을 그대로 유지하고 있는 것이 중요함을 역설하기에 이르렀지만 결국 협상은 중단되었다가 다시 협상 재개를 현재까지 계속 반복하고 있다.

---

2) 인도, 브라질의 중심으로 DDA협상에서 농업보조금 삭감을 주장하는 개도국 그룹.

3) GATT체제와 WTO체제 아래에서 열린 Round는 일괄타결을 원칙이었으므로, EU의 요구는 WTO협상의 관례를 깨는 것임.

제3절 지역주의 발생과 지역경제 통합

1. 지역주의 발생의 의의

세계경제는 1929년부터 1930년대 초까지 대공황(great depression)과 세계대전을 거친 1940년대 후반 이후, 세계는 성장과 안정을 위해서 협력이 필요하다는 분위기 속에서 각종 경제협력형태가 이어졌다. 그런 경제협력은 GATT와 WTO가 중심이 되는 범세계주의(globalism)와 지역주의(regionalism)라는 두 형태로 이루어져 왔다. 범세계주의란 "범세계적 자유무역만이 세계전체 자원의 최적분배를 가져오고 인류전체의 후생을 극대화시킬 수 있다"는 주장하에 세계경제를 하나의 경제규범하에 두려는 시도로 세계무역기구가 여기에 포함된다. 이와 달리 지역주의는 일정 지역이 구성원을 대상으로 경제질서를 제정하려는 시도로 경제블럭이 여기에 해당된다.

양자의 관계에 대해서는 ① 범세계주의와 지역주의는 서로 대립되는 개념, ② 지역주의는 범세계주의로 이행되는 중간단계, ③ 양자는 동일한 시기에 병렬적으로 나타나는 서로 상이한 경향, 즉 지역주의는 지역적 개방주의 등의 세 가지 견해가 있다.

2. 지역주의 발생 배경

제2차 세계대전 이후의 세계경제는 미국의 절대적인 경제력 우위를 바탕으로 자본주의 경제의 재건과 자유무역주의 경제체제의 재건과 자유무역주의의 구현을 위해 국제통화측면에서 달러를 기축통화로 하는 IMF 체제를 출범시키고 무역측면에서는 GATT체제를 구축함으로써 세계경제의 기본질서를 형성하였다. IMF가 거시경제의 국제적인 운영지침을 제시한다면, GATT는 무차별 다자주의(multilateralism)와 범세계주의(globalism) 원칙에 입각하여 각국간의 무역장벽을 완화함으로써 세계경제 성장에 기여하였다.

지역주의는 역내국가간의 관세인하와 무역장벽의 철폐를 통하여 역내무역자유화를 도모하고 있지만 역외국가에 대해서는 차별정책을 취하게 된다. 지역주의는 관세 및 비관세장벽 NTB(Non-Tariffs Barrier)을 철폐하여 무역의 자유화를 달성하는데 목적이 있으므로 GATT는 이를 최혜국 대우의 예외로 취급하였다.

지역주의는 1980년대부터 시작하여 1990년대 이후 더욱 심화되었는데 그 경제적인 배경은 다음과 같다.

첫째, 세계경제구조의 재편을 들 수 있다. 즉 1970년대 일본경제의 부상과 1980년대 NIEs(신흥공업경제국)의 등장은 그 당시 EC와 미국의 산업과 기업의 국제경쟁력을 상대적으로 약화시켜 미국과 유럽을 주축으로 하는 경제우위의 구도가 점차 붕괴되기에 이르렀다. 결과적으로 위기의식을 함께 느낀 국가들이 자국의 경제적 이익을 보호하고 상실된 경제우위를 회복하기 위하여 상호 지역공동체의 형성을 가속화하게 된 것이다.

둘째, 자유무역주의의 쇠퇴와 보호무역주의의 확산을 들 수 있다. 즉 1970년대 이후 나타난 세계무역경쟁의 심화, 자원민족주의의 대두와 미국의 강력한 통상정책 등은 제2차 세계대전 후 형성되어 온 GATT 체제를 약화시키고 1930년대에 경험하였던 보호무역주의를 확산시키게 되었다. 이러한 보호주의의 확산에 대응하여 지역별로 국가간에 관세 및 비관세장벽을 철폐하고 자유무역의 이익을 제한적으로나마 유지하려는 경제블럭화가 강화된 것이다.

셋째, 국가간의 상호의존성이 증대된 것을 들 수 있다. 오늘날 정보, 통신 및 교통의 급속한 발달로 경제의 탈국경화(borderless economy)가 가속화됨에 따라 국가 경제간의 상호의존성이 크게 증대되었다. 이는 지리적으로 인접해 있으면서 경제정책의 상호협력이 용이한 국가간에 블럭화를 촉진시키는 요인으로 작용하게 되었다.

이러한 지역주의는 베네룩스(Benelux) 관세동맹, ECSC(유럽석탄철강공동체), 그리고 EEC(유럽경제공동체)를 시작으로 아프리카, 중남미 그리고 동남아시아 등지에서 수많은 경제통합체가 형성되었다. 이들 중 상당수는 소멸되었거나 유명무실한 상태로 있다가, WTO 발족과 때를 같이 하여 결성된 NAFTA, EU, APEC 등에 영향을 받아 재결정에 나서고 또 다른 일부는 단계적으로 발전을 시도하고 있다. 선진국간의 경제통합체로서 대표적인 성공사례는 현재 통화통합을 결성하고 있는 EU(European Union)이며, 개도국 통합의 성공사례는 2000년대 초까지 AFTA(아시안 자유무역지역)을 완성하려고 하는 ASEAN(Association of South East Asian Nation)이다. 그리고 선·후진국간 혼합경제 통합체로서는 1994년 출범한 NAFTA(North American Free Trade Agreement)를 들 수 있으며, 대규모 경제통합체로서는 개방적 지역주의(open regionalism)를 표방하고 있는 APEC을 생각할 수 있다.

한편, 미국의 APEC전략에 대응하여 EU와 아시아 국가들은 포럼형태의 ASEM(아시아·유럽 정상회의)을 1996년 3월에 창설되어 2년마다 유럽과 아시아지역을 번갈아 가며 개최되고 있다. 일반적으로 볼 때 쌍무적으로 자유무역 협정을 체결하는 것보다는 다국간 교섭에서 자유화를 실현시키는 쪽이 더 바람직하다고 볼 수 있다. 왜냐하면 무역의 자유화는 2국간이나 다국간에서도 기여할 수 있으나 2국간 협정 형식으로 자유화를 진행시키고 있을 때는 협정에 참가하고 있는 나라와 그렇지 않은 나라간에 차별(블럭화)이 발생되어 세계전체로의 무역확대가 저해될 가능성이 있기 때문이다.

이와 같이 오늘날 WTO체제하에서는 자유주의, 다자주의를 표방하는 범세계주의와 EU, NAFTA 등에서 표방하는 지역주의가 동시에 공존하고 있다고 할 수 있다. 최근에는 오히려 지역주의가 범세계주의를 압도해 가는 현상이 발생하고 있다. 이러한 상황하에서 향후 WTO가 얼마나 그 규정을 준수하여 범세계주의를 실현시킬 것인가 하는 것은 확대·심화되어 가는 지역주의 기세를 꺾을 수 있느냐 없느냐가 관건이 될 것이다.

3. 지역경제통합의 의의와 특징

1) 지역경제통합의 의의

지역경제통합(또는 경제통합)이란 여러 국가들이 협정을 체결하거나 동맹을 결성하여 이러한 협정이나 동맹에 가입한 회원국들간의 교역에 대해서는 관세 및 기타 무역규제를 완화하지만 비회원국과의 교역에 대해서는 차별적인 무역규제를 유지하는 것을 말한다. 다시 말하면 지역경제통합은 여러 개의 국가들이 공동이익을 증대시키기 위하여 국가보다 큰 경제단위를 형성하여 대외적으로 차별적인 무역자유화를 추진하고 내부적으로는 산업 및 경제정책의 조화를 도모하는 등 특별한 관계를 유지하는 것을 말한다.4)

지역경제통합이 결성되면 회원국들은 역내에서 발생하는 상품 및 서비스의 교역에 대한 무역규제를 협정에 따라 제거해야 하는 의무를 가지게 되므로 각 회원국은 무역정책의 자율성과 국내경제에 대한 통제력을 일부 상실하게 된다. 또한 경

4) 지역경제통합이 결성되거나 발전되는 데에는 경제적인 요인과 함께 정치적인 요인도 중요한 역할을 한다. 그러나 여기에서는 정치적인 측면은 제외하고 경제적인 측면을 중점적으로 살펴본다.

제통합의 수준에 따라서는 역외국에 대한 공동무역정책을 시행하거나 산업·금융 정책의 분야에서도 회원국간에 공동보조를 취하여야 한다.

따라서 회원국들은 경제통합의 강도가 높으면 높을수록 주권행사를 상당히 포기해야 한다. 그러나 일반적으로 한 나라가 경제적인 주권을 포기한다는 것은 정치·경제·사회 등 여러 가지 측면에서 위험이 따르기 때문에 용이한 일이 아니다.

그 결과 경제통합의 초기단계에서는 적은 범위 내에서 경제협력 및 통합을 추진해 나가면서 가능한 회원국들이 국내경제에 대한 통제력을 유지하다가 시간이 지나면서 점차 통합의 정도를 높여 가게 된다.

지역경제통합이 결성되면 회원국들은 역내 교역에 대한 각종 무역장벽을 제거해야 하기 때문에 역내의 무역자유화가 촉진된다. 그러나 경제통합은 기본적으로 비회원국에 대하여 차별적으로 무역장벽을 유지하는 것을 전제로 하기 때문에 보호주의적인 성격도 함께 지닌다. 이에 따라 지역경제통합이 세계경제에서 자유무역을 촉진시키는 역할을 하게 될지 아니면 자유무역을 저해하는데 기여하게 될지에 대하여 많은 논란이 있다. 세계 각국은 1995년의 WTO의 출범을 계기로 다자주의에 근거한 세계무역의 자유화를 추진하기로 합의하였음에도 불구하고 최근 지역주의는 세계적으로 오히려 강화·확산되고 있다.

따라서 이러한 지역주의의 강화가 WTO체제에 어떤 영향을 주게 되는지에 따라 향후 세계무역질서의 방향이 결정된다는 점에서 지역경제통합을 주목하고 있다.

2) 지역경제통합의 특징

(1) 자유무역지역(FTA : Free Trade Area)

자유무역지역은 회원국 사이에 발생하는 상품 및 서비스의 교역에 대해서는 관세 등 무역장벽을 폐지하지만, 비회원국에 대해서는 각 회원국이 독자적인 무역정책을 그대로 유지하는 형태의 경제통합을 말한다.

따라서 자유무역지역은 각 회원국의 경제주권을 제한하는 별도의 의사결정기구나 관리기구를 설치할 필요가 없는 결속의 정도가 미약한 경제통합이라고 할 수 있다.

자유무역지역의 대표적인 예를 들면 1960년에 창설된 유럽자유무역연합(EFTA : European Free Trade Association)과 1994년에 출범한 북미자유무역협정(NAFTA : North American Free Trade Agreement) 등이 있다.

(2) 관세동맹(customs union)

관세동맹(customs union)은 자유무역지역과 마찬가지로 회원국 사이의 교역에 대해서는 관세 및 기타 무역장벽을 제거하면서 동시에 비회원국에 대해서는 대외공동관세(CET : Common External Tariff)를 부과하는 등 공동의 무역정책을 채택하는 경제통합 형태를 말한다. 따라서 관세동맹의 회원국들은 경제주권을 완전히 포기하지는 않지만 대부분의 무역정책 분야에서는 독자적인 의사결정을 하지 못하게 된다. 관세동맹의 대표적인 예로는 1947년에 설립되었다가 1958년에 EC에 흡수된 베네룩스(Benelux : Belgium, Netherlands and Luxembourg) 관세동맹을 들 수 있다.

(3) 공동시장(common market)

공동시장(common market)은 관세동맹에서와 같이 회원국간에 발생하는 상품 및 서비스의 무역을 자유화하고 비회원국에 대한 공동 무역정책을 추진할 뿐만 아니라 회원국 사이에 노동, 자본 등 생산요소의 자유로운 이동을 보장하는 형태의 경제통합을 말한다. 따라서 공동시장을 성공적으로 운영하기 위해서는 관세동맹보다 더 많은 부문에서 공동의사결정이 요구되기 때문에 독자적인 경제정책에 대한 회원국들의 자율권이 크게 상실된다. 공동시장의 가장 성공적인 사례는 과거 유럽공동체(European Community : EC)를 들 수 있다.

(4) 경제동맹(economic union)

경제동맹(economic union)은 공동시장에서 더욱 발전하여 회원국 사이에 금융정책, 재정정책, 사회정책 등 모든 경제정책을 공동으로 추진하는 가장 발전된 경제통합 형태라고 할 수 있다. 경제동맹에서는 회원국들이 각각 별도의 행정기구를 가지고 있지만 공동의 경제정책을 결정하고 집행하기 위한 초국가적인 경제기구를 설치하게 된다. 또한 경제동맹에서 공동통화를 채택하여 사용하는 경우에는 통화통합도 함께 이루게 된다.

따라서 경제동맹의 회원국들은 경제정책에 관한 한 독립성을 거의 모두 상실하게 된다. 현재 유럽연합(EU : European Union)이 경제동맹을 추진하고 있지만 일부 회원국들이 국가의 주권 상실을 우려하여 소극적인 입장을 나타내고 있어 난항을 겪고 있다.

(5) 완전경제통합(Complete Economic Union)

완전경제통합이란 경제동맹에서 진일보하여 회원국들의 독립된 경제정책을 철회하고 단일경제체제하에서 모든 경제정책을 통합·운영하는 완전한 경제동맹의 형태라고 할 수 있다. 따라서 완전경제통합은 각 회원국들이 경제주권을 포기하고 하나의 단일 경제단위가 되는 경제통합의 최종단계로서 현실적으로는 회원국의 주권포기와 관련되어 있기 때문에 실현가능성은 희박하지만, 모든 경제통합체가 궁극적인 목표로 하고 있는 이상형이라고 할 수 있다. 현재 EU는 이를 목표로 마스트리히트조약을 체결하는 등 이를 위한 회원국간 경제적·정치적 노력에 힘쓰고 있다.

경제통합의 단계와 형태는 그 분류기준에 따라 다양하나 이것은 하나의 모형에 불과한 것이며, 실제로 근접국가간의 경제통합은 이러한 단계를 거치는 것도 아니고 또한 그 형태가 특정형태에 반드시 맞는 것도 아니다. 다만 어떠한 경제통합이든지 그들의 공통적인 요소는 회원국간의 무역을 자유화하고 비회원국에 대해서는 각종 수입제한조치를 통하여 차별화한다는 점이다.

4. 지역경제통합의 경제적 효과

지역경제통합은 상품, 서비스 및 생산요소 등의 국제교역과정에서 회원국과 비회원국을 차별적으로 대우하기 때문에 무역구조의 변화를 가져오게 된다. 즉 지역경제통합은 회원국간에는 무역의 자유화를 추구하면서도 비회원국에 대해서는 차별적인 무역규제를 그대로 유지하거나 또는 강화하기 때문에 자유무역과 보호무역의 양면성을 가지게 된다.

따라서 지역경제통합이 회원국과 세계경제에 미치는 경제적인 효과는 일반적으로 명확하게 규명하기가 쉽지 않으며 특히 회원국의 경제여건에 따라 다르게 나타난다. 지역경제통합의 경제적인 효과는 크게 정태적인 효과와 동태적인 효과로 구분한다. 정태적인 효과로는 무역창출효과, 무역전환효과 및 교역조건 효과 등이 있고 동태적인 효과로는 시장규모의 확대에 따른 규모의 경제실현, 경쟁강화로 인한 효율성 증대 등을 들 수 있다.

1) 지역경제통합의 정태적 효과

(1) 무역창출 효과와 무역전환 효과

지역경제통합의 경제적인 효과에 대해서는 바이너(Jacob Viner)가 처음으로 체계적인 분석을 시도하였다. 바이너는 관세동맹의 경제적 효과를 분석하면서 관세동맹이 자유무역을 촉진하는 동시에 보호주의를 강화하는 양면성을 가지고 있기때문에 관세동맹이 회원국의 후생에 미치는 효과가 불분명하다고 주장하고 이것을 관세동맹이 가져오는 무역창출 효과와 무역전환효과의 개념을 도입하여 설명하고 있다.

무역창출(trade creation) 효과는 관세동맹으로 인하여 회원국 사이에 관세가 철폐됨에 따라 역내에서 상품의 생산지역은 생산비가 높은 회원국으로부터 생산비가 낮은 회원국으로 이동하고 그에 따라 무역이 발생하는 것을 말한다. 따라서 무역창출 효과는 역내에서 회원국들이 비교우위에 따라 생산에서 특화를 할 수 있게 하고 그 결과 역내에서 효율적인 자원배분을 가능하게 해줌으로써 역내국의 후생을 증대시키는 긍정적인 역할을 하게 된다.

〈표 6-2〉 무역창출 효과와 무역전환 효과

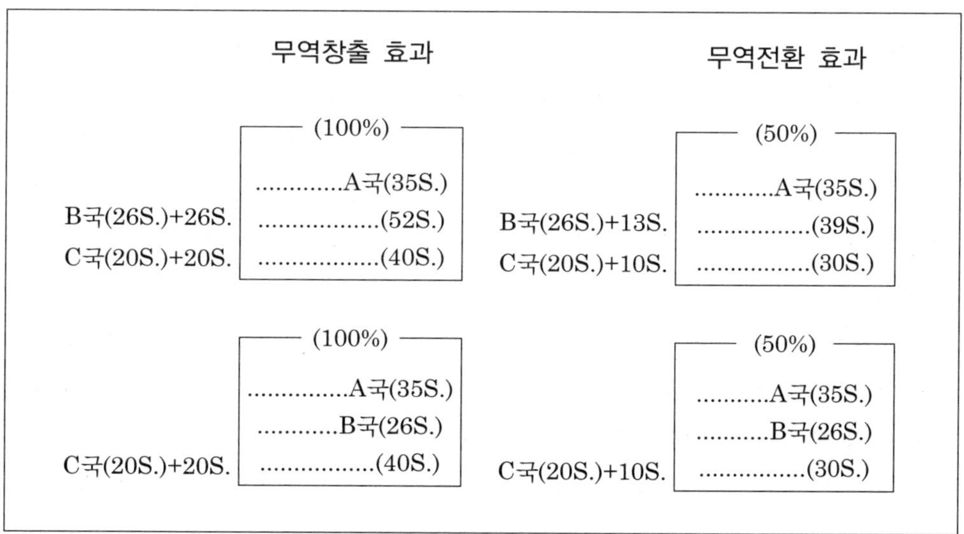

반면에, 무역전환(trade diversion) 효과는 관세동맹을 결성하기 전에 역외국으로부터 수입하던 상품이 관세동맹으로 인하여 비회원국에 대하여 차별적인 관세가 부과됨에 따라 생산비가 높은 역내에서 생산이 이루어지는 것을 말한다. 따라서

무역전환 효과가 발생하면 상품의 생산지역은 생산비가 낮은 역외국으로부터 생산비가 높은 역내국으로 이동하게 되므로 자원이 비효율적으로 재배분되고 그에 따라 역내국의 후생이 감소하게 된다.

관세동맹을 결성하게 되면 회원국의 경제적인 여건에 따라 또는 상품의 성격에 따라 무역창출 효과와 무역전환 효과가 함께 나타나게 된다. 따라서 무역창출 효과와 무역전환 효과만을 고려해 볼 때 관세동맹의 회원국들은 무역창출 효과가 무역전환 효과보다 큰 경우에만 관세동맹으로 인하여 이익을 얻게 된다.

(2) 교역조건 효과

무역창출 효과와 무역전환 효과는 관세동맹의 회원국들이 개별적으로나 집단적으로 세계수요에 영향을 주지 않기 때문에 역외국의 공급곡선이 완전탄력적이라고 가정하고 있다. 그러나 상품에 따라서는 각 회원국이 개별적으로는 세계수요에 영향을 줄 수 없다고 하더라도 지역경제통합을 통하여 역외국에 대한 공동무역정책을 수행하는 경우에는 회원국들의 집단적인 수요패턴이 세계시장에서 영향력을 행사할 수 있을 것이다.

예를 들어서 어떤 나라들이 관세동맹을 형성하여 대외공동관세를 부과함으로써 역내 상품을 보호하게 되면 이들 나라들에서 수입전환 효과가 발생하여 비회원국으로부터의 수입수요가 감소한다. 이때 역내 회원국들의 수입수요가 세계시장에서 가격에 영향을 미칠 정도로 크게 감소하는 경우에는 공급가격의 하락을 유발하여 경제통합 이전보다 낮은 가격으로 수입이 가능해진다. 이렇게 경제통합으로 인하여 회원국들은 비회원국과의 교역에서 수입수요의 감소를 통하여 교역조건이 개선되는 효과를 얻을 수 있게 된다.

지역경제통합으로 인한 교역조건의 개선효과는 역외국으로부터의 수입품에 대한 공급의 가격탄력성이 비탄력적일수록 크게 나타난다. 이것은 공급의 가격탄력성이 낮을수록 수요의 변화에 대하여 가격이 큰 폭으로 변화하기 때문에 수입전환 효과 등으로 인하여 수입수요가 감소하는 경우에 수입가격이 크게 하락하기 때문이다.

(3) 기타효과

지역경제통합이 결성되어 역내국간에 노동과 자본 등 생산요소의 자유로운 이동이 가능하게 되면 보다 효율적인 자원의 이용이 가능해지므로 생산의 효율성이 증대되고 생산량이 증가한다. 또한 경제통합은 회원국 사이에 각종 무역장벽을 제거해 주므로 역내 교역에서 수출입 관리나 행정절차에 수반되는 여러 가지 거래비용을 감소시킬 수 있으며, 역내국간에 기술 및 규격 등의 표준화가 이루어짐에 따라 제조 및 마케팅 비용을 절감하는 효과도 발생한다.

그리고 시장확대로 역내 투자에 대한 불확실성이 감소하므로 역내 기업은 물론 역외 기업들의 투자확대를 유발할 수 있으며, 역외 기업들이 무역장벽을 회피하기 위한 수단으로서 역내국에 대한 생산기지 이전과 합작투자를 증가시키게 되어 자본 및 기술이전을 촉진시키는 계기가 될 수 있다.

그밖에 회원국들은 대외관계에서 집단적인 대응이 가능하기 때문에 시장규모 및 경제력의 확대를 배경으로 국제무대에서 발언권을 강화시킬 수 있고 무역협상에서도 대외협상력을 높임으로써 공동이익을 극대화시킬 수 있는 효과를 가져다준다.

2) 지역경제통합의 동태적 효과

지역경제통합은 앞에서 설명한 정태적 효과 이외에도 회원국들에게 적지 않은 동태적인 효과도 가져다준다. 지역경제통합의 가장 직접적인 효과는 역내의 무역자유화를 촉진시킴으로써 시장이 확대된다는 것인데 동태적인 효과는 이러한 시장확대와 밀접한 관계를 가지게 된다.

지역경제통합으로 시장이 확대되면 역내에서 비교우위가 있는 기업들이 대량생산의 기회를 가지게 되므로 규모의 경제를 실현할 수 있게 된다. 규모의 경제란 생산요소의 투입량을 증가시킬 때 투입량의 증가 비율보다 산출량이 더 큰 비율로 증가하는 규모에 대한 수확체증을 말한다. 따라서 어떤 기업이 규모의 경제를 실현하게 되면 평균생산비가 하락하여 소비자들에게 보다 저렴한 가격에 상품을 공급할 수 있을 뿐 아니라 역외시장에서 가격경쟁력이 강화되는 효과를 가지게 된다. 또한 시장이 통합되기 전에 생산량이 작아서 효율적인 규모의 조업을 하지 못하던 역내기업들이 시장확대로 인하여 규모의 효율성을 달성하는 경우에는 자원의 효율적인 사용과 함께 생산비용이 절감되는 효과가 발생한다.

각종 무역규제의 철폐로 역내 시장이 확대되면 역내 기업들의 경쟁이 치열해지게 되기 때문에 비효율적인 산업이 도태되고 소규모 시장에서 가능했던 독점이 사라지는 등 경제적인 효율성이 증대된다. 또한 기업들은 치열한 경쟁에서 살아남기 위하여 기존제품의 품질향상과 새로운 제품의 개발을 도모해야 하기 때문에 설비

투자는 물론 연구·개발과 기술혁신에 대한 투자를 증가시키게 된다. 이에 따라 역내기업의 생산성이 향상되고 기술개발이 촉진되어 경제성장을 촉진하게 된다. 그리고 기업간에 경쟁이 치열해지면 상품가격이 인하되고 서비스가 개선되는 등 소비자들에게도 긍정적인 효과를 가져다주게 된다.

3) 역외국에 대한 효과

지역경제통합이 역외국에 미치는 영향도 산업과 국가에 따라 다양하게 나타나게 된다. 특히 국가간의 특성에 따라 긍정적인 효과와 부정적인 효과가 서로 다르게 나타나기 때문에 종합적으로 그 효과를 설명하기는 어렵지만 일반적으로 나타날 수 있는 전형적인 효과를 보면 다음과 같다.

지역경제통합이 결성되면 역내의 기업들에게 통합된 시장에 선점할 수 있는 기회를 제공하도록 단기적으로 역내시장의 보호조치를 강화하는 경향이 있기 때문에 역외국들은 무역전환 효과에 따른 수출감소 등 불이익을 보게 된다. 이와 함께 경제통합의 결과로 역내국간 교역이 증가하여 역외국으로부터의 수입이 크게 감소하는 경우에는 역외국이 교역조건 악화라는 손해를 입게 된다. 또한 경제통합으로 인하여 역내국들의 협상력이 강화됨에 따라 역외국들이 무역협상에서 상대적인 피해를 보게 될 가능성이 있다. 그밖에 시장확대 등 역내국의 투자환경이 개선되어 역외국에 대한 투자가 역내국으로 전환되는 효과가 발생할 수 있다.

그러나 경제통합으로 역내 회원국들의 경제성장이 촉진되고 국민소득이 증가하게 되면 역내 회원국의 수입수요가 증가함으로써 오히려 수출 및 투자의 기회가 확대될 수 있다. 또한 역내의 기술 및 규격 등 규제장벽이 표준화되는 경우에는 수출비용 감소로 인하여 역내국과의 교역을 촉진시키는 효과를 가져 오나. 그밖에 산업에 따라서는 역외국도 역내시장의 확대로 인하여 발생하는 규모의 경제효과를 역내국과 함께 공유할 수 있다.

5. FTA(Free Trade Agreement) 확산

1) FTA의 개념

자유무역협정(Free Trade Agreement)이란 말 그대로 두 나라가 서로 시장을 활짝 개방하는 것이다. 상품에 대한 관세를 내릴 뿐만 아니라, 각종 투자 장벽을 제거하고 서비스 시장 개방, 정부조달시장 상호참여와 같은 광범위한 내용을 포함한다. 2018년 7월 현재 전 세계적으로 약 455건의 지역무역협정이 발효되었다. 한마디로 오늘날 세계 무역은 WTO 체제와 함께 각국 간 FTA의 아래에서 행해지고 있다.

과거에 체결된 FTA 협정은 해당국간 무역 자유화와 원산지규정, 통관절차 등에 관련된 규범들이 주류를 이루었다. 그러나 1990년대 이후 체결된 대부분의 FTA는 단순한 상품의 관세인하를 통한 무역상의 장벽철폐 외에도 서비스, 투자는 물론 지식재산권, 경쟁정책 및 정부조달 등 경제활동을 규율하는 대부분의 통상규범 등을 광범위한 개념으로 그 영역이 점점 커지고 있다. 하지만 FTA가 반드시 모든 무역규범들을 포괄해야 할 필요는 없으며, 협정의 구체적 대상범위는 체약국간의 협상에 의해 정해지게 된다.

2) FTA 확산 배경

1980년대 세계경제의 큰 흐름이 범세계화였다면 1990년대 들어서는 WTO 출범으로 인한 다자주의였다. GATT를 보완한 우루과이라운드가 타결될 때만 해도 세계 각국은 1995년 WTO가 우산 속의 확고한 다자주의로 정립될 줄로 기대하였다. 그러나 당초 예상과 달리 지역무역협정 등을 통한 지역주의가 더욱 활발해져 오늘날 세계경제는 다자주의와 지역주의 양대 축을 통해 운영되고 있다고 볼 수 있다.

일부 학자들은 당초 지역주의에 크게 반대하며 지역주의는 세계 경제를 블록화시켜 세계 무역의 자유화 추세에 걸림돌이 될 것이라고 우려하였다. 그러나 1990년대 중반 들어 세계는 지역무역협정의 긍정적 측면을 인정하여 WTO도 다자주의와 지역주의는 서로 보완적 관계로 보고 있다. 즉 지역주의가 다자간 무역체제를 더욱 발전시킨다는 순기능 하에서 지역무역협정의 역외국 차별요소를 최소화시키고자 노력하고 있다. 사실 WTO로 대표되는 다자주의와 지역주의 속에서 1990년대 EU와 NAFTA가 탄생함으로써 세계경제는 유럽권, 북미권, 동아시아권으로 삼분되고 있는 실정이다. 거대한 북미와 유럽 시장이 각각의 하나의 경제블록으로 통합되자 여기에서 배제될 것을 두려워한 개별국가들이 서로간의 FTA를 통해 정치적·경제적으로 대응해 나가고 있다.

한편 경제발전의 중요한 수단으로 점점 더 그 중요성을 더해가는 것이 외국인 직접투자이다. 외국인 직접투자는 자본축적, 기술이전, 고용창출, 수출확대 등 다양한 측면에서 긍정적 효과를 가져 온다. 따라서 각국들이 좀더 쉽게 외국인 투자를 유치할 수 있는 방편으로 FTA를 선택하는 것이다. 자유무역협정은 다양한 형태의 지역무역협정(Regional Trade Agreement) 중 가장 낮은 단계의 경제통합으로, 특징적인 것은 회원국간의 관세 및 무역장벽을 철폐하되 비회원국에 대해서는 각각 다른 관세율을 적용하는 가장 초보적인 경제통합 형태이다.

이렇게 WTO라는 다자간 무역체제가 존재함에도 불구하고 이렇게 자유무역협정이 확산되는 이유는 여러 가지로 설명될 수 있겠지만 첫째, 자유무역협정에 소극적인 입장을 고수해왔던 미국이 90년대 이후 적극적 입장으로 선회하여 자유무역협정 체결을 추진하기 시작했으며 세계경제의 중심국인 미국의 입장 변화가 상당한 파급효과를 불러일으켰으며 둘째, WTO라는 다자간 무역체제는 회원국이 너무 많기 때문에 국가간 협상을 타결하는데 오랜 시간이 걸리며 따라서 급속도로 변화하는 통상환경 속에서 비롯되는 새로운 광범위한 무역자유화 요구에 즉각적으로 대응하는데 있어 한계를 드러내고 있는 것도 사실이다. 이에 국가들은 협상이 용이하고 상대적으로 단기간에 타결이 가능한 자유무역협정을 선호하게 된 것이다. 셋째, 이제 세계경제의 주체는 국가가 아닌 개개 기업이라고 할 수 있으며, 기업의 세계화로 인해 탄생한 다국적 또는 초국적 기업들은 전 세계적인 무역자유화보다는 자신의 거점국가의 관세인하나 무역장벽 철폐를 위한 자유무역협정에 더 많은 관심을 보이는 것이 당연하다고 할 수 있는 것 등을 원인으로 들 수가 있다.

3) 세계 FTA 추진 현황

2018년 7월 기준 WTO를 통해 파악된 지역무역협정(RTA) 발효 건수는 455건이며, 이 가운데 상품무역을 다룬 자유무역협정(FTA)이 251건으로 가장 많은 비중을 차지하고 있다. 시기별로 보면 지역무역협정은 1995년 WTO 출범 이후 급증하기 시작하여 전체 455건의 협정 중 1995년 이후에만 전체의 89%에 해당하는 405건이 발효된 것으로 파악되고 있다.

새로운 국제통상질서 전개 전망

1. 무역패턴의 다양화와 기업경영의 세계화

1) 무역패턴의 다양화

세계화의 움직임은 무역패턴에 있어서도 다음과 같은 변화의 움직임을 보이고 있다. 가장 주목할 것은 무역대상의 다양화이다. 이는 종전의 무역의 카테고리가 상품무역 중심에서 서비스무역과 기술무역까지를 포함하는 넓은 교역의 범위로 확대되었음을 나타낸다. 오늘날 경제가 선진화할수록 상품무역보다는 서비스무역이나 기술무역에 더욱 큰 중점이 놓여지고 있는 추세이다.

지금까지는 각국에서 공산품 수출을 상당히 중요하게 여기고 있었으나, 이러한 공산품 수출의 중요성에 못지않게 앞으로는 천연자원으로서의 1차산품, 특히 그 중에서도 식량이나 공업용 원료로서의 농산물의 수입측면이 더욱 중요해질 것으로 전망되기 때문이다. 특히 쌀, 쇠고기 등 기초농축산물의 수입이 앞으로 자유로워진다면, 산업구조의 현저한 변화는 물론, 사회구조 전반에도 변혁을 가져오게 될 것이다. 또한 일반적인 상품수출뿐만 아니라 서비스수출, 그리고 해외직접투자까지도 상호 긴밀한 보완적인 유대관계를 가지면서 통일적으로 추진할 필요가 매우 크게 증대되고 있는 시점인 것이다.

2) 기업경영의 세계화

미래학자이자 경영학자인 피터 드러커 교수는 "지금은 국가와 국가가 경쟁하는 시대가 아니라 기업과 기업이 경쟁하는 시대"라고 말했다. 즉, 세계화시대에서 생존하기 위해서는 기업이 생존해야 하는데, 결국 기업이 생존하기 위한 경쟁력의 원천은 기업이고 이러한 기업의 경영활동은 전 세계시장을 대상으로 하게 된다.

따라서 기업경영의 세계화란 제품개발·생산·부품조달·영업 및 금융활동 등 전반적인 기업활동이 자국내에서만 전개되지 않고, 국경을 초월하여 전개되는 것을 의미한다. 기업은 이를 위해 기업활동을 최적단위로 분화시켜, 세계도처에서 경영활동을 수행할 뿐만 아니라, 분화된 단위의 유기적 네트워크(network)로 통합된다. 이러한 기업경영의 세계화는 기업의 글로벌화 전략과 행동을 통해 파악될 수 있다. 글로벌기업은 생산·판매, 연구·개발(R&D) 등 모든 기업활동을 세계적 차원에서 전개하고, 이들을 네트워크로 통합하여 하나로 관리하면서 철저히 현지화하는(glocalization) 기업이다. 따라서 글로벌기업은 세계적 차원의 기업활동을 기업의 본질적 성격으로 갖는다.

글로벌기업은 과거의 국제화단계의 기업이 가지는 개념, 즉 노동·자본·자원 등과 같은 생산요소에 기초하여 생산을 특화하는 비교우위론에서 벗어나 기업활동을 생산·마케팅·R&D 등과 같이 각 활동별로 세분화하여 비교우위가 있는 지역에서 실시한다.

2. 무국적화시대와 경쟁의 첨예화

1) 무국적화시대

지금 세계는 생산요소의 자유로운 이동, 관세·비관세장벽의 완화, 글로벌기업의 활약 등으로 인해 국경을 초월하는 하나의 경제권으로 변모하고 있다. 이에 따라 국가간의 교역도 국내에서 상품을 생산하여 해외로 수출하는 단순형태에서 국내외 구분이 없이 가장 유리한 장소에서 상품을 생산하여 세계 각국 시장에 판매하는 글로벌형태로 바뀌고 있다.

소비자들도 제품을 구매할 때 과거에는 어느 나라에서 만들어진 제품인가에 큰 관심을 두었다. 그러나 이제는 제품의 원산지에는 큰 관심을 두지 않고, 단지 이 제품이 어느 회사에서 만들었는가를 가지고 사고자 하는 상품을 평가하는 형태로 변화하고 있다.

또 국가간·기업간의 무한경쟁을 야기할 뿐만 아니라, 그들간의 상호 의존성을 높이기도 한다. 우선, 세계경제가 단일한 시장으로 통합됨에 따라 국가간 협력과 경쟁의 형태도 달라지게 된다. 기존의 협력관계가 국가의 경제적 주권과 독립성을 유지하면서 국가간 협력을 확대하는 것이었다면, 앞으로는 모든 국가가 국가개념이나 경쟁관계를 초월해 지구촌의 한 구성원으로서 세계경제에 참여하는 형태로 바뀔 것이다. 한편, 세계화를 선도하는 기업들은 세계시장에서 상호 협력을 추구하는 이른바 '세계적 협력망'(global network)을 형성한다. 구체적으로는 새롭게 형성되는 다양한 경영자원을 공유하기 위해, 또는 기술우위를 점하기 위해, 또는 과

다한 투자로 인한 위험을 줄이기 위해 다른 기업과의 전략적 제휴(strategic alliance)를 추구할 것이다. 왜냐하면, 기업간 무한경쟁이 펼쳐지는 세계시장의 새로운 경쟁환경에서 독자적인 힘만으로는 승자가 되는 것이 더욱 어려워지기 때문이다.

2) 경쟁의 첨예화

현재는 지난 1970년대의 정치적 이념 대립에 의한 군사패턴주의가 끝나고 경제 우선의 새로운 국제질서가 형성되고 있다. 무역규범을 위한 다자간 논의가 진전되고 지역주의도 궁극적으로 세계주의를 지향하고 있다. 이에 따라 21세기에는 교통과 정보·통신기술의 발달로 기업활동의 지리적·물리적 제약이 극복됨에 따라 이제 국적기업의 의미는 점차 사라지고 있다. 대신 글로벌 기업을 중심으로 전세계의 노동·자본·기술 등의 생산요소가 최적조건으로 결합됨으로써 기업간 무역경쟁이 전개될 것이다.

따라서 세계화는 경쟁으로 인한 성공과 실패의 결과를 극대화시킬 것으로 예상된다. 이것은 물론 세계시장의 양적 팽창과 전 지구적 경쟁규칙의 정착에 기인하는 현상이다. 협소한 시장에서 경쟁하던 과거와는 달리 하나의 넓은 세계시장에서 경쟁한다면, 성공의 결과는 과거보다 몇 배 이상 커지고, 실패의 결과도 그만큼 더 비참해 질 것이다.

3) 정보화·지식화시대와 상호 의존관계의 심화

(1) 정보화·지식화시대

공업사회 이후 급속히 성장·발전한 인류문명사회는 20세기 후반에 접어들면서 또다시 새로운 변혁의 물결을 맞이하고 있다. 전자기술과 정보통신기술의 눈부신 발달에 따라 사회전반의 모든 영역에서 정보가 우선시되는 정보화 사회로 변모되어 가고 있다. 정보산업의 발전은 첨단 컴퓨터의 등장과 예상보다 급속한 통신기술의 발달로 가속화되어 국제간의 산업경쟁력은 정보통신산업의 경쟁력의 차이에 크게 좌우될 것이 분명하다.

즉, 정보화 사회란 능률성과 합리성이 제고되어 사회복지가 이룩되고 사회구조가 지식집약화된 고도의 창조적 사회를 말하는 것이다. 컴퓨터와 통신의 발달로 정보가 중심이 되는 정보화사회의 본질은 각계각층을 유기적인 네트워크로 결합하는 것으로 '정보네트워크사회'라고 할 수 있다. 정보통신을 네트워크망의 발전이라는 측면에서 1980년대를 복합화 기능망의 시대, 1990년대 초기를 통합화망의 시대로, 1990년대 후반을 광대역 통합 기능망의 시대로, 2000년대를 고지능망의 시대로 보고 있다.

이렇듯 컴퓨터와 통신이 결합한 정보혁명은 정부와 기업, 정부와 국민, 기업경영인과 근로자간의 관계도 새로이 정립될 뿐 아니라, 국가간의 관계에 있어서도 세력균형이 재편될 것으로 예견된다. 이러한 정보화사회에서는 정보가 곧 자본이며 국부의 원천이기 때문에 한 나라의 경쟁력은 그 나라가 정보를 얼마나 잘 활용하고 정보시스템을 어떻게 잘 운영하느냐에 달려 있다고 볼 수 있다.

(2) 상호 의존관계의 심화

최근에는 세계에서 개발국과 개도국의 상호 의존성이 심화되는 추세에 있다. 개발국은 자국내의 생산에 필요한 원료가 부족하기 때문에 자연자원이 풍부한 개도국들로부터의 수입에 의존하는 경향이 높아가고 있다.

한편, 개도국 가운데서도 비교적 최근에 산업화에 성공한 한국을 비롯한 대만, 구홍콩, 싱가폴 등 신흥공업국가들은 공업화에 필요한 자원을 개발국과 자원보유개도국 양쪽에 의존하고 있다.

기술, 생산기법, 요소부존상의 차이 때문에 특정한 국가의 기업들은 특정한 상품의 생산에 있어서 다른 나라 기업들보다 비교우위를 가지게 된다. 따라서 개발국의 기업들은 주로 자기가 경쟁우위를 가지는 기술집약적인 첨단제품들을 생산하여 수출하며, 신흥공업국가들은 중간수준의 기술과 상대적으로 풍부한 생산요소인 노동을 결합한 제조품을 수출하며, 자원보유개도국은 요소부존상의 비교우위를 이용하여 원재료를 수출한다.

이러한 과정에서 세계 여러 나라들의 생활수준과 상호의존이 증가하며, 이러한 국제무역에 적극적으로 참여하지 않거나 못하는 국가들은 생활수준의 상대적인 저하를 경험하고 있는 실정이다.

4) 국제환경문제 심각화

모든 세계무역질서는 환경으로 통한다. 제3의 이데올로기인 환경문제가 힘없이 무너져버린 동서냉전논리를 대체할 새로운 국제질서 개선의 잣대로 등장한 사실을 두고 하는 말이다.

최근 국제환경문제는 단순히 CFC, 프레온가스, 할론 등 규제물질의 생산 및 사용을 감축하는 것을 골자로 하고 있는 몬트리올 의정서나 바젤협약의 차원을 넘어 1992년 6월 리우데자네이루에서 개최된 이른바 '지구정상회담'의 결과인 기후방지협약, 생물다양성조약 등 일련의 국제환경협약[5])으로 관련산업의 구조조정까지 추진해 나아가지 않으면 안되기 때문에 보다 장기적인 계획수립이 요구된다.

가까운 일본은 리우회담을 기점으로 세기가 바뀌었다고 야단법석이고 미국은 환경보전을 내세워 선·후진국에 무차별적인 통상압력을 가할 기세이다. 서유럽국가들도 대기오염물질의 배출을 줄이기 위해 각종 환경세를 신설한데 이어 자국의 환경기준을 밑도는 국가에서 생산된 상품을 수입하지 않겠다는 입장이다. 이들 국가는 환경관련 국제협약을 범세계적으로 만든 뒤 이 협약에 대한 국가별 의무조항을 명시, 협약에 가입하지 않거나 이행하지 않는 국가에 대해서는 강력한 무역제재조치를 가할 예정이다. 이미 전 세계에는 해양보전 및 동·식물보호, 유해폐기물 적정관리 등에 대한 1백 60개의 각종 환경협약이 체결된 상태이며 이중 17개 협약이 실효성 확보를 위해 무역규제 조항을 명시하고 있다.

국내적인 문제로 보더라도 경제발전의 결과 소득이 증가하고 이로써 생활의 개선 및 환경의 질에 대한 사회적 욕구가 확대되면서 환경에 대한 관심이 고조되고 있다. 물론 지구온난화, 산성비, 오존층파괴 등으로 인한 생태계 파괴에 따른 지구환경의 위기의식이 고조되고 있음은 사실이나 이러한 문제들이 경제 내지 국제무역과 크게 관련되어 있다는 의식이 중요하다. 그러나 환경의 악화는 장기적으로 볼 때 생산기저를 약화시키고, 이는 다시 경제성장의 저해요인으로 작용하므로 경제발전과 환경문제는 상호보완적인 관계임을 재인식해야 한다.

다시 말해서 국제환경 문제를 극복하지 못할 경우 앞으로 경제성장 및 국제무역의 발전에는 한계가 있음을 반드시 주지하여야 한다.

---

5) 국제환경협약은 오존층보호를 위한 빈협약과 동 협약에 따른 몬트리올 의정서, 지구온난화방지를 위한 기후변화방지협약, 유해폐기물의 국가간 이동을 규제하는 바젤협약, 희귀동식물 보호를 위한 생물다양성협약 등이 있으며, 이들 협약을 종합한 리우협정이 체결되었다.

Chapter 06

지역경제통합

Chapter 06 지역경제통합

제 1 절 NAFTA(북미자유무역협정)

1. NAFTA의 개요

1) 의의

북미자유무역협정(North American Free Trade Agreement : NAFTA)은 미국·캐나다·멕시코간에 교역과 투자확대를 통해, 세계시장에서의 경쟁력을 높이고 고용과 경제성장을 촉진시킴과 동시에 환경을 보호하려는 목적으로 체결된 자유무역협정이다. 이러한 목적을 실현하기 위하여 NAFTA는 3국간의 무역장벽을 제거하고, 공정한 경쟁조건을 보장하며, 투자기회증진과 지식재산권을 보호하고, 협정의 이행과 적용을 위한 효율적인 제도적 장치로서 분쟁해결절차를 마련하는 등 역내국간의 협력증진을 위한 광범위한 내용으로 되어 있다.

경제적으로 볼 때 NAFTA는 미국의 자본과 기술력을 캐나다의 자원, 멕시코의 노동력과 결합시킴으로써 북미 3국간 상호 보완적인 협력체제를 구축하기 위한 것이라고 할 수 있다. 이는 회원국간의 경제적 동질성을 바탕으로 하는 기존의 자유무역협정과는 달리 선진국과 개도국간의 자유무역협정이라는 점에서 특징을 보이고 있다. 아무튼 NAFTA의 등장이 미칠 경제적 파급효과는 매우 클 것으로 보이기 때문에 이를 극복할 수 있는 적극적인 대책이 모색되어야 할 것이다.

2) 배경

NAFTA 형성의 계기는 3국간의 경제적 상호보완 측면 이외에도 3국에 있어서 다음과 같은 몇 가지 전략적 고려가 배경이 되었다고 할 수 있다. 우선 미국은 역내 경제통합을 바탕으로 일본의 부상으로 인해 상대적으로 열세에 빠진 자국 경쟁력을 회복하고 또 유럽의 경제통합으로 인해 약해진 협상력을 회복하려는 대동아시아, 대유럽 견제의 목적이 크다고 할 수 있다. 이에 대해 캐나다는 미국과 맺은 기존의 FTA협정의 기득권을 보호하고 멕시코시장에 대한 진출확대를 목적으로, 멕시코는 경기침체로 인한 경제회생과 대외개방을 통한 적극적인 투자를 유치하여 경제성장을 확보하려는 의도가 있어 이러한 3국간의 이해관계가 일치하면서 NAFTA가 성립하게 되었다.

이러한 배경 아래 추진된 NAFTA의 모체가 된 것은 미국과 캐나다간의 자유무역협정(1988년)이었고, 미국과 멕시코가 자유무역협정을 체결(1990년)하였으며 이후 캐나다가 협상에 참여하여 미국, 캐나다, 멕시코 3국간 NAFTA 형성에 합의하고 각국의 비준을 거쳐 1994년 1월 1일부터 발효되었다.

3) 특징

(1) 다자간 무역체제와의 조화

NAFTA는 기본원칙으로 내국민대우, 최혜국대우, 무역절차상 투명성 보호를 채택함으로써 WTO의 기본원칙을 그대로 따르고 있다. 나아가 WTO상의 권리·의무를 준수할 것을 명시하고 있으며 멸종위기에 처한 생물다양성 협약(1992), 오존층 파괴물질에 관한 몬트리올 의정서(1990년), 유해폐기물과 그 처리의 국경간 이동 통제에 관한 바젤협약(1989년) 등을 준수할 것 등 환경분야에서 규제도 명시하고 있다. 이로써 NAFTA는 기존의 다자간 체제와의 조화를 중시하는 입장을 취하고 있음을 알 수 있다.

(2) EU와의 차이점

NAFTA와 EU의 차이는 일반적인 자유무역지대와 관세동맹의 차이와 유사하다. 즉 NAFTA는 역내국간의 경제협력에 관한 협정일 따름이고 역외국과의 문제는 각국 정부에 일임하고 있으나 EU는 역내국간의 통상문제는 물론이고 역내국과 역외국간의 통상문제도 통합적으로 수행하고 있다는 점에서 다르다고 하겠다.

2. NAFTA 협정의 주요내용

1) NAFTA협정의 구성

NAFTA협정문은 총 22개 분야에 걸치는 개별협정과 3개의 부속협정으로 구성되어 있다. NAFTA협정은 전문과 제1부 협정의 목적과 일반적인 정의, 제2부 상품교역(내국민대우, 상품시장개방, 원산지규정, 통관절차, 에너지 및 기초 석유화학제품, 농산물, 긴급조치), 제3부 무역에 대한 기술장벽, 제4부 정부조달, 제5부 투자, 서비스교역, 통신, 금융서비스, 경쟁정책과 독점기업 및 국영기업, 기업인의 임시체류입국, 제6부 지식재산권, 제7부 법률의 공포 및 통지, 행정, 반덤핑 상계관세에 관한 재심 및 분쟁해결, 기관간 조정 및 분쟁해결절차, 제8부 예외조항, 경과규정의 순서로 되어 있다. 그리고 부속협정으로는 환경과 노동 그리고 세이프가드에 관한 협정이 있다.

2) 상품교역규범

(1) 관세·비관세장벽의 철폐

NAFTA는 자유무역협정이기 때문에 역내의 모든 관세·비관세장벽 철폐를 원칙으로 하고 있다. 관세철폐는 상품별로 4개의 범주로 구분하여 A부류에 속하는 상품은 관세의 즉시 철폐, B부류는 5년 이내 점진적 철폐, C부류는 10년 이내에 단계적 철폐, C부류는 15년 이내에 단계적으로 철폐하도록 하고 있다. 한편 비관세장벽인 쿼터, 수입면허 등 수량제한조치의 철폐, 수출제한조치의 금지를 규정하고 있으나 다만 인간·환경보호·위생 등의 목적을 위한 예외를 허용하고 있다. 또 농산물·자동차·에너지 등의 교역제한에 관하여는 따로 상세히 규정하고 있다.

(2) 원산지규정

NAFTA는 역내국 상품에 대한 관세·비관세조치를 전면적으로 철폐한 결과 어떤 상품이 NAFTA 역내국 상품인지 아닌지를 판단하는 NAFTA 원산지규정이 역외국의 NAFTA에 대한 수출에 큰 영향을 미치게 된다. NAFTA의 원산지규정은 원칙적으로는 세 번 변경기준에 의하고 이 기준의 채택이 적합하지 않은 경우에는 부가가치기준에 의한다는 점에서는 WTO의 원산지규정과 유사하다.

3) 서비스 교역규범

NAFTA는 서비스 일반규정과 함께 금융서비스, 통신, 육상운송 등 부문별 규정을 두고 있다. NAFTA는 서비스교역과 관련하여 내국민대우, 최혜국대우, 무차별원칙을 기본원칙으로 하고 있다. 기존의 무차별적 수량제한에 대해서는 일국이 상대국에 대하여 협상을 요청할 수 있고 서비스교역에 관한 각종 허가나 증명이 규제나 교역제한의 수단으로 사용되어서는 안될 것을 규정하고 있다.

NAFTA 서비스규범은 WTO 서비스협정과 비교해 볼 때 특별한 차이는 발견되지 않는다. 서비스일반규범은 정부조달, 보조금, 금융서비스 등에는 적용되지 않고 또 항공서비스, 기본통신서비스, 특정국 정부에 의해 제공되는 사회적 서비스, 해운서비스, 멕시코 헌법에 의하여 멕시코주에서 유보된 분야에 대해서는 적용되지 않는다.

4) 투자규범

NAFTA는 역내국의 투자에 대하여는 내국민대우를 부여하고 역외국의 투자에 대하여는 최혜국대우를 부여하는 것을 원칙으로 한다. NAFTA는 생산된 제품이나 서비스의 수출의무 부과, 자국산 부품조달비율 부과, 수입대체를 위한 자국산 부품의 우선 사용, 무역수지균형을 위한 외화지급제한, 현지 투자기업의 기술이전이나 지식재산권이전의무와 같은 투자와 관련된 의무를 부과할 수 없도록 하고 있다. 또한 투자로 인해 발생한 이익, 배당금 수수료 등의 자유로운 이동을 보장하며 공공목적을 위한 수용의 완전보상을 하도록 하고 있다.

NAFTA는 투자자유화를 기본원칙으로 하지만 각국의 실정에 따라 예외를 허용하고 있는바 미국은 어업·항공·핵·방송분야를 제한하고 있으며 캐나다는 문화산업, 멕시코는 석유산업을 제한하고 있다.

5) 부속협정

NAFTA는 본협정 체결 후 노동과 환경 및 세이프가드의 세 분야에 대한 부속협정을 체결하였다. 이 부속협정은 주로 NAFTA의 타결로 말미암아 멕시코의 저임금 노동력이 미국에 유입되는 것을 사전에 차단하고 값싼 상품의 수입급증으로 인한 미국의 실업사태를 방지하기 위해 채택한 것이다.

(1) 노동협정

역내국의 노동문제를 전반적으로 관할하기 위해 각료급으로 구성되는 노동협력위원회(Commission on Labor Cooperation)를 설치하여 유아노동, 최저임금, 노사문제, 직업병과 같은 노동문제 해결을 위한 명령권을 부여하고 있다. 또 역내국의 노동법에 관한 국내법 시행의 투명성과 강제성을 확보하고 중립적인 국제조정사무국(International Coordinating Secretariat)을 두어 실무적인 절차를 담당하게 하고 있다.

(2) 환경협정

역내국은 환경보호를 위한 법률과 표준을 마련하고 국민의 환경문제에 대한 청원권을 보장한다. 또 각종환경 관련법의 제정과정과 내용을 사전에 공개함으로써 투명성을 보장한다. 환경부속협정은 이를 법적으로 보장하기 위해 환경협력위원회(Commission on Environment Cooperation)를 설치하고 상대국의 환경보호에 관한 집행이 부적절하다고 판단하면 NAFTA 분쟁해결기구에 제소하도록 하였다.

(3) 세이프가드협정

긴급수입제한조치(safeguard system)란 수출국의 공정한 수출행위에 의한 수입이지만 특정 물품의 수입이 급증하여 국내산업이 심각한 피해를 받을 우려가 있을 경우, 수입량을 제한하거나 관세율을 인상하는 제도이다.

역내국은 농산물·섬유·의류 등 노동집약적 상품에 대해 세이프가드조치를 취할 수 있다. 또 긴급수입제한조치 여부의 정당성을 심사하기 위한 조사위원회를 구성한다.

6) 기타 분야

NAFTA는 역내국간의 분쟁해결을 위한 절차를 몇 가지로 유형화하여 규정한다. 특히 반덤핑·상계관세 분쟁해결을 위한 양국간 패널(binational panel)은 새로운 국제무역 분쟁해결 방법을 제시해 주고 있다는 점에서는 주목할 만하다.

제2절 EU(유럽연합)

1. EU탄생의 역사적 배경

경제통합의 가장 성공적인 모델이라고 할 수 있는 EU(European Union : 유럽연합)의 역사를 살펴보면, 제2차 세계대전 종전 2년 후인 1947년에 베네룩스 3국 관세동맹이 탄생하였으며 1948년에는 OEEC(Organization for European Economic Cooperation : 유럽경제협력기구)가, 그리고 1952년도에는 ECSC(European Coal and Steel Community : 유럽석탄철강공동체) 등이 EEC의 창설에 기반조성의 역할을 하였다. 1958년 EEC는 프랑스, 벨기에 등이 주축이 되어 EURATOM(European Atomic Energy Community : 유럽원자력공동체)과 함께 1967년 7월 1일 EC(European Community : 유럽공동체)로 탈바꿈하여 통일유럽의 꿈을 한발 앞당기게 되었다. 더욱이 1973년 1월 1일 EFTA(European Free Trade Association : 유럽자유무역연합)의 중심국가였던 영국을 포함하여 그 밖에 아일랜드 및 덴마크가 EC의 회원국이 되었고 그 후 그리스(1981)·스페인 및 포르투갈(1986)이 가입함으로써 명실상부한 유럽대통합의 꿈이 실현단계에 이르게 된 것이다. EC통합은 원래의 계획에 의하면 1992년 12월 31일까지 모든 준비절차를 완료하여 1993년 1월 1일부터 발효하기로 하였으나 프랑스를 포함한 몇몇 유럽국가들에 의한 마스트리히트조약 비준지연으로 1994년 1월 1일부터 EU가 탄생하였다. 또 EU는 과거 사회주의 국가였던 동유럽 국가들을 EU회원국으로 가입시키려는 노력을 계속하고 있다.

2. EU의 추진내용 및 효과

EU는 회원국들 사이에 존재하는 무역장벽을 철폐하여 마치 하나의 연방국가처럼 단일화된 시장을 만들려는 과감한 시도를 전개하였다. 우선 첫 번째 단계로 EU는 1985년 초부터 약 3백 개의 주요 무역장벽을 선별 1992년 말까지 제거함으로써 회원국들 사이의 무역을 증대시키고 나아가서는 EU산업들의 경쟁력을 회복시키려는 계획을 추진하였다.

1985년 초 EU회원국들은 코펜하겐에서 EU에 집행권을 대폭 이양하는 유럽단일화의정서 EU역내시장 개방계획에 합의를 보았다. EU가 철폐한 역내무역장벽을 주요 순서대로 나열하면, ① 공업생산품의 표준화 문제, ② 회원국들 사이의 국경통과시 요구되는 복잡한 행정적인 절차 및 검사의 축소문제, ③ 회원국들 사이의 상이한 부가가치세 및 간접세율의 조정문제, ④ 복잡하고 어려운 운송문제, ⑤ 보험 및 자본의 자유화 문제, ⑥ 회원국들의 독점적인 정부물품구입 등이었다.

유럽단일화의정서는 결국 공동시장의 개념과는 달리 회원국간 국경이 없는 유럽합중국의 실현을 목표로 EU시장 내에서의 상품, 노동, 자본, 서비스 등의 자유로운 이동을 추진하였다.

일반적으로 역내시장이란 공동시장의 개념과는 달리 회원국간 국경이 없는 개념이다. 따라서 EU는 역내 조세제도의 통일, 항공 및 육로수송의 자유화, 정부구매에 대한 회원국기업의 자유로운 참여 등이 보장되는 제도개선을 추진하였는데 주요내용은 아래의 여섯 가지로 나눌 수 있다.

첫째, 상품의 자유이동에 있어서는 현재의 복잡한 통관절차 및 기술상품이동에 관한 제한조치의 제거를 위하여 세관행정절차의 전산화 및 통관행정서류의 단일화는 물론 그 밖에 계량단위·상표부착의무 등에 대한 회원국간 차이의 점진적 철폐를 들 수 있다.

둘째, 노동 및 서비스의 자유이동으로서 숙련노동력의 역내 자유이동을 실질적으로 제한하는 3년 이상 전문분야 교육에 대한 자격의 상호인정 확대추진과 금융·보험 등의 분야에 있어서 각 회원국내에서의 영업활동에 가하는 각종 규제철폐, 기타 서비스 및 정보에 대한 공동통신망 설치 및 공동전략수립, 대금지급방법의 공동화를 추진하였다.

셋째, 조세제도의 통일로서 부가가치세율 및 소비세율을 현행 회원국간 평균세율수준으로 조정하여 회원국간, 역내 본·지사간 이중과세방지에 노력하였다.

넷째, 자본이동자유화로서 불안정한 환율제도의 운영에 따른 자본이동 및 자유화의 제약에 따라 회원국간 통화통합을 이룩하였다.

다섯째, 수송부문에서는 항공수송에 대한 공정경쟁원칙 적용 및 EU단일통합수송로 창출을 위한 협력추진을 시행하고 있다.

여섯째, 정부구매의 개방으로 앞으로는 모든 회원국 생산 및 공급업자에게 동등한 기회제공 추진을 검토하고 있다.

이 외에도 EU의 추진내용 가운데는 재정계획의 확충, 산업조정 및 기업합병, 그리고 공동연구 개발확대 등을 들 수 있다.

한편 1994년 1월 1일부터 발효된 EU의 효과로는 ① 역내교역비용의 절감으로 역내상품의 가격경쟁력이 제고되며, ② 높은 수준의 표준규격제품요구 예상으로 역외국의 EU에 대한 진출비용이 증가되고, ③ 공동기술 연구개발 확대에 의한 규모의 경제효과로 EU산업의 경쟁력이 향상되며, ④ EU역내 교역증대에 따른 역의 수입비중의 감소를 들 수 있다. EU가 시장통합을 넘어 정치·경제적 통합체로 결합하기 위한 터전이 될 조약이 마스트리히트조약으로서 네덜란드의 소도시인 마스트리히트에 EU 정상들이 모여 가조인한데서 이름을 따왔다. 결국 EC는 마스트리히트조약이 1994년 1월 1일부터 발효됨에 따라 단순한 경제적 단일시장을 넘어 정치·경제적인 동맹체인 '유럽연합'(European Union)으로 새출발하기 시작한 것이다. 마스트리히트 조약은 첫째, 유럽중앙은행창설과 단일통화 사용의 경제통화동맹(EMU), 둘째, 노동조건통일의 사회부문, 셋째, 공동방위정책, 넷째, 유럽시민권규정 등 4개의 핵심내용을 담고 있다.

3. EU 회원국 현황

EU회원국은 2018년 7월 기준 28개국이 가입하였다. 2016년 6월 영국은 국민투표로 유럽연합 탈퇴를 결정하여 일명 브렉시트(Brexit) 협상이 진행 중이다.[1]

유럽연합 회원국으로 가입하는 것이 승인되기 이전에 각 국가는 일반적으로 코펜하겐 기준이라고 알려진 경제적, 정치적 기준을 만족시켜야 한다. 이것은 기본적으로 요구된다. 가입 후보국은 비종교적이고 자유와 제도가 조화되는 민주적인 정부 구조를 가져야 되고 헌법의 규정을 존중해야 한다. 마스트리히트 조약에 따라 유럽 연합의 확장은 각 회원국의 동의뿐만 아니라 유럽 의회의 승인을 받아야 한다는 조건부로 결정된다.

EU는 지난해 Brexit, 미국과의 무역분쟁, WTO 개혁추진 등 굵직한 통상이슈들과 함께 전방위로 무역협정을 추진하였으며 일본과는 경제동반자협정(EPA)을 비준 완료하였으며 베트남, 싱가포르, 멕시코 등과는 협상을 마무리 하였다.

---

1) 유럽 연합 탈퇴 절차 : 리스본 조약 50조에 따르면 유럽 연합 회원국은 해당 국가의 헌법적 요구를 만족시키는 방법으로 유럽 연합을 탈퇴를 결정할 수 있다. 일단 회원국이 유럽 연합 탈퇴를 유럽 이사회에 통보하면, 탈퇴 신청국과 유럽 연합 간의 탈퇴 협상이 시작되며 향후 유럽 연합과의 외교 관계 등을 설정하게 된다. 모든 협상은 유럽 의회의 승인과 더불어 유럽 연합 인구의 최소 65% 이상을 대변하는 국가들로부터 72%의 찬성을 받아야 체결된다. 탈퇴 협상이 완료되든 완료되지 않든 협상 기간은 2년이며, 유럽 이사회가 만장일치로 동의할 경우에 연장할 수 있다. 영국은 유럽 연합과 이러한 협상 과정을 거치지 않고 1972년에 영국 의회가 제정한 '유럽 공동체법'을 폐지함으로써 탈퇴할 수도 있다.

〈표 6-1〉 EU 회원국 현황

년도	가입국
1952년 ECSC창설국 (6개국)	독일, 프랑스, 이탈리아, 네덜란드, 벨기에, 룩셈부르크
1973년 (3개국)	영국, 아일랜드, 덴마크
1981년 (1개국)	그리스
1986년 (2개국)	스페인, 포르투갈
1995년 (3개국)	스웨덴, 핀란드, 오스트리아
2004년 (10개국)	헝가리, 폴란드, 체코, 슬로베니아, 에스토니아, 사이프러스, 라트비아, 리투아니아, 몰타, 슬로바키아
2007년 (2개국)	루마니아, 불가리아
2013년 7월(1개국)	크로아티아

자료 : 외교부 (2018.7. 기준)

4. EU 구조

1) EU의 기구

EU이사회, EU집행위원회, 유럽의회(EP), 유럽사법재판소(CJEU), 유럽회계감사원(ECA) 등 5개 기관이 EU의 핵심 기구를 형성하고, 그밖에 5개 기관이 주요 기구를 보완하는 역할을 수행한다.

① 유럽경제사회위원회(European Economic & Social Committee) : 경제 사회문제에 대한 유럽시민사회의 입장 대변 역할

② 지역위원회(Committee of the Regions) : 지역적 다양성과 지역발전 촉진 기능

③ 유럽중앙은행(European Central Bank) : 유로권 통화정책 관리

④ 유럽옴부즈맨(European Ombudsman) : EU기구의 행정권 남용 견제

⑤ 유럽투자은행(European Investment Bank) : EU 개발지원 프로그램 지원

2) EU 기구 개요

기구명	소재지	구성	기능
이사회 (EU 정상회의 및 각료이사회)	브뤼셀	28개국 정상 및 각료, 외교안보정책 고위대표 및 집행위원장	- EU 최고 입법 및 주요 정책 결정기구
집행위원회	브뤼셀	1인의 집행위원장과 27명 집행위원 (각국 1명, 임기 5년)	- 집행기관 - EU 법안 제안권 - 공동체 이익 대변
유럽의회	스트라스부르그 브뤼셀 룩셈부르크	751명(직접선거 : 임기 5년) - 회원국 인구 비례로 의원수 결정 - 출신국별이 아닌 정치노선에 따라 정치그룹 구성	- 입법, 예산 및 감독 기관 - 신규회원국 가입 등 주요사항 동의권, 법안 공동 결정권 - 예산 확정권 - 집행위원장 선출, 집행위원 임명 동의 및 집행위에 대한 불신임권
유럽 사법재판소	룩셈부르크	28명 법관(각국 1명, 임기 6년)	- EU 법규 해석권 - EU 조치의 적법 여부 판결권
유럽 회계감사원	룩셈부르크	28명 감사위원(각국 1명, 임기 6년)	- EU 회계감사 - 유럽의회의 재정적 성격의 법안 입법시 의견 제출

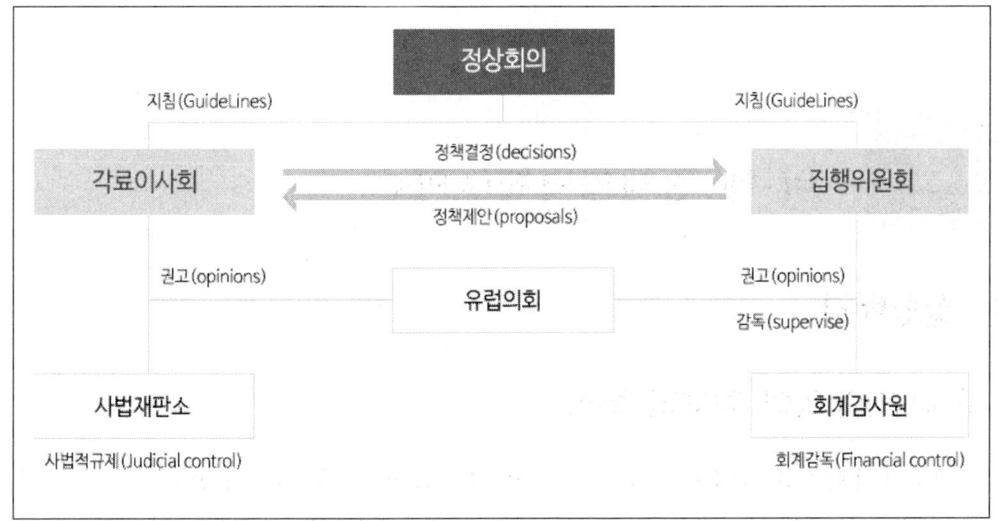

[그림 6-1] EU 전체 구조 및 운영

5. 우리나라와 EU와의 관계

2000년대 들어 한국과 유럽 국가들의 관계는 보다 성숙한 동반자관계를 구축하게 되었다. 특히, 경제면에서 한국과 유럽 국가 간의 무역규모는 2000년대 초반 약 800억 달러에서 2008년에는 약 1,000억 달러로 확대되었고, 유럽국가와 한국 간 상호 투자는 약 700억 달러 규모로 증가하였으며 유럽 국가들은 한국에 대한 최대 투자주체가 되었다. 이런 무역·투자관계를 보다 증대시키기 위해 2007년에 한국은 EU와 FTA 체결 협상을 시작하였다.

또한, 한국은 EU와의 정치, 일반 경제, 사회, 문화, 교육, 행정, 내무사법 등 모든 분야에서 협력을 강화하기 위한 법적·제도적 기반 마련의 일환으로 1996년에 체결된 한·EU 기본협력협정을 대체하는 한·EU 기본협정에 2010년 5월 서명하였다. 한·EU 양측은 2010년 10월 6일 브뤼셀에서 개최된 제5차 한·EU 정상회담에서 한·EU FTA를 공식 서명하였으며, 2011년 7월 1일부터 잠정적용되어 오다가 2015년 12월 13일 전체 발효되었다.

한국과 EU는 '한-EU 기본협정(Framework Agreement)'과 '한-EU 자유무역협정(FTA)'에 기반을 두어 2010년 10월 브뤼셀에서 개최된 정상회담에서 '한-EU 전략적 동반자관계' 출범에 합의하였으며, 2014년 5월에는 '위기관리활동 기본참여협정' 서명하고 2016년 12월 동 협정이 발효함으로써 EU와 3대 주요협정을 모두 체결하고, 전략적 동반자 관계를 더욱 발전시켜 나가고 있다.

제3절 아·태 경제협력체(APEC)

1. 설립배경

1) 아·태지역의 경제적 특성

아·태 경제협력체(APEC : Asia Pacific Economic Cooperation)은 전세계 인구의 40%, GDP의 약 52%, 교역량의 45%를 점유하는 세계 최대의 지역협력체이다.[2)] APEC은 아·태 공동체의 달성을 장기 비전으로 하여 아·태 지역의 경제성장과 번영을 목표로 삼고 있다. 이를 위해 1994년 정상회의에서는 보고르 목표(Bogor Goal)를 채택하였으며, 이에 따라 선진국은 2010년, 개도국은 2020년을 시한으로 하여 무역 및 투자 자유화를 달성하기로 하였다.

아·태 공동체 비전 달성을 위한 이행프로세스로서 APEC은 보고르 목표로 대표되는 무역·투자 자유화(TILF: Trade and Investment Liberalization Facilitation)와 함께, 경제기술협력(ECOTECH: Economic and Technological Cooperation), 비즈니스 원활화(BF: Business Facilitation)를 3대 축으로 설정·운영하고 있다.

의사결정은 컨센서스 방식에 따르며, 비구속적(non-binding) 이행을 원칙으로 함으로써, 회원국의 자발적 참여 또는 이행을 중시하고 있다. 정상회의는 Retreat 형식으로 진행됨으로써, 정상들간에 형식에 구애받지 않는 협의, 보다 내실있는 결과 도출에 역점을 두고 있다. 나아가 이 지역은 세계에서 가장 성장잠재력이 크고 역동적인 국가들이 소재하고 있다는 점에서 앞으로 세계경제의 중심축을 이룰 것으로 전망되고 있다.

이렇듯 시장통합의 여러 조건을 갖추고 있는 아·태지역에서 이제까지 이렇다 할 뚜렷한 지역통합체가 형성되지 못한 이유는, 무엇보다도 역내 국가들이 시장주도의 경제성장을 이룰 수 있어서 공식적인 통합체에 대한 요구가 적었기 때문으로 보여 진다.

〈표 6-2〉 주요 경제블럭별 통합형태와 회원국

지역	명 칭	설립연도 및 통합형태	주 요 참 가 국
유럽	EU (유럽연합)	1958년 1968년 관세동맹 1993년 공동시장 1999년 통화통합	서독, 프랑스, 네덜란드, 벨기에, 룩셈부르크, 이탈리아, 영국, 덴마크, 아일랜드, 그리스, 스페인, 포르투갈, 오스트리아, 핀란드, 스웨덴, 폴란드, 헝가리, 체코, 슬로바키아, 리투아니아, 라트비아, 에스토니아, 사이프랑스, 몰타 등(28개국)
	EFTA (유럽자유무역연합)	1960년 자유무역협정	아이슬란드, 노르웨이, 스위스, 리히텐슈타인(4개국)
북미	NAFTA (북미자유무역협정)	1994년 자유무역협정	미국, 캐나다, 멕시코(3개국)

2) 외교부, 2018.7.

아시아	AFTA (ASEAN 자유무역권)	1993년 자유무역협정	인도네시아, 말레이시아, 싱가포르, 필리핀, 타이, 브루나이, 캄보디아, 라오스, 미얀마, 베트남(10개국)
중남미	MERCOSUR (남미공동시장)	1995년 공동시장	아르헨티나, 브라질, 파라과이, 우루과이, 베네수엘라(5개국)
	LAFTA (라틴아메리카 자유무역연합)	1961년 자유무역협정	아르헨티나, 브라질, 칠레, 멕시코, 파라과이, 페루, 우루과이, 에콰도르, 콜롬비아, 볼리비아, 베네수엘라(11개국)
	CACM (중미 공동시장)	1961년 관세동맹	코스타리카, 과테말라, 엘살바도르, 온두라스, 니카라과, 파나마(6개국)
	ANCOM (안데스공동시장)	1991년 공동시장	볼리비아, 콜롬비아, 에콰도르, 페루, 베네주엘라, 파나마(6개국)
	CARICOM (카리브공동시장)	1973년 자유무역협정	안티구아 버뮤다, 바베이도스, 가이아나 및 카리브해 영연방제국-벨리스(온두라스), 도미니카, 그레나다, 아이티, 자메이카, 몬세데스트, 세인트 크리스토퍼 네비스, 세인트루시아, 세인트빈센트, 트리니다드 토바고 등(15개국)
	G3(중미3국그룹 자유무역협정)	1993년 관세동맹	멕시코, 베네수엘라, 콜롬비아(3개국)
아프리카	ECOWAS (서아프리카 제국공동체)	1975년 관세동맹	베냉, 감비아, 라이베리아, 나이지리아, 부르키나파소, 가나, 말리, 세네갈, 깝베르데, 기니, 모리타니, 세에라리온, 코트디부아르, 기네비소, 니제르, 토고(16개국)
	AMU (아랍, 마그렙동맹)	1988년 자유무역협정	모로코, 알제리, 튀니지, 리비아, 모리타니(5개국)
	ECCAS (중부아프리카국가 경제공동체)	1983년 관세동맹	부룬디, 카메룬, 중앙아프리카 공화국, 콩고, 가봉, 적도기네, 루안다, 쌍토메프린시페, 챠드, 자이드(10개국)
	COMESA (남동부 아프리카 공동시장)	1993년 자유무역협정	이디오피아, 소말리아, 우간다, 케냐, 탄자니아, 앙골라, 루안다, 부룬디, 말라위, 잠비아, 짐바브웨, 스와질랜드, 모잠비크, 레소토, 코모로, 모리셔스, 수단, 지부티, 나미비아, 이집트, 에리트리아, 마다카스카르, 세이셜 군도(23개국)

	SADC(남부 아프리카 관세동맹)	1969년 관세동맹	보츠와나, 레스토, 스와질랜드, 나미비아, 남아프리카 공화국(5개국)
중동	ACM (아랍공동시장)	1974년 공동시장	이라크, 쿠웨이트, 요르단, 시리아, 이집트(5개국)
	GCC (걸프협력 위원회)	1983년 관세동맹	사우디아라비아, 쿠웨이트, 아랍에미레이트연합, 카타르, 바레인, 오만(6개국)

자료 : 관련 사이트 인용, 2018.7 기준

또한 이 지역 국가 간에 존재하는 다양성 내지는 이질성이 지역통합을 어렵게 했다고 보여 진다. 한 분석에 따르면 아·태지역 국가 간의 국민소득 격차가 1 : 20인데 비하여 EU지역은 1 : 6, 그리고 NAFTA지역은 1 : 8이라고 한다. 이러한 경제적인 격차 이외에도 인종, 종교, 문화 등이 다양하고 또 회원국 간 면적이나 인구수에서 격차가 너무 크며, 경제체제에 있어서도 사회주의체제와 자본주의체제가 얽혀 있어 인접국가간의 갈등 또한 적지 않았다. 또 아·태지역 국가들이 공통적으로 겪고 있는 대일 수입의존도와 대미 수출의존도의 심화현상이라는 기형적인 상호의존구조도 지역통합에 대한 유인을 적게 했다고 할 수 있다.

(2) 아·태 경제협력의 전개

아시아·태평양 지역의 경제협력과 통합움직임은 1960년대 말 태평양경제협의회(Pacific Basin Economic Council : PBEC)의 추진으로부터 시작되었다. PBEC는 은행가, 경제인 및 기업대표 등으로 구성되는 순수한 민간기구로서 출범 당시에는 호주, 캐나다, 일본 등 5개국의 위원들로 구성되었으나 현재는 21개국 회원이 참가하여 태평양 연안국가의 호혜적인 경제협력과 지역사회발전을 도모하는 기구로 발전하였다. 이후 1970년대에는 주로 일본을 중심으로 하는 아·태 경제협력구상이 제안되었으나 큰 결실을 거두지는 못하였다. 그러나 이러한 구상들은 1980년 태평양경제협력위원회(Pacific Economic Cooperation Council : PECC)의 창설로 본격적으로 논의되기 시작하였다.

PECC는 태평양국가들의 학계, 업계 관계 인사들로 구성된 민간협의기구로서 현재는 한국을 포함 미국, 일본 등 22국이 참여하고 있다. PECC는 아·태지역의 경제협력에 대한 각계의 다양한 의견을 수렴하는 토론과 협의의 장을 제공하였으며 이 지역의 협력원칙과 기본방향 그리고 정부참여의 중요성을 부각시키는데 성공하였다. 사실 PECC의 조직과 활동은 후일 APEC으로 발전하는데 큰 영향을 준 것으로 평가되고 있다.

그러나 이들 민간 경제협력체로서는 1980년대 이후 심화되어 가는 상호의존성을 효과적으로 관리하여 점증하는 통상문제나 경제협력에 대처하는 데에는 한계가 있었다고 할 수 있다. 이에 따라 국제통상환경변화에 효율적으로 대처하고 NAFTA, EU 등의 지역통합에 대한 아·태 국가의 확산되는 위기감을 극복하여 다자간 무역체제에서 아·태지역의 영향력 강화를 도모해야 한다는 공감대가 확산되었다. 그리하여 아·태지역 정부간에 지역통합에 관한 논의가 본격화되었고 그 결실로 1989년 아·태 경제협력체(APEC: Asia Pacific Economic Cooperation)가 창설된 것이다.

2. APEC체제의 특성

1) 시장주도의 통합

위에서 설명한 바와 같이 APEC의 지역통합 노력은 이 지역의 다양성과 역동성의 바탕위에 형성된 시장통합이 주도하였다고 할 수 있다. 이는 EU의 통합이 주로 정부간에 각종 협정체결과 규범제정으로 꾸준히 추진된 것과는 상당히 대조를 이루는 것이다. 이러한 APEC의 시장주도 통합적인 측면은 그 추진과정에도 반영되어 EU나 WTO와 같이 규범적이고 획일적인 방안보다는 역내국의 다양성을 인정하는 토대 위에서 신축적으로 진행되고 있다. 가령 보고르선언에서 무역·투자자유화의 목표시한을 선진국과 개도국에 따라 달리 정한다든지, 자유화부문의 선택과 개방계획을 각국의 사정에 따라 신축적으로 정하게 한다든지 하는 것이 이러한 특성을 반영하는 것이다.

2) 상호보완성의 활용

APEC 국가들은 EU와는 달리 경제적인 수준이나 정치·문화면에서 대단히 큰 격차를 보이고 있는 다양성을 지니고 있다. 이에 따라 역내국의 동질성을 바탕으로 하여 역내시장 확보를 주된 목표로 하고 있는 EU와는 달리, APEC은 역내국간의 상호보완성을 최대한 활용하여 이를 경제성장의 촉진에 연결시킨다는 전략을 구사하고 있는 것이다. 즉 아·태지역에는 자본과 기술면에서는 미국, 일본, 캐나다 등이 있고 우수한 노동력과 풍부한 자원면에서는 중국과 ASEAN이 있으며, 그리고 역동성이라는 측면에서는 아시아신흥공업국 등이 있어 경제성장에 필요한 요소들을 모두 갖추고 있다고 할 수 있다. 다만 이들을 적절한 협력체제를 통해 결합하는 것이 문제였던 바, APEC이 이러한 역할을 담당하여 역내국의 경제성장을 촉진하기 위한 무역과 투자의 활성화 및 역내 경제활동 원활화를 지원하기 위한 제반 경제기술협력에 주력하고 있는 것이다.

3. APEC합의의 내용

1) APEC의 기본성격

APEC은 1989년 처음 출범 당시는 단지 역내국간의 경제협력을 논의하는 단순한 협의의 장소(forum)에 지나지 않았지만 짧은 기간 동안에 그 성격이나 내용에 많은 변화를 보이고 있다. 그러나 APEC은 아직까지는 어떠한 실체를 가진 기구가 아니고 관례적인 정상회담 또는 각료회담의 성격을 벗어나지 못하고 있다. 따라서 그 합의는 일종의 정치적인 선언일 뿐 구속력 있는 규범은 아니라고 할 수 있다.

이러한 의미에서 무역과 투자의 자유화를 위한 보고르선언도 단지 각국이 자발적으로 이행하겠다는 일방적인 약속을 합성해 놓은 것에 불과하며 그 이행 여부는 어디까지나 각국의 판단에 맡겨져 있다. 다만 보고르선언을 실행에 옮길 오사카행동지침이 채택된 이후로는 그 규범적 성격이 어느 정도 가미되고는 있다. 그러나 아직도 APEC합의는 권고적 수준을 벗어나지 못하고 있으며 이를 법적 구속력이 있는 협정으로 보기에는 이르다고 할 것이다. APEC의 합의는 크게 역내국간의 무역·투자의 자유화(liberalization) 및 원활화(facilitation)를 도모하기 위한 부분과 경제·기술협력(cooperation)을 위한 두 부분의 두 가지로 나누어진다.

2) 무역·투자의 자유화 및 원활화

(1) 자유화의 추진 방식

APEC은 법적 기구가 아니기 때문에 APEC이 주도하는 역내·투자자유화 협상은 WTO의 양허 협상에서 채택하는 request/offer 방식과는 다르다고 하겠다. 즉 양허협상 리스트를 상호 교환하여 이를 중심으로 협상하고 협상의 결과를 공식적인 협정을 통해 채택함으로써 법적 구속력이 있는 규범을 만들어 가는 방식이 아니라 일방적으로 자국의 자유화계획을 작성하여 이를 APEC협상 테이블에 제시하고 토의와 협의를 하게 된다. 물론 이 과정에서 상대국의 자유화내용에 대해 불만이 있는 경우에는 이의를 제기하고 양자간 또는 다자간 협의를 하지만 이는 어디까지나 사실상의 압력을 가하는 것에 지나지 않을 뿐 그 범위와 내용은 각국의 의사에 맡겨져 있다.

따라서 이러한 방법으로 집성된 각국의 자유화약속도 권고적인 성격을 가지는 데 불과하기 때문에 그 이행은 동료적인 압력(peer pressure)에 의할 수밖에는 없다고 하겠다. 이러한 APEC의 독특한 자유화추진방식을 '조화된 일방조치(concerted unilateral action)'라고 한다.

(2) 자유화의 일반원칙

보고르선언에서는 선진국의 경우에는 2010년까지, 그리고 개도국의 경우에는 2020년까지 역내 무역·투자자유화를 달성하기로 합의한 바 있으며 오사카행동지침은 이러한 목표를 달성하는데 적용될 9가지 일반원칙을 다음과 같이 제시하였다.

① **포괄성** : APEC의 자유화는 무역과 투자에 대한 모든 장애요소를 포괄해야 한다는 원칙으로서 이와 관련하여 농산물 등 민감한 품목에 대한 예외를 인정할 것인가 하는 문제가 제기된 바 있다. 이 문제는 각국의 다양성을 감안한다는 신축성의 원칙을 함께 채택함으로써 해결되었다.

② **WTO협정과의 일치성**

③ **형평성**

④ **무차별성** : 자유화과정에서 역내국간에 상호주의 또는 무차별주의의 적용 및 역외국에 대한 자유화의 확대에 있어 무차별원칙을 적용할 것을 정하고 있다.

⑤ **투명성**

⑥ **현상동결(standstill)** : 보호수준의 감축은 가능하지만 현재의 수준보다 더 높이는 것은 금지한다는 원칙으로 비단 APEC뿐 아니라 UR협상에서도 채택된 기본원칙이다.

⑦ **동시착수, 지속적 추진 및 차별적인 시간계획** : 모든 회원국이 자유화조치를 동시에, 지체없이 시작해야 한다는 원칙이다.

⑧ **신축성** : APEC 회원국들의 상이한 경제발전수준과 다양한 사정을 감안하여 자유화의 과정에서 비롯되는 문제들을 취급하는 데 신축성을 부여한다는 원칙이다.

⑨ **협력** : 자유화에 기여하는 경제·기술분야의 협력을 추진해야 한다는 원칙이다.

(3) 자유화 및 원활화의 추진계획

오사카행동지침은 이상과 같은 기본 원칙하에 진행될 각국의 자유화과정을 다음과 같이 구체적으로 제시하고 있다. 첫째, APEC 회원국은 오사카회의 직후 곧바로 행동지침(Action Plan) 준비를 시작해야 한다. 둘째, APEC 회원국은 행동계획 준비에 대한 비공식협의를 바로 시작한다. 셋째, 각국은 1996년 필리핀에서 개최되는 각료회의에 각국의 행동계획을 제출한다. 넷째, 행동계획은 1997년 1월부터 전반적인 이행을 시작한다. 다섯째, 행동지침에 따라 각국의 행동계획의 이행정도를 평가하기 위한 검토를 매년 시행한다. 여섯째, 행동계획은 수정될 수 있으나 개선의 방향으로 이루어져야 한다.

(4) 경제·기술협력

① 협력의 기본요소

APEC이 추구하는 역내 경제·기술협력은, 회원국간의 경제불균형을 해소하고 역내주민의 경제·사회복지를 개선하며 역내경제의 지속적인 성장을 목표로 한다. 이러한 경제와 기술분야의 협력노력은 역내무역과 투자의 자유화를 앞당길 것으로 전망되며 상호존중과 호혜, 평등, 건설적인 동반자관계를 기초로 하여 역내국간의 콘센서스를 형성하고 협력의 결과를 공유한다는 원칙하에서 추진되어야 한다. 오사카 행동지침은 협력을 효과적으로 추진하기 위한 기본요소로 공동정책개념(Common Policy Concepts)을 도입하여 각 세부영역에서의 경제·기술협력의 목표와 기본원칙 및 우선 순위를 제시하였다.

② 협력과제

APEC은 경제·기술분야의 협력사업으로서 인적자원개발, 산업과학과 기술, 중소기업, 경제적 인프라, 에너지, 운송, 통신, 관광, 무역과 투자정보, 무역진흥, 해양자원보존, 수산업, 농업기술의 총 13개 분야별 과제를 제시하였다.

4. APEC과 한국

한국은 어느 국가보다도 APEC을 중심으로 하는 아·태 경제협력에 적극적이었다. 한국은 호주와 함께 1989년 APEC 출범을 주도하였으며 1991년에는 제3차 각료회의를 서울에서 개최하여 '서울선언'을 선포함으로써 개방적 지역주의를 바탕으로 하는 경제협력모델을 제시하였다. 또 중국, 홍콩, 대만을 APEC에 가입시킴으로써 APEC이 실질적으로 아·태지역의 주요국을 모두 포괄할 수 있도록 하였다. 이러한 한국의 주도적 역할은 무엇보다도 한국이 어떠한 지역통합체에도 포함되어 있지 않기 때문에 APEC을 통해 지역적인 고립성을 탈피하고, 미국 등의 쌍무적인 압력을 다자적인 차원으로 완화시키며, 나아가 NAFTA, AFTA 등을 중심으로 하는 아·태지역의 지역주의의 확산을 억제하고자 하는 전략에서 나온 것이라고 할 수 있다.

〈표 6-3〉 APEC 회원국

	가입국수	가 입 국
1989년	12	한국, 미국, 일본, 호주, 뉴질랜드, 캐나다, 아세안 6개국(말레이시아, 인도네시아, 태국, 싱가포르, 필리핀, 브루나이)
1991년	3	중국, 홍콩, 대만
1993년	2	멕시코, 파푸아뉴기니
1994년	1	칠레
1998년	3	러시아, 베트남, 페루
계	21개국	

자료 : 외교부, 2018.7.

그러나 한국은 보고르선언 이후 오사카회의를 앞두고 부터는 종래의 적극적인 입장에서 소극적이고 수세적인 입장으로 태도를 전환한 것으로 보인다. 이러한 태도의 변화는 보고르선언의 구체적인 이행을 위한 실무자회의 등에서 UR 합의사항의 조기집행, 특히 포괄성의 원칙하에 농업개방을 촉구하면서부터 나타나기 시작하였다. 한국으로서는 UR협상에서 쌀 등 주요 농작물의 개방을 둘러싸고 큰 홍역을 치른지 얼마 되지 않은 상태에서 다시 농업개방이 APEC에서 문제가 되기 시작하였기 때문에 민감하게 대응하지 않을 수 없었던 것이다. 다행히 오사카회의에서는 신축성의 원칙에 따라 개방의 시한만을 정하고 그 속도나 일정 등에 대하여는 각국에 맡겨두기로 합의함으로써 이 문제는 일단 넘겼다. 그러나 농업개방은 계속 APEC에서 한국의 발목을 잡는 요소로 작용할 것으로 보이기 때문에 한국으로서는 앞으로 APEC에서 어떠한 역할을 해야 할지, 방향설정의 갈림길에 놓여 있다.

제4절 기 타

1. ASEM(Asia-Europe Meeting)

1) ASEM의 출범배경

세계경제질서가 북미, EU, 동아시아의 3극화 현상으로 심화되면서 상대적으로 협력관계가 미약하였던 EU와 아시아간 협력강화의 필요성이 부각되었다. 북미, EU, 동아시아는 각각 세계 GDP의 약 25% 수준을 차지하고 있으며, 3지역의 제조업 교역규모는 세계전체의 90% 수준에 육박하고 있다. ASEM지역의 총면적은 약 1,681만㎢로 전 세계의 12.6%이며 인구는 약 22억 명으로 전 세계의 38.0%를 차지하고 있다.[3] 더구나 성장잠재력이 큰 아시아에 대한 투자를 확대하고자 하는 EU측과 거대단일시장인 EU에 진출하고자 하는 아시아측이 협력 채널구축 필요성에 공감대를 형성하게 되어 출범의 계기가 되었다. 이에 양 지역은 ASEM정상회의를 1996년 출범시켰으며, 1996년 제1차 정상회의(방콕)를 시작으로 제11차 정상회의(2016년 7월, 울란바토르) 개최까지 유럽과 아시아 국가를 번갈아 가며 개최하고 있다.

2) ASEM의 체제

회원국 현재는 52개국[4]이며 지역간 대화 및 협력으로 ASEM은 EU, ASEAN, NAFTA와 같은 지역내 국가들간 협력체가 아닌 아시아와 유럽 두 지역간 대화 및 협력의 장이며, ASEM은 경제분야 협력을 주로 취급하는 APEC과는 달리 정

---

3) 외교부, 2018.7.

4) • 아시아 : ASEAN(라오스, 말레이시아, 미얀마, 베트남, 브루나이, 싱가포르, 인도네시아, 캄보디아, 태국, 필리핀) + ASEAN 사무국
• 동북아 및 남아시아 : 대한민국, 뉴질랜드, 러시아, 몽골, 방글라데시, 인도, 일본, 중국, 파키스탄, 호주, 카자흐스탄
• 유럽 : 그리스, 노르웨이, 네덜란드, 덴마크, 독일, 라트비아, 루마니아, 룩셈부르크, 리투아니아, 몰타, 벨기에, 불가리아, 사이프러스, 스위스, 스웨덴, 스페인, 슬로바키아, 슬로베니아, 아일랜드, 영국, 에스토니아, 오스트리아, 이탈리아, 체코, 크로아티아, 포르투갈, 폴란드, 프랑스, 핀란드, 헝가리 + EU 집행위원회

치, 경제, 사회분야 등 3대 이슈를 다루는 포괄성을 가지고 있다. 또 ASEM은 회원국 정상들이 중요한 국제이슈에 대해 자유롭게 의견을 교환하며, 사무국 설립 등 제도화를 추구하지 않는 비공식성을 특징으로 한다. ASEM의 경제협력구조는 외무장관들이 전반적인 조정역할을 수행하고, 경제·재무관련 사안들은 각각 경제장관회의와 재무장관회의에서 논의하고 경제장관회의와 재무장관회의 산하에 각각 무역·투자고위관리회의 및 재무고위관리회의 설치하여 무역·투자고위관리회의에 경제조정국(아시아 및 유럽지역 각 2개국)을 두어, 지역별 의견 수렴 및 연락관 역할을 수행하고 있다.

ASEM 경제분야에서의 협력은 양지역간 협력의 원동력으로서 가시적 성과를 거두면서 21세기 지역간 협력 및 국제경제질서를 주도하고자 하며 우리나라의 경우, ASEM은 APEC과 더불어 우리의 중요 지역협력체로서 우리외교의 다변화와 경제의 선진화에 기여할 것으로 기대하고 있다.

3) ASEM의 특징

① 비공식적 협력체(Informality)

모든 참가자들이 정치, 경제, 사회·문화 분야의 공통의 관심 사안에 대해 자유롭게 논의

② 다차원성(Multi-dimensionality)

아시아와 유럽 지역에 관계된 모든 이슈를 포괄하며, 정치, 경제, 문화·사회 3개 분야에 동일한 비중을 두고 협력

③ 동등한 파트너십(Equal partnership)

동등한 동반자 관계, 상호존중과 호혜를 바탕으로 한 대화와 협력강조

④ 다중심 협력(Dual focus on high-level and people-to-people)

정상회의를 중심으로 한 정부간 협력 뿐 아니라 사람과 사람, 사회와 사회 등 다양한 사회적 계층간 교류를 통해 아시아-유럽 지역간 소통 확대를 위한 노력 경주

⑤ 비공식적 협력체 : ASEM 사무국의 부재 배경

제3차 서울 정상회의에 보고된 아시아-유럽 비전그룹 보고서는 '작고 효율적'인 사무국 설치를 제안하였으나, 회원국들은 ASEM 의 비공식적 협력의 성격을 유지할 것을 지지

- 이에 따라, 실제 사무국이 아닌 가상 사무국(Virtual Secretariat) 설치 등을 통해 비공식적 성격을 유지하면서도 회원국간 조정기능을 강화하기 위한 제도 개선 추진
- 제6차 헬싱키 ASEM에서 정상들은 '가상 사무국(ASEM Virtual Secretariat : AVS)'의 설치와 그 역할을 확대하는 등의 내용을 담은「ASEM 장래에 관한 선언(Helsinki Declaration on the Future of ASEM)」을 채택
- 그러나 가상 사무국이 실질적으로 운영되지 못했고 실용성 및 효율성이 떨어진다는 비판을 수용하여, 가상 사무국을 대체하기 위한 'ASEM 의장지원 그룹(ASEM Chairman Support Group : ACSG)'을 설치

4) ASEM의 의사결정 방식

ASEM에서 모든 의사결정은 ASEM의 운영 규칙인 AECF 2000에 따라 전원합의(consensus) 원칙에 따라 결정하며, Consensus는 정상회의는 물론 각료급 회의 및 고위관리회의 등 ASEM 프로세스 내 모든 단계에서 공히 통용되는 의사결정 방식이다.

5) ASEM의 3대 협력분야

(1) 정치분야

글로벌 이슈에 대한 비공식적이고 자유로운 토의를 통해 아시아-유럽 양 지역간 신뢰 증진과 협력 확대를 추구한다. ASEM 협력의 중점 분야로 정상회담, 외교장관 회담을 개최하며, 한반도 문제, 중동문제 등 주요 지역정세와 국제테러, 기후변화, 인권, 문명간 대화 등을 주제로 논의한다. 최근에는 유엔의 역할 강화, 군축 및 WMD 비확산, 이민 문제, 초국가범죄, 자연재해 등 다양한 글로벌 이슈에 대해 협의하였다.

(2) 경제 분야

아시아-유럽 양 지역간 무역 및 투자 원활화를 위한 협력 확대 방안과 경제 다자주의 추구를 위한 세계무역기구(WTO)와 관계된 이슈들이 우선순위에서 논의되었다. 최근 경제 글로벌화 및 지속가능발전에 대한 논의가 활발히 전개되었는데, 1997년 아시아 금융위기를 계기로 위기재발방지 및 국제 금융체제의 장기안정, 지역금융협력 강화를 위한 ASEM 신탁기금(ATF)[5] 설치가 논의되었다. 현재까지는 다자주의, 아시아-유럽간 business frame work 강화, 유로의 역할 확대를 포함한 재정분야에서 혁신적인 아이디어 발굴 등을 통한 경제의 글로벌화를 보다 잘 관리하기 위한 문제들에 중점을 두고 있다.

(3) 사회·문화 분야

아시아-유럽 지역 국민들간 인적 교류확대를 통한 상호 이해 증진 및 새로운 문화적 유대관계 구축을 목적으로 ASEM 유일한 상설기구인 아시아-유럽 재단(Asia-Europe Foundation : ASEF)을 구성 운영 중이다. ASEF를 통해 양지역 교육·문화·인적 교류 확대에 지원 중이며 이외, 종교간 대화, 아시아-유럽 젊은 지도자 회의, ASEM DUO 장학사업 등 다양한 협력사업을 추진 중이다.

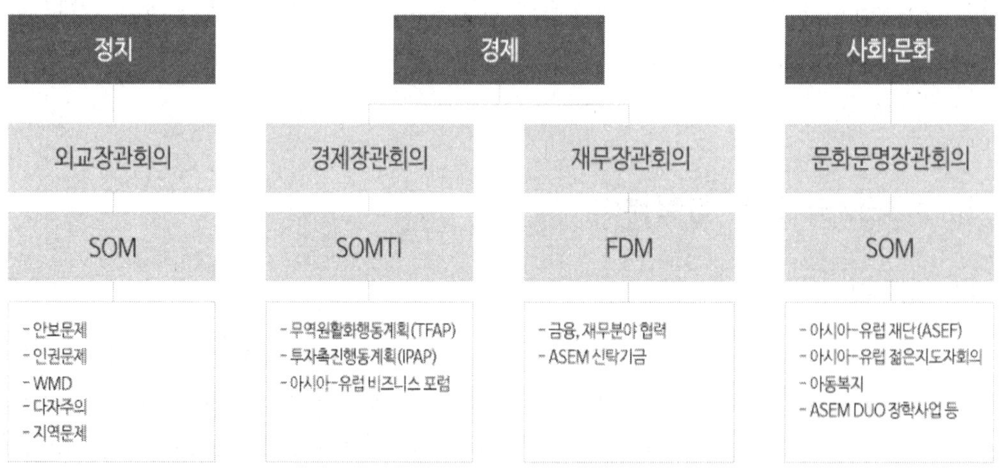

[그림 6-2] ASEM 3대 협력분야

자료 : 외교부, 2018.7.

---

5) ATF는 2008년 1월 기금 잔여분 환급 등의 절차를 거쳐 운용을 종료.

2. 동아시아국가 연합

1) ASEAN의 연혁과 기구

1967년 8월에 인도네시아, 말레이시아, 필리핀, 태국, 싱가포르 등의 동남아시아 5개국이 모여 창설한 ASEAN(Association of South-East Asian Nations)은 당시의 동남아연합(Association of Southeast Asia : ASA)과 마필란도(Malphilindo)의 두 기구를 발전적으로 통합하여 형성된 동남아지역의 국제간 협력기구이다.[6]

당시 ASA는 1961년 달라야연방, 필리핀, 타이의 3개국이 인도차이나 지역에서 공산세력의 확대를 억제하고 각 분야의 상호협력을 도모하기 위하여 결성한 지역협력체였으며 또 Malphilindo는 1960년 말레이시아, 필리핀, 인도네시아의 3개국이 반식민주의 및 반제국주의를 결성하기 위하여 결성한 지역 협력체였다. 이들 두 기구는 경제협력보다는 정치, 외교, 국방상의 협력이 더 큰 의의를 두고 있었으며, 이러한 취지는 1967년에 ASEAN이 설립될 때에도 이어져 지역내의 경제·무역상의 협력뿐만 아니라 평화와 안정, 문화, 교육, 행정분야에서도 다각적인 상호협력을 꾀하는 것으로 되어 있다.

ASEAN의 회원국은 창설 5개국과 브루나이(1984년 가입), 베트남(1995년 가입), 라오스, 미얀마(1997년 가입), 캄보디아(1999년 가입)을 합하여 현재 10개국으로 되어 있다. 또 ASEAN의 기구는 ASEAN의 발전과 역내공동사업의 추진상황에 따라 수 없이 개편되어 내려오고 있다.

2) ASEAN 기구

(1) ASEAN 정상회담

정상회담은 1976년부터 개최되기 시작했으며, ASEAN 협력의 기본방침을 설정하는 최고기관이다. 정상회담에서 결정된 역내협력방침은 각국의 외무장관회의를 통하여 구체화된다.

(2) 각료회의

ASEAN의 각료회의는 외무장관회의, 경제장관회의 및 기타 장관회의로 구분되

6) 손병해, 경제연합론-이론과 실제, 제2판, 법문사, 1995, pp.405~407.

어 있다. 특히 외무장관회의는 역내의 공동협력사항에 관한 의사결정기구이며 매년 정기적으로 개최된다. 또 외무장관회의는 정상회담의 결과를 구체화시키기 때문에 이는 ASEAN의 실질적인 정책결정기구이다.

(3) ASEAN 사무국

사무국은 인도네시아의 자카르타에 설치된 ASEAN 공동의 사무기구를 말하며, 이는 각종 회의와 위원회에 대한 보조역할을 담당하고 있다.

(4) 각종 위원회

위원회는 역내경제협력의 구체적 심의사항을 검토하는 기구로서, 경제장관회의의 산하에 농림, 무역, 공업 및 동력, 재정 및 금융, 운수 및 통신분야의 5개 위원회가 있으며, 기타 장관회의의 산하에 과학기술, 사회개발, 문화 및 정보분야의 3개 위원회가 설치되어 있다.

3. 중남미지역의 경제통합

1) 중남미지역의 지역경제통합

중남미지역에서의 지역경제통합은 1950년대 후반기부터 활발하게 추진되었는데, 이것은 당시 중남미 국가들이 채택하였던 내부지향적인 경제개발정책과 깊은 관련이 있다. 즉 수입대체를 통한 산업화는 그 나라의 시장규모가 작은 경우에 규모의 경제를 실현할 수 없기 때문에 일반적으로 생산비가 높아지게 된다. 따라서 중남미 국가들은 수입대체산업을 효율적으로 육성하기 위하여 보다 큰 시장이 필요하였고 그 해결책으로서 경제통합을 추진하게 되었던 것이다.

그러나 내부지향적인 산업화를 추진하는 국가들간에 형성된 경제통합에서는 경제통합에 따른 이익의 배분이 불공평하게 이루어지게 되면 일반적으로 경제규모가 크고 경제발전수준이 높은 나라에 이익이 집중된다는 문제점이 나타나게 된다. 이것은 기업들이 역내에서 가장 양질의 노동력을 구할 수 있고 사회간접자본이나 자본시장 등이 가장 발달되어 있는 나라에 위치하려고 하는 경향을 보이기 때문이다. 그리고 역내에서 상대적으로 경제규모가 작고 경제가 덜 발전한 나라에서는 기업유치를 하지 못한데 따른 직접적인 피해뿐만 아니라 역내기업에 대한 보호조치로 인하여 역외국으로부터의 수입이 불가능해짐에 따라 무역전환효과가 발생하게 된다. 그 결과 1960년대에 추진되었던 중남미 국가들의 경제통합은 대부분 큰 성과를 거두지 못하였다.

1973년 이후 대폭적인 원유가격 인상은 에콰도르, 멕시코와 베네수엘라 등과 같은 국가에서의 산업화 추진 노력과 수출확대를 약화시켰다. 이들 국가들의 풍부한 외환보유고로 말미암아 공산품의 수출이 어렵게 된 것이다. 자발적인 통합은 모든 참여국의 합의를 전제로 하기 때문에 경제통합에 대한 몇몇 석유수입국들의 필요성만으로는 경제통합이 결성되기 어려웠다. 이에 더하여 1970년대 후반기부터 수월해진 은행대출은 인접국에의 수출을 통한 외화획득의 노력을 약화시켰고, 1980년대의 외채위기, 긴축적인 정책기조, 남미제국내의 수입규제와 무역보복 관행의 확산도 역내무역의 확대에 부정적인 영향을 미쳤다. 그러나 이와 같은 상황에도 불구하고 1950년대 이후 남미국가들간 상호관계는 실질적으로 확대되었다.

중남미 국가들의 경제통합에 대한 기본방향에 따라 크게 두 개의 그룹으로 분류할 수 있다. 첫 번째 그룹은 멕시코, 칠레 등의 국가로서 지리적으로 인접한 미국경제에 의존하는 경제개발정책을 추진하기 위하여 미국과의 경제통합을 우선적으로 추진하는 국가들이다. 이러한 나라들은 중남미 국가들만의 지역경제협정에는 가입하고 있지 않지만 개별적으로 다양한 쌍무협정을 체결하고 있다. 예를 들면 칠레는 멕시코(1991), 베네수엘라(1993), 콜롬비아(1993)와 각각 자유무역협정을 체결하였고, 멕시코는 칠레 외에도 코스타리카(1994), 볼리비아(1994)와 각각 자유무역협정을 체결하였다. 두 번째 그룹은 미국과의 관계 강화보다는 중남미 국가들과의 경제통합을 우선 추진하는 국가로 중미공동시장, 안데안협정, 남미공동시장 등에 속해 있는 국가들을 말한다. 이러한 나라들은 미국과의 관계 강화가 필요하다는 인식을 하면서도 현실적으로 멕시코나 칠레에 비하여 시장개방이 많이 이루어지지 않았고 미국의 남미지역에 대한 경제적 지배력을 우려하여 미국과 일정한 거리를 유지하려고 한다.

그러나 최근 들어 대부분의 중남미 국가들은 1980년대의 심각한 경제위기를 거치고 나서 내부지향적인 개발정책을 포기하고 외부지향적인 정책으로 전환함에 따라 무역의 자유화, 정부통제의 완화 등 시장자유화정책을 추진하고 외국자본의 유치를 적극적으로 권장하는 등 개방경제체제를 지향하고 있다. 이러한 과정에서 중남미 국가들은 경제의 안정화를 이룩하고 경제개발에 필요한 외국인 투자의 확대를 위해서 미국과의 경제협력이 필수적이라고 생각하고 있다. 따라서 모든 중남미 국가들은 궁극적으로는 어떤 형태로든 미국과의 경제통합을 추진할 것으로 보인다. 특히 중남미 국가 등 경제개발의 선두주자인 멕시코가 창설 회원으로 참여하고 있고 칠레가 추가로 가입을 추진하고 있는 NAFTA의 존재가 중남미 국가들과 미국과의 관계 강화를 촉진시키는 역할을 할 것으로 전망된다.

2) 남미공동시장(Mercado Coun del sur : MERCOSUR)

(1) 출범 배경

남미공동시장은 아르헨티나, 브라질, 파라과이, 우루과이, 베네수엘라 5개회원국과 칠레, 페루, 에콰도르, 콜롬비아, 수리남, 가이아나, 볼리비아 7개 준회원국, 옵서버 멕시코 1개국이 형성한 관세동맹으로 1995년 1월 1일 공식 출범하였다. 중남미 최대의 '경제블록'인 남미공동시장은 1986년에 브라질과 아르헨티나간에 체결된 자유무역협정이 모태가 되어 1991년 브라질, 아르헨티나 외에 파라과이와 우루과이가 합류하여 4개국간에 공동시장을 결성하기로 합의한 '아순시온조약(Treaty of Asuncion)'을 체결한 것이 계기가 되었다. 그 후 4년간의 협상을 거쳐 4개국이 1994년 12월 기본협정에 서명함으로써 1995년 1월 1일 남미공동시장이 출범하게 된 것이다.

남미공동시장은 역내관세를 1995년 1월 1일부터 철폐하고 대외공동관세를 도입하여 전 품목의 약 85%에 상당하는 약 9천 개의 품목에 대해 대외공통관세율(0~20%)을 적용하였다. 남미공동시장은 역내 회원국간의 경제동질성 확대를 최종목표로 설정하고 이를 위하여 경제정책, 사회간접자본 확충 등의 분야에서 국가적인 협력과제를 추진하기로 하였다. 먼저 경제정책의 협력에 있어서는 재정, 금융, 환율 등 정책의 점진적인 상호 수렴을 위하여 정책자문 및 협조를 강화하기로 합의하였다.

(2) 주요 기구

주요 기구로는 공동시장이사회(CMC, Consejo del Mercado Común), 공동시장그룹(GMC, Grupo Mercado Común), 무역위원회(CCM, Comisión de Comercio del MERCOSUR), 의회(Parlamento del MERCOSUR), 경제사회 자문포럼(Foro Consultivo Económico y Social), 사무국(Secretaría del MERCOSUR), 상설재판소(Tribunal Permanente de Revisión del MERCOSUR)로 구성되어 있다.

① 공동시장이사회(CMC, Consejo del Mercado Común) : 최고 의사결정 기관

으로 회원국의 외교장관 또는 경제장관으로 구성, 적어도 연 1회 개최하며, 알파벳 순으로 6개월마다 의장국을 순환한다.

② 공동시장그룹(GMC, Grupo Mercado Común) : 집행기관으로 이사회 결정의 이행을 감독하고 회원국의 외교부, 경제부 및 중앙은행 대표들로 구성된다.

③ 무역위원회(CCM, Comisión de Comercio del MERCOSUR) : 관세 동맹의 실시운영 기관으로 매월 최소 1회 개최된다.

④ 의회(Parlamento del MERCOSUR) : 2006년 발족 당시 국가별 18명의 현역 의원이 겸직하였고, 2011년부터 비례대표제를 도입하고, 2020년까지 직접 선거로 선출한다. 통합관련 정책권고 및 회원국간 입법 조정이 주 기능이다.

⑤ 경제사회 자문포럼(Foro Consultivo Económico y Social) : 회원국의 기업 및 노동자 대표로 구성되어 기업과 노조의 견해를 표명한다.

⑥ 사무국(Secretaría del MERCOSUR) : 사무국은 우루과이 몬테비데오 소재하며 문서보관, 홍보 위주의 업무를 수행한다.

⑦ 상설재판소(Tribunal Permanente de Revisión del MERCOSUR) : 상설재판소는 파라과이 아순시온 소재하며 회원국간 분쟁 해결을 다루는 기관이다.

(3) 주요 동향

1995년 MERCOSUR 발족 후 역내 교역은 1990년대 후반까지 대폭 확대되었다. 1990년 9%를 차지한 역내 수출은 1998년 25%로 증가하였고, 1990년-1998년간 역외 수출은 44%, 역내 수출은 393% 증가하였다. 역내 FDI 및 회원국간 투자도 증가하였는데 연간 20억 불이던 FDI는 1999년에는 529억 불로 증가하였다. 대부분의 FDI는 역내 대국인 브라질(68%), 아르헨티나(30%)에 집중되었다. 그러나 1999년 브라질 경제위기와 통화의 평가절하로 통상분쟁이 발생하여 신자유주의 경제정책에 대한 비판적 시각이 대두되어 2002년 역내 수출 비중은 11%로 급락하였고, 역내 수출량은 1993~1994년 수준으로 후퇴되었다.

2003년부터 재활성화를 시도하여 경제위기의 극복 및 정치적 안정에 힘입어 역내 교역이 다시 증가하여 2004년 역내수출 비중은 총수출의 약 15% 정도로 증가하였으나 2007년부터 회원국간 불균형 문제가 부각되어 아르헨티나, 브라질의 배타적이고 보호주의적 정책에 대해 상대적으로 소국인 우루과이, 파라과이는 강한 불만을 제기하기에 이른다. 베네수엘라의 정회원국 가입은 파라과이 상원의 비준 반대로 빈번히 좌절되었으나, 2012년 6월 파라과이 Lugo 대통령에 대한 탄핵 여파로 파라과이의 회원국 자격이 일시 정지되면서, 브라질, 아르헨티나, 우루과이는 베네수엘라의 가입을 2012년 7월 전격 승인하였고, 파라과이는 2013년 8월 신임 Cartes 대통령이 취임하면서 회원국 자격이 복원되었다.

메르코수르의 역외지역과의 관계를 살펴보면, 공동시장이사회 결의(32/00호)에 따라, 2001년 6월 이후에는 제3국 또는 역외그룹과의 통상협정 교섭을 회원국 단독이 아닌 메르코수르 공동으로 실시하도록 규정하여 안데스공동체(CAN) FTA, 이스라엘 FTA, 인도 PTA 등이 발효 중이다.

〈표 6-4〉 MERCOSUR FTA 현황

내 용	국 가
발효중	CAN FTA(2005년), 볼리비아 FTA(1996년), 콜롬비아 FTA(2004년), 에콰도르 FTA(2004년), 베네수엘라 FTA(2004년), 페루 FTA(2003년), 이스라엘 FTA(2009년), 이집트 FTA(2010년 서명), 인도 PTA(2009년)
타결중	팔레스타인 자치정부 FTA(2011년 서명), 레바논 FTA(2014년 서명), 남아프리카 관세동맹(SACU) PTA(2008년 서명)
협상중	EU FTA, SICA, 터키 FTA, EFTA FTA, 캐나다 FTA
협상 중단	FTAA, GCC FTA, 멕시코 FTA, 모로코 FTA, 한국 TA, CARICOM, 도미니카공화국 FTA, 요르단, 파나마, 태평양동맹, 일본 TA, 싱가포르 FTA

자료 : 외교부, 2018.4. 기준

(4) 평가 및 전망

1991년 아순시온 협약의 체결로 출범한 MERCOSUR는 짧은 기간 중에 관세동맹을 비교적 성공적으로 정착시킨 예로 평가되고 있으나 미완의 관세동맹에 그치고 있다. 1995년 관세동맹 초기 대외공통관세의 적용 대상은 전체 관세품목의 85%에 달했으나, 이후 회원국들의 적용 중단 요구로 현재 적용범위는 70%에도 미치지 못하며, 실질적인 관세동맹을 위해서는 예외가 대폭 축소되거나 폐지되어야 하나 회원국간 합의가 쉽지 않은 상황이다. 1997년과 2012년을 비교하면 역내무역의 절대 규모는 증가했으나 총수출에서 역내무역이 차지하는 비중은 감소했는데, 이는 역외수출의 주요 품목인 원자재 가격의 상승에 기인하는 측면도 있으나 메르코수르 자체가 창안자들이 희망했던 역내 단일시장으로 발전하지 못하고 있음을 반증으로 볼 수 있다.

브라질과 아르헨티나 같은 대국이 주도하고, 우루과이나 파라과이 같은 소국들의 위상과 역할이 미흡하여, '비대칭성' 및 '불균형'이 역내 통합과 조화의 걸림돌로 작용하고 있으며, 회원국간 통상 분쟁이 상존하고, 우루과이와 같은 소국이 역외국가와 양자 무역협정을 추진하는 것도 제약을 받고 있어 회원국간 이견이 심하고 제도적 장치가 미흡하다.

3) 중미공동시장(Central American Common Market : CACM, Mercado Común Centroamericano: MCCA)

1951년 과테말라, 엘살바도르, 온두라스, 니카라과, 코스타리카 등 중미 5개국은 제1차 중미기구헌장(산살바도르 헌장)에 조인하여 중미기구(Organización de Estados Centroamericanos)를 발족하였다. 1960년 12월 과테말라, 엘살바도르, 온두라스, 니카라과 등 4개국은 지역 경제협력 증진 및 경제 통합을 위해 마나구아에서 중미 경제통합 일반협정[7](Tratado General de Integración Económica Centroamericana)을 체결하고, 관세동맹인 중미공동시장(MCCA)을 출범하였고, 1962년 7월 코스타리카가 가입하였다.

중미 지역 통합 노력의 일환으로 형성한 공동시장(Common Market)이지만 명칭과 달리 실질적으로는 불완전한 관세동맹에 불과하다. 중미공동시장(MCCA)은 별도의 지역기구라기보다는 1993년 발족된 중미경제통합체제(SIECA)의 궁극적 지향점으로서, SIECA 사무국에서 관련 업무(경제장관회의 결정사항 이행 등)를 수행하고 있다.

중미공동시장은 역내 관세 및 비관세 장벽의 철폐를 통한 재화, 서비스, 생산요소의 자유로운 이동 보장과 공동 관세 부과를 목적으로 하며, 도로, 교량, 댐, 농업용수로, 전기, 주택 등 사회간접자본 건설에 참여하는 타 회원국 기업에 대한 내국민대우 보장을 하고 있다.

주요 기구로는 중미경제이사회(Consejo Económico Centroamericano), 집행이사회(Consejo Ejecutivo), 사무국(SIECA)으로 구성되어 있다.

평가 및 전망을 보면 MCCA 형성 이래로 총 수출량 및 역내 수출량이 지속적으로 증가하여 2000년대 후반 이래 국제 경기침체에도 불구하고 2015년 총수출액을 제외하고는 최근까지 증가세가 지속되고 있다. 역내국과의 교역비중이 크게 증

7) 1960.12.13, 니카라과 마나구아에서 체결되었으며, 마나구아 협정(Tratado de Managua)고도 함.

가하고 미국 및 중국과의 교역 비중도 수입을 중심으로 크게 증가하여 수출시장은 다변화된 반면, 수입은 대미 의존도 약 50%까지로 확대되고, 중미, 중국, EU로부터의 수입비중이 모두 확대되어 이들 4대 지역에 대한 수입의존도가 90%에 이르고 있다. 멕시코, 캐나다, 칠레, 미국, CARICOM, 한국과의 FTA체결에 이어 역외 국가와의 자유무역을 적극 추진하고 있으며, EU와의 제휴협정(AdA)이 2013년 12월부로 중미 전역에 발효됨에 따라 MCCA의 본래 목적인 공동 시장 형성에 새로운 전기가 마련되고 있다. 2015년 체결된 과테말라-온두라스간 관세동맹이 조만간 발효될 예정인 가운데 과테말라-엘살바도르간 관세동맹(2009년 체결되었으며, 엘살바도르측 국내절차 지연으로 미발효 상태) 발효를 위한 양측간 협의도 가속화 될 것으로 보이는바, 이러한 양자간 관세동맹 체결 진전이 궁극적으로는 중미관세동맹 출범을 앞당기는 데에도 기여할 전망이다.

4. 아프리카지역의 경제공동체

1) ECOWAS(서부아프리카제국경제공동체)

ECOWAS(Economic Community of West African States)는 1975년 5월 나이지리아의 라고스에서 서부아프리카 14개국 정상들이 조인한 라고스조약에 따라 창설된 경제공동체이다. ECOWAS의 회원국은 베냉, 기니비사우, 나이지리아, 코트디부아르, 세네갈, 잠비아, 리베리아, 시에라리온, 가나, 말리, 토고, 기니, 니제르, 모리타니, 어퍼볼타, 케이프베르데 등 16개국이다.

ECOWAS의 목적은 국민생활수준의 향상, 아프리카 대륙의 발전을 위해 공업, 운수, 통신, 에너지, 자원, 무역, 통화 및 금융문제 등 모든 분야의 상호협력을 증진하고, 노동과 자본 및 서비스 이동의 자유화, 농업개발사업의 공동추진, 경제정책의 협력, 통화정책의 통일, 관세 및 수량규제의 철폐, 역외공통관세 및 공동무역정책의 수립 등에 두고 있다. 그러나 ECOWAS는 회원국간의 관세제도가 상이하고, 역내의 정치적 불안과 문화적 이질성이 크기 때문에 경제통합에는 어려움이 있다.

2) UDEAC(중부아프리카관세경제동맹)

UDEAC(Union Douanière et Economique de l'Afrique Centrale)는 프랑스어권의 콩고, 가봉, 카메룬, 챠드, 중앙아프리카공화국 등 5개국이 지리적, 역사

적, 경제적 및 사회적인 동질성을 배경으로 1966년 1월에 발족시킨 관세 및 경제동맹으로서 회원국은 그 후에 적도기니를 합하여 모두 6개국이다.

UDEAC는 이미 1959년부터 중앙아프리카공화국, 가봉, 콩고, 챠드 등의 4개국이 결성한 UED(Union Douanière Equatoriale : 적도관세동맹)를 모체로 결성되었기 때문에 이들간에 존속하고 있던 관세동맹에 추가하여 무역, 노동, 자본의 자유로운 이동과 역외공통관세의 부과, 그리고 통화동맹까지를 목표로 하고 있다. 그러나 각국간의 경제적 이해관계가 조정되지 아니하여 아직 큰 성과를 거두지 못하고 있다.

3) EAC(동부아프리카공동체)

EAC(East African Community)는 1967년 6월 동부아프리카지역의 케냐, 우간다 및 탄자니아의 3개국이 동아프리카협력조약(Treaty for East African Cooperation)을 체결하여 발족한 경제공동체이다. EAC는 역내무역의 관세철폐, 대외공통관세의 설정, 노동과 자본의 자유이동 등을 추구함으로써 공동시장을 목표로 출발하였으나, 1970년대 말부터 회원국간의 불화가 계속됨에 따라 그 기능을 원만히 수행하지 못하고 있다.

4) AfCFTA(아프리카 대륙 자유무역지대)

AfCFTA(Africa Continental Free Trade Area)는 2018년 3월 21일에 아프리카 연합 55개 회원국 중 44개국이 아프리카 대륙 자유무역지대의 발족 선언문에 서명함으로써 GDP규모 3조 4천 억, 12억 소비자 인구를 보유한 세계 최대 자유무역지대 태동을 예고하였다. AfCFTA의 후신은 2008년부터 추진해 오던 동아프리카공동체(EAC), 동남부아프리카 공동시장(COMESA), 남부아프리카개발공동체(SADC)를 통합하여 African Free Trade Zone('Tripartite FTA'로도 알려짐)을 형성하려는 움직임이 있었으나 2015 남아프리카 공화국에서 개최된 아프리카 연합 정상회의에서 아프리카 55개국을 아우르는 자유무역지대로 확대할 것을 결의하면서 AfCFTA가 추진·발족되었다.

Chapter

07

한국의 통상정책

Chapter 07 한국의 통상정책

제1절 통상 정책기조

1. 통상 정책의 의미

국가 간의 경제활동과 이에 수반하는 제반문제를 대상으로 하는 국가의 활동을 국제통상이라 말한다. 원래 제약되는 국경을 넘는 경제활동을 그 제약을 해제하여 할 수 있도록 한다는 의미를 가지고 있다. 오늘날에 있어서의 국제통상은 무역상의 제약요인을 국가가 해소하여 이를 원활하게 하는 활동의 적극적인 의미로 해석할 수 있다. 따라서 국제통상이란 국가가 국경을 넘는 경제활동에 대한 장애요인을 제거함으로써 대외 경제활동이 원활하게 이루어지도록 하는 여러 가지의 활동 및 과정이라고 정의할 수 있다.

통상정책이란 국가가 통상과 관련된 자국이익의 극대화를 위하여 행하는 정책이다. 보다 구체적으로 국가가 통상과 관련된 특정목적을 달성하기 위하여 국내의 경제적 이해조정과 외국과의 이해조정을 통하여 행하는 정부의 활동이라고 할 수 있다. 어떤 국가이든 국가가 추구하는 목표가 있으며 이를 달성하기 위하여 정책을 수행하게 된다. 그 중 대외경제관계와 관련된 목표를 달성하기 위한 정책이 통상정책이다. 일반적으로 통상정책이라고 할 때는 무역과 관련된 국내제도를 변경하거나 수출과 수입을 장려 또는 억제하는 정책이 중심이 되는 반면에, 통상정책은 통상정책을 포함하여 통상에 대한 국가전략이나 대외관계를 포함하는 보다 넓은 의미로 사용되고 있다.

2. 통상정책의 성격

1) 경제정책의 일종

경제정책의 일종으로서 국내경제에 미치는 영향의 폭이 넓다. 통상이 국내산업을 기반으로 하고 산업에 큰 영향을 미치게 된다는 점에서 통상정책은 산업정책과 밀접한 관련을 가지고 있으며, 통상정책의 효과가 고용, 물가, 경제성장, 후생, 국제수지 등 국내경제 전반에 미치기 때문에 다른 대내 경제정책들과도 상호 연관되어 있다.

2) 대외정책의 일종

대외정책의 일종으로서 외국과의 상대적인 관계 속에서 이루어진다. 통상정책은 개별국가에 의하여 독립적으로 수행되지만 정책의 대상이 되는 통상이 상대국과의 관계에 의하여 이루어지는 것이기 때문에 상대국의 입장을 고려해야 하는 상호성을 가지고 있는 것이다.

3) 이해조정을 수반

통상정책은 많은 이해조정을 수반한다. 통상정책은 대외적으로 외국과의 이해조정을 필요로 하며, 대내적으로도 정책에 따라 득과 실을 갖는 많은 국내관계자의 이해조정을 수반한다.

4) 외교적인 측면

경제적인 측면과 함께 외교적인 측면을 가지고 있다. 국제관계의 중심이 정치적인 관계에서 경제적인 관계로 진전되면서 외교도 경제외교의 중요성이 커져가고 있다. 이에 따라 통상관계는 외교정책의 중요한 부분으로 되어 통상정책은 경제정책인 동시에 외교정책의 성격을 가지고 있다.

5) 규범적인 성격

규범적인 성격을 가지고 있다. 통상정책은 통상에 있어서 어떤 상태가 바람직하며, 그 바람직한 상태에 대하여 객관적인 해답은 없기 때문에 정책의 선택에는 항상 가치판단이 개입하게 된다.

3. 한국 통상정책의 목표

1) 수출증대

수출증대는 국민경제의 발전 향상을 위하여 추진되어야 할 매우 주요한 정책목표가 되고 있다. 일반적으로 수출은 경제성장의 엔진으로 광범위하게 인정되고 있으나 수출상품의 국제경쟁력 약화, 수출산업의 비교우위구조의 미비, 수출기반확충의 부족, 외국의 수입규제조치의 강화 등으로 말미암아 순조롭게 이루어지지 않는다.

수출증대를 이룩하기 위한 통상정책의 조치로서는 통상협정 체결, 경제관계협정 체결, 통상장관회담 개최, 무역실무회담 및 쿼터회담 개최, 국제통상회의 참석, 무역사절 파견, 민간경제협력위원회 개최, 국제박람회 및 전시회 개최 등 그 범위가 광범위하다. 모든 정책적 조치가 수출과 연계되지 않는 조치가 없기 때문이다. 이러한 정책적 조치는 수출시장기반을 확충하는데 매우 중요한 역할을 한다.

1980년대에 이르러 정부는 국내적으로 수출기반의 확충을 위하여 여러 수출진흥정책을 실시하면서 수출증대를 위하여 외국의 농축산물 등 대량구매나 원자력발전소 건설 등 대형구매 및 투자산업 발주 시에 이를 수출과 연계하며 추진하기도 하였다.

2) 수입규제완화

수입규제완화는 통상확대를 위해서나 무역자유화를 위해서 추진되어야 할 대단히 주요한 정책목표가 되고 있다. 오늘날 세계의 거의 모든 나라들은 자국의 국내산업, 국내고용, 국제수지 등을 보호하기 위하여 수입규제조치를 점진적으로 강화하고 있다. 더욱 최근에는 보호무역주의가 강화됨에 따라 비관세장벽에 의한 수입규제조치는 한층 더 심화되고 있는 실정이다. 따라서 수입규제완화는 통상정책의 기본목표가 되지 않을 수 없다.

3) 해외시장개척

해외시장개척은 통상확대를 위해서나 자원 확보를 위해서 적극적으로 추진되어야 할 주요한 정책목표이다. 해외시장을 개척하지 않고 수출을 증대시키거나 수입을 관리할 수 없으며 또한 수출용 및 내수용원자재를 안정적으로 확보할 수도 없다. 따라서 해외시장 개척이 통상정책의 기본목표가 되고 있다.

4) 원자재공급확보

원자재공급확보는 수출상품을 생산하기 위해서나 내수상품을 생산하기 위하여 반드시 추진되지 않으면 안 될 대단히 주요한 정책목표이다. 그 이유는 수출용 및 내수용 원자재가 안정적으로 공급되어야만 국내산업이 가동되고 고용이 유지되어 국민경제가 정상적으로 운영되기 때문이다. 그리고 수출증대를 위해서는 원자재의 안정적 공급이 매우 중요하기 때문이다. 그러나 경제성장에 결정적으로 기여하고 있는 자원을 풍부하게 부존하고 있는 나라는 드물다. 대부분의 국가에서는 이를 자원보유국으로부터 수입하고 있는 실정이다. 한국의 해외자원의존도는 매우 높다. 그런데 1973년 세계적인 석유파동과 자원파동이 발생되어 개발도상국이 그들의 부존자원을 무기화함에 따라 정부는 이에 대처하기 위하여 자원확보외교를 추진하였다.

5) 경제 및 기술협력 강화

경제 및 기술협력 강화는 경제성장과 통상확대를 위하여 추진되어야 할 매우 중요한 정책목표 중의 하나이다. 경제협력은 통상 등 모든 경제부문에 걸쳐 상호 협의, 협조, 지원하는 것을 의미하고 기술협력은 산업기술 등 모든 기술분야에 걸쳐 상호 지원하는 것을 의미한다. 오늘날 개방경제체제하에서 세계 모든 나라는 외국과 경제협력관계와 기술협력관계를 강화하고 있다. 한국도 해방 후부터 오늘날에 이르기까지 미국, 일본 등 세계 모든 나라들과 경제 및 기술협력 관계를 강화해왔다.

한국 통상정책의 목표는 시대별로 변화하였다. WTO 출범 이후 한국 통상정책은 세계경제 통합이 심화되고 있는 시대적 상황에 적합한 통상정책의 새로운 패러다임을 추구하는 것인데, 그 기본방향은 '개방된 통상국가'로의 지향이다. 한국은 대외적으로는 세계경제의 개방을 추구함으로써 세계경제 질서에서의 주도적 역할을 수행하며 대내적으로는 자유경쟁, 공정성, 형평성에 바탕을 둔 경제구조의 개혁을 수행하려고 한다. 따라서 새로운 패러다임에 따른 한국의 통상정책의 목표는 선·후진국 간, 한국 주변국가간 통상조정자 역할을 지향하는 통상정책, 대내 개방 및 세계무역의 자유화를 지향하는 통상정책, 시장경제질서에 근거하는 통상정책, 세계의 모든 시장을 중시하는 전방위적인 통상정책 추구라고 할 수 있다.

즉, 새로운 패러다임에 기초한 통상정책의 기본방향은 국민의 이해와 합의에 기초한 통상정책, 거시적인 국가 무역이익에 입각한 거시적 통상정책의 수립, 시장경제원리에 입각한 개방적 정책지향, 불필요한 통상마찰을 피할 수 있는 환경조성,

정책수혜자 관점에 통상이익을 고려하는 통상정책 운용, 국제규범을 선도하는 통상정책 운용, 통상정책의 수립 진행에 있어 사전준비와 사후관리, 새로운 차원의 통상접근 전략 추구, 그리고 통상인프라 강화와 통상정책 관련 정보의 고유체계 확립이다.

4. 한국 통상정책의 특징

1) 시대별 특징

한국 통상정책의 특징은 시기별로 다르다. 한국의 통상정책은 1960년대 이래 경제발전의 주된 수단이었던 수출위주의 통상정책의 변화를 반영하고 있다. 따라서 한국의 통상정책은 이러한 무역확대형 산업구조적 특징, 세계경제환경의 변화, 그리고 경제규모의 확대에 따른 쌍무간 혹은 다자간 통상관계의 변화에 따라 변화되어 왔다.

(1) 1990년까지 특징

한국의 통상정책의 시대별 특징을 살펴보면, 1970년대는 공업화의 추진과정에서 수반된 수출촉진 및 수입대체정책, 오일쇼크, 그리고 중화학공업에 대한 대규모 투자로 인한 경제의 조정국면 등으로 인해 수입자유화 정책기조가 단속적으로 중단되고 보호주의적 정책이 강화되었던 것이 특징이다.

1980년대에 접어들면서 물량위주의 수출로 인한 통상마찰과 소극적 통상정책이 추구되었으며, 전반적인 시장 개방화의 일환으로써 수입자유화가 가속되었다. 1990년대 이후에는 WTO, OECD 가입 및 APEC 가입으로 인해 국내의 각종 제도와 정책을 국제규범에 일치시키고, 서비스분야, 직접투자 등 시장개방이 더욱 확대 되었다. 다자간 협력체제를 통한 통상문제의 해결을 추구하고 있다.

(2) 정부 주도형 특징

한국 통상정책의 특징 중 하나는 다른 국가와 같이 행정부, 정당 그리고 이익집단이 정책결정에 개입하고 있으나, 정책결정에 있어서 대체로 행정부의 역할이 매우 강하며, 상대적으로 입법부는 미약한 기능을 담당하고 있다는 점이다. 이는 미국의 의회중심형 통상정책 결정과 아주 상이하다 할 수 있다. 1998년 이후 통상관련분야는 통상산업부에서 외교통상부로 그 업무가 이전됨에 따라, 사실상 현재는 외교통상형으로 전환되었다.

(3) 방어적 정책 전개

한국의 통상정책은 선진국의 공세적 통상압박에 대응한 방어적 통상정책의 특성을 지니고 있다. 한국의 통상정책은 미국과의 통상관계에 의해 상당히 영향을 받아 왔다. 미국 의존형 안보정책과 90년대 초까지 한국의 무역구조, 특히 대미 수출의존도 심화 및 무역흑자로 인하여 미국의 한국에 대한 영향력을 극대화시키는 계기가 되었다. 이는 국내시장 개방요구, 교역규모 불균형 개선 등의 통상압력을 강화시켰으며, 한국의 통상정책은 미국과의 불필요한 통상마찰 해소에 초점을 맞추어 왔다. 한국은 또한 EU, 일본 등 선진국의 통상공세에 대해서도 대체적으로 방어적인 측면을 보여주고 있다.

(4) 다자간 정책 전개

한국은 지역간, 다자간 협상에 적극적 참여하고 있다. 최근 한국은 대미 수출의존도의 감소, 국내시장개방 확대, 무역불균형 해소, 그리고 WTO 체제의 출범 및 APEC, OECD의 가입에 따른 지역적, 다자간 협상에 적극적으로 참여하고 있다. 또한 WTO를 통한 다자간 통상분쟁의 해결을 추진하고 있으며, 그동안 축적한 통상분쟁 해결 지식 및 경험 등으로 과거의 순응식 통상관계 및 정책의 수립에서 어느 정도 적극적 통상정책을 수립하는 계기가 되고 있다.

〈표 7-1〉 한국 통상정책의 시대별 변화 추이

시대별 / 추이	해방 이후 1950년대	1960~1970년대	1980년대	1990년대
통상정책 기조	외자유입	무역확대	개방화 및 자유화	국내 세계경제의 총체적 후생 극대화
통상정책 기본방향 : 국가 이익조정 방향	경제기반 구축을 위한 외자 도입 – 수입을 위한 수출 – 원조자금의 확보	중상주의적 정책기조 – 경쟁위주의 통상정책 – 수출지원, 수입규제정책	자유통상정책으로 전환을 모색 – 통상마찰 심각화 – 소극적 통상정책	상호이익이 되는 positive-sum전략 추진 – 개방과 자유화 기조 유지 – 국제적 정책 조정 필요
통상정책 세부방향	자원수출을 통한 소요외자 확보 – 생필품 수입 확대 – 다자협상에 무관심	수출을 통한 경제 성장전략 추진 – 수입규제 및 국내산업보호 정책 추진 – 다자협상에 수동적 참여	무역확대에 관심 – 수입의 긍정적 측면 인식 통상마찰 해소에 초점 – 시장개방 확대 APEC에 참여 – 양자협상에 치중	무역의 확대균형 – 수출과 투자를 통한 IMF 체제 극복 – 외국인투자 등 산업협력 활성화 도모 – 다자 지역 협상에 적극적 참여

자료 : 한국무역 20년사, 한국무역학회, 1996에서 재작성.

제2절 한국의 통상정책 변천

1. 무역체제의 수립기(1945~1960)

1) 정부 통제

해방 이후 이 시기의 특징은 한마디로 통상정책 부재와 피동적인 입장에서 수행되는 부득이한 통제정책뿐이었다. 그것은 한국 산업구조의 후진성, 무역기반의 취약성, 무역질서의 결핍 등을 감안하여 부득이 무역을 통제하여 무역업자의 난립을 막고, 국내물자의 원활한 수급과 국내 물가의 상승 및 외국자본의 침투를 방지하지 않으면 안 되었기 때문이었다. 따라서 산업보호라든가 국내생산증대라는 경제목표의 달성과는 거리가 먼 원시적인 경제상태를 위한 정책이었다고 평가할 수 있다. 이러한 통제정책은 무역면허제, 수출입품목통제, 물물교환을 그 골격으로 하고 있었으며 1946년 1월 「대외무역규정」의 발표는 일체의 대외무역이 군정무역과 관영무역으로 전환되는 계기가 되었다. 1947년에 과도정부가 조선환은행을 창설하여 환금결제를 간편히 함으로써 물물교환제에서 신탁선적제로 바뀌었다.

2) 독립 이후

1948년 8월 건국과 더불어 거래방식이 신탁선적제로부터 다시 D/A와 L/C결제방식으로 전환하게 되었다. 다음해 정부는 이때까지의 통제무역을 수정·보완하고 그때까지 조선환은행이 실시하던 무역업자의 면허와 수출입허가에 관한 사항을 상공부가 관장하도록 하였으며, 그해 11월에는 신관세법을 제정하였다. 1950년에 들어서는 동란발발 직전 한국은행을 창설하여 과거의 무계획적이었던 통상정책을 정비하게 되었다.

3) 동란 후

6·25동란이 발발하자 통상정책은 모두 그 기능을 발휘할 수 없게 되었고, 전쟁이 소강상태에 들어간 1952년 5월에는 구상무역제도를 채택하였고, 동년 12월에

는 특별외화대부 취급규정을 신설하였다. 그러나 동란기 중의 경제정책은 전비의 조달, 피해복구 등에 우선되었으므로 이때의 통상정책제도가 정상적인 운영을 기하기는 어려웠다. 한편 관세정책은 정부 수립시기까지는 일제시대에 제정해 놓았던 관세법이 유효하였다. 1949년 11월 신관세법이 새로이 제정된 후 관세법은 세법적 성격과 통관법적인 성격을 갖추게 되었고, 6·25동란의 발발과 함께 전시재정 조달에 크게 기여하였다. 1950년 12월에는 관세임시중징법을 마련하였고, 이에 의해 수출지원을 위한 금융제도를 실시하게 되었다. 외환관리 정책에 있어서 동란 전의 그것은 외환관리체제를 모색하는 것이었는데 반하여, 동란 후의 그것은 외화대부가 그 주류를 이루고 있어 외화관리의 공백기였다고 말할 수 있다. 이 기간 동안의 한국무역은 그 액수에서 너무 빈약하였고 심한 입초현상을 나타내었다. 여기서 무역역조는 대부분 원조로 충당되어 생활물자도 비교적 안이하게 조달할 수 있었으므로 국제수지 균형에 관계없이 생활물자를 가능한 한 싸게 수입하려는 수입정책만이 지속되었다. 1995년까지는 이러한 현실에 맞게 수출입제도를 조정하는데 그쳤고, 동년 8월을 기하여 여러 가지 무역행정법령, 공고, 고시 등을 조정하기에 이르렀다. 또한, 동년 7월에는 금통위가 신무역금융규정을 제정하여 수출금융을 합리화하는 한편 수입자금 융통의 편이를 위한 한 방법으로 업자 자신의 물적 담보에 의한 수입대전 외환의 구매자금 조달을 종합적으로 가능케 했다.

4) 휴전 이후

1955년 5월에는 IMF 및 IBRD에 가입하였으며, 1956년 11월에는 한미우호통상형태 조약을 체결하였다. 이러한 국제경제기구와 한미간 기본조약 체결은 지금까지의 대일편중 무역에서 벗어나는 계기를 만들어 주었다. 그러나 1950년대 무역의 기본골격은 경제안정기에 들어선 1957년 이후에야 형성되었으며, 무엇보다도 1957년 12월에 공포·실시된 무역법이 대표적인 것이었다. 이 기간 중의 외환정책 특히, 환율정책은 외원 및 군사달러와 밀접한 관계를 맺으면서 과대평가된 외환율의 고수로 수입품의 저가도입에 주력하였다. 그 결과 항상 실세에 뒤지면서 국내물가의 앙등에 밀려 수동적으로 수많은 평가절하를 실시하게 되었던 것이었다. 1957년 12월에 실시된 공매달러에의 국채첨가소화 등은 외환에 대한 초과수요를 억제하는 한편 세수도 늘리자는 이중 목적을 가지고 있었는데, 1958년에는 이를 법제화하여 공매달러에 세금을 부과할 수 있게 임시외환특별법을 제정·실시하기도 하였다. 국세는 1957년 1월 관세임시징수법이 폐지될 때까지 재정관세의 성격을 띠고 있어서, 수입에 대한 10%의 종가세를 적용하여 많은 관세를 징수한 적도 있었다. 1958년 제5차 관세개정을 계기로 이때까지 임시징수법에서 소비재 또는 생산재를 막론하고 일률적으로 징세하여 오던 것을 어느 정도 산업보호론적인 입장에서 취급하게 되었으며, 과세가격 결정의 방법에 있어서는 종래의 시가역산제를 1960년 7월부터 환율과세제로 바꾸게 되었다.

2. 기반 조성기의 통상정책(1961~1968년)

1) 경제개발계획과 통상정책

1960년대에는 미국의 무상원조가 중단되어, 경제개발계획의 추진에 필요한 자본재 및 원자재의 구입에 필요한 외환의 획득을 위해서는 수출증가가 무엇보다도 중요하게 되었다. 따라서 통상정책은 1962년 경제개발 5개년 계획의 추진과 함께 수출확대를 위한 기반조성을 목표로 하여 그 기조가 전환되었다. 즉, 제1차 계획의 시기에 해당하는 기반조성기에는 산업정책이 자립경제의 기반구축을 위한 산업의 근대화 및 수입대체산업의 육성을 목적으로 수행되었기 때문에, 통상정책은 산업입국의 기반조성과 국제수지의 개선을 위한 수출확대 및 수입억제를 그 기조로 하였다.

1961년 5·16 직후에 군사정부의 출범과 함께 산업정책의 방향은 경제부흥, 안정화 중심의 정책목표, 수입대체공업화가 중심이 되는 대내지향적 정책에서 수출주도형 공업화를 중심으로 한 고도성장 경제정책으로 전환되었다. 이때부터 경제정책은 공업화와 자립경제달성을 위한 경제기반의 구축을 기본목표로 하고 그 성장전략으로써 수출주도력 공업화를 채택하게 되었다. 따라서 산업근대화의 기반을 조성하기 위해 외자도입을 통한 생산설비의 확충, 시멘트, 정유, 비료, 철강, 전기기기, 화학섬유 등의 기간산업건설, 사회간접자본의 확충 등을 수행하여 기초산업의 자급체제를 구축하고 공업기반을 구축하였다. 이와 함께 섬유, 제분, 제당 등을 주종으로 하는 경공업이 발전하여 수출산업화가 조장되었다. 이러한 경공업 중심의 산업정책은 수출의 급신장과 고도 경제성장을 가져 왔으나 농업개발을 경시하여 농촌의 내수기반 형성을 곤란하게 하였으며, 이에 따른 상대적인 농촌의 낙후 및 저소득으로 자본 부족 현상을 초래하게 되었다.

2) 경제개발계획 추진과 통상정책

경제개발 5개년 계획의 추진과 더불어 통상정책의 기조는 수출확대를 위한 기반 조성으로 전환되게 되었다. 또한 무상원조가 중단되어 경제개발에 필요한 자본재와 원자재의 도입에 필요한 외환의 획득을 위해서는 수출의 계속적인 증가가 가장 중요한 과제가 되었다.

수출확대를 위한 최초의 조치는 1961년에 2차에 걸쳐 시행된 공정환율의 인상이었다. 공정환율은 1961년 1월에 달러당 65원에서 100원으로 인상되었고, 동년 2월에는 다시 달러당 130원으로 인상되었다. 이러한 평가절하 조치는 이전의 복수 환율제도를 단일 고정환율제도로 이행시켜 환율의 일원화를 달성한다는 목적과 원화의 과대평가를 경감시키기 위한 것이었다.

1961년 5월에 집권한 군사정부도 환율안정조치를 계속 수행하였으며 수출장려제도를 확대시키게 되었다. 즉, 무역거래법, 수출검사법, 수출조합법 등의 무역관계법규를 정비하고 보강하여 수출추진체계를 정비하였다. 그리고 대한무역진흥공사와 각종 수출조합(협회)의 설치 및 기본 경제단체의 무역개발 기능 강화를 통하여 수출추진조직을 정비 보완하였다. 또한 이러한 법규와 조직을 이용하여 수출진흥정책을 금융지원과 세제지원의 양면에서 수행할 수 있도록 조치하였다. 특히 노동집약적 산업인 경공업을 발전시켜 수출산업화를 달성하도록 수출산업과 수출지원시책의 기반을 조성하는 것이 이 시기의 수출정책의 주요과제가 되었다.

한편 중요한 수출진흥조치들을 보면, 1962년 1월 수출 및 군납촉진 임시조치법, 수출진흥법과 수출장려보조금교부 특별조치법의 제정, 동년 2월의 무역금융규정에서 수출금융규정으로 대체, 동년 10월의 수출검사법의 제정과 수출독점권제도의 시행, 1964년 9월의 수출산업공단 개발촉진법의 제정, 1965년 7월의 수출특화산업의 지정과 1966년 1월의 수출산업에 대한 특별가속 감가상각제가 시행되어 왔다. 특히 1967년 1월에는 무역거래법을 제정하여 각종 무역관계법규를 종합 및 통일시켰다. 또한, 수출에 대한 가격유인을 증가시키기 위해 1964년 5월 초에 고정환율제를 단일변동환율제도로 전환시키는 환율개혁과 함께 기준환율을 달러 당 130원에서 255원으로 환율인상을 단행하였다. 이러한 환율개혁은 수출진흥을 위한 기존의 직접지원방식을 폐지 또는 축소시키는 반면에, 금융 및 관세 등을 통한 간접지원체제로의 전환을 의미하는 것이었다. 그밖에 무역진흥 측면에서는 무역협정의 체결, 무역회담의 개최, 국제무역박람회 및 전시회의 개최와 참가 등을 통한 많은 활동이 이 기간 중에 수행되었다.

그리고 수입억제정책은 외환부족, 국내 산업보호, 국제수지의 개선 및 수출용원자재의 수입에 대한 특혜조치강화를 목적으로 수행되었다. 이에 관련된 수입규제를 위한 주요조치들은 1961년 1월의 특정외래품판매금지법의 제정과 8월의 임시특별관세법의 제정, 1962년 8월부터 시작된 연지급수입허가제, 1963년 12월의 관세법 개정에 의한 덤핑방지관세 및 보복관세의 신설, 1963년 3월의 수입대금사전예차제 및 내국수입 연지급제와 5월의 수출입링크제 및 7월의 전면수입허가제 등이다. 그런데 이러한 수입제한정책은 수출주도형 개발전략에 따라 수출용원자재와 개발에 필요한 자본재의 수입에 적용되지 않고, 소비재와 농수산물에만 국한된 것이었다.

3) GATT 가입이후 통상정책

전반적인 통상정책은 1967년 6월 GATT 가입과 함께 과도한 보호무역을 시정하고 무역자유화를 달성하는 방향으로 전환되었다. 그리고 후진국 경제의 비교열위 문제를 보완하기 위해 그해 12월에 관세법을 전면 개정하여 대부분의 수입품에 대해 약 20%의 균등한 관세율을 부과하게 되었다. 그리고 긴급관세, 관세할당제, 상계관세, 편익관세 등을 내용으로 하는 탄력관세제도를 도입하여 신축적인 관세율의 변동을 통해 관세의 국내산업에 대한 보호효과를 제고시켰다.

3. 성장기의 통상정책(1969~1977)

1) 2차 경제개발계획과 통상정책

성장기는 제2차 및 제3차와 경제개발계획이 수행되었던 기간으로, 이들 계획에 따라 산업정책은 각각 수출증대에 의한 자립경제의 달성과 공업구조의 고도화를 통한 산업의 국제화 및 국제경쟁력 강화를 주요 목적으로 추진되었다. 반면에 1960년대의 기반 조성기를 통해 무역제도가 정비 및 개선되었고, 수출지원체제가 대체적으로 확립되어 한국무역이 본격적인 성장기에 들어서는 시기였다. 동시기에 수출진흥에 역점을 두고 수출산업시설의 현대화와 양산체제 확립, 외화가득율의 제고, 수출절차 및 제도의 간소화 등을 위한 수출진흥정책과 내수산업의 수출산업화를 위한 수입조정정책으로 통상정책이 수행되었다.

제2차 경제개발 5개년 계획(1967~71년)하에서는 앞으로 전개될 제3차 계획을 연결시키는 중기계획의 전략으로서 ① 수출증대에 의한 자립경제달성, ② 자본 확충의 적극화, ③ 효율적인 인력활용, ④ 안정기조의 유지 등의 경제정책이 실시되었다. 이에 대한 기본전략으로 빈약한 부존자원구조하에서 공업화에 의한 개방체제로의 전환이며, 이를 위해 수출이 증대되어야 한다는 인식하에 통상정책이 실시되었다. 따라서 이 기간 동안의 통상 정책의 특징은 ① 수출제일주의 정책의 지속, ② 무역자유화 정책의 추구, ③ 수출진흥정책의 다양화로 요약할 수 있다. 즉, 1967년 7월 25일 수출입기별공고가 종래의 포지티브 리스트 시스템(Positive List System)에서 네거티브 리스트 시스템(Negative List System)으로 개편됨으로써 통상정책에 있어서 일대전환이 이루어졌다. 이는 같은 해 4월 15일 GATT의 가입을 계기로 과거의 과보호적인 통상정책 하에서 성장해 온 국내산업을 대외개방체제로 전환시킴으로써 국제경쟁력을 배양함과 동시에 국내소비자를 보호하기 위한 무역자유화의 기틀을 마련하기 위한 것이었다.

2) 3차 경제개발계획과 통상정책

두 차례의 경제개발 5개년 계획의 경험을 바탕으로 제3차 계획은 농어촌경제의 개발과 수출의 획기적인 증대를 위한 수출진흥정책의 계속적인 추진, 중화학공업 건설에 중점을 둔 공업구조의 고도화 추진 그리고 산업의 국제화와 국제경쟁력 강화를 통한 국제수지개선에 정책기조를 두고 통상정책이 시행되었다. 정부는 수출목표를 달성하기 위하여 유형별 수출개발전략을 수립·지원함과 동시에 중소기업의 수출산업화에 따른 수출산업기반의 재편성을 통하여 신규수출품목을 개발하는 정책을 추진하였다. 이와 동시에 수출시장의 거점화 및 수출시장의 다변화에 역점을 두고 이를 위하여 국제기구를 통한 통상외교를 강화하는 한편, 대단위 종합무역상사의 설립을 추진하여 수출거점기지 및 시장다변화에 착수하였다. 그리고 수출산업의 기반확충을 위하여 중·장기 시설자금 금융제도를 확립하였으며, 합작투자를 적극 유치하였다. 그러나 1973년 말경부터 시작된 세계적인 석유파동이 수출증대에 차질을 빚게 하였다. 따라서 세계적인 원자재 파동의 충격을 완화시키려는 통상정책으로서 중요 원자재에 대한 관세율을 대폭 인하하는 등의 관세제도를 신축적으로 운용할 수 있는 탄력관세정책이 시행되었다.

결국, 제3차 5개년 계획기간의 통상정책은 고도성장을 지속하기 위한 수출확대에 기초를 두고 국내산업의 국제경쟁력 강화와 생필품 중심의 가격안정을 목적으로 부분적인 수입자유화 정책이 실시되었다. 1972~1973년의 원유를 비롯한 1차 산품 파동과 수출시장의 여건변화는 정부로 하여금 수입농산품과 원자재에 대한 의존을 줄이게 하는 한편, 산업구조의 고도화와 교역조건의 개선을 위한 수출품의 부가가치를 증가시킬 필요성을 느끼게 하였다. 이 시기의 수출 및 수입정책은 국제수지의 동향에 의해 크게 좌우되었다. 즉 1976~1977년까지 국제수지는 다소 개선되었다. 더구나 1977년 수출 100억 달러 달성과 동시에 경상수지가 역사상 처음으로 흑자를 나타내자 정부는 개방화정책을 서두르게 되었다.

4. 시장개방과 통상정책(1978~1987)

1) 4차 경제개발계획과 통상정책

제4차 경제개발계획(1977~1981년)의 중반 이후인 1980년대에 해당하는 이 기간의 특징은 대외적으로는 1979년 2차 석유파동에 의한 세계적인 불황, 신보호무역주의의 심화, 세계경제의 블록화(지역주의의 심화), 개도국들의 결속강화 및 후발개도국들과의 대외경쟁력 격화, 선발개도국들에 대한 선진국들의 규제강화 등으로 수출이 부진하게 되는 반면에 수입이 증가하게 된 시기였다. 반면에 대내적으로는 1970년대 말에 정부주도형 경제정책이 한계에 봉착하면서 인플레이션 및 산업체질약화 등에 대한 문제의식이 팽배하게 되어 안정·자율·개방의 정책기조하에서 대외개방정책이 적극 추진되었다. 따라서 무역·투자·자본 등 다방면에서 국제교류가 증대되고 경제가 국제화 및 선진화되어 경제의 각 부분에서 경쟁과 자율의 폭이 확대되는 시기였다.

따라서 산업정책은 고도경제성장의 지속을 위한 중화학공업화, 수출산업의 고도화 및 기술개발을 통한 선진공업구조 및 비교우위체제의 확립을 목적으로 수행되었다. 반면에 통상정책은 지속적인 수출증가의 달성과 국제무역의 상호주의추세에 대처하기 위해 수출지원의 확대와 점진적인 수입개방을 기조로 수행되어 1978년 제1차 수입자유화를 실시하였다. 이에 따라 무역관리에 따른 인허가절차의 간소화, 관련제도의 통폐합 등을 통한 제도의 개선, 시장기능에 따른 합리적인 금융자본배분을 위한 무역금융지원제도의 개편, 무역자유화를 위한 조세제도의 개편이 추진되어 왔다.

2) 5차 경제개발계획과 통상정책

제5차 경제개발계획(1982~1986)하에서 통상정책은 수출주도형전략을 지속하고 대외개방정책을 적극 추천하며 국내외에서 경쟁력 있는 비교우위산업을 육성하고, 그리고 민간주도 시장경제체제를 추진한다는 정책기조 하에서 실시되었다. 제2차 석유파동을 계기로 제5차 5개년 계획기간 중에도 수출부진이 계속되는 가운데 세계경제도 구조적 불황으로 장기침체의 조짐이 나타나고 있는 상태에다 선진제국간의 무역마찰의 심화, 신보호무역주의 팽배 등으로 수출이 어려운 상황에 직면하게 되었다.

따라서 이에 대한 전략적인 수출증대와 자구책으로서 수입자유화 추진으로 선진국의 규제를 완화함과 동시에 자원의 합리적 배분, 산업의 경쟁촉진을 통한 경쟁력 강화 그리고 국제환경변화에 대한 능동적 대처 등과 같은 정책으로 자유무역을 확대하였다. 또한 장기적이며 근원적인 대처방안으로 산업구조 고도화를 통한 경제의 자생능력 함양, 그리고 해외투자촉진 및 수출시장 다변화 등과 같은 통상정책이 추진되었다. 한편 수입자유화정책은 1978년 2월에 수입자유화대책위원회의 발족과 함께 단계별로 수행되었다. 그런데 1983년부터는 이전에 비해 보다 적극적인 수입자유화를 추진하여 산업정책의 방향에 따라 내수산업의 과보호를 축소하여 경쟁체제의 확립을 통한 국제경쟁력의 강화를 달성한다는 취지하에 수입자유화는 더욱 확대 실시되었다.

따라서 1983년 1월에는 "1983년 이후 3단계 수입자유화방안"을 발표하였으며, 동년 4월에는 기능관세제의 도입을 통해 관세를 저세율 체계로 전환시킴과 동시에 산업간 및 품목간의 세율격차를 축소하였고, 8월에는 관세개편안을 확정하여 "1984~1988년 예시제"를 도입 시행하였다. 1984년 1월에는 관세율예시제도의 시행으로 관세구조의 개편에 따른 국내산업의 적용기간을 제공하였고 동시에 시한적인 조정관세제를 신설하였다. 또한 그 해 2월에 1984~1988년의 수입자유화 예시품목의 선정발표를 통해 향후의 수입자유화계획을 예시하여 대내적으로는 개방에 대비한 대응능력을 사전에 갖추게 하였으며, 대외적으로는 통상마찰의 소지를 완화시키는 조치를 취하게 되었다. 이러한 예시계획의 발표는 1985년 10월에 1986~1988년 수입자유화 예시계획의 확정발표 등으로 계속 수행되어 왔다. 그리고 이러한 통상정책의 방향전환은 1986년 1월의 공업발전법과 12월의 대외무역법의 제정으로 보다 확고해졌다.

이상과 같이 제4차, 제5차 경제개발 5개년 계획하의 통상정책은 세계무역환경의 역경, 즉 선진국간의 무역마찰의 격화와 신보호무역주의의 팽배 등에 대처하여 어려운 수출여건에서 지속적인 수출신장의 추구와 국제무역의 상호주의 추세에 따른 점진적인 수입개방정책에 초점을 맞추었다.

정부는 특정산업에 대한 지원을 축소하고 민간의 자유로운 기업활동을 저해하는 각종 절차를 간소화하는 한편, 수입자유화정책을 추진함으로써 자유시장 경쟁원리의 확산에 주력하였다. 이러한 산업정책의 방향전환은 전반적으로 기술개발투자가 빠른 속도로 늘어나고 품질 위주의 경쟁풍토가 확산되는 등 산업의 경쟁체질을 강화시켰다. 그러나 국제수지가 흑자로 전환되는 가운데에도 기계류, 부품, 및 소재의 국산개발 부진으로 대일무역역조가 확대되고 선진국간의 무역마찰 팽배로 파급된 수입규제조치가 심화되었다.

5. 국제화시대의 통상정책(1988년 이후)

1) 개방무역체제와 통상정책

수입자유화가 진척되고 무역규모가 커지면서 한국의 무역제도도 선진국형의 개방무역체제로 진입하게 되었다. 1987년 7월 무역거래법, 수출조합법, 산업설비수출촉진법을 통폐합하여 대외무역법을 제정하면서 새로운 무역체제를 갖추게 되었다. 무역에 대한 규제를 완화하고 수출입절차를 간소화하여 무역활동의 자율성을 강화하는 반면, 수입에 의한 산업피해 영향조사제도를 도입하여 개방에 의한 산업피해구제를 위한 절차를 마련하는 등 선진국과 같은 무역관리제도로 전환하는 계기가 되었다. 1989년 수입감시제도가 폐지되었고, 1993년에는 무역업에 대하여 종전의 허가제를 등록제로, 다시 1997년에는 신고제로 완화되었다. 또한 1997년에는 개별수출입에 대한 종전의 승인제도를 폐지하여 원칙적으로 민간자율에 맡기고 예외적인 경우에만 승인을 받도록 하였다. 이러한 가운데 동서냉전체제의 종식에 따라 중국을 비롯한 사회주의 국가와의 무역이 증가하게 되었고, 개발도상국들과의 무역이 증가하여 무역지역이 다변화되었다. 그리고 1990년에는 GATT 제11조 국으로 이행되었고, 외국인투자에 대한 자유화조치로서 외국인의 국내투자에 대한 각종 제한이 철폐되었다. 우루과이라운드에서 한국은 수입개방을 포함하여 상품과 서비스교역에서 큰 폭의 개방이 이루어지게 되었다.

2) APEC·WTO 출범과 통상정책

한편 대외관계에서는 1989년 아시아·태평양 경제협력체(APEC)가 결성되면서 한국은 회원국으로서 지역경제 협력을 강화하게 되었고, 1995년 출범한 WTO의 원 회원국으로 참여하게 되었다. 또한 1996년에는 OECD에 가입하면서 경상무역의 거래자유화와 자본이동 자유화를 대폭 추진하게 되었다. 우리 경제는 1990년에 들어 민간 자율과 창의를 바탕으로 한 정책기조를 채택하였고, 국내산업 구조조정을 대외개방, 규제완화, 경쟁촉진 등을 통해 추진한다는 입장으로 전환하였다. 국제통상 여건을 보더라도 WTO 출범 및 통신 기술발달 등에 따라 세계경제의 통합이 가속화 되고, 기업들 간의 무한경쟁 시대가 도래되는 등으로 보아 자유화 및 개방화의 추진은 불가피한 것으로 평가되었다.

이에 따라 우리나라는 우리의 경제규모에 걸 맞는 국제사회에서의 역할을 제고하고 무한경쟁 시대에 우리의 통상이익을 확보하기 위해서 능동적이고 적극적인 통상정책 추진의 필요성을 절감하게 되었다. 특히 IMF와의 협의과정에서도 무역보조금, 수입선다변화, 수입절차 등과 관련된 무역자유화의 일정을 앞당기기로 약속하였고, 국제수지를 이유로 개방일정을 늦추지 않겠다고 약속함으로써 무역자유화를 지속적으로 추진하게 되었다. 이러한 정책기조에 따라 우리 경제는 WTO에 위배되는 수출지원정책을 철폐함과 동시에 주요 산업의 생산체계를 범세계적인 효율성을 극대화하는 방향으로 재편할 수밖에는 없게 되었다. 그리고 국내산업에 대한 직접적인 보호수단을 WTO에 맞는 규범적인 수단으로 대체하였으며, 또한 유망 유치산업의 보호와 원활한 산업구조조정을 추진하고 국제수지를 적정하게 관리하는 기법도 적극 개발하게 되었다.

다시 말하면 무역자유화 및 시장개방정책을 지속적으로 추진하면서 동시에 산업경쟁력 강화와 국내산업의 피해를 최소화하는 과제를 해결해야 되었다. 이 시기의 통상정책은 국내기업의 세계시장 진출을 뒷받침할 수 있도록 다음과 같은 원칙하에 추진하게 되었는데 이는 구체적으로 명시하면 다음과 같다.

첫째, WTO, OECD 등 다자간 무역체제에서의 논의에 적극 참여하고 정보기술협정 등 추가적인 무역자유화 논의 및 투자, 전자상거래 등 새로운 국제규범제정 작업 등에 능동적으로 참여하였다.

둘째, 양자통상관계를 확대하기 위해 권역별 통상전략을 수립하며, 선진국과는 산업·기술 등의 면에서 상호 협력관계를 강화하고, 성장잠재력이 큰 개도국 시장에 대해서는 진출기반을 강화하여 교역시장의 확대를 도모하였다. 교역상대국의 불공정한 무역이나 투자조치를 WTO분쟁해결절차 등의 다자간 매커니즘을 활용하여 적극적으로 해소함으로써 국내기업의 원활한 해외 영업활동의 여건을 조성하였다.

셋째, APEC·ASEM 등 개방적 지역경제협력체의 무역·투자자유화 및 경제기술협력사업 등에서 핵심적인 역할을 수행하여 역내국가간 지역경제협력의 기반을 구축하였다.

제3절 세계화 시대의 통상정책

1. 다자간 통상관계

1) WTO와 통상정책

한국은 1967년 GATT가입 이후 이를 기초로 한 자유무역체제를 잘 활용하여 국제사회에서는 단기간 내에 성공적으로 무역을 확대하고 고도성장을 이룩한 대표적인 국가로 인식되고 있다. 실로 한국만큼 경제발전 단계에서 GATT의 혜택을 많이 받고 GATT체제에서 무르익은 자유무역 분위기를 훌륭하게 활용한 국가는 없는 것으로 평가되고 있다. 그와 같은 GATT체제가 8년여에 걸친 우루과이라운드 협상(1986.9.~1994.4.)의 결과에 따라 WTO체제로 대체되었는바, 앞으로도 한국경제의 지속적인 발전을 위해서는 WTO와의 건전한 관계유지가 필수적이라고 할 수 있다.

WTO체제의 출범은 더욱 자유롭고 공정한 교역을 추구하는 새로운 국제무역질서를 형성하는 것을 의미한다. 즉, 1980년대 이후 고조되기 시작한 관리무역의 성향을 다시금 GATT 본연의 정신인 자유무역정신으로 복귀시키고, 그와 같은 목표를 추구하는 데에 있어서 공정한 교역관계를 구축하는 것이 바로 WTO체제의 의의하고 할 수 있는 것이다.

한국도 이제 GATT시대의 일방적 수혜국이 아니라 자유롭고 공정한 세계무역질서의 구축에 앞장서서 참여하고 기여하는 파트너로서의 역할을 요구받고 있다. 이에 따라 한국은 WTO체제의 정착과 관련하여 금융, 인력이동, 기본통신, 해운 등 서비스부문 후속협상 타결을 위해 최대한의 노력을 경주해 왔으며, 환경·직접투자·경쟁정책 등 새로운 통상의제에 관한 논의에도 적극 참여하고 있다. 뿐만 아니라 WTO의 효율적 운용과 관련한 WTO 분쟁해결절차 및 통상정책검토 등 각종 활동에도 강한 적극성을 보이고 있다.

비록 WTO 후속협상은 아니지만 향후 정보기술제품에 대한 전 세계적인 교역자유화의 달성을 목표로 한 정보기술협정(ITA) 관련 논의에도 처음부터 참여하여 동 협정의 조기 발효에 일조했다. 정보기술제품의 관세를 2000년 1월 1일까지 철폐함으로써 관련 산업은 물론이고 세계경제의 발전촉진을 목표로 하고 있는 정보기술협정에는 한국, 미국, EU, 일본, 캐나다, 대만, 인도네시아 등 정보기술제품의 세계교역량 중 90%를 차지하고 있는 43개국이 참여하고 있다.

한국은 GATT체제에서 1992년 제1차 통상정책검토를 받은 후, WTO체제하에서도 1996년 제2차 검토회의를 통해 WTO 회원국으로부터 한국의 자유화 노력에 대한 종합적 평가를 받았는데 한국의 지속적인 무역자유화조치에 대해 긍정적 평가를 받은 바 있다. WTO체제의 가장 큰 특징 중의 하나라고 할 수 있는 것은 역시 분쟁해결 절차의 효율성이 대폭 강화되었다는 점인데 이에 따라 한국은 양자간 통상마찰을 주로 WTO를 통해서 해결하고 있다.

2) APEC 확대와 통상정책

개방적 지역주의를 지향하는 APEC은 한국이 참여하고 있는 유일한 지역경제협력체일 뿐만 아니라 새로운 국제질서 형성과정에서 동아시아와 북미를 통합하는 경제권으로서 한국의 경제상황에 유리한 지역협력 방안으로 대두되고 있다. 정치·외교적 측면에서 볼 때 APEC은 한국으로 하여금 21세기 아·태시대의 주역의 하나로서 입지를 확보하고 또한 외교의 행동반경을 확대함으로써 중견국가로서 국제정치적 역할을 수행하는 전략적 발판을 제공할 것으로 기대된다. 한편 한국은 APEC 의장국으로서 1991년 서울에서 개최된 제3차 각료회의를 통해 APEC의 원칙, 목적, 운영방식 및 조직에 관한 사항을 포함하고 있는 서울 APEC의 제도적 발전기반 조성을 위해 중심적 역할을 담당함으로써 역내 중견국가로서의 위상을 제고한 바 있다. 또한 APEC과 같은 다자간 협의체제에의 귀속은 한국의 안보여건 확장에도 기여할 것으로 기대하고 있다.

한편 경제적 측면에서는 기업활동의 국제화와 무역확대를 통한 대외 지향적 경제발전전략 추진이 불가피하기 때문에 APEC은 다자간 무역체제의 불안정, EU의 통합, NAFTA의 형성 등 지역주의 추세에 따른 국제경제 환경의 불확실성에 대비한 최선의 보장정책(insurance policy)이며 세계 최대의 경제권인 아·태지역내 안정적 시장기반 마련에도 기여할 것으로 기대되고 있다. 또한 교역규모 확대에 필연적으로 수반되는 통상마찰을 지역적 차원에서 대처할 수 있는 다자적 틀을 제공함으로써 선진국의 일방주의(unilateralism) 또는 양자주의(bilateralism)적 통상압력을 완화시키는 데 유용한 기반을 제공할 것으로 보인다.

따라서 APEC의 발전은 다자주의 질서에서 한국의 협상력과 발언권을 강화시켜 줄 것이며, 급증하고 있는 동아시아국가와의 교역관계를 더욱 확대시킬 수 있는 계기를 마련해 줄 것으로 기대된다. 이에 한국은 APEC의 발전을 적극 지지하고 있으며, 특히 역내무역 및 투자자유화에 적극 참여하고 있다. 역내무역자유화의 추진에서는 OECD 가입, 미국과의 정책대화 결과 이행, 여타 회원국과의 경제관계 등을 고려해 볼 때 우리 경제의 개방에 따르는 추가적인 부담은 크지 않을 것으로 예상되고 있다. 오히려 폐쇄적인 일본 및 ASEAN 시장으로의 진출을 확대할 계기가 될 수 있을 것이며 중국으로의 진출 또한 활성화시킬 수 있을 것으로 보인다.

그럼에도 불구하고 한국은 APEC에서 구체적인 시장개방 논의가 있을 때마다 비교적 소극적인 입장을 취하여 온 것도 사실이다. 그러나 IMF 외환위기 이후 한국의 개혁정책의 일환으로 대외개방이 가속화되면서 APEC에서의 시장개방 논의에도 적극적인 입장으로 선회하였다. 특히 1998년 APEC 조기 자유화 논의에서 한국은 매우 전향적인 입장을 취해 일본과 대조적인 모습을 보인 바 있다.

2. 양자간 통상정책

1) 한·미 통상정책

미국은 2003년 중국이 그 자리를 대신하기 전까지 한국의 제1의 수출대상국이었으며, 일본에 이어 제2의 수입대상국이었다. 1971년의 경우 한국 수출의 약 50%가 미국으로 수출되었다. 동시에 대미 수출이 한국의 전체 수출에서 차지하는 비중도 점차 줄어들어 1985년 35.5%, 1995년 19.3%, 2008년에는 12.0%를 기록하였다. 미국은 한국의 정부수립 이후 일본과 더불어 가장 중요한 한국의 무역대상국이었다.

1980년대 이전까지 한국의 경제적 위상이 높지 않아 미국과 양자간 통상관계에서 중요한 문제가 발생한 경우는 많지 않았다. 1960-1981년간 양국 정부간 통상마찰은 13건이 발생하였으며, 미국은 1970년대에 한국의 주력 수출품목인 섬유 및 의류, 신발류에 대한 수량제한조치를 취했다. 주로 긴급수입제한조치 또는 세이프가드로 명명되는 미국의 '1974 통상법 201조'에 근거한 수입제한조치로서 직접적으로 수입수량을 제한하기 때문에 관련 제품의 대미수출이 격감하였다. 또한 1970년대 말부터 미국은 직접적인 수량제한보다는 일부 철강제품에 대해서 수출자율규제(Voluntary Export Restraints: VER)라는 소위 회색지대조치(grey area measures)를 활용했다. 대부분 미국의 요구가 관철되었지만, 미국은 이 기간 중 대체로 자유무역정책을 유지하고 무역제한조치를 예외로 간주하는 정책기조를 유지하였다.

1980년대 들어 미국은 양국간 무역수지 불균형을 시정하기 위해 시장개방 압력을 강화하였다. 1980년대에 들어 한국의 경제적 위상은 눈에 띄게 높아졌고, 한국의 대미 무역수지 흑자가 1983년의 19억 달러를 시작으로 1987년에는 95억 달러로 정점을 이루었다. 당시 한국의 대미 무역수지가 적자에서 흑자로 전환되었을 뿐만 아니라 미국의 대 아시아 무역수지도 악화되고 있었다. 또한 대일 무역적자를 경험한 미국으로서는 한국의 대미수출이 확대되고 상품종류도 섬유, 신발 등 노동집약적 상품에서 전자, 자동차, 기계류 등 기술집약적 상품으로 변화되는 추세에 경계심을 가졌다. 미국의 정부 및 민간업계에서는 한국은 결국 제2의 일본이 될 것이라는 인식이 확산되면서, 미국은 한국에 대하여 상호주의를 표방한 공정무역(fair trade)을 요구하였다. 따라서 당시 한국의 대외통상마찰은 주로 미국의 시장개방요구를 한국이 어떻게, 어느 정도 수용하느냐의 문제였다고 할 수 있다. 주로 공산품 시장개방을 요구하던 미국은 1980년대 후반에 들어서는 농업과 서비스 분야까지 통상공세를 강화했다.

1980년대에는 한국의 주요 수출품인 가전제품, 철강, 반도체 등에 대한 미국의 반덤핑조치가 한·미 양국간 통상이슈의 주를 이루었다. 그러나 1980년대 후반에 들어서는 반덤핑규제는 감소한 반면, 301조, 스페셜 301조, 슈퍼 301조 등 흔히 '일방적 조치'라고 불리는 시장개방압력 수단이 빈번하게 활용되었다. 이와 같은 일방적 조치는 시장개방효과가 매우 크지만, WTO 규범과 일치하지 않아 국제적 논란이 있었으며, 그 결과 미국은 WTO 출범 이후부터 이 조치를 WTO 분쟁해결제도와 연계하여 활용하는 경향을 보였다. 특히 1988년에 제정된 미국의 종합무역법(The Omnibus Trade and Competitiveness Act oc 1988)에 근거한 슈퍼 301조는 비록 2년 동안(1989~1990년) 한시적으로 운영되었지만, 시장개방 효과가 커서 한국은 결과적으로 농산물시장의 개방을 확대하고, 표준제도 개선, 외국인 투자제도의 개선 등 일련의 시장개방 조치를 취하기에 이르렀다. 그 이후에도 한·미 기업환경개선방안(President's Economic Initiative: PEI, 1992), 한·미 경제협력대화(Dialogue for Economic cooperation: DEC, 1993) 등 협의체를 통한 시장개방 압력이 지속되었다.

1995년 WTO 체제의 출범 이후에도 미국은 1997년 슈퍼 301조를 근거로 자동차 분쟁과 같은 일방적 압력을 지속하였고, WTO 분쟁해결절차를 통한 통상압력도 전개하였다. 그러나 이 당시 한국은 과거와는 달리 다소 적극적인 입장으로 선회하여 미국의 조치를 WTO에 제소하겠다는 입장을 취하였다. 뿐만 아니라 한국산 반도체에 대한 반덤핑조치를 불합리하게 지속하고 있는 미국의 관행에 대해서도 동일한 일방을 취하였다. 미국 등 강국과의 협상력이 약할 수 밖에 없는 한국은 다자체제가 유리하다고 판단하고 WTO체제를 적극 활용하기 시작하였다.

1997년 외환위기를 계기로 한국의 사장개방이 대폭 확대되면서 한·미간 통상현안은 급격히 줄어들었다. 더욱이 2000년대에 들어 미국의 광우병 발생으로 인한 한국의 미국산 쇠고기 수입금지조치(2003년)와 한국의 쌀시장개방 확대조치(2005년) 등을 제외하고는 중요한 통상현안이 없었다. 한·미 FTA협상에서 한국은 그동안의 농산물, 자동차, 의약품 등 주요 통상 쟁점에 대한 의견을 조율하고 향후 통상마찰의 가능성을 줄이기 위해 노력하였다.

현재까지의 한·미 양자간 통상관계를 돌이켜 보면, 미국이 공세적으로 한국시장의 개방을 요구해 온데 반해, 한국은 거의 항상 수세적인 입장에서 방어를 해 오다가 상당부분 미국의 요구를 수용하는 입장을 취해왔다. 이와 같은 현상은 한국이 미국경제에 대한 무역의존도가 높았음을 반영한다. 그러나 대미 무역의존도가 점차 감소하고, WTO체제가 출범하면서 미국의 일방적인 통상압력은 상당히 완화되었으며, 경우에 따라서는 한국이 오히려 WTO체제를 활용하여 대미공세를 강화하기도 하는 추세로 변화하고 있다. 특히, 2006년 한·미 FTA 협상이 공식적으로 개시된 이래 2013년 3월 한·미 FTA가 공식 발효되기까지 수많은 우여곡절을 겪기도 했으나, 양국간에 커다란 통상마찰은 사실상 존재하지 않았다는 점에서 한·미 FTA가 양국의 통상정책에 미치는 효과를 가늠해 볼 수 있다.

2) 한·일 통상정책

1965년 한·일 국교정상화 이래 지금까지 한·일 무역은 점진적인 확대의 과정을 걸어왔으나 2000년대 들어 양국간 무역이 양국의 전체 무역에서 차지하는 비중은 점차 축소되는 모습을 보이고 있다. 양국간의 전체무역량은 1965년 2억 2,000만 달러의 수준에서 1985년에는 121억 300만 달러, 그리고 2012년에는 1,031억 590만 달러의 수준에 달하였는데, 이는 그동안 괄목할 만한 양국 무역확대 추이를 잘 나타내 주고 있다고 할 수 있다. 특히, 1996년의 경우 일본은 한국 수출총액의 12.2%를 차지하여 미국(16.7%) 다음으로 큰 비중을 점하고 있으며, 한국의 수입에 있어서도 총액의 20.9%를 차지함으로써 미국(22.1%) 다음의 지위를 점하고 있다.

그러나 한국의 대일무역은 한·일 국교정상화 이후 계속해서 적자를 보이고 있다. 비록 일시적으로는 적자폭이 감소되는 경우도 있었으나 1996년 156억 8,200만 달러 적자로 여전히 만성적인 적자에서 벗어나지 못하고 있다. 이러한 계속적인 대일 무역적자 현상은 여러 가지 요인에 의해 초래된 것이지만 무엇보다도 수출이 늘수록 대일 원재료 및 자본재 수입이 증가하는 수출산업구조상의 문제나 한국제품의 국제경쟁력이 취약한 데서 그 원인을 찾을 수 있을 것이다.

그 동안 엔고현상으로 가격경쟁력 면에서 적지 않은 이점을 누렸던 국산품은 최근의 간헐적인 엔저 현상으로 국제경쟁력이 저하되는 어려움을 겪었다. 근본적으로 품질경쟁력이 일본에 비해 열등한 데다 엔저로 인해 가격경쟁력까지 저하됨으로써 무역수지적자가 확대되었다고 할 수 있다.

한편 1996년 한국의 대일 수출품목 중 주종을 이루는 것으로는 전자·전기·섬유·철강, 기계류를 들 수 있다. 반면 대일수입에서는 금속가공기계, 전자·전기, 화학제품이 주종을 이루고 있다. 또한 한국의 대일 수출은 중공업 제품을 중심으로 한 완제품 수출인 데 비해 일본의 대한 수출은 원재료·자본재를 중심으로 한 중간재 수출이라 할 수 있다.

양국간의 직접투자에 있어서는 한국의 대일 투자의 경우 투자액 기준으로 1992년과 1995년에 각각 전년대비 327%, 81.0%의 대폭적인 증가를 보이다가 1996년에는 -22.9%로 돌아섰으며, 2000년과 2004년에 각각 전년대비 209%, 455%의 대폭적인 증가를 보이고, 2007년에도 109%의 증가율을 기록하면서 이전과 비교하여 2004년 이후 대일 투자가 활발한 추세에 있다. 일본의 대한 투자도 1993년과 1994년에 각각 84.5%, 49.7%의 증가를 보였으나, 1995년 이후 감소 현상을 보이고 있다. 특히 한국의 외국인직접투자가 1995년과 1996년에 걸쳐 크게 증가했음에도 불구하고 일본의 대한투자가 감소한 것은 주목할 만한 사항이라 할 수 있다.

최근에 있어서의 이러한 양국간 직접투자 부진은 일본의 경우 높은 생산코스트(임금, 지대 등), 복잡한 유통구조 및 상거래 관습, 시장의 폐쇄성 등에서 기인하고 있으며, 한국의 경우 높은 생산코스트, 인프라 및 생활환경의 미비 등에 기인한다고 지적되고 있다.

한·일간의 통상현안 중 한국 측의 가장 큰 관심사는 한·일간의 무역불균형 문제이다. 한국 측은 일본정부가 추진 중인 규제완화, 관세 및 수입제한의 완화조치가 만성적인 대일적자를 축소할 수 있기를 기대하고 있다. 그러나 전술한 수출산업구조상의 문제점을 해결하지 않는 한 괄목할 만한 대일적자 개선은 이루어지기 어려울 것으로 예상된다.

한편, 일본 측의 가장 큰 관심사는 한국의 수입선 다변화 제도였다. 일본은 이 제도를 사실상의 대일 수입규제조치로 규정하고, 이는 세계무역기구(WTO)에 위반된다고 하여 즉시 철폐를 강하게 요구해 왔으며 한국의 경제협력개발기구(OECD) 가입 이후 그 강도를 더욱 높여 왔다.

한국은 OECD 가입 이후 수입선 다변화 폐지계획을 앞당겨 왔으며 IMF 외환위기의 발생 이후에는 1999년 6월자로 본 제도의 폐지를 결정하였다. 특히 신정부의 출범과 함께 한·일간의 우호적 분위기가 새로 형성되었으며 이는 양국에서 한일자유무역지대 창설논의가 나올 정도로 발전하였다. 민간연구 단체를 중심으로 진행 중이던 한·일 자유무역지대 논의는 양국간의 통상 환경을 개선하는 데 기여할 것으로 기대되었으나 현재는 중단상태에 있다.

3) 한·중 통상정책

1992년 8월 한·중 수교 이후 양국간 경제교류는 양적·물적으로 확대·심화되어 상호간에 명실 공히 중요한 경제통상 파트너의 관계로 발전하고 있다. 수교 이후 교역조건의 개선과 중국경제의 고속성장에 따른 수출입수요 증가에 의해 직접교역의 비중이 증가함에 따라 무역규모는 계속 확대되고 있다.

한국의 대중 수출 상품은 섬유류, 화학공업제품, 비금속제품, 전자·전기 제품, 기계 공산품이 주종을 이루고 있는 반면, 수입은 섬유류, 철강 및 공업제품, 농산품, 광산물(석탄, 석유) 등 일차산품과 기초공업품·원자재가 주종을 이루고 있다. 양국간의 무역구조가 대체로 수직 분업적 성격의 상호보완적인 가운데 최근 중국에 대한 수출이 일차산품에서 공산품으로 변화되고 교역품목이 다양화되는 등 수평적 분업이 확대되고 있는 추세에 있다.

한국의 중국에 대한 무역수지 흑자는 1993년 이후부터 매년 증가추세에 있는데다 한국이 무역수지 흑자를 내고 있는 홍콩이 중국으로 반환됨으로써 양국간의 무역불균형이 통상문제로 대두되고 있다. 이에 관련해 중국은 무역불균형의 개선을 계속해서 요구하고 있으며, 이에 대한 한국은 양국간 무역불균형은 중국의 고속성장을 유지하는 경제발전과정에서 발생하는 현상이므로 양국간 교역은 단순한 무역수지 측면보다는 양국 경제발전에 도움이 되는 상호 보완적인 교역구조로 발전시키기 위해 협력해야 한다고 주장하고 있다. 그러나 양국간 무역불균형이 단기간에 해결되지 않을 것으로 보여 양국간의 통상 마찰도 예상된다. 무역불균형 문제 외에 양국간에 대두되고 있는 주요 통상 현안으로는 중국 수입품에 대한 반덤핑관세 및 조정관세 부과문제, 중국의 관세 및 비관세 장벽, 농산물 검역문제 등이 있다. 이들 통상현안은 아직 양국간의 통상마찰로까지는 부각되지 않는 상황이지만 앞으로 가시화될 가능성을 배제할 수 없다.

한편 한국기업의 대중투자는 1988년 민간차원의 교류가 전개되면서 확대되기 시작하였으며 1992년 한·중 양국의 수교를 계기로 본격화되었다. 1996년 말 현재 한국의 대중투자 실행액은 27억 달러로 전체 해외투자의 19%를 차지하였다. 건당 투자규모는 1992년 83만 달러에서 1995년 141만 달러, 1996년에는 179만 달러로 그 규모가 대형화되고 있고 동북3성, 발해만 지역에 편중되어 있던 투자지역도 화중, 화남 지역으로 확대되고 있다. 투자업종에 있어서도 노동집약적 업종이 주종을 이루고 있으나, 최근 들어서는 건설업, 운수보관업, 부동산에 대한 투자도 급증하고 있다. 한국기업의 대중투자는 초기에는 합자, 합작투자가 높은 비중을 차지하였으나, 최근에는 독자기업 형태를 선호하고 있다. 이는 합작파트너의 역할이 기대보다 미약할 뿐만 아니라 영업 후에는 경영권을 둘러싼 갈등으로 인해 기업경영에 걸림돌로 작용하는 사례가 증가하기 때문이다.

한편 1994년 6월 한·중 산업협력위원회가 결성되어 양국의 경제관계는 단순한 양적 확대의 관계를 넘어, 유망산업부문에서 상호 연계적인 새로운 협력관계를 추구하는 질적 변화의 단계에 이르렀다. 중형항공기개발사업에 대한 협상은 1996년 6월 북경에서 개최된 제3차 회의에서 한국 측 지분에 대한 양국간 이해관계의 상충으로 결렬되었다. 자동차, 전자교환기, HDTV, 원자력 등의 분야에서의 산업협력은 가시화될 전망이나 개별산업에 따라 진전속도에 차이가 있을 것으로 보인다. 특히 자동차, HDTV사업의 진전이 전망되는 한편 전자교환기, 원자력사업에 대한 산업협력은 구체적인 추진과정에서 양국간 이해관계의 차이가 존재하기 때문에 다소 시간이 걸릴 것으로 전망된다.

양국간의 경제협력은 교역확대, 소규모 직접투자의 증대 단계를 거쳐 앞으로 대규모 직접투자, 기술의 공동개발 및 공동개척 등으로 산업협력이 강화될 전망이다. 이러한 산업협력의 추진 주체는 기본적으로 민간기업이 중심이 되어야 할 것이지만, 산업협력의 초기단계에 있어서는 정부도 협력분야의 선정, 협력 장애요인의 발견 및 해소 등 간접적인 지원을 할 수 있을 것이고 대규모 SOC건설 프로젝트 등의 분야에 있어서는 직접적인 지원도 바람직할 것이다.

4) 한·EU 통상정책

1994년부터 회복되기 시작한 한국과 유럽연합(EU)과의 교역은 1995년에 괄목할 만한 성장을 기록했다. 그러나 1996년에 엔화 약세 등의 영향으로 한국의 수출부진이 두드러졌고 1997년 들어서도 한국의 대 EU 수출 증가세는 둔화되는 양상을 보이고 있다. 대 EU 무역적자는 한국에 대한 EU를 비롯한 선진국가의 시장개방 압력이 강화되었고 수출의 경우 후발개도국에 비해 국산제품의 가격경쟁력이 저하되었기 때문인 것으로 분석된다. 품목별로 살펴보면, 과거 부진을 면치 못했던 섬유 및 신발 등의 품목의 수출이 이 기간 중에는 호조를 보이고 있지만 전기 및 전자, 자동차를 비롯한 기계류 및 수송 장비, 그리고 철강 금속제품의 수출은 작년에 이어 증가세가 둔화되었다. 이는 EU회원국의 재정긴축정책으로 인해 1996년에 EU경제가 경기침체를 겪음으로써 수입 수요가 감소하는 등 부정적인 요인들이 작용하였기 때문이다.

한편 위의 기간 중 한국의 대 EU 수입은 마이너스 성장률을 기록하였고 이 같은 대 EU 수입의 감소는 국내 경기침체에 따른 기계류와 같은 자본재와 경공업원료의 수입 감소에 기인한 것으로 분석된다. 그리고 1996년 10월 한국과 EU 회원국간 '무역 및 협력에 관한 기본협정'이 정식 조인됨으로써 양자간 협력의 기본 틀이 마련된 바 있고, 아울러 한국이 같은 해 12월 EU회원국들이 대다수를 차지하고 있는 OECD에 가입함으로써 EU회원국과의 보다 빈번한 접촉 및 협력이 가능할 것으로 기대되고 있다.

그러나 부정적인 요인으로는 한국 측 요인으로서 경제침체 및 경상수지 적자폭의 확대 등에 따라 예상되는 수입 수요의 감소추세를 들 수 있다. 그리고 1990년대 들어 중국, ASEAN 등 후발개도국의 부상으로 선진국 시장에서의 경쟁이 격화되고 있는바 특히 미국과 EU에 대한 무역수지 적자폭이 확대되고 있다.

1996년부터 실시중인 한국에 대한 EU의 일반특혜관세(GSP) 공여 중단도 중국, 태국, 말레이시아 등 후발 개도국들의 노동집약적인 산업에서의 국산제품의 경쟁력 약화를 유발, 대 EU 수출중대에 부정적인 요인으로 계속 작용할 것으로 보인다. 또한 대 EU가 한국에 대해 상호주의 원칙에 입각한 대외전략을 일관되게 추진할 경우 자동차, 전자제품 등의 한국 기업들의 주종 수출상품에 있어서의 양국간 무역불균형에 의한 시장개방 압력이 종래보다 강해질 것이다. 특히 일본이 수입산 주류에 대한 WTO 패널의 결정을 통보받은 것과 관련하여 한국도 EU나 미국 등 선진국으로부터 제도개선 압력이 거세어질 것으로 전망되고 있다. 이 외에도 EU는 정보통신 부문 등에서의 미국과 상응한 대우를 요구하거나 원산지 표시, 통관절차 등 공산품 및 농산품에 적용되는 비관세장벽이 아직도 많이 존재한다는 것을 제기하고 있다.

3. FTA 정책

1) 추진동기 및 현황

우리나라는 GATT(General Agreement on Tariffs and Trade)와 WTO(World Trade Organization)로 대표되는 다자무역체제의 가장 큰 수혜국이며, 우리의 경제발전은 대외교역을 통해 성장을 이룬 전형적인 사례로 인용되고 있다. 또한 우리나라는 명실상부한 통상국가로서 지속적인 경제발전을 위해서는 교역의 확대가 필수적이며, 세계시장이 우리의 경제적 생존과 직결된다. 최근의 세계 통상환경을 보면, 자유무역협정(FTA: Free Trade Agreement)을 중심으로 한 지역주의(Regionalism)가 가속화되고 있는 상황이다.

이러한 지역주의의 경향은 과거 GATT체제보다 현재의 WTO 체제에서 오히려 급속도로 확산되는 경향을 보이고 있다. 각국의 FTA 체결 경쟁은 현재 진행 중인 도하개발어젠다(DDA) 협상이 의미있는 합의 도출에 난항을 겪고 있어 많은 국가들이 양자간 지역협정에 의존하는 경향이 더욱 뚜렷해졌다.

이러한 상황에서 우리나라가 적극적으로 FTA를 추진해야 하는 이유를 크게 둘로 나누어 보면, 우선 1992년 EU의 출범과 1994년 NAFTA의 발효를 계기로 지역주의가 세계적으로 확산되면서 FTA 네트워크 역외국가로서의 피해를 최소화하고, 나아가 이러한 도전에 적극적으로 대응하기 위해 FTA를 추진하게 되었다는 점을 지적할 수 있다. 특히 우리의 대외경제 규모가 국내총생산(GDP)의 80% 이상을 차지하고 있는 점을 고려할 때(2009년 국내총생산(GDP)에서 대외교역(수출+수입)이 차지하는 비중은 82.2%), 주요 경쟁국이 FTA를 앞다투어 추진하고 있는 통상환경 하에서 우리나라가 기존 수출시장을 유지하고 새로운 시장에 진출하기 위해 FTA 확대에 전력을 다하는 것은 당연하다고 할 수 있겠다. 주요 교역국이 여타 국가와 먼저 FTA를 체결한다면 우리 상품은 고관세 적용에 따른 가격경쟁력의 저하로 점차 그 시장을 잃을 수밖에 없기 때문이다. 따라서 우리 상품의 수출경쟁력을 유지하고 안정적인 해외시장을 확보하기 위해서는 주요 교역국가들과의 FTA 체결이 필수적이다.

둘째, 보다 적극적인 측면에서 능동적인 시장개방과 자유화를 통해 국가 전반의 시스템을 선진화하고 경제체질을 강화하기 위해 FTA 추진이 필요하다. 우리 경제가 양적인 성장뿐만 아니라 질적인 발전을 통해 진정한 선진 경제로 거듭나기 위해서는 우리의 주요 통상정책으로 자리 잡은 FTA를 능동적·공세적으로 활용할 필요가 있다. 전 세계적으로도 각국은 산업경쟁력과 국가경쟁력을 신장시키는 주요 정책수단으로서 FTA 및 이에 수반되는 무역자유화(trade liberalization)가 효과적임을 깨닫고 적극적으로 FTA 네트워크 구축에 나서고 있다.

정부는 2003년 이래 적극적으로 FTA를 추진해왔으며, 특히 거대경제권과 자원부국 및 주요 거점 경제권을 중심으로 전략적인 FTA 체결 확대 전략을 통한 FTA 네트워크를 구축해 나가고 있다. 동시다발적인 FTA 추진을 통해 그동안 지체된 FTA 체결 진도를 단기간 내에 만회하였으며, FTA 네트워크의 글로벌화를 위해 노력하고 있다. 이를 통해 우리 기업의 세계시장 확보를 지원하고 동아시아 FTA 허브국가로 발돋움하고자 하는 것이다.

내용면에서는 FTA 체결 효과를 극대화하기 위해 상품분야에서의 관세철폐 뿐만 아니라, 서비스, 투자, 정부조달, 지적재산권, 기술표준 등을 포함하는 포괄적인 FTA를 지향하고 있으며, 또한 WTO의 상품과 서비스관련 규정에 일치하는 높은 수준의 FTA 추진을 지향함으로써 다자주의를 보완하고, FTA를 통해 국내제도의 개선 및 선진화를 도모하고 있다.

한국은 세계적인 FTA 확산추세에 대응하여 안정적인 해외시장을 확보하고 개방을 통해 우리 경제의 경쟁력을 강화하기 위해 FTA를 적극 추진한 결과 칠레, 싱가포르, EFTA, ASEAN, 인도, EU, 페루, 미국, 터키, 호주, 캐나다, 중국, 뉴질랜드, 베트남, 콜롬비아 등 52개국과의 FTA가 발효되었다. 현재 한·중·일, RCEP 등과 FTA 협상이 진행중이며, 동아시아 내에서는 중국, 일본 등과의 FTA를 통해 동아시아 지역통합에 기여한다는 구상을 하고 있다.

2) 기 발효된 주요 FTA

(1) 한·ASEAN FTA

2007년 6월 1일 발효[1]된 한·아세안 FTA는 한국과 아세안의 교역 및 경제협력의 중요한 성장 동력으로 기능했다. 특히 포스트 차이나 생산거점이자 신흥 소비시장으로 부상한 아세안 시장으로의 접근성을 높이는데 중요한 역할을 담당하였다. 한·아세안 FTA는 상대적으로 자유화 수준이 낮고 협정의 내용이 복잡해 무역업계의 활용률이 저조하다는 지적에 따라 수차례 개정이 이루어졌다. 특히 원산지증명 운영절차 개정과 상품협정 개정 제3차 의정서의 발효는 협정의 자유화 수준을 크게 제고시켰다.

한국과 아세안의 교역 및 투자 확대로 한·아세안 FTA는 동아시아 경제협력을 대표하는 협정으로 자리매김 하였다.

한·아세안 FTA 발효 이후 한국의 아세안 수출은 연평균 8.8%로 확대되어 왔고, 아세안은 2011년 이후 우리의 제2위 수출지역으로 성장했다. 특히 대베트남 교역이 한·아세안 FTA 발효 이후 연평균 25.0%의 고속성장을 기록하면서 대아세안 교역 성장을 견인했다. 아세안에 대한 투자도 증가해 아세안은 2014년 기준 한국의 제2위 투자지역으로 부상하였다.

대아세안 수출입 한국기업을 대상으로 설문한 결과, 응답한 수출기업 중 75.3%의 기업은 FTA 발효 후 아세안으로의 수출여건이 개선되었다고 답했으며 82.7%의 기업은 향후 5년간 수출여건이 개선될 것으로 전망했다. 수입 기업의 경우 89.9%가 한·아세안 FTA로 인해 수입경쟁력이 제고되었다고 응답하는 등 우리 무역업계는 전반적으로 한·아세안 FTA의 성과를 긍정적으로 평가하였다.

---

1) 2005년 2월 협상 개시, 2006년 8월 상품무역협정 서명, 2007년 6월 발효, 2007년 11월 서비스협정 서명, 2009년 5월 발효, 2009년 6월 투자협정 서명, 2009년 9월 발효(ASEAN 10개국: 말레이시아, 싱가포르, 베트남, 미얀마, 인도네시아, 필리핀, 브루나이, 라오스, 캄보디아, 태국)

그러나 아세안 시장의 중요성에도 불구하고 우리 업체의 한·아세안 FTA 활용률은 낮은 수준이며, 특히 수출활용률은 2016년 기준 52.3%에 불과해 전체 FTA 수출활용률 평균인 63.8%를 하회한다. 따라서 한·아세안 FTA의 경제적 효과를 높이기 위해 우리 기업의 FTA 활용 애로요인을 개선함으로써 한·아세안 FTA 활용률을 제고할 필요성이 있다.[2)]

(2) 한·미국 FTA

한·미 FTA는 우리나라가 거대 경제권과 체결한 최초 FTA라는 점에서 큰 의의가 있다. 2004년 거대경제권과의 FTA가 유리할 것이라는 판단하에 미국과의 FTA를 적극 추진하기 시작하였고, 2005년 여섯 차례에 걸친 통상장관회담과 세 차례의 사전 실무점검 회의를 통해 양국의 통상현안을 점검하고 주요 쟁점에 대해 서로의 입장을 조율하여 2006년 6월 협상을 개시하여 2012년 3월 발효되었다.[3)]

한·미 FTA 발효 이후 한국의 대세계 교역은 3.5% 감소한 반면 한국의 대미 교역은 1,008억 달러에서 2016년 1,097억 달러로 약 1.1배 증가해 연평균 1.7%를 기록하였다. 또한 한국의 대세계 수출, 수입은 각각 연평균 2.3%, 5.0% 감소하였지만, 대미 수출은 연평균 3.4% 증가하였고, 수입은 0.6% 감소하였다. 따라서 대세계(對世界) 무역흑자는 2011년 308억 달러에서 2016년 892억 달러를 기록하여 약 2.9배 확대되었고, 대미 무역흑자는 2011년 116억 달러에서 233억 달러로 약 2배 증가하였다. 한국의 대세계 무역흑자는 한·미 FTA 발효 이후 대체로 증가했지만 대미 무역흑자는 2013년 이후 증가폭이 둔화하였고, 2016년에는 흑자규모가 감소하였다.[4)]

한·미 FTA는 양국간 통상관계의 일대 전환점이 된 것으로 평가된다. 그 동안 양국은 지속적인 통상마찰을 되풀이해 왔으나, 한·미 FTA를 계기로 상당 부분 분쟁의 소지를 해결하였다. 또한 투자, 기술이전 등을 중심으로 양국간의 협력을 증진시키는 계기가 되고 있다.

---

2) 한국무역협회, 한·아세안 FTA 10년의 발자취, TRADE FOCUS, 2017.6, 요약문 참조.

3) 2006년 6월 협상 개시, 2007년 6월 협정 서명, 2010년 12월 추가 협상 타결, 2011년 10월 22일 "한·미 FTA 이행법" 미 의회 상·하원 통과, 2011.11.22 비준동의안 및 14개 부수법안 국회 본회의 통과, 2012년 3월 15일 발효.

4) 한국무역협회, 한·미 FTA 상품교역효과 분석과 시사점, TRADE BRIEF, 2017.9.29. No.31, p.2.

(3) 한·EU FTA

2011년 7월 한·EU FTA 잠정 발효 이후 2016년 1~5월 한국의 대EU 무역은 전년 동기대비 -4.6% 감소한 408.2억 달러를 기록하였는데, 수출은 전년 동기대비 1.8% 증가한 194.3억 달러, 수입은 -9.7% 감소한 213.9억 달러를 기록하였으며, 무역수지는 전년 동기대비 26.4억 달러 개선된 19.5억 달러 적자를 보였다.

최근 한국의 대세계 수출증가율이 부진을 겪는 가운데 대EU 수출은 2016년 이후 소폭 회복세를 보이고 있다. 주요 수출시장에 대한 수출이 모두 감소한 반면 EU로의 수출은 2015년 대비 1.8% 증가한 194.3억 달러를 기록하였다.

대EU 수입은 FTA 발효 직후 2011~2014년 증가세에서 2015년부터 감소세로 전환되었는데, 2012년 이후 원유 등 원자재 수입이 급증하며 여타 지역에 비해 높은 수입 증가율을 기록하였으며, 대세계 수입이 감소한 2013년에도 증가세를 이어갔다.

품목별로는 선박, 승용차, 자동차 부품 등이 수출을 주도하고 있으며 수입은 승용차, 의약품 등이 높은 비중을 차지하고 있다. 이란 제재 이후 수입이 급증했던 원유(-8.0%), 나프타(-22.4%) 등 원자재는 유가하락의 영향으로 수입액은 감소했으나 물량 기준으로는 2015년에 비해 소폭 증가한 것으로 나타났다.

반면, 2016년 결정된 브렉시트에 따른 글로벌 금융시장 불안이 실물경제로 전이될 경우 세계 경제 및 EU, 미국, 일본 등 주요국의 경기 둔화가 우려되고 있다. 브렉시트 탈퇴 가시화 이후 안전자산 선호가 확대되면서 달러·엔화는 강세, 파운드화·유로화는 약세를 보이고 있다. 금융시장 불안이 구매력 저하, 투자위축 등 실물경제로 전이될 경우에 대비해 주요 기관은 세계 경제성장률을 당초 전망에서 0.1~0.3%p까지 하향 조정하였는데, 유로화 평가 절하, EU 대외무역 축소, 추가 탈퇴에 따른 불안이 나타나면서 재정위기 회복세를 보이는 EU 경제에 부정적 영향이 우려된다.[5)]

(4) 한·중 FTA

2015년 12월 한·중 FTA 발효 이후 우리의 대중국 수출은 중국의 수입수요 증가세 둔화와 주력 IT 품목의 수출 감소 등으로 9% 이상 감소했음에도 불구하고 한·중 FTA로 관세가 인하된 품목의 수출은 1.7% 감소하는데 그쳤다. FTA 수혜

5) 한국무역협회, 한·EU FTA와 브렉시트(Brexit), TRADE FOCUS, 2016.6, pp.3-4.

품목의 선전은 관세 인하가 가격에 상대적으로 큰 영향을 주는 화학·석유화학 원료제품의 대중국 수출이 하반기에 큰 폭으로 증가한데 기인한다. FTA 수혜품목 중 수출물량이 증가한 품목수도 작년에 비해 크게 증가한 것으로 나타났다.

2016년 1~10월 한국의 대중 무역액은 9.5% 감소한 1,716억 달러 기록하여 수출은 전년 대비 12.0% 감소한 1,008억 달러, 수입은 5.6% 감소한 709억 달러로 나타났다. 대중 무역수지는 298억 달러 흑자로 전년 동기 대비 96억 달러 감소하였다.

중국 경제성장 둔화 및 자급률 상승으로 대중 수출은 2014년 이후 3년 연속 감소세를 시현하고 있으며 감소폭도 확대 추세를 보이고 있다. 기존 무세 또는 FTA 양허 제외 품목 중 대중 수출 비중이 높은 반도체 및 평판 디스플레이가 수출 감소를 주도하였다.

대중 수입은 2016년 12월 현재 2012년 이후 4년만에 감소세(-5.6%)를 시현하였으며 감소폭은 미국, 일본에 비해서도 높은 편으로 대중국 수입 감소는 휴대폰 및 부품의 수입이 크게 감소한데 기인한다. 품목별로는 수출입 모두 평판디스플레이, 휴대폰부품 등 IT 품목의 부진이 두드러진다. 주요 수출품목 중 석유화학중간원료, 기타 플라스틱제품, 기타 정밀화학제품을 제외한 대부분의 품목에서 감소세를 보이며, 수입의 경우 휴대폰 및 무선통신기기부품과 평판디스플레이의 수입이 큰 폭으로 감소하였다.

또한 대중국 수출기업들을 대상으로 한 설문조사에 따르면, 수출기업들의 한·중 FTA에 대한 평가가 발효 초기에 비해 개선되고 있으며, 통관 등 중국의 비관세장벽 개선에 대해서도 긍정적으로 답변한 비중이 높아지고 있다. 對中 수출기업 응답자의 약 50% 가량이 한·중 FTA를 활용하고 있으며, 65%가 FTA 효과를 긍정적으로 평가했다. 기업들의 기대가 컸던 48시간 이내 중국 통관에 대해 긍정적으로 평가한 답변 비중도 발효 초기에 비해 크게 상승했다.

그러나 여전히 우리 기업들이 지식재산권 보호, 인적 이동 등과 관련하여 애로사항이 있는 것으로 나타났다. 중국의 지식재산권 보호가 개선되었다는 답변은 여전히 응답자의 20%를 하회하고 있으며, 주재원 등 인적 이동에 대한 제약도 지속되고 있는 것으로 조사된 바, 앞으로도 정부간 비관세장벽 개선을 위한 지속적인 대화와 협의가 필요할 것으로 보인다.

한·중 FTA는 아직 발효 초기단계이기 때문에 한·중 FTA 특혜관세를 활용할 수 있는 품목 자체가 제한적이나 향후 관세인하폭이 커질수록 FTA 효과가 더욱 가시화될 것으로 기대된다.[6)]

제4절 향후 통상정책 과제

1. 통상정책 방향 기본 전제

1) 대외여건

우리나라의 국제통상정책 과제는 대내외 여건의 변화에 따라 적절하게 무역을 수행하여 무역수지를 안정화시키는 것이라고 볼 수 있다. 따라서 통상정책의 과제를 먼저 대외여건의 변화를 기준으로 분석하면 수입개방압력에 따른 수입자유화 및 공정무역의 수행을 위한 전제조건의 충족, 무역구조의 불균형 시정을 통한 국제통상 압력의 완화, 지역주의를 극복하기 위한 대안적 해외진출 전략의 수행, 후발개도국들과의 경쟁을 회피하기 위한 산업구조조정, 수출시장 확대를 위한 대개도국 및 대 사회주의 국가에 대한 통상외교의 전개로 요약할 수 있을 것이다.

2) 대내여건

반면에 대내여건의 변화를 기준으로 보면 원화환율의 안정, 임금안정, 물가안정, 수출용원자재의 국산화 및 안정적 확보, 수출진흥 및 수입장벽의 완화에 대비한 산업구조의 조정촉진, 기술개발, 기능인력의 육성과 노동생산성의 향상, 국내기업의 마케팅 및 경영능력의 제고 노력의 유도, 임금격차·지역간 개발격차·수출기업과 내수기업간의 격차·대기업과 중소기업간의 격차 등으로 나타나고 있는 이중 경제구조의 해소, 저축성향증가 및 소비성향 감소를 통한 수입성향의 감소로 요약할 수 있을 것이다.

효율적으로 통상정책의 과제를 실행하기 위해서 다음과 같은 일을 시행해야 한다. 통상정책은 여건의 변화를 완화 또는 전환시키거나 여건변화에 무역구조를 적절하게 대응시키는 방향으로 재정통제와 통상통제를 사용할 수 있게 대내정책과 병행하여 전개되어야 할 것이다.

우리나라는 우리의 경제규모에 걸맞은 국제사회에서의 역할을 제고하고 무한경쟁시대에 우리의 통상이익을 확보하기 위해 능동적이고 적극적인 통상정책추진이 필요하다.

---

6) 한국무역협회, 한·중 FTA 1주년 평가와 시사점, TRADE FOCUS, 2016.12, pp.1-2.

2. 향후 통상정책 방향

1) 통상외교활동의 기민화

최근 한국의 통상외교정책 과제 중의 하나는 통상정책의 기민화이다. 최근에는 세계적으로 ① 보호주의 만연, ② 지역주의의 확산, ③ 사회주의경제의 변혁, ④ 시장개방의 확대 등이 대두되어 국제 경제질서가 급진적으로 변혁되고 있으므로 이에 대한 적절하고 기민한 통상외교정책이 추진되어야 할 것이다.

최근 세계적으로 만연되고 있는 보호주의를 효과적으로 극복하기 위해서는 수출시장을 다변화할 수 있는 통상외교활동을 적극적으로 기민하게 추진해야 할 것이다. 이를 위해서는 미국 등 기존의 수출시장을 확대시키고 이와 더불어 러시아 등 사회주의 국가의 수출시장을 개척할 수 있는 통상외교활동을 적극적으로 기민하게 추진해야 할 것이다. 이를 위해서는 미국 등 기존의 수출시장을 확대시키고 이와 더불어 러시아 등 사회주의 국가의 수출시장을 개척할 수 있는 통상외교정책이 기민하게 강구되어야 할 것이다. 정부차원에서는 통상 및 경제협정의 체결, 통상사절단의 파견, 통상장관 및 통상실무자회담 개최, 박람회 및 상품전시회 개최 등을 통해 교역상대국과의 통상관계의 긴밀화를 도모해야 하며 한편 민간차원에서는 민간통상활동을 촉진시켜야 할 것이다.

세계적으로 확산되고 있는 지역주의에 대처하기 위해서는 지역적 경제통합체와의 통상활동을 강화해야 할 것이다. 예컨대 EU에 대해서는 역내 회원국뿐만 아니라 배타적 권한을 행사하고 있는 EU위원회를 상대로 통상활동을 강화해야 할 것이다. 경제개혁과 대외개방조치를 취하고 있는 사회주의국가와는 경제교류의 확대, 경제협력의 긴밀화, 과학기술협력의 촉진 등을 실현시킬 수 있도록 통상외교활동이 기민하게 추진되어야 할 것이다. 한편 국내시장 개방에 수반되는 긍정적 효과를 극대화시키고 그 부정적 효과를 극소화시키기 위해서는 상호주의와 공정무역을 고집하는 교역상대국을 대상으로 통상활동을 기민하게 추진해야 할 것이다.

2) 통상활동의 다변화

통상활동을 강화하기 위해서는 통상활동의 다변화를 추진해야 할 것이다. 최근의 국제경제체제는 미국과 러시아 중심에서 점차 벗어나 정치적, 경제적으로 다원적 체제를 형성하고 있다. 서유럽 자본주의국가는 그들의 국가 이익을 추구하기 위해서 정치적·경제적으로 미국의 패권적 지배체제에서 벗어나 독자적 정책을 채택하고 있으며 동유럽 사회주의국가도 경제개혁과 대외개방정책을 통하여 러시아의 패권적 지배체제에서 탈피하여 독자적 노선을 취하고 있다. 그리고 아시아, 아프리카, 라틴 아메리카 개발도상국으로 구성된 77그룹 회의도 괄목할 만한 활동을 추진하고 있다.

이러한 다원화된 국제경제체제하에서는 통상외교정책의 다변화가 추진되어야 한다. 종래 한국의 통상외교정책이 다변적으로 추진되어 온 것이 사실이지만 그 실적이 반드시 괄목하다고 평가될 수 없을 것이다. 그러므로 정부는 최근에 급진적으로 변혁되고 있는 국제경제질서를 충분히 감안하여 지역별로 국가별로 사항별로 통상외교의 다변화를 추진하지 않으면 안 될 것이다.

통상외교를 다변화시키기 위해서는 무엇보다도 먼저 미수교국과 국교를 수립한 후 대사관을 설치하여 외교관을 파견하고 통상협정과 그 외 경제 기술관계협정을 체결해야 할 것이다. 또한 무역사절단이나 경제사절단을 수시로 파견하고 민간차원의 경제협력위원회의 활동을 강화해야 하며 국제박람회 등에도 적극적으로 참여해야 할 것이다.

이러한 점으로 미루어볼 때 러시아를 비롯한 사회주의 국가와의 외교관계개선이 매우 중요한 과제로 대두되고 있다. 그동안 통상외교의 다변화조치에 따라 한국은 러시아 등 사회주의 국가와 국교를 수립하고 또한 그 외 사회주의 국가와 외교관계를 개선함으로써 통상관계의 원활화를 시도해 왔는데 이들 나라들과의 통상외교의 적극적인 추진이 필요하다.

3) 통상능력의 강화

통상활동을 강화하기 위해서는 통상능력을 강화해야 할 것이다. 무역전쟁, 통상마찰을 해결할 수 있는 유일한 정책수단이 분쟁국과의 통상협상이다. 통상협상은 오랜 시대부터 추진되었다고 볼 수 있으며 이 통상협상에 의하여 국제무역은 더욱 발전되어 오고 있다. 통상협상은 두 나라 사이에 쌍무적으로 추진되는 경우도 있고 여러 나라 사이에 다각적으로 추진되는 경우도 있다. 전자를 쌍무적 협상, 후자를 다각적 협상 또는 다자간협상이라고 부른다.

오늘날 세계무역기구하에 통상협상은 주로 다각적으로 추진되는데 이 통상협상은 국가이익에 막대한 영향을 미친다. 즉 통상협상을 잘 추진할 경우 이익을 얻을 수 있으나 그렇지 못할 경우 손실을 면치 못한다. 그러므로 모든 나라는 통상협상을 유리하게 추진하기 위하여 온갖 노력을 기울이고 있다.

통상협상을 유리하게 추진하기 위해서는 무엇보다도 중요한 것이 통상교섭력의 확보이다. 통상교섭력이 우세한 경우 통상협상을 유리하게 추진할 수 있으나 열세인 경우 이를 불리하게 추진할 수밖에 없다. 따라서 통상교섭력을 강화시키지 않으면 안 된다. 통상교섭력은 일반적으로 정치적, 경제적, 군사적 요인에 의하여 결정되기 때문에 기본적으로 이를 강화해야 할 필요가 있다. 그리고 통상교섭력을 강화하기 위해서는 이해관계가 유사한 다수국과 유대하여 현명한 대처방안을 강구해야 할 것이다. 그 외에도 원활하고 유리한 통상활동을 추진하기 위해서는 통상외교 관계 업무에 관한 전문지식, 협상술, 외국어 구사능력 등이 풍부하지 않으면 안 되기 때문에 이러한 조건을 갖춘 통상외교전문가를 양성해야만 할 것이다.

4) 관주도 통상활동 지양

통상외교활동을 강화하기 위해서는 관주도 통상외교 활동을 민간주도 외교활동으로 전환시켜야 할 것이다. 최근 국내 경제 질서는 정부일변도식 관주도형에서 어느 정도 벗어나 민간주도형으로 이행되고 있으며 경제운용의 민주화와 자율화가 시도되고 있다. 정부는 ① 정부투자기관의 민영화, ② 사기업에 대한 정부의 간섭 배제, ③ 사기업경영의 자율성 보장, ④ 정책수립에 있어서의 경제단체 여론수렴 등의 조치를 취하고 있다. 한편 무역상대국, 특히 사회주의제국에서는 경제개혁과 대외개방의 물결이 넘쳐흐르고 있다.

이와 같이 급진적으로 변혁되고 있는 국내외의 정치적, 경제적 환경하에서는 대외정책도 이에 부응하여 수립 집행되지 않으면 안 된다. 따라서 이러한 환경하에서는 통상외교활동도 정부일변도식 관주도형에서 탈피하여 민간주도형으로 전환되어야 할 것이다. 즉 통상외교정책은 그 정책의 특성상 정부의 전용 활동영역인 통상협정의 체결, 경제 및 기술관계협정의 체결, 통상장관회담의 개최, 무역실무회담 및 쿼터회담의 개최, 국제박람회의 참가 및 전시회의 개최 등 민간주도로 추진할 수 있는 분야는 정부의 간섭 없이 적극적으로 활발하게 추진되어야 할 것이다. 특히 사상과 이념을 달리하는 사회주의국가 등에 대해서는 민간차원에서 경제, 통상, 기술 등 제반분야에 관한 상호 유익한 협력을 면밀하게 적극적으로 추진한 후 정부차원에서 통상협정이나 경제 및 기술협정 등을 체결하고 필요에 따라 통상회담을 개최하는 것이 바람직할 것이다.

5) 경제 및 기술협력의 강화

통상활동은 국가간의 경제협력과 기술협력에 중점을 두어야 한다. 오늘날 국제경제 및 기술협력 관계는 매우 강화되고 있다. 선진국가는 선진국가대로 개발도상국은 개발도상국대로 경제 및 기술협력 관계를 강화시키고 있다. 그리고 선진국과 개발도상국간의 협력관계도 강화되고 있다. 이들 국가간의 경제 및 기술협력은 ① 무상원조의 공여, ② 개발원조 및 차관의 공여, ③ 과학 및 산업기술의 제공, ④ 기술자 파견 등 수많은 방법으로 추진되고 있다. 경제 및 기술협력은 협력당사국간 우호관계의 증진, 경제성장의 촉진, 대외무역의 확대 등에 매우 주요한 역할을 한다. 한국이 외국과 경제 및 기술협력관계를 강화하는 것도 이상과 같은 것을 달성하기 위함이다.

경제 및 기술협력관계는 그 자체가 바로 통상활동으로 볼 수 있다. 그 이유는 경제 및 기술협력관계가 긴밀하고 강화될수록 통상관계가 증진되기 때문이다. 한국은 오늘날 소위 신흥공업국으로서 선진국에 대하여 자본협력과 기술협력을 강화하고 있으며 다른 신흥공업국과도 이를 강화하고 있다. 그리고 개발도상국에 대해서는 상호 보완적 협력관계를 유지하기 위하여 ① 개발원조 제공, ② 직접투자 및 합작 투자 촉진, ③ 공업·농업·어업 등의 기술자 파견, ④ 기술자·기능공 훈련 등을 추진하고 있다. 그리고 동유럽 사회주의 국가에 대해서도 이러한 협력관계를 강화하고 있다.

이들 나라와의 경제협력과 기술협력은 더욱더 적극적으로 추진되어야 할 것이다. 그렇지 않으면 보호무역주의 하에서 점진적으로 축소되고 있는 해외 수출시장을 찾기 어렵기 때문이다. 보호무역주의 하에서는 경제협력과 기술협력의 강화를 통하여 교역 증대를 도모하는 것이 현명한 정책적 선택일 것이다. 더욱이 최근에는 기술보유국에서 기술보호주의가 대두되고 있기 때문에 기술협력의 긴밀화를 통한 통상외교활동이 필요하게 되었다.

Chapter

08

서비스 무역

Chapter 08 서비스 무역

제1절 서비스의 기초

1. 서비스의 개념

최근에 세계경제활동에서 차지하는 서비스(service) 부문의 상승에 의해 서비스에 대한 관심이 높아지고 있다. 서비스가 경제활동에서 차지하는 비중이 클 수록 서비스에 대한 개념적 정립은 매우 중요하다. 그러나 서비스의 개념을 정확히 정의하기란 쉬운 일이 아니다. 왜냐하면 서비스란 용어가 우리 주변의 어디서나 적용되고 밀접한 관계를 가지고 있기 때문이다. 즉 가정서비스를 포함해서 상거래서비스, 기술서비스, 각 업종별서비스, 이해관계를 초월한 공공서비스 등 인적·물적 서비스가 항상 인간생활과 함께 제공되어지고 있기 때문이다. 서비스에 관하여는 오래전부터 아담 스미스(A. Smith)를 비롯한 많은 경제학자들이 관심을 가져왔다. 전통적으로 서비스업이라고 하면 농림수산업 및 광업·제조업을 제외한 나머지 산업을 말하는 것으로 알려져 있으나, 최근까지도 서비스의 통일된 정의 내지 서비스와 재화의 차이점에 대한 인식이 확립되어 있지 않다. 더욱이 최근에는 컴퓨터 및 통신수단의 발달에 의한 경제의 소프트화·서비스화가 진전되면서 서비스 부문이 경제활동에 차지하는 비중이 증가하고 이에 대한 각국의 관심도 고조되고 있다.

먼저 서비스라 할 때 이는 가령 "노동, 기술 또는 자문과 같이 인간의 수고 형태를 띤 무형의 상품"(an intangible commodity in the form of human effert, such as labor, skill, or advice)이라든지 "시장에서 구매·판매되는 모든 무형적 제품" 또는 "재화가 아닌 무형의 경제재의 생산활동" 등으로 다양하게 정의된다.

이와 같이 서비스에 대한 단일의 명확한 정의를 내리기가 어려운 것은 서비스가 지닌 다양한 특성에 기인한 것으로 볼 수 있다. 즉, 서비스는 무형이어서 보거나 만질 수 없고, 대개의 경우 저장이 불가능하며, 대체로 소비자와 생산자간에 어느 정도의 상호작용(interaction)이 필요하고 어렵다는 점 등 일반재화와는 다른 특성들을 지니고 있기 때문이다.

2. 서비스의 특징

서비스에 대한 개념은 재화에 반대되는 시각에서 이해 할 수 있다. 먼저 재화는 소유할 수 있고 따라서 서로 다른 경제주체간에 양도가능한 유형의 물체라고 한다면 서비스는 어떤 경제단위에 속하는 사람이나 물건의 형태가 그 사람 또는 물건이 속하는 경제단위의 양해하에 다른 경제단위의 행위의 결과로 변화하는 것을 말한다. 즉 서비스는 그 자체가 변화하거나 이의 제공에 대한 대가로 발생하는 시간, 공간 및 형태의 효용을 제공하는 경제적 활동을 말하는 것이다.

서비스는 재화에 비하여 그 대상이 되는 차원이 근본적으로 다르다는 특징을 지니고 있다. 재화는 그 차원이 유형의 물체이지만 서비스는 그 차원이 무형의 어떤 상태의 변화를 말하는 것이다. 결국 서비스란 사람이나 물건을 변화시키는 경제행위이다. 서비스는 교사의 교육, 의사의 진료, 노동자의 노동, 상인의 매매활동, 교통·통신 등과 같이 물건이 아닌 것으로서 사람에게 경제적으로 유용한 행위를 말한다. 우리의 생활에서 쓸모있는 재화 가운데 일반 물품이 유형의 재화인데 대하여 서비스는 무형의 재화이다.

따라서 서비스는 유형재인 물품에 비하여 다음과 같은 몇 가지의 특성을 가지고 있다. 첫째, 물품은 형상이 물체이지만 서비스는 형상이 없고 상태를 변화하게 하는 것이다. 둘째, 재화와 서비스의 구별되는 특징은 소유권 이전의 차이를 갖고 있다는 것이다. 재화의 소유권은 거래에 의해서 다른 경제주체에 이동이 가능하지만 서비스는 서비스제공자에 의해서 서비스가 제공되더라도 소유권이동은 일어나지 않는다. 예를 들면 운송서비스의 경우 운송서비스 의뢰인에게 화물은 이동되지만 이 서비스의 소유권은 이동되지 않는다. 셋째, 서비스는 생산과 동시에 소비된다. 서비스는 달리 저장할 수 없고 소비는 순간적인 성격을 갖는다. 의료서비스를 예로 들면 의사의 치료를 하는 행위와 환자의 치료를 받는 행위가 동시에 이루어지는 것이다. 넷째, 서비스의 가치를 객관화하기 어렵다. 물품의 경우는 그 물품에 내재된 물품의 특성이 있고 이에 의하여 가치가 결정되지만, 서비스의 경우는 객관적으로 평가할 수 있는 물리적 특성이 없다. 또한 서비스의 효용은 소비하는 개인의 주관적 판단에 따라 편차가 매우 크다.

〈표 8-1〉 서비스와 물품의 특성비교

구 분	물 품	서비스
물체의 형상	있음	없음
소유권문제	있음	없음
생산과 소비	저장가능	생산과 동시 소비
가치	비교적 객관적	비교적 주관적

자료 : 조영정, 국제통상법 이해, 무역경영사, 2010.

제2절 서비스무역의 정의와 분류

1. 정의

서비스무역에 대한 정의 역시 서비스의 특성상 명확하게 일률적으로 정의를 내리기는 쉽지가 않다. 그러나 서비스무역은 서비스의 공급 또는 소비가 국경을 넘어 이루어짐으로써 발생되는 무역이며 서비스무역은 해운, 금융, 보험 등의 국제적인 업무속에서 오래 전부터 있어 왔다. 이러한 서비스무역은 국제화의 진전에 따라 날로 증가하고 있으며 그 증가속도는 상품교역을 훨씬 앞서고 있는 실정이다.

서비스무역에 대한 정의는 우선 국제무역의 측면에서 정의를 내리면 서비스무역은 한 나라에 위치한 생산자(resident)에 의해 다른 나라에 위치한 사용자(non-resident)에게 판매하는 것을 의미하게 된다. 그러나 서비스의 특성 때문에 서비스무역은 다른 국가의 거주자간(inter-resident) 거래되는 무형무역을 의미하는데 IMF는 국제수지의 목적상 재화 및 서비스를 "일국의 거주자와 비거주자 사이에 일어나는 모든 거래"로 규정하였고 OECD에서는 서비스무역을 ① 일국의 거주자에 의해 생산된 서비스가 다른 국가의 거주자에 의해 생산·수취·지불되는 행위, ② 서비스공급국으로부터 수출되어 서비스수요국에서 수입되는 행위, ③ 어느 일국에서 주로 생산된 서비스가 다른 국가의 거주자에 의해 사용·수취·지불되는 행위 등의 형태로 구분하였다.

그리고 서비스무역에 대한 보다 구체적인 분류정의는 세계무역기구(WTO)의 서비스무역협정(General Agreement on Trade in Services : GATS)에서 ① 한 회원국의 영토로부터 다른 회원국의 영토내로의 서비스공급형태인 서비스의 국경이동, ② 한 회원국의 영토내에서 다른 회원국의 서비스 소비자에게로의 서비스공급 형태인 해외소비, ③ 한 회원국의 서비스 공급자에 의한 다른 회원국 영토내에서의 상업적 주재를 통한 서비스공급 형태인 상업적 주재, ④ 한 회원국의 서비스 공급자에 의한 다른 회원국 영토내에서의 자연인의 주재를 통한 서비스공급 형태인 자연인의 주재로 구분하여 정의하였다.

2. 서비스 분류

1) 서비스의 국경간 공급(Cross-border Supply)

한 회원국의 영토로부터 다른 회원국의 영토내로의 서비스 공급이 있는데 이는 서비스의 국경간 공급으로 불린다. 이 경우 소비자는 자신의 거주국 영토에 있고 서비스 공급자는 당해 소비자의 영토밖에 소재하게 된다. 이러한 서비스의 전달은 음성, 팩스 또는 데이터 전송을 통해 이루어지거나 우편이나 배달을 통해 전달될 수 있다. 이러한 형태의 서비스공급 사례로는 인터넷과 같은 통신매체를 통한 음악파일의 전송서비스 또는 국제운송이나 국제우편 서비스 등이 해당된다.

2) 서비스의 해외소비(Consumption Abroad)

서비스의 해외소비는 서비스의 소비자가 자국 영토 밖에서, 즉 서비스 수출국 영토내에서 서비스를 구매·소비하는 경우를 말한다. 서비스의 소비자는 자연인이 될 수도 있지만, 자연인의 이동이 없이 자연인의 소유물이 해외로 이동하여 서비스를 구매·소비하는 경우도 있을 수 있다. 예컨대 관광객이 해외에 나가 구매하는 각종 관광서비스, 유학생이 해외유학으로 구매하는 교육서비스, 환자가 외국의 병원에서 진료를 받는 의료서비스 등은 자연인의 이동에 서비스의 해외소비에 해당한다. 이 밖에 항공기, 선박, 차량 등이 해외에서 운행하는 도중에 현지에서 수선·유지관리 서비스를 제공받거나 또는 시계·전자제품을 우편으로 해외에 보내어 수리받는 등의 경우는 자연인의 이동이 없는 서비스의 해외소비에 해당한다. 서비스의 해외소비라고 볼 수 있는 가장 근본적인 판별기준은 서비스 소비자의 본국 이외의 영토에서 서비스가 제공되었어야 한다는 것이다.

3) 상업적 주재(Commercial Presence)

한 회원국의 서비스공급자에 의한 다른 회원국 영토내에서의 상업적 주재를 통한 서비스공급방식이 있는바, 이는 상업적 주재(commercial presence)로 정의된다. 이 경우 소비자는 자신의 거주국내에 있으면서 가령 외국자회사(foreign affiliates) 등과 같이 당해 소비자의 영토내에 설립되어 독립적인 서비스 제공설비를 갖춘 법인 형태의 상업적 주재를 통해 서비스를 공급받게 된다. 가령 외국은행의 지점이나 지사 등에 의한 서비스의 제공 등이 이에 해당된다.

4) 자연인 주재(Presence of Natural Persons)

회원국의 서비스공급자에 의해 다른 회원국으로의 자연인의 이동을 통한 서비스 공급방식이 있는바, 자연인의 주재(presence of natural persons)로 이 경우 소비자는 자신의 거주국내에 있으면서 당해 소비자의 영토내에서 자연인인 외국의 공급자로부터 서비스를 공급받게 된다. 가령 회계사나 변호사 등과 같은 전문직(professionals)에 의한 해외에서의 서비스공급 등이 이에 해당된다.

따라서 서비스무역의 의미는 첫째, 서비스는 관세가 없다. 일반상품들이 국경진입과정상 관세의 부과라는 큰 무역장벽과는 달리 서비스는 무역장벽의 의미가 작다. 다시 말하면 물품의 국경이동시에는 관세를 부담하고 물품의 국내이동과정에서 많은 장벽이 있지만 서비스의 경우는 이러한 것이 없다.

둘째, 자유화수준의 측정이 어렵다. 무역장벽의 비정형성과 복잡성으로 인하여 어떠한 요인이 어느 정도의 무역장벽이 되고 있는지 객관적으로 측정할 수가 없다.

셋째, 선후진국간에 무역불균형이 심하다. 선진국의 서비스산업은 후진국에 비하여 발전수준이 크게 앞서 있다. 첨단산업이나 기술집약적 산업과 연관되어 있는 서비스가 국제교역에서 중요한 위치를 점하고 있기 때문에 서비스교역에서의 선후진국간의 수지는 일반상품에서 보다 그 불균형의 정도가 더 심하다.

넷째, 무역장벽이 복잡하고 비정형적이다. 서비스무역은 국경장벽 이외에도 국가내의 각종 제도와 규정, 사회적·문화적 요인에 의한 비정형적인 요인들이 서비스의 창출이나 거래에 연관되어 있어 이러한 모든 요인들이 무역장벽으로 될 수 있다. 특히 서비스의 공급은 소비자와 공급자간에 근접한 관계에서의 상호작용을 필요로 하고 그 가치평가의 주관성 때문에 사회적·문화적인 요인이 크게 작용하게 된다.

다섯째, 서비스는 국내활동에서의 장벽이 중요성을 가지게 된다. 서비스의 자유화를 위한 조치도 국내조치들이 대부분이다. 따라서 상품에서는 관세인하를 비롯한 국경장벽의 완화가 중요하지만 서비스무역의 경우는 시장접근과 내국민대우 등의 국가내의 조치가 자유화개념의 중심에 있게 되는 것이다.[1)]

〈표 8-2〉 WTO/GATS의 서비스무역 정의

구분	형 태	정 의	비 고
공급자가 소비국내에 주재하지 않는 경우	국경간 공급	인력이나 자본 등 생산요소의 이동이 수반 되지 않은 서비스제품 자체의 국경간 공급	서비스 생산물의 이동
	해외소비	서비스 소비자의 소속국 이외의 영토에서 서비스의 소비행위가 완결되는 경우	소비자의 이동
공급자가 소비국내에 주재하는 경우	상업적 주재	서비스 수입국내에 서비스 공급주체를 설립하여 서비스를 생산·판매하는 경우	자본생산요소의 이동
	자연인의 주재	서비스 수입국내에 서비스 공급인력이 주재하는 경우	노동생산요소의 이동

제3절 서비스무역 논의 동향

1. 서비스무역의 중요성 증가

서비스무역의 자유화를 위한 국제규범의 제정은 1986년 UR에 와서야 다자간 차원에서 본격적으로 논의되기 시작하였지만 국제서비스무역은 1970년부터 계속적으로 증가하였다. 국제서비스 수출액은 그 성장속도가 공산품과 광산품을 상회하게 되었고 우리나라의 경우에도 서비스수출입이 급증하고 있고, 특히 미국의 서비스무역은 국내총생산의 약 80%를 차지할 정도로 미국경제의 최대 구성요소이며, 미국은 세계 최대의 서비스 수출국가이기도 하다. 이러한 서비스무역의 급증은 과학기술 특히 전자공학과 컴퓨터 분야의 기술진보로 인한 것인데, 운송서비스와 금융서비스 등의 확대는 결과적으로 상품무역의 증대를 촉진하게 된다.

1) 조영정, 국제통상법 이해, 무역경영사, 2010.

UR에서의 서비스협상이 갖는 의의는 무엇보다 서비스무역의 중요성을 같이 인식하고 다자간 차원에서 최초로 서비스무역의 자유화에 대한 논의가 진행되었다는 점이다. GATT는 성립이래 40여년 동안 눈에 보이는 '재화'만을 무역자유화의 대상으로 취급해 왔는데, UR에서는 재화와는 근본적으로 성격을 달리하는 눈에 보이지 않는 '서비스'를 무역자유화의 규율대상으로 취급하게 된 것이다. 이것은 GATT의 전면 개혁이며 세계무역질서의 일대 변혁이라 하겠다.

서비스무역의 자유화가 이루어지면 세계의 무역규모와 형태에도 일대 변화가 발생할 것으로 예상되며 상품무역과 같은 정도의 자유화가 이루어지면 조만간 서비스무역은 상품무역 규모와 같은 수준에 도달하게 될 것이며 오히려 상품무역을 추월할 정도로 급성장할 가능성이 있다.

2. 서비스무역의 자유화를 위한 국제 논의

일반적으로 1970년 이전까지 서비스거래는 국내통상문제에 속하는 것으로 인식되었고 전적으로 국내법규의 규율을 받아 왔다. 서비스가 무역(trade) 개념으로 파악되고 서비스무역의 자유화문제가 국제적으로 논의되기 시작한 것은 1970년대에 들어와서였지만 1950년대부터 1970년대에 걸쳐 선진국경제가 서비스경제로 전환하는 구조조정을 겪게 됨에 따라 서비스에 대한 인식이 변화하게 되었다. 즉 서비스부문의 GDP가 상승하고 선진국들은 이러한 양적인 성장과 함께 정보통신, 금융 등 경제의 하부구조 서비스(infrastructure services)의 전략적 중요성이 상품무역의 촉진과 서비스산업의 육성과 관련하여 크게 부각되면서, 서비스산업의 규제가 개별국가의 국내문제가 아닌 국제문제로 취급되기 시작하였다. 1972년 OECD 각료회의시 산업구조 변화, 동경라운드 준비 등을 위하여 장기적인 무역전망을 검토할 고위그룹이 설치되었는데 이 그룹의 보고서는 '서비스무역'(Trade in Services)이라는 용어를 처음으로 명시적으로 사용함으로써 서비스거래도 무역으로 취급될 수 있으며 상품무역의 원칙과 규범이 적용될 수 있다는 인식의 전환을 가져왔다.

서비스를 다자간 무역협상의 의제로 채택하기 위한 구체적인 노력은 1980년대 초부터 시도되었다. 1978년부터 OECD 무역위원회는 미국의 설득으로 서비스무역에 대한 연구를 계속하였으며 1981년 OECD 각료들은 서비스무역의 자유화가 침체된 세계경제에 활력을 가져다 줄 수 있다고 평가하고 GATT 서비스협상의 추진문제를 추가적으로 검토할 가치가 있다고 선언하였다. OECD 무역위원회가 작성한 연구보고서는 서비스무역이 현저하게 증가하고 있음에도 불구하고 적지 않은 무역장벽에 의해 방해받고 있다는 사실을 확인함으로써 서비스무역을 다자간 무역협상에 포함시키기 위한 최초의 기초문서로 기록되었다.

3. 서비스무역의 자유화를 위한 국제기구 논의

1980년대 초에 세계경제는 심대한 경제불황에 빠지게 되고 경기침체는 지속되었으며, GATT 체제 또한 중대한 위험에 직면해 서비스무역보다는 다른 긴급한 문제에 많은 관심이 쏠리게 되었다. 그러나 미국은 서비스무역을 자유화하는 것은 결과적으로 상품무역의 확대에도 기여할 수 있다는 이유 등으로 동경라운드에서의 공식의제 상정 노력이 실패한 이후에도 국제공동체에 서비스무역 문제를 계속적으로 제기하였다.

1982년 11월 제38차 총회에서 채택된 '각료선언'(Ministerial Declaration)에서 GATT 체약국들은 ① 각 체약국이 다양한 형태의 서비스에 관심을 가지고 동 분야의 이슈들을 가능한 한 국가적 차원에서 조사하도록 권고하고 ② 체약국들이 그러한 문제에 관한 정보를, 특히 GATT와 같은 국제기구를 통하여 상호 교환하도록 요청하며, ③ 관련 국제기구가 제공하는 정보, 논평, 조사결과를 1984년 총회에서 검토하고 이러한 문제의 해결에 있어서 다자간 행동이 적절하고 바람직한지 여부를 검토할 것을 합의하였다.

1982년의 각료선언에 따라 13개국(미국, 캐나다, 일본, EC, 영국, 서독, 벨기에, 네덜란드, 이탈리아, 스위스, 덴마크, 스웨덴, 노르웨이)은 1984년 GATT 총회에 서비스무역에 관한 국별 연구보고서를 제출하였다. 동 연구보고서의 주요 내용은 개도국과 선진국의 서비스산업의 성장률이 1979년에 이미 다른 분야의 성장률을 초과하였다는 것과 시장접근제한과 외국회사의 영업제한 등 다양하고도 광범위한 무역장벽들이 서비스무역을 저해하고 있다는 것, 서비스산업이 차지하는 중요성을 고려해 볼 때 각국은 무역정책의 결정시 서비스무역의 역할을 재평가해야 한다는 것이었다.

따라서 1986년에 새로이 출범할 다자간 무역협상의 기초작업을 위해 '뉴라운드 준비위원회'는 서비스무역을 GATT 협상의제에 포함시킬지 여부에 대해 선진국과 개도국간의 논쟁은 계속되었지만 우루과이의 푼타 델 에스테(Punta del Este)에서 개최된 GATT 각료회의는 일주일간의 마라톤 회의 끝에 서비스무역을 다자간 협상에 포함시키기로 합의하였다.

제4절 서비스산업의 분류와 현황

1. 서비스산업의 분류

1) UN의 분류

서비스산업의 분류와 관련하여 서비스산업도 서비스분류처럼 전세계적으로 확립된 통일된 분류기준은 아직 없다. 다만, 지난 UR 서비스협상 당시의 양허협상과 GATS에 따른 구체적 약속에 관한 개별 국가의 양허표 작성에 있어서는 전부는 아니지만 대체로 UN의 잠정적 중심상품분류체계(Provisional Central Product Classification: Provisional CPC)상의 서비스업종에 관한 분류체계를 기초로 하였다.[2] 여기서 CPC에 기초한 WTO/GATS의 서비스양허표에 있어 서비스산업의 분류체계를 소개하면, 먼저 서비스를 사업서비스(46), 통신서비스(24), 건설(5), 유통(5), 교육(5), 환경(4), 금융(17), 보건·사회서비스(4), 관광(4), 문화·오락·스포츠(5), 운송(35) 및 기타(1) 등 12개 분야(sectors)로 크게 분류하였고, 이들 각 분야는 다시 ( ) 안에 표기된 수만큼의 小분야(sub-sector)로 세분하고 있는 바 서비스양허표상의 小분야는 모두 155개에 달한다. 유통서비스 분야를 예로 들면, 유통서비스분야는 다시 중개서비스, 도매서비스, 소매서비스 및 프랜차이징 등 4개 소분야로 세분된다. 여기서 가령 도매서비스에는 곡물도매업, 원유도매업, 비료도매업 등과 같은 다양한 업종(activities)으로 분류할 수 있다.[3]

한편 2000년 2월 개시된 WTO/GATS 서비스협상의 일환으로 현재 WTO 서비스양허위원회(Committee on Specific Commitments)에서는 현행 CPC 분류표를 개정하기 위한 정식의 논의가 진행중에 있으며 이는 무엇보다도 UR 협상 타결 이후 변화된 서비스산업의 현실을 반영한 새로운 서비스분류표를 토대로 후속서비스협상을 진행하기 위한 기초작업이라 할 수 있다. 이와 관련하여 다수의 회

2) L. Altinger & A. Enders, The Scope and Depth of GATS Commitments, The World Economy, Vol.19(1996), No.3, p.313.

3) 참고로 UN의 잠정적 중심상품분류체계(Provisional CPC)는 최근 UN 경제사회국(Department of International Economic and Social Affairs) 통계과(Statistics Division)가 이를 개정하여 발간한 "중심상품분류체계 1.0 개정판"(Central Product Classification Version 1.0: CPC Version 1.0)으로 대체되었다.

원국이 환경, 법률, 건설, 에너지, 우편·송달 등 자국이 관심을 갖고 있는 분야에 있어 현행 분류체계의 문제점을 지적하면서 자신들의 새로운 분류 안을 제시하고 있다.

2) 우리나라 서비스산업 분류

아직까지 GATS의 양허약속의 협상 및 이행과 관련하여 상품분야의 'HS'와 같이 모든 WTO 회원들이 따라야 하는 통일된 서비스분류체계는 존재하지 않는다. 따라서 일반적으로 대부분의 국가들은 세계은행의 분류방법인 농업, 공업, 서비스산업의 3분류방식을 채택하고 있고, 우리나라에서도 UN에서 권장하고 있는 방식을 수정, 보완하여 채택하고 있는 실정이다. 구체적으로 우리나라의 서비스산업의 분류를 살펴보면, 2000년 1월 7일 통계청이 한국표준산업분류 기준에 의거하여 새로이 개정한 대분류코드 번호 G에서 T까지에 해당하는 산업을 서비스산업으로 분류하고 있다(<표 8-3> 참조).

한국표준산업 분류기준에 대한 개정은 제8차 개정에 해당하는데 이는 지식·정보화 사회를 대비하고 서비스산업 활동의 비중 증대 및 전문화 추세를 반영하기 위하여 표준산업분류를 전면적으로 개정할 필요성에 의해서 이루어진 것이다. 여기서 8차 개정의 서비스분야에 있어 특징을 살펴보면, 운수업과 통신업을 대분류에서 구분하였고, 금융보험업에 투자자문업과 유가증권관리 및 보관업 등을 신설하였으며, 부동산 및 임대업을 대분류에서 구분하였고, 보건업에서 종합병원, 공공보건의료업 등을 신설하였으며, 영화·방송 및 공연예술산업에서는 만화영화제작업, 비디오물 감사실운영업 등을 신설하였고, 유선방송업, 공연단체 및 자영예술가 등을 세분한 점 등을 예로 들 수 있겠다.[4)]

4) 참고로 개정작업은 1998년 4월 시작하여, 1년 9개월에 걸쳐 개정작업을 추진하여 온 결과 2000년 1월 7일 통계청 고시 제2000-1호로 확정·고시되었고, 2000년 3월 1일부터 시행되기에 이르렀다.

〈표 8-3〉 우리나라 서비스산업 대분류 업종명 및 분류표

(단위 : 개)

항목별 / 대분류별 기호 (대분류업종명)	중분류	소분류	세분류	세세분류
G (도·소매업)	3	21	54	162
H (숙박, 음식)	1	2	6	22
I (운수업)	4	12	21	48
J (통신업)	1	2	5	9
K (금융, 보험)	3	5	15	34
L (부동산, 임대)	2	6	10	21
M (사업서비스)	4	15	29	70
N (행정, 국방등)	1	5	8	25
O (교육서비스)	1	5	11	23
P (보건, 복지)	2	4	10	22
Q (오락, 문화등)	2	7	21	55
R (공공, 개인)	4	11	24	49
S (가사서비스)	1	1	1	1
T (국제, 외국)	1	1	1	2
합계	30	97	216	543

출처 : 통계청, 한국표준산업분류 참조.

제5절 서비스 무역장벽

1. 서비스 무역장벽의 논의

일반적인 무역 논의에서는 형태가 분명한 재화의 교역자유화에 관한 논의가 주를 이루어왔다. 그러나 형태의 비정형성으로 인하여 논의의 구체적인 전개가 어려웠던 서비스무역의 활성화 방안에 대한 활발한 논의는 서비스산업에서 비교우위를 갖고 있는 국가들의 주도로 서비스무역의 활성화를 위한 공식적인 협상 전개로 이어졌다. 이러한 논의의 활발한 시작은 자국의 비교우위가 점차 상품에서 서비스분야로 이전되어감에 따라 상품분야에서의 적자를 서비스분야에서 보전하고 있는 미국의 주장과 서비스산업에서 비교우위를 갖고 있는 선진국의 지지로 더욱 촉발되었다. 그러나 서비스무역의 공식적인 논의활성화를 가로막았던 가장 큰 장애 요인도 역시 여타 분야와 마찬가지로 산업의 서비스화가 낮은 개발도상국들의 국가정책목표나 경제개발 등에 있어서의 정책적 우선 순위 등에서도 장애요인으로 나타난다.

과거에도 서비스분야에서 국제적인 조약이 없었던 것은 아니었지만 서비스무역 활성화가 주로 양자간의 합의에 근거한 것이어서 특정분야 특정국가에 한정된 성격을 띠고 있었다. 더욱이 규약같이 구속력이 없어 서비스 무역의 활성화를 위하여 제도 및 규정상의 많은 보완점을 요구하여 왔던 것이 사실이다.

서비스무역의 활성화와 GATS에 따라 서비스무역의 활발한 활동은 충분히 예측할 수 있지만 이에 따라 필연적으로 나타나는 서비스무역장벽을 살펴볼 필요가 있다. 따라서 여기서는 서비스 무역장벽으로서 시장접근과 내국민대우에 관련된 장벽과 또 서비스무역의 유형에 따른 장벽으로 구분하여 살펴본다.

2. 시장접근과 내국민대우에 관련된 서비스무역장벽

1) 시장접근에 관련한 규제조치

시장접근에 관련한 정책적 수단은 기본적으로 입국이나 외국인 기업의 설립을 방해하는 여러 수단으로 이러한 유형의 수단은 입국에 대한 전반적인 진입금지로부터 특정사업을 규제하는 단계에 이르기까지 실로 다양한 형태를 띤다. 기업의 이사 구성에 있어서의 시민권 제한이나 지분참여에 있어서의 지분율의 규제, 혹은 시장에서의 참여 기업의 제한 등은 이러한 유형의 제한의 대표적인 예라고 할 수 있겠다.

세부적인 제한사항을 보면 특정시장에서의 외국사나 외국인의 진입을 제한하는 직접투자의 완전한 제한과 특정시장에서의 서비스재화 공급을 부분적으로 제한하거나 특정유형의 투자를 제한하는 조치 또 외국인 서비스공급시 외국사의 지리적인 위치에 대해 제한을 가함으로써 서비스공급에 있어서 실질적인 규제를 가하는 방법과 시장에서의 기업수를 제한함으로써 실질적인 시장접근에 제한을 두는 방법 등을 들 수 있다.

2) 내국민대우에 관련한 규제조치

내국민대우에 관련한 규제조치는 외국인이나 외국기업이 내국민이나 내국기업과 비교하여 얼마나 동등한 대우를 받느냐에 관계되는 모든 조치를 의미한다. 이러한 유형의 규제가 가격중심의 규제수단이 되는 이유는 내국민대우를 결정짓는 수단들이 조세를 통한 제한이나 지방시장에 대한 접근, 외환의 적절한 교환 등에 영향을 주는 여러 수단으로 이루어져 있기 때문이다. 정부의 조달에 대한 참여제한이나 지방에서의 자본조달 등에 있어서의 제한 조치들은 내국민대우가 실질적으로 갖는 의미를 말해주고 있다.

3. 서비스구분에 따른 유형별 무역장벽

기본적으로 서비스 교역장벽이란 외국에서 생산된 서비스의 판매에 간섭하는 정부의 수단을 일컫는데 이러한 장벽의 유형으로는 일반적인 무역장벽이 갖는 모든 형태를 띤다. 그리고 이러한 장벽은 국내 생산자에게는 부담시키지 않는 여러 장애를 외국인 생산자에게 부담시키는 국가의 여러 행위를 의미한다. 서비스의 국내 판매가격을 상승시키기 위해 부과되는 여러 가지 형태의 차별적인 금전적 부담에서부터 외국인 생산자에게 지워지는 생산에 있어서의 수량적인 제한조치나 혹은 특정부문에서의 생산금지 등은 서비스무역장벽이 가질 수 있는 형태 및 종류를 설명해 준다고 하겠다.

이러한 여러 유형의 서비스 교역장벽이 갖는 기본적인 특성은 서비스가 재화와는 달리 형태를 갖고 있지 않다는 점이다. 재화에 부과되는 여러 가지 형태의 무역장애는 서비스의 부정형성으로 인하여 소비과정이나 판매과정 등 서비스의 거래를 관찰 혹은 증명할 수 있는 단계에서만 부과할 수 있다.

서비스분류에 대하여 살펴보았듯이 여러 가지 다른 기준에 의한 서비스의 분류 방법이 있으나 서비스 교역장벽의 유형도 앞에서 분류한 서비스유형으로 서비스무역장벽을 알아본다.

1) 생산자 및 소비자 모두 이동하지 않을 경우

이 경우 서비스만을 분리(disembodied)한 거래와 생산자 서비스를 분리한 거래로 나누어진다. 국제 데이터 통신을 이용한 금융, 광고, 의료 등 다양한 정보 서비스 거래가 전자의 좋은 예이다. 후자의 예로서 똑같이 그러한 통신수단을 사용하는 경영 컨설팅 서비스와 기술 노하우의 거래를 들 수 있다. 어떠한 경우에도 데이터 흐름에의 규제가 장벽이 된다.

예컨대 친회사가 해외 자회사에 특정정보를 보내거나 또한 얻는 것을 금지한 경우에는 어떠한 서비스 거래도 행해지지 않는다. 또한 전략방위상의 이유에서 특정기술 수출을 금지하면 I형의 (b)의 서비스 거래는 행해지지 않는다.

2) 생산자만 이동 경우

생산자만 이동경우형은 기업설립과 노동이동을 수반하는 서비스 거래의 두 가지로 나누어진다. 기업설립은 해외 자회사, 지점, 출장소를 개설하여 행하는 금융, 정보·통신, 법률·회계 서비스 등의 거래이다. 오로지 노동에 의한 서비스는 이들 서비스를 개인이 컨설턴트로서 공급하는 경우와 특히 전문적인 기능을 필요로 하지 않는 음식 서비스, 건설 서비스를 공급하는 경우이다. 어떠한 경우도 생산자인 기업의 설립 혹은 개인의 이동을 저해하는 규제가 장벽이 된다. 기업설립에서는 사업의 인허가제도, 특정사업에의 외자참입규제, 공공사업에의 입찰제도 등이 장벽으로 거론된다. 노동자인 개인의 이동에 관해서는 취업비자의 발행 이외에 보다 전문적인 서비스에 관해서는 외국에서 취득한 각종 자격의 인허가가 문제된다.

3) 소비자이동에 대한 거래

소비자만 이동하는 경우에는 소비자인 관광객과 유학생의 이동을 저해하는 예컨대 외화소지 출국에 대한 제한과 관광비자·유학비자 발행의 규제가 장벽이 된다.

4) 생산자와 소비자 모두 이동 경우

생산자와 소비자 양측 모두 이동에 의한 서비스 거래 경우에는 생산자만이 이동 경우와 소비자만 이동 경우 등 2가지 모두가 생산자나 소비자의 이동을 저해하는 장벽이 된다.5)

〈표 8-4〉 서비스 무역의 유형별 장벽

분류	거래의 예	장벽의 예	주요 쟁점
• 생산자 및 소비자 모두 이동하지 않는 분리된 서비스 거래 • 분리된 생산자 서비스 거래	• 데이터 통신에 의한 정보 서비스 • 통신에 의한 기술 경영 노하우의 공급	• 국제 데이터 흐름에 대한 규제 특정기술 수출의 규제	• 안전보장 프라이버시 • 공적독점
• 생산자만 이동 자본과 노동에 의한 서비스 • 오로지 노동에 의한 서비스	• 기업 설립에 의한 금융·건설·정보 서비스 • 법률·회계·경영컨설팅 서비스, 노동 서비스	• 사업인허가, 사업 참입에의 외자규제, 공공사업입찰 제도 • 외국에서의 거래 자격의 인가 취업비자	• 공적독점 • 안전보장 • 규격기준 • 면허의 인정 • 입국관리
• 소비자만의 이동에 의한 서비스 거래	• 관광 서비스	• 외화지출 규제 • 관광비자 • 유학비자	• 외화할당 • 입국관리
• 소비자 및 생산자 양특의 이동에 의한 서비스 거래	• 제3국에서 행하는 의료 서비스		• 면허의 인정 • 입국관리

자료 : 박명섭, 서비스무역, 다산출판사, 1995, 재작성.

4. 서비스무역 통계 문제

GATS에서 정의하고 있는 서비스무역에 관한 현황을 파악하기 위하여 서비스무역에 관한 기존의 제한된 통계자료를 이용함에 있어 양자 간에 서비스무역에 관한 정의나 분류체계 등이 서로 일치하지 않는 관계로 상당한 어려움이 따른다. 이는

5) 박명섭, 서비스 무역, 다산출판사, 1993.

무엇보다 GATS상 서비스무역의 정의가 지리적으로 국경을 넘어 이루어지는 무역, 즉 거주자와 비거주자간의 거래를 가리키는 전통적인 국제무역의 개념을 벗어난 거래까지 포함하고 있는 것에 기인한다. 즉, 통상적인 무역통계 작성기준에 따르면 거주국의 법에 따라 설립된 외국계법인 역시 당해 거주국의 거주자(resident)로 간주되어 이들 외국계법인에 의한 현지판매(local sales by foreign entities)는 국제무역에 포함되지 않음에 비하여 GATS상 서비스무역에 따르면 그러한 외국계 법인에 의한 현지판매까지도 서비스무역에 포함되는 것으로 정의하고 있는 것으로 보고 있다.

5. 기타 서비스무역장벽

서비스 무역의 장벽에서 공통적인 것은 각 서비스분야에서의 국내규제가 국제간 거래를 저해하는 요인이 되고 있다는 점이다. 그런데 왜 규제가 필요한지의 장벽의 이유로서 각국의 경제적·기술적 요인뿐만 아니라 정치적·문화적 혹은 군사적인 다양한 이유를 들 수 있다. 예컨대 생산자와 소비자가 모두 이동하지 않는 경우 국제 데이터 흐름을 규제하고 친회사가 외국의 데이터 베이스에 특정의 정보를 보내는 것을 금지하는(브라질 등) 이유로서, 자국의 정보가 외국에 보유되는 것을 싫어하는 안전보장상의 이유와 프라이버시 보호의 필요성을 들 수 있다. 또한 정보·통신 서비스 중 전화 등의 기본적인 서비스는 공공서비스 부문이고 공적독점의 형태를 취하는 나라가 많다. 공적독점이 행해지고 있는 분야에는 외자계 기업뿐만 아니라 국내기업의 참입도 규제된다. 노동이동에 관해 대다수 나라가 규제를 행하고 있다. 이것은 외국인 노동자의 참입에 의해 일어나는 국내고용에 대한 영향과 사회적 비용증가를 회피하기 위해서이다. 또한 전문 서비스분야의 취업에서 각국이 외국에서의 취득자격을 무조건 인정하지 않는 것은 각국의 전문 서비스에 관해 요구되는 기술수준이 각각 다르다는 인식 때문이다.

외화부족에 고심하는 나라가 자국민의 외화소지 출국을 제한하면, 그 결과 외국으로의 관광여행과 외국유학은 곤란해진다. 또한 국내에서 정치적 혹은 사회적 혼란을 보이는 나라가 외국인 여행자의 입국을 제한하는 경우가 있다. 어떠한 경우에도 관광 서비스의 거래는 제한된다.

이와 같이 서비스 무역장벽의 이유, 즉 규제를 행하는 이유는 다양하다. 이 중에는 대외거래를 직접 규제하는 것과 대내거래에 대한 규제가 간접적으로 대외거래를 규제하는 것이다. 앞에서 말한 국제 데이터 흐름의 규제와 외국인 노동자의 취업규제는 대외거래에 대한 직접규제이다.

또 서비스 무역장벽의 특징 가운데 하나는, 이러한 국내의 서비스거래에 대한 규제, 즉 침입장벽이 간접적으로 무역장벽이 되고 있는 경우가 많다는 점이다.

무역과 지식재산권

Chapter 09 무역과 지식재산권

제 1 절 지식재산권의 개념

1. 지식재산권의 의의

지식재산권(Intellectual Property Right)이라 함은 인간의 두뇌활동에 의하여 창출된 지적창작물을 무체재산권으로 보호하려는 것이다. 지식재산권은 자연적·인공적 유체물에 대한 독점적·배타적 지배권인 물권에 대하여 지적 무체물에 대한 독립적·배타적 지배권의 총칭으로서 저작권(Copyright)을 포함한다. 따라서 산업재산권(Industrial Property Right : 특허권·실용신안권·의장권·상표권·부정경쟁방지 및 영업비밀보호에 관한 법률로 보호되는 이익 등)보다 그 보호대상 범위가 넓다.

또 인간이 자신의 정신적 창조활동을 통하여 산출해낸 지적생산물에 대하여 배타적인 지배권의 행사를 주장할 수 있음은 당연한 것이며, 이것은 인간의 기본적인 권리이다. 또한 많은 노력과 위험이 따르는 인간의 창조적 결과가 보호받지 못할 경우 이러한 창조행위는 위축되고 이로써 인류의 발전과 복리증진에 부정적인 영향을 미칠 우려가 있다. 따라서 지식재산권의 보호는 발명과 창작에 대한 의욕을 고취시키고, 그 발명과 창작의 내용이 공공의 영역에 공표 되도록 함으로써 궁극적으로 지식과 기술의 축적을 가속화시키는 역할을 하게 된다.

또 지식재산권(Intellectual Property Right)은 그 성질상 국제적인 분쟁이 일어나기 쉬우므로 산업재산권 보호를 위한 파리협약(Paris Convention(1883) for the Protection of Industrial Property 이하 "파리협약"이라 한다)과 문학 및 예

술적 저작물 보호를 위한 베른협약(Berne Convention(1886) for the Protection of Literary and Artistic Works) 등 여러 형태의 국제조약(협약, 협정)이 체결되어 있다. 이러한 지식재산권은 산업재산권과 저작권으로 대별할 수 있고 산업재산권은 다시 특허권, 실용신안권, 의장권, 상표권 등으로 나누어지나 산업의 발전에 따라 산업재산권이나 저작권으로 나누기 어려운 반도체 집적회로배치설계, 생명공학기술 등의 첨단산업재산권, 데이터 베이스, 뉴미디어, 영업비밀 등 정보재산권, 컴퓨터프로그램(소프트웨어) 등의 산업저작권 등이 새로운 분야에서 신지식재산권으로 계속 확대되고 있는 추세에 있다.

세계지식재산권 보호기구에서(WIPO: World Intellectual Property Organization) 지식재산권을 문학, 예술, 과학작품, 연출예술가의 공연, 음반, 방송 모든 분야에 있어서의 인간 노력의 발명, 과학적 발명, 공업의장, 등록상표, 서비스표, 상호 기타 명칭, 부정경쟁에 대한 보호 등에 관한 권리, 공업, 과학, 문학 또는 예술분야의 지적활동에서 발생하는 기타 모든 권리라고 규정하고 있다. 또, WTO(World Trade Organization) 지식재산권협정 무역관련 지식재산권 분야(TRIPs : Trade Related Intellectual Property Rights) 협정에서는 지식재산권을 저작권 및 저작인접권, 상표, 지리적 표시, 의장, 특허, 반도체 칩 배치설계 및 미공개 정보라고 하고 있다.

이상의 여러 협약이나 관련규정들을 종합해 볼 때 지식재산권이란 인간의 창작노력에 의하여 창출된 산업재산권이나 저작권뿐만 아니라 최근 새로운 분야에서 속출되고 있는 영업비밀, 컴퓨터프로그램 등 신지식재산권도 포함하여 총칭하는 개념으로 해석할 수 있다. 여기에서 산업재산권이란 연구자에게 그들의 노력의 결과로 나타난 발명 등의 공개를 통한 정보제공 등에 대한 대가와 그 자신들의 정신적 고뇌 및 물질적 소모에 대한 보상으로서 일정기간 그 발명, 고안이나 의장 및 표장 등을 독점, 배타적으로 이용할 수 있는 권리를 부여하여 창작의욕을 고취시키고 또 그 내용을 일반 공중에게 공개함으로써 중복연구나 중복 투자를 막음은 물론 공개된 내용을 기초로 보다 진보된 것을 개발하여 산업의 육성, 발전을 도모하려는 것이다.

이러한 산업재산권에는 새로운 발명을 보호하는 특허권, 종래의 물품을 보다 실용적으로 개량한 고안을 보호하는 실용신안권, 물품의 보다 맵시 있는 디자인을 보호하는 의장권, 자기의 상품을 타인의 상품과 구별하기 위하여 사용하는 표장을 보호하는 상표권 등이 있다.

또 "저작권(Copyright)"이란 학문적 또는 예술적 저작물에 대한 독점적·배타적 권리로서 산업재산권과 함께 지식재산권의 양대 주류를 이루고 있다. 이는 저작자의 창작에 대한 고뇌와 경제적 부담에 대한 보상 및 그 창작물에 대한 공시의 대가로 저작자에게 일정기간 그 저작물에 대하여 독점적으로 이용할 수 있는 권리를 인정하는 것이다.

여기에서 "著作者(Copyright)"라 함은 저작물을 창작한 자를 말하고, "저작물"이라 함은 사상 또는 감정을 창작적으로 표현한 것으로서 문학, 학술 또는 예술의 범위에 속하는 창작물을 말한다.

이러한 저작권은 저작재산권만을 의미하는 개념으로 사용되는 경우와 저작재산권에 저작인격권을 포함하는 의미의 개념으로 사용되는 경우 또는 저작권법상의 모든 권리를 의미하는 개념으로 사용되는 경우가 있다.

또 여기에서 "신지식재산권(the right of new knowledge)"이라 함은 산업재산권(Industrial Property Right)이나 저작권(Copyright) 등 기존의 지식재산권(Intellectual Property Right) 분야로는 분류하기가 부적합한 새로운 분야의 지적창작물을 제3의 신지식재산권으로 분류하여 보호하려는 제도를 말한다. 예를 들면 반도체 집적회로배치설계, 바이오산업기술, 컴퓨터프로그램, 소프트웨어, 미공개 정보, 데이터베이스, 뉴미디어 등과 같은 신규분야의 지식재산권 등이다.

결국, 우리가 논하고자 하는 지식재산권(Intellectual Property Right) 그리고 WTO의 무역관련 지식재산권 분야의 의미는(IRP-Intellectual Property Right ; TRIPs-Trade Related Intellectual Property Rights) 산업·과학적 등의 발명과 문예적 창작 등 인간의 창의적 정신활동의 결과인 지적 생산물에 대한 배타적 소유권을 의미한다. 이러한 지식재산권의 보호는 제3자의 불법적인 사용을 방지함으로써 많은 노력과 위험이 수반되는 발명과 창작활동에 의욕을 고취시켜 궁극적으로 경제발전에 기여가 그 목적이라 할 수 있다.

2. 지식재산권의 분류

지식재산권(Intellectual Property Right)은 일반적으로 산업재산권(Industrial Property Right)과 저작권(Copyright)으로 구별할 수 있고, 산업재산권은 다시 특허권(Patent right), 실용신안권(utility model right), 의장권(industrial design), 상표권(Trademark rights)으로 나누어진다. 그러나 최근 신종 산업분야의 개발,

발전에 따라 산업재산권이나 저작권으로 나누기 어려운 반도체 직접회로 배치설계, 유전자 공학기술 등의 첨단산업재산권, 데이터베이스, 뉴미디어, 영업비밀 등 정보재산권, 컴퓨터프로그램, 소프트웨어 등 산업저작권 등과 같은 전혀 새로운 분야에서 신 지식재산권이 속출하고 있고 앞으로 더욱 확대될 전망이다. 지식재산권은 그 성질이나 보호방법 등에 따라 다음과 같이 산업재산권, 저작권, 신지식재산권의 3가지로 대별하여 구분하여 본다.

1) 산업재산권

산업재산권은 과거 공업소유권을 개칭한 것으로서 이는 특허권, 실용신안권, 의장권, 상표권, 지리적 표시권으로 구분된다. 이는 산업적 가치가 있는 새로운 발명에 대하여 그 발명자가 일정한 기간 동안 당해 발명을 배타적·독점적으로 이용하는 권리를 말한다. 이를 다시 구체적으로 보면,

첫째, 특허권(patent)은 산업재산권 중에서도 가장 전형적이고 경제적 비중이 큰 것으로서 새로운 산업적 발명에 대하여 발명자가 일정기간 동안 이 발명에 대한 독점적인 권리를 가지는 배타적인 지배권을 의미한다. 특허권도 구체적으로 보면 새로운 물질 자체의 발명에 인정되는 물질특허(product patent), 새로운 제조기술에 대하여 인정되는 제법특허(process patent) 새로운 용도개발에 주어지는 용도특허(use patent)로 나누어지고 있다.

둘째, 실용신안권(utility model)은 특허권과의 구분이 명확하지 않으나 특허에 비하여 상대적으로 작은 실용적 발명, 이른바 고안에 대해 단기간 주어지는 권리로서 상품의 형태, 구조 또는 조립에 관한 기술적 창작에 대한 재산권을 의미한다. 실용신안권은 세계적으로 보편화된 제도는 아니지만 현재 독일, 일본 및 우리나라를 비롯하여 10여 개국에서 이를 시행하고 있어 산업발전에 긍정적인 기여를 하는 것으로 평가되고 있다.

셋째, 의장권(industrial design)은 물품의 형태, 모양, 색채 등에 있어서 외관상으로 표현되는 독창성에 대하여 인정되는 권리이다. 의장은 외관으로부터 표출되는 심미감이 중심이 되며, 기술성이나 실용성이 있어야 하는 것은 아니다. 이러한 측면에서 물질 자체나 제조방법을 중심으로 하는 특허권과 구별되고, 기술적인 요인이 중요한 실용신안권과 구별된다.

넷째, 상표권(trademark)은 상품소유자가 자신의 상품을 식별하고 인식하기 쉽도록 사용하는 고유의 문자, 도형, 기호, 색채 등으로 표현된 상품표시에 대한 배

타적인 사용권을 의미한다. 상표권은 창작행위의 보호를 목적으로 하는 것이 아니라 고유의 상품표시가 침해되지 않도록 함으로써 상품취급자의 신용을 보호하고 소비자에 상품의 구별을 쉽게 하여 시장질서를 확립하는 데 그 목적이 있다.[1)]

다섯째, 지리적표시권(Geographical Indication)이란 명성·품질 기타 특징이 본질적으로 특정지역의 지리적인 특성에 기인하는 경우 해당 농산물 또는 가공품을 표현하기 위하여 사용되는 지역, 특정장소(예외적인 경우 국가도 포함)의 명칭을 의미하며 그러한 지리적 명칭을 등록하여 보조함으로써 지리적 특산품의 품질 향상을 도모하고 지역특성화 사업으로 육성하여 생산자를 보호하고 정확한 지리적 정보제공으로 소비자의 알 권리를 충족시키는 제도이다. 예를 들어 "꼬냑"의 경우 원래 프랑스 꼬냑지역에서 생산되는 증류주에 지리적표시로 "꼬냑"이란 명칭이 사용된 것이었는데, 지금은 보통명사처럼 사용되고 있을 정도로 널리 알려지게 된 것이며, 따라서 지리적표시는 반듯이 지리적 명칭(특정한 지역, 지방, 산, 하천 등의 명칭)이어야 하며, 지리적 명칭과 관련이 없는 브랜드는 상표로는 가능하나 지리적 표시의 대상은 아니다(예 : 쿠바의 하바나 시가, 프랑스의 브르고뉴 포도주, 보르도 포도주, 샴페인 등).

2) 저작권

저작권(Copyright)은 문예창작물에 대한 권리의 의미로서 기본적으로 학문이나 예술에 관한 인간의 정신적 창작물을 대상으로 하는 권리이며 그 보호객체인 저작물은 창작자의 정신노동의 소산으로 창작자의 인격에 그 뿌리를 두고 있는 권리이다. 따라서 저작권은 일반적인 재산권과 달리 독특한 보호와 규제를 할 필요가 있는 분야로서 지식재산권법의 영역에서도 매우 독특한 위치를 차지하고 있다.

저작권의 대상은 전통적 의미의 도서를 비롯하여 음반, 테이프, 그림, 조각품, 사진, 필름, 악보, 컴퓨터 프로그램, 광고문안 등 매우 다양하게 인정되며, 따라서 저작권자는 자신이 창작한 저작물에 대한 공표, 출판, 번역, 복제, 공연, 방송, 연주 및 전시 등에 대한 권한을 독점적이며, 배타적인 권리를 갖게 된다.

저작권은 저작인격권(moral rights)과 저작재산권(copy rights)으로 구분되고, 저작인격권이 저작자가 자신의 저작물에 대하여 가지는 인격적 이익의 보호를 목적으로 하는 권리임에 비해, 저작재산권은 물권과 유사한 배타적 지배권으로서 복

1) 서정두, 국제통상법, 삼영사, 1998. pp.375-376.

제권, 공연권, 방송권, 전시권, 배포권 및 제2차적 저작물 작성권 등을 포함하며 양도가 가능한 것이 특징이다. 한편, 저작물로 예시되지 않은 실연, 음반 및 방송물에 대해서는 저작인접권으로 보호되며, 보호기간이 저작권 보다는 짧다. 좀더 구체적으로 살펴보면 다음과 같다.

첫째, 저작재산권(copyright)은 물권처럼 저작물에 대한 배타적 지배권으로서 저작물의 공표권·출판권·번역권·복제권·공연권·연주권·전시권·배포권·2차적 저작물 작성권 등을 포함한다. 저작권은 통상의 물권과는 달리 저작자 자신의 권리를 직접 행사하는 경우보다 오히려 타인 특히 전문적 사업자에게 이를 배타적으로 이용할 수 있도록 허락하고 그로부터 대가를 취득하는 경우가 대부분이다.

둘째, 저작인격권(moral right)은 저작자가 자기 저작물에 대하여 자신이 저작자임을 주장 할 수 있는 권리를 말한다. 이는 저작에 관한 경제적 권리와는 별도로 저작자가 자기 저작물을 왜곡하는 행위로 인하여 자신의 인격과 명예가 손상되는 것을 방지할 수 있는 권리이다.

셋째, 저작인접권(neighbouring right)은 저작권에서 파생된 권리로서 저작물로 예시되지 않은 인접권, 예컨대 저작물의 실황, 저작물이 고정된 음반, 저작물을 전파하는 방송 등에 대하여 저작물에 준하여 보호하는 권리이다. 저작인접권의 경우 그 보호기간은 저작권보다 짧은 것이 보통이며, 권리의 구체적인 내용으로는 실연의 경우 실연자의 녹음·녹화권, 실연방송권, 음반의 경우 음반제작자의 복제·배포권, 그리고 방송의 경우 방송사업자의 복제 및 동시중계방송권 등이 있다.

3) 신지식재산권

신지식재산권(new intellectual property rights)은 과학과 산업의 발전으로 새로운 지적재산이 출현함에 따라 기존의 지적재산으로 분류되지 않는 새로운 형태의 지적재산을 의미한다. 특히 최근의 전자, 정보, 생명공학 등의 혁신적인 발전으로 이 분야의 산업에 새로운 지적재산이 많이 출현하게 되었는데 새로운 분야의 지식재산권은 산업재산권과 저작권의 성격을 동시에 포함하고 있는 산업저작권과 동·식물 및 미생물 관련 첨단기술 및 전자·정보산업 관련 첨단산업재산권, 기업의 생산·제조·기획·영업활동 등의 노하우가 상품화됨에 따라 영업비밀과 같은 정보재산권 등을 포괄하고 있기 때문에 신지식재산권은 산업저작권, 첨단산업재산권, 정보재산권 등으로 크게 3가지로 구별된다.

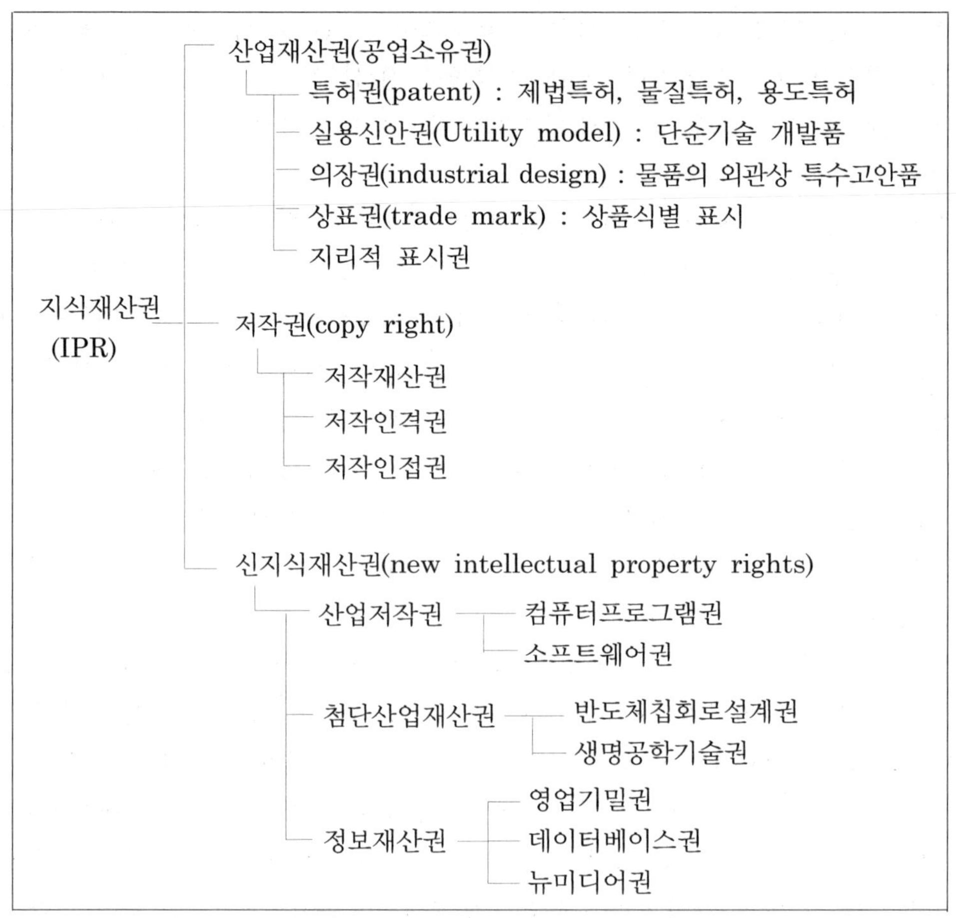

〈그림 9-1〉 지식재산권의 구조

첫째, 산업저작권(industrial copyright)은 산업재산권과 저작권의 복합어로서 창작의 방법과 내용에 있어서는 저작권적인 특성이 강하지만 그 용도는 산업재산권과 같이 산업적 활용이 주요기능인 지적소산물에 대한 재산권을 일컫는다. 예컨대 컴퓨터 프로그램이나 software기술, 데이터베이스 등의 개발은 기계언어로 쓰여진 논리체계로 쉽게 복제가 가능한 저작권적인 창작에 가까우나 그 용도는 컴퓨터의 하드웨어를 움직이게 하는 산업적 활용에 초점이 있다.

둘째, 첨단산업재산권(high technological property)은 첨단산업에 관련된 산업재산권을 지칭하는 것으로서 종래에는 산업재산권의 보호대상에 포함되지 않고 있었으나, 유전공학, 전자·정보산업 등 첨단기술의 급속한 발달로 인하여 새롭게 산업재산권으로 보호되기에 이른 것이다.

셋째, 정보재산권(proprietary information)은 기업의 활동에서 가치가 있는 지식과 정보를 보호대상으로 하는 재산권으로서 경영정보, 영업비밀, 데이터베이스, 뉴미디어 등이 이에 해당된다.

제 2 절 지식재산권관련 국제협약

1. 산업재산권 보호협약

1) 산업재산권 보호에 관한 국제협약 보호대상

산업재산권의 국제적 보호를 위한 주요협약은 보호대상을 기준으로 산업재산권, 특허, 상표, 의장권, 지리적 표시 등으로 다음과 같이 5개의 분야로 나눌 수 있다.

첫째는 산업재산권의 국제적 보호를 위한 포괄적 내용의 조약 및 국제적 기구의 설립에 관한 것이다. 여기에는 1883년의 산업재산권보호를 위한 파리협약(Paris Convention for the Protection of Industrial Property on March 20, 1883), 1967년 세계지식재산권기구설립조약(Convention establishing the World Intellectual Property Organization signed at Stockholm on July 14, 1967) 및 1994년 위조상품교역을 포함한 무역관련 지식재산권협정(WTO/TRIPs = World Trade Organization / Agreement on Trade - related Aspects of Intellectual Property Rights, including Trade in Counterfeit Goods) 등이 포함된다.

둘째는 특허의 국제적 보호를 위한 다자간 조약이다. 여기에는 1970년 특허협력조약(PCT = Patent Cooperation Treaty signed at Washington on June 19, 1970), 1971년 국제특허분류에 관한 스트라스부르 협정(IPC협정 = The Strasbourg Agreement concerning the International Patent Classification on March 24, 1971) 및 1977년 특허절차상 미생물 기탁의 국제적 승인에 관한 부다페스트 조약(Budapest Treaty on the International Recognition of the Deposit of Microorganisms for the purposes of Patent Procedure on April 28, 1977) 등이 포함된다.

셋째는 상표의 국제적 보호를 위한 다자간 조약이다. 여기에는 1891년 표장의 국제등록에 관한 마드리드협정(The Madrid Agreement concerning the International Registration of Marks), 1957년 표장 등록을 실행하기 위한 상품 및 서비스의 국제분류에 관한 니스협정(The Nice Agreement concerning the International Classification of Goods and Services for the purposes of the Registration of Marks), 1973년 도형상표의 국제분류설립에 관한 비엔나협정(The Vienna Agreement establishing International Classification of the Figurative Elements of Marks) 및 1994년 상표법 조약(Trademark Law Treath) 등이 포함된다.2)

넷째는 의장의 국제적 보호를 위한 다자간 조약이다. 여기에는 1925년 산업디자인의 국제기탁에 관한 헤이그협정(The Hague Agreement concerning the International Deposit of Industrial Designs), 1968년 산업의장의 국제분류설정에 관한 로카르노협정(The Locarno Agreement concerning the International Classification of Industrial Designs) 등이 포함된다.

다섯째는 지리적 표시의 국제적 보호를 위한 다자간 조약이다. 여기에는 1891년 상품 원산지의 허위 또는 오인하기 쉬운 표시를 방지하기 위한 마드리드협정(The Madrid Agreement for Repression of false or Deceptive Indications of source on Goods) 및 1958년 원산지명칭의 보호 및 그의 국제등록에 관한 리스본협정(The Agreement of Lisbon for the Protection of Appellations of Origin and their International Registration on Oct. 31, 1958) 등이 포함된다.

2) 파리협약3)

"산업재산권의 보호를 위한 파리협약"(Paris Convention for the Protection of Industrial Property of 1883)은 산업재산권과 저작권을 포함한 지식재산권분야 관련에 있어서 가장 중심적이며 최초의 국제협약으로서 이 협약은 이후 체결된 각종 지식재산권 관련 조약들의 기초가 되었다.

---

2) 이원재, 산업재산권보호, 도서출판 두남, 2000. 8. p.27.

3) 파리협약의 가맹국은 파리협약이 비준된 1884년에는 13개국, 1900년에는 16개국(영국·미국·일본 등 가입), 워싱턴 개정회의가 개최된 1911년에는 22개국, 런던개정조약이 성립된 1934년에는 39개국, 리스본 개정조약이 체결된 1958년에는 47개국, 스톡홀름개정조약이 성립된 1967년에는 79개국이었다. 파리협약체결 100주년이 되는 1983년에는 92개국이었으며, 1994년 1월 현재 117개국으로서, 세계 대부분의 국가가 파리 동맹국으로 되고 있다. 우리나라는 1980년 5월 4일 스톡홀름 개정조약에 가입하였다.

파리조약에서 보호대상으로 되는 산업재산권은 특허, 실용신안, 의장, 상표, 서비스 마크, 상호, 원산지표시 또는 원산지명칭 및 부정경쟁의 방지 등이다.

특히 파리협약은 산업재산권보호에서 특허, 실용신안, 의장, 상표, 서비스표, 상호, 출처표시 또는 원산지 명칭 및 부정경쟁의 방지(patents, utility models, industrial designs, trademarks, service marks, trade names, indications of source or appellations of origin, and the repression of unfair competition)를 대상으로 한다고 규정하고 있다.

여기서 산업이란 본래의 공업 및 상업뿐만 아니라 농업 및 채취산업분야와 제조 또는 천연의 모든 상품을 포함하는 광의의 개념이다. 파리협약에서 제1조 3항에서 산업재산권은 최광의로 해석되어 엄격한 의미의 공업 및 상업(industry and commerce proper)뿐만 아니라 농업 또는 채취산업(extractive industries)의 분야 및 제조 또는 천연의 모든 산품, 예컨대 포도주, 곡물, 담배잎, 과실, 가축, 광물, 광천수, 맥주, 꽃, 밀가루에 대해서도 적용된다고 규정하고 있다.

통상적으로 특허란 산업적 발명을 이용할 수 있는 배타권이라고 할 수 있다.

실용신안은 특허에는 못 미치지만 특허의 다음단계 특허라고 할 수 있다. 실용신안은 특허발명 보다는 덜 중요한 산업상 새로운 혁신 개혁에 주어지는 배타권으로서 그 대상범위가 다소 제한될 수 있다.

상표는 타 회사의 상품과 자기 회사의 상품을 식별하게 해주는 표지로서 정의될 수 있다.

의장은 물품의 평면적 도는 입체적인 형상과 표면을 포함하여 유용한 물품의 외양을 구성하는 물품의 장식적 측면과 구성요소로 이루어진다.

상호는 일반적으로 법인형태의 기업체나 자연인의 기업체를 가리키는 명칭 또는 호칭을 말한다.

출처표시는 어떤 물품이나 서비스가 특정국가 지역 또는 특정 산지에서 나온 것임을 표시하기 위해 사용되는 모든 표현 또는 표지를 포함한다.

지리적 표시는 어느 특정 물품이 그 지역 내에서 생산된 것임을 가리키며 그 물품의 품질이나 특성이 배타적으로 또는 본질적으로 자연 및 인간적 요소를 포함하는 그 지역의 지리적 환경에 기인하는 것으로 인식시켜주는 국가, 지역, 산지의 명칭을 말한다.

부정경쟁행위는 상표권, 상호의 침해 또는 출처표시, 또는 원산지 명칭의 허위 표기 등과 같은 산업재산권의 침해행위를 말한다. 다시 말하면 산업상 또는 상업적 문제에 있어서 건전한 관행에 반하는 모든 경쟁행위는 부정경쟁행위를 구성한다.

3) 특허협력조약(Patent Cooperation Treaty : PCT)[4)]

특허출원의 비약적 증가와 내용의 고도화 및 복잡화는 많은 문제를 제기하였다. 먼저 특허청과 관련해서는 동일발명을 각국에 중복 출원한 경우에도 독립해서 심사하기 때문에 심사가 대폭 지연되었으며, 세계적 시야에서 보면 시간, 작업, 비용 등 노력의 중복이 뒤따랐다. 한편 출원인으로서도 여러 국가에 특허출원을 하기 위해서는 각국별로 별개의 서류를 작성, 수속하지 않으면 안 되는 번거로움이 있었다.

PCT조약의 또 하나의 목적은 개발도상국의 특별한 필요에 적용 가능한 기술적 해결책의 求得에 관한 입수 용이한 정보를 제공하고 현대기술에 대한 접근을 용이하게 하며 발명의 보호를 위하여 개발도상국에서 마련한 국내 또는 지역적 법제도의 효율을 높이기 위한 조치를 채택하는데 있다.

4) 마드리드 협정

표장의 국제등록에 관한 마드리드 협정(The Madrid Agreement concerning the International Registration of Marks)은 1891년 4월 스페인의 마드리드에서 체결되었다.[5)] 마드리드협정은 산업재산권과 지식재산권의 두 가지의 협정으로 구성되어 있다.

첫째로는 "원산지 허위표시 금지에 관한 마드리드협정"(Madrid Agreement for the Repression of False or Deceptive Indications of Source on Goods)이다. 이 협정은 파리협약과 관련하여 허위 또는 오인을 일으키는 원산지표시를 방지할 목적으로 1891년 4월 14일 스페인 마드리드에서 체결된 것으로서 1998년 말 현재 가입국 수는 31개국에 이르고 우리나라는 아직 이에 가입하지 않고 있다.

둘째로는 "국제상표등록에 관한 마드리드협정"(Mardrid Agreement Concerning the International Registration of Marks)이다. 이 협정은 WIPO 국제사무국에 행하는 상표 및 서비스표 등 표장등록에 관하여 1891년 4월 14일 마드리드에서 위 첫 번째는 협정과 함께 체결된 것으로서 1989년 6월에 마드리드의정서(Madrid Protocal)가 추가되었다.

---

4) 우리나라는 1984년 5월 10일 PCT에 가입하였다. 그러나 PCT 조약 제2장(국제예비심사)은 유보하였다. 1984년 8월 10일부터 국제출원 업무를 개시하였으며, 1990년 9월 4일 PCT 제2장의 유보를 철회하였다. 우리나라 특허청은 1999년 12월 1일부터 PCT 국제조사기관(세계 10번째) 및 예비심사기관(세계 9번째) 업무를 개시하였다.

5) 우리나라는 아직 마드리드조약에 참가하지 않고 있다.

5) 상표등록조약과 기타 조약

"상표등록조약"(Trademark Registration Treath : TRT)은 각국이 시행해 오던 등록상표의 출원절차를 국제적으로 통일화하기 위하여 1973년 6월 12일 비엔나에서 체결된 것이다.[6)]

이 밖에도 현재 세계지식재산권기구(WIPO)에서 관장하고 있는 산업재산권의 국제적 보호와 관련된 협정들에는 "산업의장의 국제기탁에 관한 헤이그협정"(1925), "상표등록을 위한 상품 및 서비스의 국제분류에 관한 니스협정"(1957), "원산지명칭의 보호 및 국제등록을 위한 리스본협정"(1958), "국제특허분류에 관한 스트라스브르협정"(1971), "상표의 도형적 요소의 국제분류를 위한 비엔나협정"(1973), "산업의장의 국제분류를 위한 로카르노협정"(1968) 등이 있다.[7)]

2. 저작권 보호 협약

1) 베른협약

저작권의 국제적인 보호를 위한 가장 중심적인 국제협약은 베른협약이다. 베른협약(Berne Convention)은 1886년 10월 스위스 베른에서 체결되었으며 이후 7차의 개정을 거쳐 오늘에 이르고 있다. 베른협약은 저작권관련협약 중 가장 포괄적이고 높은 수준의 보호를 하고 있는데, 저작권의 존속기간은 저자 사후 50년이다. 베른협약은 ① 체약국의 국민을 내국인과 동등하게 대우하는 내국민대우원칙 ② 체약국의 어느 한 국가에서 발행된 저작물은 다른 체약국에서 특별한 절차나 등록 없이도 자동적으로 보호를 받게 되는 무방식주의(principle of automatic protection) ③ 협정에서 정하는 최소보호기간 이후의 계속보호 여부는 각국에 위임되는 보호독립의 원칙 ④ 가입 전 저작물에 대해서도 소급하여 보호하는 소급주의 등을 채택하고 있다.

2) 세계저작권협약

"세계저작권협약"(Universal Copyright Convention : UCC)은 1952년 9월

6) 1992년 1월 현재 가입국 수는 러시아를 비롯한 5개국에 불과하고 우리나라는 이에 가입하지 않고 있다.

7) 이원재, 전게서, pp.92~98.

스위스 제네바에서 체결된 협약이다. 당시 저작권에 관한 베른협약이 개도국을 무시한 선진국 위주의 저작권제도라는 비판을 받아 왔으며, 또 미국과 당시 소련이 이에 가입하지 않고 있었으므로 유엔교육과학문화기구(UNESCO)는 이러한 문제점을 인식하여 모든 나라가 가입할 수 있는 보편·타당하고 베른협약 등의 다른 저작권협약과도 모순되지 않는 협약을 제정하기로 하였다. 이 협약은 베른협약에 비하여 개발도상국의 입장을 많이 반영하고 있다. 베른협약과의 주요 차이점은 ① 가입 전 저작권에 대한 비소급주의를 위하고, ② 저작권 존속기간을 저자 사후 25년, 사진 및 응용미술은 10년으로 하고 있으며, ③ 권리성립에서 무방식주의와 등록주의의 중간형태를 취하여 형식요건을 갖춘 저작물에 대해서는 등록한 것과 같이 보호되도록 하고 있는 점 등이다. 다만 이 협약의 체약국이면서 베른협약의 체약국인 국가들 간에는 베른협약이 우선적으로 적용되도록 하고 있다.

3) 로마협약과 기타협약

"실연가·음반제작자 및 방송사업자의 보호에 관한 국제협약"(International Convention for the Protection of Performers, Producers of Phonograms and Broadcasting Organizations)은 저작권자와 밀접한 관련이 있는 저작인접권, 즉 실연가·음반제작자·방송사업자의 권리를 보호할 목적으로 1961년 10월 이탈리아 로마에서 체결되었다. 로마협약의 특징도 다른 협약에서와 같이 실연가·음반제작자·방송사업자 등이 일정한 조건을 구비하면 이들에 대하여 최저 20년 동안 내외국인 평등의 원칙과 최소한의 보호를 기본원칙으로 채택하고 있다는 점이다.

저작권의 보호를 위한 협약으로 이상의 협약 이외에도 같이 여러 협약이 있다. 음반의 무단복제방지와 음반제작자의 보호목적으로 채택한 「제네바음반협약」, 통신위성 송신물의 보호를 목적으로 채택한 「브뤼셀 위성협약」, 시청각물의 권리보호를 위한 「시청각물등록협정」, 저작권로열티의 이중과세방지를 위한 「마드리드 다자간 협약」 등이 있다.

3. 신지식재산권 협약

1) 부다페스트 조약

부다페스트 조약(Budapest Treaty on the International Recognition of the Deposit of Microorganisms for the purposes of Patent Procedure on April 28, 1977)은 1977년 4월 28일 서명되고 1980년 8월 19일 발효되었다.

이 조약은 미생물관련 발명을 여러 국가에 출원하고자 하는 경우 수반되는 번잡성을 해소하고 비용을 절감하고 출원공개를 위한 방안으로서 국제기탁기관에 미생물을 기탁하고 보존하는데 대해서 규정한 것이다.

여기서 미생물이라 함은 세균류(bacteria), 사상균류(mold), 효모류(yeast), 조류(algae), 원생동물류(protozoa) 및 바이러스(virus) 등 육안으로 확인할 수 없는 하등생물체를 말한다.

미생물 관련 발명이라 함은 다음과 같은 6가지 유형을 말하는데 즉 ① 신규 미생물 자체의 발명 ② 신규 미생물의 생산방법 발명 ③ 신규 미생물의 용도 발명 ④ 미생물을 이용한 의약, 농약, 비료 등 화학물질의 최종 산물의 발명 ⑤ 위 화학물질의 제조방법 발명 ⑥ 위 화학 물질의 용도 발명 등이다.

미생물 관련 발명은 식품, 양조, 제약, 농약공업, 대체에너지 분야 및 공해방지 분야 등 많은 산업에 이용되고 있다.[8)]

2) 기타 신지식재산권 협약

이밖에도 신지식재산권의 보호를 위한 국제협약으로는 신종 식물관련 권리의 보호목적으로 체결된 「국제신종식물동맹」, 반도체집적회로의 회로배치설계를 보호할 목적으로 체결된 「워싱턴조약」 등이 있다.

이러한 국제지식재산권에 관련된 산업재산권, 저작권, 신지식재산권 협약들을 요약하면 <표 9-1>과 같다.

〈표 9-1〉 국제지식재산권 협약

재산권	협약명	체결 년도	내 용	가입 국수	한국 가입
산업재산	파리협약	1883	발명특허, 실용신안, 의장, 상표, 서비스표, 상호, 원산지허위표시방지 및 부정경쟁방지 등 산업재산권 전반에 대한 포괄적인 협약	153	1980. 5
	특허협력조약 (PCT)	1970	국제특허의 출원관리상의 통일과 국제협력	100	1984. 8
	마드리드상표등록 협정	1891	등록상표보호목적의 국제상표등록에 관한 협정	61	미가입

8) 우리나라는 1987년 12월 28일 WIPO에 부다페스트 조약 가입서를 제출하였으며, 1988년 3월 28일 자로 효력이 발생하였다.

권	마드리드원산지허위표시협정	1891	원산지보호목적의 원산지허위표시금지에 관한 협정	31	미가입
	상표법조약	1994	상표법에 관한 국제적 통일	22	미가입
	헤이그협정	1925	산업의장의 국제기탁	29	미가입
	니스협정	1957	상표등록을 위한 상품 및 서비스 분류	58	1998
	리스본협정	1958	원산지명칭의 보호 및 국제등록	19	미가입
	스트라스부르협정	1971	국제특허분류에 관한 국제특허분류협정(IPC)	43	1998
	비엔나협정	1973	상표의 도형적 요소의 국제분류	13	미가입
	르카르노협정	1968	산업의장의 국제분류	35	미가입
	나이로비조약	1981	올림픽 상징물의 상업적인 사용통제	39	미가입
	베른협약	1886	문화적·예술적 저작물보호	136	1986. 5
저작권	세계저작권협약	1952	유네스코 주관으로 체결된 저작권에 관한 협약	96	1987. 10
	로마협약	1961	실연가, 음반제작자 및 방송사업자의 저작인접건 보호	57	미가입
	제네바음반협약	1971	음반의 무단복제방지와 음반제작자의 보호	57	1987
	브뤼셀위성협약	1974	통신위성 송신물의 보호	23	미가입
	시청각물등록협정	1989	제네바에서 체결된 시청각물의 등록에 관한 협약	13	미가입
	마드리드다자간 협약	1979	저작권로열티의 이중과세방지	미발효	미가입
	저작권협약	1996	WIPO 주관의 저작권 보호 협약	미발효	미가입
	공연 및 음반협약	1996	WIPO 주관의 공연 및 음반보호 협약	미발효	미가입
신지적재산권	국제신종신물동맹(UPOV)	1961	신종식물관련 권리의 보호	40	미가입
	부다페스트조약	1977	미생물분야를 비롯한 생명공학기술분야의 재산권보호	45	1988. 3
	워싱턴조약	1989	반도체집적회로의 회로배치설계보호 WIPO 주관	미발효	미가입

자료 : 조영정, 국제통상법 이해, 무역경영사, 2010.

제3절 국제지식재산권 기구

1. 세계지식재산권 기구

세계지식재산권기구(WIPO : World Intellectual Property Organization)는 국제지식재산권보호의 대표적인 기구로서 전세계적인 지식재산권 보호를 목적으로 하여 설립된 정부간 국제기구이다. 세계지식재산권기구는 파리협약과 베른협약을 관리는 물론 재산권제도의 국제간의 협력을 위해 1967년 7월 스톡홀름의 세계지식재산권설치기구 설립협약에 의하여 설치되었고 1974년 12월 유엔전문기관으로 격상되어 지식재산권과 관련된 제협약의 종합사무국의 역할을 수행하고 있다.

1) 세계지식재산권 기구(WIPO)의 설립배경

1883년에 체결된 산업재산권 보호를 위한 파리협약에 의한 동맹의 국제사무국과 그 후 1886년에 체결된 저작권 보호를 위한 베른협약에 의한 동맹의 국제사무국은 둘 다 스위스의 베른에 설치되었으며, 양 국제사무국의 관리업무는 스위스 연방정부의 감독 하에 있었다. 1892년 11월 11일 스위스연방정부는 관리업무를 효율화하기 위하여 두 동맹의 사무국을 하나로 합병하였는바, 이것이 바로 지식재산권보호 국제합동사무국 이었다.

당시 두 협약의 국제사무국은 모두 스위스 베른에 소재하고 있으면서 스위스 연방정부의 감독을 받아 왔다. 그러나 스위스 연방정부는 이들 두 협약의 관리업무를 보다 효율화하기 위하여 1892년 11월에 두 협약의 사무국을 하나로 통합한 "국제지식재산권보호합동사무국"을 설치하였다. 그 후 1962년부터는 이를 현대적인 정부간 국제기구로 발전시킬 것을 논의하게 되었으며, 드디어 1967년 7월 14일 스톡홀름 회의에서는 파리협약과 베른협약을 개정하면서 세계적인 지식재산권 보호촉진을 목적으로 한 "세계지식재산권기구의 설립협약"(Convention Establishing the World Intellectual Property Organization)에 서명함으로써 WIPO가 설립되었다. 이 설립협정에 따라 WIPO는 1970년 4월 26일에 발효되고, 1974년 12월 17일부터는 유엔과의 협정에 따라 유엔 전문기관으로서 역할을 하고 있다.[9)]

---

9) 2000년 12월 현재 가입국 수는 170개국에 달하고, 우리나라는 1979년 3월 1일 가입하였다.

2) 세계지식재산권기구(WIPO)의 역할

(1) 목적

WIPO의 목적은 크게 두 가지로 집약된다.

첫째, 창조적 활동을 장려하기 위하여 국가간의 협조를 통하고 기타 모든 국제기구와 공동으로 전세계를 통한 지식재산권의 보호를 촉진하는데 있다.

둘째, 각개 동맹의 독자성을 충분히 존중하면서 산업재산권의 보호와 문학 및 예술작품의 보호 분야에 있어서 설립된 여러 동맹의 행정을 현대화하고 보다 효율화하여 여러 동맹간의 행정적 협조를 확보하는데 있다.

(2) 임무

WIPO는 이러한 목적을 달성하기 위하여 다음과 같은 광범위한 임무를 수행한다.

첫째, 전 세계를 통한 지식재산권의 효율적 보호를 촉진시키고 이 분야에 있어서의 국가입법을 조화시킬 것을 목적으로 하는 제반 조치의 발전을 증진시킨다.

둘째, 파리동맹과 파리협약에 기초하여 설립된 특별동맹 및 베른동맹의 행정적 업무를 수행하며, 지식재산권 보호의 증진을 목적으로 하는 기타 모든 협정의 관리를 담당한다.

셋째, 지식재산권 보호의 증진을 목적으로 하는 국제협약의 체결을 장려하며, 지식재산권 분야에 있어서 법률적, 기술적 원조를 요청하는 국가에 협조를 제공한다.

넷째, 지식재산권 보호에 관한 정보를 수집 배포하고, 이 분야의 연구를 수행 촉진하며 연구의 결과를 공포한다.

다섯째, 지식재산권의 국제적 보호를 촉진하는 서비스를 제공하며 적절한 경우에는 이 분야에 있어서 등록과 등록에 관한 자료의 공표를 위한 준비를 한다.

(3) 지식재산권의 범위와 이행

WIPO설립협정에서 지식재산권이라 함은 (a) 문학, 예술 및 과학 작품(literary, artistic and scientific works) (b) 연출 예술가의 공연, 음반 및 방송(performances of performing artists, phonograms, and broadcasts) (c) 인간 노력의 모든 분야에 있어서의 발명(inventions in all fields of human endeavor) (d) 과학적 발견(scientific discoveries) (e) 산업디자인(industrial designs) (f) 등록상표, 서비스 마크, 상호 및 기타 명칭(trademarks, service marks, and commercial names and designations) (g) 부정경쟁에 대한 보호(protection against unfair co petition) 등에 관한 권리와 공업, 과학, 문학 또는 예술분야의 지적활동에서 발생하는 기타 모든 권리(all other rights resulting from intellectual activity in the industrial, scientific, literary or artistic fields)를 포함한다.

이 규정은 파리협약과 베른협약을 포괄하는 것이다. 그러나 WIPO의 규정은 당시의 기술수준을 반영하여, WTO(세계무역기구)의 TRIPs(위조상품교역을 포함한 무역관련 지식재산권 협정)과 비교하면 IC배치의 설계, 미공개 정보보호 등은 포함되지 않고 있다. WIPO가 관장하는 산업재산권의 국제적 보호에 관한 조약은 3개 그룹으로 나눌 수 있다. WIPO는 산업재산권에 관한 협약 17개, 저작권에 관한 협약 5개, 총 22개 조약을 관장하고 있다. WIPO저작권 조약, 실연 음반 조약 및 신 헤이그협정(제네바 법)은 아직 발효되지 않고 있으며, 2000년 6월 특허법 조약이 체결될 전망이다.

WIPO가 관장하는 산업재산권의 국제적 보호에 관한 조약은 3개 그룹으로 나눌 수 있다.

첫째는 국제적인 보호를 설정하는 것이다. 즉 국제적인 기준에 있어서 국가간에 인정되는 법적 보호의 근원이 되는 조약이다. 예를 들면 파리협약, 상품의 출처허위표시 방지를 위한 마드리드협정과 원산지명칭의 보호와 국제등록을 위한 리스본협정 등 3개 조약이 여기에 속한다.

둘째는 국제적인 보호를 용이하게 하는 조약들이다. 예를 들면 특허협력조약, 표장의 국제등록에 관한 마드리드협정, 원산지명칭의 보호와 국제등록을 위한 리스본협정, 부다페스트조약 및 산업디자인의 국제기탁에 관한 헤이그협정 등 6개 조약이 여기에 속한다.

세 번째는 분류제도와 이를 개선하고 갱신하기 위한 절차를 설정하는 조약이다. IPC 조약, NICE협정, 상표의 도형요소의 국제분류 확립에 관한 비엔나협정 및 산업디자인의 국제분류확립에 관한 로카르노협정 등 4개 조약이 여기에 속한다.[10)]

3) WIPO의 조직과 운영

WIPO의 내부기구로서는 총회(General Assembly), 당사국 회의(Conference), 조정위원회(Coordination Committee) 및 국제사무국(International Bureau) 등 4개의 기관이 있다.

10) WIPO / 특허청, 지식재산권총론, 1997.

첫째, 총회(General Assembly)는 WIPO의 최고기구이며, 어느 동맹국(예를 들어 파리동맹 또는 베른동맹)에 속하는 가맹국으로 구성된다. 한편 여러 동맹 중 어느 한 동맹의 회원국이 아닌 본 협약의 당사국은 옵서버로서 총회 참석이 허용된다.

총회는 사무국장의 소집에 따라 매 3년마다 1회씩 정기회기에 회합한다. 각국은 총회에서 1표를 가진다.

총회의 주요한 권한은 다음과 같다.

① 조정위원회의 지명에 따라 사무국장을 임명할 권한

② 사무국장의 보고를 검토, 승인하고, 필요한 지시를 할 권한

③ 조정위원회의 보고와 활동을 검토, 승인하고, 필요한 지시를 할 권한

④ 여러 동맹에 공통된 경비의 매 3년간 예산을 채택할 권한

⑤ 국제협정의 관리에 관해 사무국장이 제안한 조치를 승인할 권한

⑥ WIPO의 재무규칙을 채택할 권한

⑦ 국제연합의 관행을 고려하여 사무국의 공용어를 결정할 권한

⑧ 어느 동맹에도 속하지 않는 나라에 대하여 이 조약의 당사국으로 초청할 권한

⑨ WIPO의 비회원국 및 정부간 및 비정부간 국제기구를 옵서버로 참석시킬 것을 결정할 수 있는 권한 등이다.

둘째, 당사국 회의(Conference)는 이 협약의 당사국으로 구성된다. 여러 동맹의 회원국이 아니더라도 당사국이 될 수 있다. 당사국 회의는 총회와 동일한 기간 및 동일한 장소에서 사무국장이 소집하는 정기회의에 회합한다. 각 회원국은 당사국 회의에서 1표를 가진다.

당사국회의는 좀 더 제한된 업무를 담당하며, 지식재산권에 관한 일반적인 관리 심사를 논의하는 것에 한정된다.

당사국 회의의 주요한 권한은 다음과 같다.

① 지식재산권 분야에 있어서의 일반적인 관심사항을 협의하고 제 동맹의 권한과 자치를 고려하여 권고를 채택 할 수 있는 권한

② 당사국회의의 3개년 예산을 채택할 수 있는 권한

③ 법률적, 기술적 원조 3개년 계획을 수립할 권한

④ 이 협약의 개정을 채택할 권한

⑤ WIPO의 비회원국과 정부간 및 비정부간 국제기구를 옵서버로 회의에 참석시킬 것을 결정할 수 있는 권한 등이다.

셋째, 조정위원회(Coordination Committee)는 파리동맹의 집행위원회나 베

른동맹의 집행위원회 또는 양 위원회의 회원국인 이 협약의 당사국으로 구성된다. 조정위원회는 매년 1회 통상기구의 본부에서 사무국장이 소집하는 정기회의에 회합한다.

조정위원회의 주요한 권한은 다음과 같다.

① 여러 동맹의 2 이상 또는 여러 동맹의 1 이상 및 기구에 공통의 이해관계가 있는 모든 행정적, 재정적 및 기타 사항, 특히 여러 동맹에 공통되는 비용의 예산에 관하여 여러 동맹의 기관총회, 당사국 회의 및 사무국장에게 권고할 수 있는 권한

② 총회의 작성할 권한

③ 당사국 회의의 의제안, 의사일정안 및 예산안을 작성할 권한

④ 연간 예산 및 계획을 수립할 권한

⑤ 사무국장의 임기가 종료할 때 사무국장의 직위가 공석일 때 그 후보자를 지명할 권한

⑥ 총회의 회기와 회기 사이에 사무국장이 공석이 되는 경우 새로운 사무국장이 취임하기 이전의 기간을 위해 사무국장의 대리를 임명할 권한 등이다.

넷째, 국제사무국(International Bureau)은 WIPO의 사무국이다. 국제사무국은 사무국장이 통솔한다. 사무국장의 임기는 6년 이상이며 연임 가능하다. 사무국장은 수석 행정관(chief executive)이며, 기구를 대표한다. 또한 WIPO사무국장은 파리동맹의 수석행정관이며, 파리동맹을 대표한다.

사무국장은 그 직원의 직책의 성격은 전적으로 국제적이다. 이 들은 그 직무를 수행함에 있어서 정부 또는 기구 이외의 여하한 권위로부터 지시를 구하거나 지시를 받지 않는다.

2. 국제연합 교육과학문화기구

1) 설립배경

“유엔교육과학문화기구”(UNESCO : United Nations Educational, Scientific, and Cultural Organization) 세계저작권협약을 관장하고 있는 지식재산권 보호와 관련한 국제기구로서 제2차 대전으로 황폐화된 교육시설에 관한 정보교환과 전후 교육제도 부흥문제를 해결하고 또 인류의 진정한 평화는 군사적 전쟁이나 정치적

협상, 경제적 협력만으로는 어렵고 오로지 인류의 지적·도덕적 이해와 연대 위에서 만이 가능할 수 있다는 공동의 이념을 실현하기 위하여 1946년 11월 4일 설립되었다.

2) 의무

UNESCO는 이러한 목적을 달성하기 위해서 다음과 같은 의무를 이행한다.

첫째, 모든 매스 미디어(mass media)를 통하여 많은 사람들 사이에 알려지고 이해될 수 있도록 언어와 표상에 의한 사상의 자유로운 교류를 촉진하기 위한 필요한 국제협정을 권고한다.

둘째, 일반교육과 문화의 보급에 새로운 자극을 부여할 목적으로 가맹국 요청에 의하여 교육사업의 발전을 위하여 그 국가와 협력할 것. 인종, 성 및 경제적, 사회적 차별 없는 교육의 기회균등의 이상을 진전하기 위하여 제국민간에 협력관계를 형성할 것. 자유의 책임에 대하여 세계 아동을 준비시키기 위하여 가장 적당한 교육방법을 시사한다.

셋째, 지적의 유지, 증진, 보급을 위하여 도서, 예술작품, 역사과학의 기념물의 보존 및 보호를 확보하고, 또한 관계 국민에 대하여 필요한 국제조약을 권고할 것. 교육, 과학 및 문화의 분야에서 활동하고 있는 사람들의 국제적 교환 및 출판물, 예술적, 과학적으로 의의 있는 것. 기타 참고자료의 교환을 포함한 지적 활동의 모든 부분에 있어서의 제국민간의 협력을 장려할 것. 그리고 어떤 국가에서 작성된 인쇄물 및 간행물이라 할지라도 모든 국민이 이용할 수 있도록 국제협력의 방법을 강구 등이다.

3. 기타기구

1) 국제산업재산권보호협회(AIPPI)

"국제산업재산권보호협회"(Association Internationale pour la Protection de la Propriété Industrielle : AIPPI)는 파리협약의 집행을 위한 정부간 국제기구인 WIPO에 대응하기 위하여 1897년 산업재산권의 국제적 보호를 목적으로 설립된 민간차원의 국제기구이다. AIPPI는 각종 국제회의와 세미나 등을 통하여 산업재산권과 상품의 모조방지 등에 관한 여론을 수렴하여 WIPO나 파리협약 관련 사무국 등에 건의하고 협조하는 역할을 수행하고 있으며, 이 협회에는 산업재산권의 보호에 관련된 업무에 종사하는 각국의 공무원, 변리사, 변호사 및 기업내의 산업재산권 전문가들이 회원으로 가입되어 있다.

2) 국제상업회의소 위조상품정보국

국제상업회의소(ICC: International Chamber of Commerce) 산하의 위조상품정보국은 1985년 설립되어 위조상품에 관한 정보수집과 관련업계에 대한 정보제공 및 국제상업회의소에 대한 건의활동 등을 하고 있으며 그 외 기타 국제기구로서는 국제 라이센싱 협회, 세계 변리사 협회, 아시아 변리사 협회 등이 있다.

제4절 WTO/TRIPs의 추진배경과 특징

1. 추진 배경

GATT는 1948년 발족 이후 1970년대까지 7차례의 포괄적인 다자간 무역협상을 통해 무역자유화를 지속적으로 추진해 왔는데, 1964년~1967년에 개최되었던 제6차 케네디라운드 협상까지는 선진국들 간에 관세인하 중심의 협상이 추진되었고, 1973년~1979년에 개최되었던 제7차 동경라운드 협상에서는 관세인하와 함께 비관세장벽의 완화를 위해 반덤핑, 보조금 상계관세, 기술장벽 등 9개 분야에 걸쳐 다자간협정(MTN Code)을 체결하였다.

그러나 1980년대에 들어와 제2차 석유파동으로 인한 경기침체, 유럽의 높은 실업율, 외채부담과 높은 인플레로 인한 개도국 경제의 침체, 미국의 거대한 재정 및 경상수지적자 등으로 세계경제는 불균형국면으로 빠지게 되는 등 GATT체제도 새로운 도전을 맞이하게 되었다.

이와 같은 도전에 대해 각국은 경기침체, 무역불균형을 이유로 경쟁적으로 보호적인 무역장벽을 쌓아 올려 자유무역체제가 크게 위협을 받게 되었고, 일부 지역에서는 인접국가들 간에 배타적인 경제 「블럭」을 형성하여 대응하려는 지역주의 경향이 확산되었을 뿐만 아니라 교역대상도 과거 공산품 위주에서 이제는 금융·건설 등 서비스 뿐만 아니라 특허권 등 지식재산권으로 다양화됨으로써 이에 대한 새로운 무역규범 마련의 필요성이 대두하게 된 것이다.

이러한 인식 하에 새로운 다자간 협상추진 논의는 1982년 11월 제네바에서 열린 각료회의를 계기로 본격화되기 시작하였으며, GATT 회원국들은 1986년 9월 「우루과이」에 모여 기존 GATT 체제를 새로운 상황변화에 맞도록 전면 개편하는 이른바 UR(우루과이라운드) 협상의 개시를 합의하기에 이르렀다.

이러한 UR의 추진 환경 속에서 지식재산권 분야가 GATT의 정식의제로 채택된 것은 크게 다음과 같은 배경을 지니고 있었다.

첫째, 기존의 국제협약의 지식재산권에 대한 보호가 미흡하였다. 지금까지 지식재산권의 국제적 보호문제는 기존의 UN전문기구인 세계지적 재산기구(WIPO)를 중심으로 하여 국제협약들 즉, 파리협약, 베른협약, 로마협약, 특허협력조약(PAT), 세계저작권협약(UCC) 등으로써 이미 보호·시행되고 있었다. 그러나 이러한 기존 협약들의 대부분이 지식재산권 권리보호를 각국의 국내법에 위임시키는 속칭 속지주의 원칙을 채택하고 있어 권리침해에 대한 구체적 벌칙규정과 제재수단이 결여되고 있고 신기술분야 즉, 컴퓨터 프로그램 및 소프트웨어, 데이터 베이스, 반도체칩 회로설계, 생명공학 및 미생물공학 기술 등의 지식재산권 보호가 미흡하였다.

둘째, 선진국들의 지식재산권에 대한 강력한 보호의지를 들 수 있다. 국제협약상의 미비점은 기술협약들의 보완, 개정을 통하여 해결이 가능하나 미국을 중심으로 한 선진국의 강력한 보호의지에 따라 GATT 내로 끌어들였던 것이다.

미국을 비롯한 선진국들은 지식재산권을 자국의 국제경쟁력에 영향을 주기는 하나 근본적으로 기술적 사항이라는 종래의 인식에서 자국의 무역수지 및 국제경쟁력에 직접적으로 영향을 끼치는 무역상의 문제라고 인식을 바꾸었고 지식재산권 분야는 서비스와 함께 미국의 절대적 비교우위 분야이므로 동 분야를 GATT 체제로 편입시킴으로써 1986년 9월 UR 각료선언문에서 지식재산권 보호문제를 정직 의제로 채택하게 되었다.

2. WTO/TRIPs 특징

1) 국제적 경제제도 조화의 선례로서의 TRIPs협정

TRIPs(Trade Related Intellectual Porperties)협정은 지식재산권의 국제적 조화(harmonization)의 관점에서나 통상정책의 관점에서나 획기적인 것임에 틀림없으나 이로써 모든 문제가 해결된 것은 아니고 각종 문제점이 남아 있다.

국제적 조화의 관점에서 보면 TRIPs는 지식재산권의 권리수준에 관해 국제적 표준을 확립하고 또한 권리행사의 법적 절차에 관해서도 각국이 지켜야 할 기준을 설정했다. 이는 지식재산권제도의 국제적 조화의 움직임이지만, 장래 WTO에서 행해질 것으로 전망되는 다른 면에서의 경제제도 조화의 문제해결의 선례가 될 것으로 생각된다.

WTO의 큰 관심사로 부상할 가능성이 있는 환경과 경쟁정책의 조화는 지식재산권 제도의 조화문제 이상의 곤란한 문제일 것이나 하여튼 지식재산권분야에서 어느 정도 조화가 이루어졌다는 사실은 다른 분야의 조화에 지침이 되는 것이다.

더구나 TRIPs협상은 미국 주도로 진행되었고, 그 합의 내용에도 개도국으로서는 약간 불만스러운 점이 있을 것이나 개도국으로서는 농업 등 기타 분야에서 자기에게 유리한 조건을 획득할 수가 있다면 지식재산권 분야에서 약간 양보하는 것도 무방하다고 생각하였을 것이다. 따라서 다른 분야에서의 조화를 행하는 경우에도 우루과이라운드에서처럼 포괄적 협상과 일괄수락방식이 필요할 것이다.

미국에서는 특허에 관하여 선발명주의를 채택하고 있음에 비해 유럽, 일본 등은 선출원주의를 채택하고 있는 것과 같이 특허부여요건은 나라에 따라 차이가 있는바, 이는 기업의 국제적 활동과 기술이전에 커다란 장애가 된다. TRIPs 협정에서는 전술한 바와 같이 선발명주의의 내외차별에 관해서는 이를 시정하는 규정을 두고 있으나 선발명주의 그 자체에 관해서는 아무런 규정을 두고 있지 않다. 이같은 미국과 유럽, 일본의 특허제도에 관한 파행성을 시정하는 것도 추후 해결해야 할 문제점일 것이다.

2) TRIPs의 평가

첫째, TRIPs가 UR 의제에 포함된 것은 국제무역제도의 근본적인 변화를 반영한 것이라고 할 수 있다. 그 동안 세계 무역환경에서는 재료의 가치가 아닌 상품에 구체화된 노하우(know-how)가 진정한 상업적 이익을 구성한다는 인식이 팽배해져 왔다. 예컨대 실리콘칩의 경우 실리콘 자체의 가치는 작지만 그 안에 체화된 회로도는 매우 중요한 요소를 이룬다. 더 나아가 지식재산권의 보호는 컴퓨터 프로그램 등 신상품에 있어 필수불가결한 것이다. 예컨대 의약제품의 경우에는 특허권의 효율적인 보호에 상당부분 의존하고 있다.

둘째, 협정은 새로운 규율(new discipline)분야로 간주되지만 GATT에 생소한 분야만은 아니다. 이미 과거에도 GATT의 일반규정과 원칙 및 지식재산권 관련규정에는 상품(goods)에 대한 TRIPs 개념이 존재하여 왔던 것이다. 특히 일반원칙의 하나인 제3조(내국민대우)의 개념은 기존의 국제지식재산권협약은 GATT의 전용물이 아니다. 그러나 지식재산권협약은 GATT와는 달리 물리적인(physical persons), 즉 권리보유자(right holders)에 대해서만 적용될 뿐 상품(goods)에 대해서는 적용되지 않기 때문에 근본적인 차이점에 있다 할 수 있다. 따라서 예컨대 제3조 제1항상의 실연자, 방송기관, 음반제작자 등과 관련하여 TRIPs 협정상 약간의 면제와 제한은 이미 예견되어 왔던 것이다.

따라서 TRIPs 협정의 새로운 성격은 최혜국대우(MFN)의 도입에 있다고 할 수 있다. 최혜국대우원칙은 내국민대우원칙과는 대조적으로 지식재산권협약에 생소한 원칙이다. 그러므로 이에 대한 면제인정은 내국민 대우와는 달리 TRIPs 협정 제4조 a-d호와 제5조에 따라서만 인정되는 것이다.

셋째, TRIPs 협정의 법률적 특성은 3가지로 나누어 볼 수 있다. ① 개별 권리보유자의 사권(private right)이 공공의 국제법영역에 포섭되었다는 점을 들 수 있다. ② 우루과이라운드 무역자유화 협상에 지식재산권이 도입됨으로써 긍정적인 교환거래(trade-off)에 대한 기대하에 임시적인 독점을 인정하는 다소 모호한 개념이 도입되었다는 점이다. 이러한 교환거래의 형태로서는 연구개발(R&D)을 위한 자본과 투자의 보호, 투자와 기술이전의 증대 등을 들 수 있다. ③ 소위 플러스방식(plus approach)과 업적방식(triumphing approach)을 들 수 있다. TRIPs 협정 제1조와 제2조는 대표적인 업적조항으로서 TRIPs 협정에 가입하는 회원국은 지식재산권협약의 기본적인 원칙을 수락해야 한다고 규정하고 있다.

넷째, 한편 TRIPs 협정과 관련해 선진국간에도 저작권, 저작인격권, 선출원주의 채택, 상표등록시 사용요건, 원산지명칭, 대여권 등 다수 쟁점에 대해 이견이 있었으나, 최종적으로 합의된 협정이 산업국의 이익만을 옹호하고 있다는 의문이 제기될 수 있을 것이다. 이런 주장은 TRIPs 협정상 ① 저작인격권 보호의 배제 ② 컴퓨터 소프트웨어의 보호 ③ 선출원주의의 미채택 ④ 특허보호기간의 설정 등을 감안하면 일응 타당하다고 볼 수도 있으나, ① 특허보호대상의 제한 ② 반도체칩배치설계에 대한 워싱턴조약 준용 ③ 시행유예기간의 설정 ④ 사용허가계약에서의 반경쟁관행의 통제 등 개도국의 입장이 반영된 조항도 적지 않다는 점에서 TRIPs 협정은 미흡하지만 어느 정도 개도국의 입장을 반영한다고 할 수 있다.

제5절 WTO/TRIPs의 기본원칙

1. 의무의 성격과 범위

TRIPs 협정의 규정에서 지식재산권 보호에 관한 최소요건(minimum standard)은 협정에서 요구하고 있는 수준 이상의 보호를 국내법에(in their domestic law) 규정할 수 있는 여지에서 그러한 것이 의무사항은 아니라고 나타내고 있다.

이러한 최소의 보호요건을 규정하고 있는 것은 지식재산권 관련 다른 협정, 예를 들어 Paris 협약, Berne 협약 등에서도 찾아볼 수 있는데 규정의 목적은 지식재산권 제도와 그 범위가 변화, 확대되고 있고 각 회원국이 국내적인 필요성에 의해 보호수준을 상향조정할 가능성을 열어주기 위한 것이기는 하지만 회원국중 일부가 동 규정을 원용하여 양자 혹은 다자협상을 통해 보호수준 강화를 요구할 수 있는 근거가 될 수 있는 문제점을 내포하고 있다.

또, 협정수준 이상의 보호가 본 협정의 다른 규정(예를 들어, 내국민 대우, 최혜국 대우 규정 등)에 위배되어서는 안 되며, 협정의 규정에 따른 모든 의무를 자국법이나 관행을 통해 이행할 수 있도록 하고 있다.

협정에서 언급하고 있는 지식재산권의 범위에서 우리에게는 생소한 개념인 지리적 표시와 IC 배치설계, 영업비밀 등이 국제적인 협약을 통해서 지식재산권의 일종으로 공인받게 되어 있으며 협정상의 권리, 의무를 적용받는 "국민(nationals)"에 관한 규정을 두고 있는데, 먼저 타회원국 국민에게 본 협정이 규정하고 있는 대우를 해주어야 한다는 원칙의 선언과 그러한 "국민(nationals)"의 요건에 대해 규정하고 있는데 이에 따르면 국민이란 Paris 협약(1967), Berne 협약(1971), Rome 협약,

IC 협약상의 보호를 받을 수 있는 자격(보호적격)이 있는 자연인 혹은 법인(natural or legal persons that would meet the criteria for eligibility for protection)이라고 규정하고 있다. Paris 협약등에서 보호를 받을 자격이 있는 자(보호적격자)는 회원국의 국적을 갖고 있는 자연인 혹은 법인, 또는 회원국내에 주소나 실질적인 상업상, 공업상 영업소(commercial or industrial establishment)를 갖는 바 체약국의 자연인 혹은 법인으로 보는데 이는 TRIPs 협정에서도 동일한 해석이 적용된다고 보아도 무방하다.

또 TRIPs 협정과 지식재산권 보호에 관한 기존 협정간의 관계에 대해 언급하고 있다. 본 협정에서는 보호기준, 시행절차, 권리획득 및 유지절차에 관하여서는 본 협정의 규정이 Paris 협약의 규정을 준수해야 한다고 하고 있다.

2. 내국민대우

각 회원국은 타회원국의 국민에게 파리협약(1967), 베른협약(1971), 로마협약과 IC 보호 관련 지식재산권 협약에서 각각 이미 규정하고 있는 예외 조항들을 인정하되, 지식재산권 보호에 관하여 자국민에 대하여 부여하는 것과 최소한 동등한 (no less favorable) 대우를 타회원국의 국민에게 해야 한다. 이 규정은 각 회원국이 타회원국의 국민에게 지식재산권 보호와 관련하여 자국민과 동등한 대우를 해야 한다는 내국민대우의 원칙을 천명하고 있다. 여기서 주목할 것은 "동등한"의 표현에 대한 것이다. 지식재산권의 기존 협약의 규정, 예를 들면 Paris 협약 제2조에서는 "same treatment"로 규정하고 있는데 반해 본 조에서는 "treatment no less favourable than"이라는 표현을 쓰고 있다. 이 표현은 GATT 제3조 4항(내국민대우)에서 찾아볼 수 있는데 다분히 GATT terms(GATT 용어)라고 할 수 있다.

그리고 내국민대우의 예외가 본 협정의 다른 규정에 위배되어서는 안되며 무역장벽을 형성해서는 안된다는 선언적인 원칙을 규정하고 있다.

3. 최혜국대우

지식재산권의 보호와 관련하여 한 회원국이 다른 회원국의 국민에 대해 허용되는 모든 이익, 혜택, 특전 또는 면책혜택은 즉시, 무조건적으로 다른 모든 회원국의 국민에게 부여된다. 다만 다음의 경우는 예외로 한다.

① 특별히 지적재산의 보호에 한정되지 않고 일반적인 사법적 조력이나 법집행과 관련한 국제협약으로부터 파생하는 경우
② 로마협약 또는 베른협약(1971)의 규정에 따라 허용하고 있는, 내국민대우로서가 아닌, 타국을 위해 부여되는 대우에 근거한 대우
③ 본 협정에서 규정하고 있지 않은 실연자, 음반제작자, 방송사업자의 권리에 관한 대우
④ 본 협정 발효전에 발효한 지식재산권 보호관련 국제협약으로부터 발생한 대우 단, 동 협약은 TRIPs 위원회에 통보된 것으로 다른 체약국의 국민에 대하여 자의적이거나 정당하지 않는 차별대우를 구성하지 않아야 한다.

이러한 TRIPs 규정은 지식재산권 보호에 관한 최혜국대우의 원칙(MFN)을 결정하고 있다. 이러한 규정의 의의는 지금까지 존재하고 있는 지식재산권 보호에 관한 협약중 MFN의 원칙을 규정하고 있는 협약이 없었으나 최초로 도입되었다는 것이다. 현재까지 지식재산권 관련협약에 MFN의 원칙이 없었던 것은 현재까지의 지식재산권 보호체제가 속지주의를 채택하고 있고 국가의 관심은 외국에서 출원할 수 있도록 하고 그 외국국민과 동등한 대우를 받는데 있었으므로 내국민대우(National Treatment)로 충분했기 때문이다. 또한 이것은 지식재산권을 무역의 대상으로 보지 않았던 시대였기 때문에 가능한 것이기도 하였다.

그러나 교역상품에 체화된 지식재산권이 상품의 국제경쟁력을 결정하는 요인이 되고 중요한 무역의 대상이 되자, MFN 원칙 도입의 필요성이 제기 되었고, 따라서 본 협정에 도입되게 되었다. 또한 MFN 원칙이 WTO협정의 가장 중요한 기본원칙이라는 점에서 WTO 체제에 포함되는 본 협정에 MFN 원칙이 제외되기에는 어려운 점도 있었다.

MFN 원칙의 내용은 한 체약국이 특정 타회원국에 부여한 모든 특혜조치(advantage, favour, privilege or immunity)는 무조건적으로 그리고 즉시(immediately and unconditionally) 모든 다른 회원국에도 부여되어야 한다고 하고 있다. 여기서의 특혜조치는 회원국간의 쌍무 혹은 다자협약에서 발생하는 모든 특혜를 포함하는 개념으로 보여진다.

그리고 MFN 원칙에는 예외가 있을 수 있음을 규정하고 있으며, 예외로서 MFN의 예외를 구체적으로 살펴보면 다음과 같다.

① 지식재산권 보호에만 관련되지 않은 국제적인 사법 조력이나 법집행과 관련한 국제협약의 내용을 들고 있는데 이러한 예로서는 특정한 예는 없으나 국제사법규정, 범죄인 인도협정 등을 들 수 있다.

② Rome협약, Berne 협약의 규정과 관련된 예외를 규정하고 있다. 즉, 예를 들어 Berne, 협약의 부속서(Annex : 개도국을 위한 특별규정)에는 개도국을 위해 복제권 제한(강제사용허락 제도), 번역권 제한 등의 규정을 마련하고 있는데, 이러한 특혜는 개도국에 대한 특혜조치이므로 MFN에 의해 다른 선진국에 부여하지 않기 위한 것이다.

③ TRIPs 협정에 규정되어 있지 않는 Rome 협약상의 보호를 MFN의 원칙에 의해 타국에 확산하지 않아야 한다.

④ TRIPs 협정 발효이전에 발효된 국제협약을 MFN의 예외로 하기 위한 Grandfather Clause의 성격을 갖고 있다. 그러나 그러한 국제협약이 자의적이나 차별적이어서는 안 된다고 조건을 부가하고 있다.

4. 권리획득 또는 유지에 관한 다자간 협정

TRIPs는 내국민대우(Art. 3), 최혜국대우(Art. 4)의 예외를 규정하고 있다. 이것은 WIPO 관장 하에 체결된 절차적인 협정 예를 들어, 특허협력조약(PCT : Patent Cooperation Treaty), 상표등록에 관한 마드리드 협정 및 Protocol 등과 관련된 것으로, 즉, 이들 협정에 가입한 국가는 비가입국에 비해 특허, 상표등록을 위한 국제출원에 있어 여러 가지 특혜(출원절차 간소화)를 부여하고 있다. 따라서, 이들 협약에 의한 특혜를 MFN 원칙에 의해 TRIPs 협정회원국이나 이들 협약에 가입하지 않은 국가에도 부여한다면 이들 협정에 대한 가입 유인을 감소시키고 협약 가입국에게 상대적 불이익을 준다는 측면에서 MFN 내국민대우의 예외로 한다고 규정되었다.

5. 권리소진

권리소진(exhaustion, 혹은 first sale doctrine)의 원칙은 다소 생소한 개념이나 권리자가 권리가 체화된 상품 혹은 기술 등을 양도 또는 licence 한 후 권리에 대하 자기 권리를 다시 주장할 수 없다는 원칙이다.

파리협약의 1국 1 특허주의에 의거하여 파리협약 가입국은 권리소진을 인정하고 있다. 그러나 저작권 분야에서 대여권(rental rights)의 필요성이 대두되면서 국내적인 권리소진의 원칙도 제한되는 추세에 있다.

이러한 권리소진의 문제가 국제적인 권리소진의 인정여부와 관련 될때는 매우 복잡해지고 중요해진다. 왜냐하면 국제적인 권리소진의 인정여부는 병행수입(parallel importation) 허용 여부와 밀접한 관계를 갖고 있기 때문이다.

만약 관련된 병행특허(parallel patents)에 대해서 권리소진이 인정된다면, 권리자가 일단 licence한 후에 그 기술에 대해 권리자가 자기권리를 주장할 수 없으므로 이 병행수입은 허용되는 것이 되며, 1국 1 특허 원칙에 입각한 권리소진의 원칙이 적용된다면 병행수입은 금지되는 것이 된다. 이러한 병행 수입 허용여부는 수입국이나 수출국이나 모두 중요하다. 따라서 EC는 EC회원국에 대해서는 모든 병행특허에 대하여 권리소진을 인정하고 있다.

본조가 규정됨으로써 각 체약국이 자유롭게 권리소진(병렬수입)의 문제를 결정할 수 있으며, 이는 분쟁해결절차의 대상이 되지 않는다. 그러나 양자 협의의 대상이 될 수 있음을 유의해야 할 것이다.

참고로, 우리나라에서는 동 문제가 심각하게 논의된 적도, 또 이에 대한 판례도 아직 존재하지 않지만, 권리소진(병렬수입) 인정에 따른 장단점이 있고, 향후 이러한 사례가 많이 발생할 것에 대비하여 면밀한 검토후 인정, 불인정에 대한 정책적 결정을 내릴 필요가 있을 것이다.

6. 목적

TRIPs 협정 체결의 목적에 관해 언급하고 있는 규정으로 "지식재산권의 보호와 제도의 시행은, 기술혁신의 촉진, 기술이전 및 전파, 사회와 경제복지에 기여하는 방법으로, 기술지적의 생산자와 사용자의 상호이익 및 권리와 의무의 조화에 기여해야 한다"라고 규정하고 있다. 이 규정은 본 협정의 전문(preamble), 그리고 Punta del Este 각료선언문에서도 유사한 내용을 찾아볼 수 있는데 선언적인 의미를 갖고 있는 것이다.

TRIPs에 관련한 체약국은 본 협정상의 제규정과 일치하는 범위내에서 공중보건 및 사회경제, 기술발전을 위해 매우 중요한 분야의 공공이익을 증대시키기 위해 자국의 법령과 규칙을 제정하고 개정하는데 있어서 필요한 조치를 채택할 수 있다. 또 본 협정상의 제규정과 일치하는 범위 내에서 관리자에 의한 지식재산권의 남용이나 비합리적으로 무역을 제한하거나 국제간 기술이전을 저해하는 관행을 막기 위한 적절한 조치가 요청될 수 있다.

이것은 목적과 함께 선언적인 성격을 갖는 규정으로 전문(preamble)이나 Punta del Este 각료선언문을 구체화하고 있다. 이들 내용은 당초 개도국측 협정초안에 있던 내용으로 선진국의 강력한 반대에 부딪혔던 규정들이다. 특히 본 조에 대한 반대가 많았는데 그 이유는 본조가 선언적인 내용이기는 하나 협정안의 내용을 구체적으로 살펴보면 공중보건 및 사회경제, 기술발전 등 중요 목적을 위해 국내법규의 제정, 개정시 필요한 조치를 취할 수 있다고 하고 있다. 다만, 그 조치의 범위는 TRIPs협정의 제 규정과 일치해야 한다.

Chapter

10

국제협상의 이해

Chapter 10 국제협상의 이해

제1절 협상의 기초 개념

1. 국제협상의 개념

협상이란 단어는 영어의 negotiation으로 표시되며 협상(negotiation)이란 거래를 하는 것으로 간단하게 말하면 「서로간의 대화에 의해 거래를 위한 합의점에 도달하는」 것이다. 즉, 비즈니스 그 자체를 의미한다. 이러한 맥락에서 해외의 통상 전문가들은 국제통상, 즉 비즈니스를 수행하는 일환으로서 협상 그 자체를 전개해 왔다. 따라서 협상의 본질은 상호의 관심사를 거래라는 형태로 합의에 이르는 데 있으며, 이는 미시적인 차원의 기업협상에서 거시적인 차원의 국제통상에 이르기까지 공유되고 있는 것이 특성이다.[1)]

또 협상(negotiation)은 국제거래 관계에서뿐만 아니라 우리들의 일상생활에서도 매일 발생한다. 협상은 갈등을 해소하기 위해서 생긴 의사를 결정할 때, 상품을 사고 팔 때, 갈등 그룹간의 의견을 조정할 때, 크고 작은 규모의 조직의 관리를 수월하게 하기 위해 개인과 국가, 조직에서 언제든지 필요한 것이다.

이처럼 협상이란 다른 조직과의 상호작용에서 조직의 목적을 얻기 위해 또는 서로 다른 의견이 일치되도록 어떤 압력을 사용하는 과정이다. 특히 국제협상에 있어서는 각각의 협상가들이 사회환경, 문화, 언어, 정치제도 등이 다른 상대방에게 어떻게 접근하느냐가 중요하다.[2)]

1) 이승영·최용록, 국제협상의 이해, 법경사, 1998.

따라서 국제협상이란「문화적 차이를 갖는 다수의 의사결정주체들이 상호이해를 촉진하고 갈등을 해소하기 위해서 의도적으로 노력하는 상호작용 및 그 과정」을 의미한다. 따라서 국제협상은 정치, 경제, 사회, 문화 전반에 걸친 다양한 변수를 포함하므로 그 성격이 매우 복잡하고 동태적인 것이 특징이다. 나아가 의사결정주체들의 심리적·문화적인 환경의 차이와 상호 관계의 시간적인 변화와 같은 복합적인 요소가 협상의 과정과 결과에 영향을 미치게 되므로 국제협상의 본질은 극히 유동적이라 할 수 있다. 마지막으로 협상은 인간이 사회적인 삶을 영위해 나가는 가운데 발생하는 여러 가지 문제와 갈등을 해결하는 데 있어서 필수적인 과정이며, 우리의 일상생활의 일부이다.

그래서 협상은 어떤 특정 사안에 대해 둘 이상의 당사자들간에 이해가 충돌 할 때 상호 접촉을 통해 합의를 도출함으로써 문제를 해결해 나가기 위해 이루어진다. 협상이 이루어지기 위해서는 몇 가지 필수적인 요건을 갖추어야 하는데 이를 정리하면 다음과 같다.

첫째, 협상이 이루어지기 위해서는 둘 이상의 협상 당사자가 존재하여야 한다. 여기서 협상 당사자라 함은 개인뿐만 아니라 집단, 단체, 국가 등을 모두 포함한다. 둘째, 협상 당사자간 이해관계의 충돌이 있어야 한다. 이는 당사자간에 이해가 완전히 같을 때에는 협상이 불필요하기 때문이다. 셋째, 협상 당사자들이 이해의 충돌문제를 싸움을 통하지 않고 합의를 도출함으로써 해결하고자 하는 공통된 인식이 있어야 한다. 협상 결렬시 또는 협상에서의 더 좋은 조건을 위해 법적 대응을 하거나 다투는 경우도 있지만, 협상이 이루어지기 위해서는 잠깐만이라도 협상 당사자들이 이해의 충돌문제를 합의를 통해 해결하고자 하여야 한다. 넷째, 협상에서는 주고받는 것이 있어야 한다. 일방적인 명령이나 요구가 있는 경우에는 이를 협상이라고 하기 어려우며, 협상을 위해서는 상호간 양보(yielding), 교환(exchange), 또는 타협(compromising)이 있어야만 한다.

또한 협상 가운데는 양보와 교환을 통해 서로의 이익이 증진되는, 즉 가치의 창조(creation)가 이루어지는 경우도 있다. 이를 요약하면, 협상이란 어떤 특정 사안에 대해 둘 이상의 당사자들 간에 이해가 충돌할 때 상호간 양보, 교환, 타협, 창조를 통해 합의를 도출함으로써 문제를 해결해 나가는 과정이라고 할 수 있다.[3)]

---

2) 박종수, 국제통상관계론, 도서출판 두남, 1997.

3) 강인수 외, 국제통상론, 박영사, 1998.

2. 국제협상 이해

현대사회를 협상의 시대라고도 한다. 그만큼 협상은 일상생활에서 노사간의 임금협상 또는 단체교섭, 국가간의 정치적 분쟁해결, 국제기업협상, 나아가 정부간의 다자간 무역협상에 이르기까지 광범위한 분야에서 이루어지고 있다. 따라서 국제통상과 관련된 문제점들을 해결하기 위해서는 협상이라는 메커니즘에 대한 이해가 요구된다. 이는 모든 '무역계약은 근본적으로 계약당사자간의 오랜 협상 끝에 합의된 계약서를 근간으로 이루어지게 되며 새로운 국제통상질서인 WTO도 각국 정부간에 서로 밀고 당기는 오랜 협상의 결과로 얻어진 산물이기 때문이다.

일반적으로 협상이란 "공동의 이익교환이나 실천에서 이해·충돌이 있을 경우 의사의 일치를 이룰 목적으로 다양한 수단으로 자신의 의사를 개진하는 과정"으로 정의된다. 이러한 협상에서 한 당사자가 소기의 성과를 거두기 위해서는 사회환경이나 문화적 사고가 다른 상대방에게 어떻게 접근하느냐를 포함하여 체계적인 협상전략이 요구된다. 특히 정치·경제·사회·문화적 환경과 언어가 서로 다른 나라의 개인·기업 또는 정부간에 이루어지는 국제협상의 경우에는 체계적인 협상전략의 실행이 무엇보다도 중요한 것이다.

국제협상에서는 특히 서로 다른 문화적 배경의 사람들이 서로 다른 생각 감정이나 행동 등을 가지고 부딪치기 때문에 문화적 배경에 대한 이해가 중요하다. 다시 말해서 국제협상이란 서로 다른 문화적 배경 하에서 살아 온 사람들이 어떻게 서로를 관리하는가 하는 문제와도 연결된다.

국제협상을 이해하기 위해서는 ① 서로 다른 문화적 배경의 국제협상을 이해하고 그 과정을 관리할 수 있다. ② 다른 사람의 경험을 통해 협상기술·유형·형태·방법 등을 익힐 수 있다. ③ 개인의 성격에 따라 조금 더 유능한 협상인이 될 수 있다. 등과 같은 몇 가지 가정들이 필요하다.

이러한 가정을 전제로 할 때 우리는 좀 더 체계적인 국제협상전략을 마련할 수 있을 것으로 생각된다.

결국 국제협상이란 서로 다른 문화·가치관·신념·필요성·시각·언어 등을 가진 사람들이 상호이해 관계를 증진시키는 과정 또는 노력이라고 할 수 있다. 따라서 국제협상의 당사자들은 협상상대국의 정치·경제·문화·사회적 배경을 충분히 이해하고 개인적인 유대관계에 신경을 쓰며 좋은 협상결과를 얻기 위해서 노력하여야 한다.

3. 국제협상의 구성

1) 협상의 종류

협상은 특성에 따라 분배적 현상(distributive negotiation)과 통합적 협상(integrative negotiation)으로 나누어진다. 분배적 현상이란 주어진 크기의 파이를 나누는 때와 같이 한쪽이 이익을 보면 다른 쪽은 손해를 보는 경우의 협상을 의미하며, 윈-루즈(win-lose) 협상이라고도 불린다. 이 경우 협상에서 경기자들간의 협조를 얻어내기란 그다지 쉽지 않다. 반면, 통합적 협상은 거래를 하는 때와 같이 협상의 결과에 따라서 양쪽이 모두 이익을 볼 수 있는 경우의 협상을 의미하며, 윈-윈(win-win) 협상이라고도 불린다. 이 경우 협상당사자간에 무조건적인 협조를 기대하기는 어렵겠지만 어느 정도의 협조는 불가피하다.

따라서 통합적 협상에 있어서는 협조를 통해 협상 당사자 모두의 이익을 증대시키는 일(creating)과 자신의 몫을 크게 하려는 일(claiming)간에 조화를 모색해야 한다. 경우에 따라서는 분배적 협상인 것과 같은 협상도 실제로는 통합적 협상인 경우도 많이 있다. 예를 들면, 두 아이가 아이스크림을 나누는 경우 언뜻 보기에는 분배적인 것으로 보이지만, 협상과정에서 아이스크림이 녹는다는 것을 협상당사자들이 인식하는 경우, 협상 당사자들은 자신의 몫을 크게 하는 것과 빨리 협상을 마무리지어야 하는 두 가지 목표 가운데서 적절한 선택을 강요받게 되는 것이다.

2) 협상의 단계

협상은 그 단계에 따라 촉매단계(catalyst stage), 협상전단계(prenegotiation stage), 협상단계(negotiation stage), 협상후단계(post-negotiation stage), 재협상단계(renegotiation stage)로 나누어질 수 있다. 촉매단계(catalyst stage)는 협상에 있어서의 의제에 대해 폭넓은 의견을 교환하는 단계라고 할 수 있으며 협상 상대방의 선호 등을 파악하고 자신의 선호를 상대방에게 알리기도 한다. 협상전단계(prenegotiation stage)는 협상을 벌이기 전에 상호간에 접촉을 통하여 사실을 확인하고 협상의 참가자, 의제, 방법, 계획, 선택대안 등을 구체적으로 정하는 단계를 의미한다. 이때에는 상대방의 의견 등을 들음으로써 상대방에 대한 이해를 넓히는 작업도 동시에 진행된다. 협상단계(negotiation stage)는 본격적인 협상을 벌이는 단계로서, 구체적인 제안과 양보 등이 이루어진다. 협상단계에서 성공적인 결론을 도출하기 위해서는 많은 협상기술을 필요로 함은 물론이다. 협상후단계(post-negotiation stage)는 협상이 타결된 후 협상을 실행에 옮기는 단계이며, 통상협상의 경우에는 각국이 협상의 결과를 행정적·법적으로 뒷받침하고 이를 실행에 옮기는 단계이다. 마지막으로 재협상단계(renegotiation stage)는 협상이 타결되었더라도 타결된 결과를 바탕으로 협상 참여자 모두에게 보다 나은 결과를 도출하고자 다시 협상을 벌이는 단계를 의미한다. GATT의 다자간 무역협상이 한번으로 끝나지 않고 반복되어 제8차 협상인 우루과이라운드 협상에까지 이르렀다는 것이 그 좋은 예이다.

3) 협상의 요소

협상에 있어서 중요한 요소에는 여러 가지가 있겠지만, 협상실패시의 대안(Best Alternative To Negotiated Agreement: BATNA), 관심사항(interests), 선택대안(options), 의사소통(communication), 관계(relationship), 정당성(legitimacy), 약속(commitment) 등이다. 이를 간략하게 설명하면 다음과 같다.

첫째, 협상에 있어서 협상실패시의 대안은 매우 중요하다. 왜냐하면 협상타결의 결과를 실패시의 결과보다 나아야 할뿐만 아니라 협상실패시의 대안을 염두에 두어야 협상이 결렬되는 것을 막을 수 있기 때문이다. 바람직한 협상자는 상대방에게 협상실패시의 결과가 바람직하지 못하다는 것을 일깨워야 한다. 가격을 흥정하면서 옆 가게의 가격을 제시하거나 협상 결렬시 상대방이 입는 피해를 넌지시 암시하는 것 등이 그 예가 된다. 협상타결이 늦어질 때 입는 피해도 여기에 포함이 되며, 때로는 상대방의 BATNA를 낮추기 위해 협박수단을 이용하기도 한다.

둘째, 협상에서 좋은 결과를 가져오기 위해서는 자기자신은 물론 상대방의 진정한 관심사항(interests)이 무엇인지를 정확히 파악하여야 하며 자기자신과 상대방의 미래에 대한 계획에 대해서도 깊이 생각해 보아야 한다. 많은 협상에 있어서 협상가들은 자신의 관심사항 대신 입장(position)에만 집착함으로써 협상을 실패로 이끄는 경우가 많다.

셋째, 협상에서 많은 선택대안을 개발하는 것은 매우 중요하다. 연봉협상과 같이 제로섬(zero-sum)게임으로 여겨지는 협상에서도 계약기간, 회사의 순익에 따른 연봉 등 다양한 선택대안들을 도입할 경우에는 포지티브섬(positive-sum)게임으로 바뀔 수도 있으며, 이에 따라 협상이 쉽게 타결될 수도 있다.

넷째, 의사소통도 협상에서 중요한 위치를 차지하고 있다. 특히 국제협상에 있어서 커뮤니케이션은 매우 중요한데, 이는 단순한 의사소통을 넘어서 상대국의 언어, 문화, 가치 등을 이해하는 것까지 포함한다.

다섯째, 협상에서 좋은 결과를 얻기 위해서는 좋은 인간관계의 확립이 필요하다. 협상상대방을 적대시해서는 곤란하며, 추후 협상을 위해서라도 협상을 전후하여 개인적인 친분관계와 신뢰관계를 쌓는 것이 필요하다.

여섯째, 협상에서 상대방을 설득하기 위해서는 정당한 이유가 있어야 한다. 이때에는 국제적인 규범, 국내적인 법규, 과거의 역사 등이 좋은 참고자료가 된다.

일곱째, 협상에서는 상대방이 얼마만큼의 권한을 가지고 있고, 상대방의 말이 얼마만한 구속력을 가지는지가 중요하다. 가끔 협상에서 합의를 도출하고 나서 상급자의 반대 등을 이유로 다시 협상을 하자고 하는 속임수가 사용되는데, 이와 같은 속임수에 넘어가서는 곤란하다.

협상에서는 이 밖에 불확실성의 존재(the existence of uncertainty)와 이에 대한 협상자의 인식(the perception of the negotiator) 등이 중요한 요소로 작용하고 있다.

제2절 국제협상 중요성과 고려요인

1. 국제협상의 중요성

협상의 동기는 갈등관리를 통한 이익극대화에서 비롯된다. 특히 문화적 차이가 커다란 국제사회에 있어서 상호 이해부족에 따른 갈등의 증폭은 더욱 커지기 마련이며, 이에 따라 갈등관리의 차원에서 협상을 통한 기대이익 역시 상당히 높은 것이 보통이다. 갈등은 그 발생동기와 진행과정이 매우 중요하며 효율적인 갈등의 해소를 위해서는 대화와 행동의 차원은 물론, 언어와 상징과 같은 비언어, 감정과 같은 정서적 차원에 이르기까지 다양한 차원에서 갈등관리가 이루어져야 한다. 이러한 갈등은 상호간의 의사소통이 어려운 국제사회에서 한 가지의 동기를 충족시키려는 행동적·언어적·상징적·정서적 대응이 다른 동기를 충족시키려는 대응방식과 양립하지 못함에 따라 더욱 심각한 문제를 야기하게 된다.

갈등이 표면화되는 경우는 상대방이 자신의 영향권이나 행위영역에 들어와 의도적으로 관심 내지는 이해가 걸린 영역을 확장하고자 할 때 발생하게 된다. 상대방의 영역확장 의도는 곧 자신에 대한 위협으로 간주되므로 방어적으로 반응하게 되고, 상대방 역시 여기에 반등하게 됨으로써 자신의 방어행위에 대한 정당성을 입증해 주게 된다. 이러한 국제적인 갈등의 효과적인 해결방안으로써 협상의 중요성이 부각되는 것이다. 즉, 국제적인 협상절차를 통해 상호 이해의 과정을 개방하고 갈등의 증폭을 동태화 함으로써 상호 균형과정으로 수렴시킬 수 있게 된다.[4]

일개국가의 국력은 군사력, 경제력 등 눈에 보이는 것뿐만 아니라 국민의 결속력, 애국심 등과 같은 정신력도 포함된다. 특히 국가전략의 정립과 운용과 같은 소위 국가경영능력은 더할 나위 없이 중요한 국력의 한 요소이다. 여기에는 특히 주변국가와 관계, 즉 외교력이 중요하다. 외교력에는 여러 가지 요소가 있으나 근본적으로는 협상력과 직접적인 관련을 맺고 있다. 같은 군사력과 경제력을 갖고도 국제적인 위상이나 외교력에서 나라간에 차이가 나는 것도 해당 국가의 인적 자원이 갖고 있는 대외 협상력의 주요인이 된다. 대외협상력에는 외교관들이나 국제통상담당관 등의 개인적인 협상력도 중요하지만 대내적 협상력도 중요하다.

2. 국제협상시 고려요인

1) 협상 당사자

상이한 문화로 인해 협상 당사자의 협상에 대한 인식, 협상에 대한 태도, 협상에서의 접근과 진행방법 등이 상이하다. 또한 협상 당사자의 선발 형태, 협상팀 구성, 협상팀 내부의 역할 배분, 힘의 배분 등의 집단역할이 다르게 나타나며, 협상에서 협상 당사자에게 요구되는 자질의 중요도들도 다르며, 개인의 능력이나 행동반경도 다르기 때문에 상대방의 협상상황에 대한 인식과 협상행동에 대한 예측을 자신의 기준에서 행하면 실패할 가능성이 아주 높다.

2) 의사결정의 형태

상대방의 의사결정을 예측하고 이러한 의사결정과정이 자신에게 유리한 방향으로 되도록 하는 것은 협상가의 중요한 자질 중의 하나이다. 상대방의 의사결정과정을 알기 위해서는 개인적인 의사결정 유형뿐만 아니라 조직내에서 이루어지는

4) 이승영·최용록, 국제협상의 이해, 법경사, 1998.

의사결정 유형을 알아야 한다. 즉, 집단의사결정 형태인가 개인의사결정 형태인가를 파악해야 하고, 의사결정에 영향을 주는 요소의 파악이 중요하다.

3) 국가의 특성에 대한 영향

여러 가지의 기술적, 연구방법론적 제약 때문에 사회과학자들 간에는 국가의 특성에 대해서 그 중요성을 크게 부여하고 있지만 그 국가 사회의 고유한 특성의 산물로서 협상 당사자의 개성이 형성되기 때문에 협상에 있어서는 국가의 특성이 중요한 요인이 된다.

개성은 공동문화를 갖는 집단 속에서 개인의 사회화 과정을 통하여 형성되는데, 이 과정에서 개인은 집단의 고뇌, 공포, 가치, 신념, 지적 등을 습득하게 된다는 것이 문화인류학의 기본적 가정이다.

4) 문화적 차이

국제협상의 의사전달에 있어서 협상 당사자들 간에 명쾌하게 의사전달이 안 되는 어려운 상황이 발생될 수 있다.

상대방의 제스처, 행동, 무의식적인 습관, 예법, 의복 형태 등의 요인에 의해서 협상가는 불편함을 느끼거나 감상적 손상을 가져올 수 있고, 토의 주제에 대한 주의를 집중시키기가 곤란하게 될 수 있다.

5) 언어 차이

언어는 문화와 밀접하게 관련되어 있기 때문에 한 언어에서 어떤 한 낱말의 의미에 정확하게 대응되는 말을 다른 영역에서 찾아낸다는 것은 매우 어려울 뿐만 아니라 거의 불가능에 가깝다.

따라서 협상가는 언어의 개념, 의미, 뉘앙스, 기본적 사고바탕 등에 있어서 통역 전달의 한계가 어디까지인가를 명확하게 인식해야 한다.

어느 정도 외국어에 자신이 있으면 통역자 없이 외국어로 협상할 수도 있는데 이러한 경우 협상에 실패할 가능성이 크며, 동일 언어사용 국가간의 협상이라 할지라도 문화가 다르면 언어의 기본개념이 달라지므로 통역을 두는 것이 더욱 효과적일 수 있다.[5)]

제 3 절 국제협상의 주체

1. 협상당사자의 수

협상의 당사자가 개인인 경우에는 한 사람이 대부분의 일을 수행하지만, 협상팀인 경우에는 협상팀의 代表(chief spokesman), 특정 이슈에 대한 전문가, 법률전문가, 경제전문가, 협상전략가, 비용분석가, 기록인, 참관인 등으로 구성되는 것이 일반적이다. 여기서는 협상의 구성원들을 분석하고, 협상의 이해관계, 협상과정과 결과, 협상유형 등은 앞으로 장을 달리하여 분석하려고 한다. 협상구성원들을 전체 구도와 함께 같은 장에서 분석하는 것은 구성원들이 실질적으로 협상을 움직여 나가는 행위자들이기 때문이며 협상과정과 결과에 가장 중요한 영향을 미치기 때문이다.

따라서 국제협상은 국내협상에 비해 이해관계가 상당히 복잡하고 전문성에 대한 필요가 특별하므로 국제협상의 주체는 대개의 경우, 1인 이상의 팀으로 구성되는 것이 보통이다. 성공적인 협상을 위해서는 전문지식과 더불어 협상능력을 고루 갖추고 조직 내의 이해관계를 적절하게 반영할 수 있는 협상가가 필요한 바, 특정한 사람이 이 모든 능력을 갖추기는 매우 어렵기 때문이다. 협상과정에서 발생하는 여러 가지 사안을 관리하고 다양한 대안에 능동적으로 대응하기에는 한 사람만으로는 한계가 있으며, 협상 상대와 나눌 대화 창구를 하나로 한정하는 것은 협상의 유연성을 감소시키는 결정적인 이유가 되기도 한다.

또 협상은 협상팀을 구성하여 조직 내의 다양한 이해관계를 반영하고 협상의 진행에 다양성 있게 대응할 수 있도록 여러 부서의 인물들로 조직되는 것이 바람직하다. 즉, 협상은 팀워크가 중시되는 종합예술이라 하겠다. 국제협상의 객관성과 전문성을 높이기 위해서는 대부분의 협상팀에 있어 경영 및 재무담당자, 기술전문가, 법률전문가 등을 포함하는 포괄성과 전문성을 갖추는 것이 중요한데 이러한 팀원의 다양한 구성은 협상의 진행에 풍부한 체계성을 제공할 수 있다는 점에서 바람직하다.

한편, 팀원의 구성이 너무 많으면 내부적인 팀원간의 조율이 협상의 효율적인 진행을 오히려 방해하는 경우가 발생하므로 적정한 규모로 최소화하는 것이 바람직하며 책임자 이외의 구성원은 법률팀, 기술팀 등 필요시에만 협상에 참가하는

5) 박종수, 국제통상원론, 박영사, 1997. pp.237~243.

순환형 전문팀을 보조로 활용할 수도 있다. 보통 위임장(power of attorney)을 소지하는 협상팀의 책임자는 책임소재가 명확하고 자주적인 결정능력을 가진 직책이 높은 사람으로 임명하는 것이 바람직한데 이는 다음과 같은 효과를 가져오기 때문이다.

2. 협상구성원 자격

1) 일반개요

협상과정을 보면 한 사람과 같이 동질적으로 보일 수 있겠지만, 자세히 들여다보면 정도의 차이는 있으나 개인이나 하위집단의 가치관, 동기, 이해관계, 형태 등이 달라서 한 사람처럼 다룰 수 없는 경우가 적지 않다.

그리고 협상팀의 수가 많은 경우, 협상과정의 진전과 더불어 각자의 이해관계가 분명해지고, 이에 따라 각각 전략적인 입장을 취하게 되면서 그들간의 연합(coalition)이 형성된다. 이러한 연합의 형성은 협상당사자의 수를 줄여 주고 세력관계에 변화를 주게 된다. 협상당사자의 수가 줄어들고 협상자원과 권력관계가 변화되면, 협상의 판도가 달라지고 이것은 각 집단의 협상력과 전략에 역동적인 변화를 주게 된다.

따라서 장기적인 국제협상에서 지속적인 협상력의 우위를 가지고 명확한 방향설정을 통해 유리한 협상결과를 얻어내기 위해서는 협상팀원을 구성함에 있어 다음과 같이 보다 전문성 있고 체계적인 자격요건을 사전에 정해놓는 것이 바람직하다. 국제협상의 결과는 단순한 기업차원은 물론, 국가적인 차원에 이르기까지 다양한 형태로 그 효과가 크다는 점에서 협상팀원의 자격요건은 더욱 중시될 필요가 있다. 고도로 체계적이고 다양한 업무가 복합적으로 추진되는 협상팀의 조직은 국제협상의 범위와 규모 및 협상결과에 대한 위험 등을 고려할 때, 보다 전문적인 국제통상요원으로 구성하지 않으면 안 된다. 이러한 개발조직의 구성원은 국제협상당사자로서의 3대 인성요소인 기획력·추진력·협상력을 겸비하여야만 한다.

2) 구성원의 기획력

협상조직 구성원의 기획력은 국제협상의 전체적인 업무흐름도를 항상 염두에 두고 급한 업무와 중요한 업무간의 완급을 조정할 수 있는 능력을 말하며, 복잡하면서도 다양하게 동시에 추진되는 국제협상 관련 업무들을 전체적인 흐름의 관점에서 명확하게 처리하는 것을 말한다. 또한 기획력을 갖춘 전문가는 협상력과 관련된 다양한 형태의 협상에서 체계적으로 업무에 임함으로써 협상환경의 변화 또는 의제의 재조정과 관련하여 보다 탄력적으로 대응할 수 있음과 동시에 서로 모순되는 약속이나 자사에 불리한 결과를 초래하는 협상을 최대한으로 회피할 수 있게 된다.

3) 구성원의 추진력

협상조직 구성원의 추진력은 국제협상의 속성상 장기에 걸쳐 다양한 이해관계를 조정하는 과정에서 발생하기 쉬운 국제협상의 어려움을 극복하고 소신을 가지고 책임 있는 업무수행 및 협상의 지속적인 추진에 가장 필요한 성격으로서 실무추진의 핵심적인 역할을 담당하게 된다. 국제협상이란 그 규모와 결과측면에서 단기간에 결정되는 경우가 드물고 이에 따라 총괄적인 협상책임자를 임명하여 지속적으로 협상환경의 변화에 능동적으로 대응하며 사내외 의견조율에 꾸준히 힘쓰도록 하여야 한다. 지나치게 지엽적인 단위사안에 몰두하지 않고 국제협상을 지속적으로 추진하고자 하는 것은 주인 없는 배를 바다에 띄우는 것과 같다. 따라서 추진력은 장기적인 국제협상개발사업의 성격상 필수 불가결한 요소로 하겠다.

4) 구성원의 협상력

협상조직 구성원의 협상력은 인화나 단결을 기본으로 냉철한 판단력과 동시에 탄력적인 업무추진이 요구된다. 항상 상대방의 입장에서 업무를 먼저 파악하고 여기에 협상모체의 전체적인 이해를 염두에 둔 시각으로 조명하여 기본적인 협상원칙은 유지하되 경우에 따라서는 기본원칙의 탄력적인 운영은 물론, 상호호혜(mutual benefits)의 입장에서 신뢰받을 수 있는 중재자의 입장을 상대방에게 강력히 부각되도록 협상을 추진한다. 상대방에게 호감을 주는 협상이란 곧 쌍방의 공동이익을 추구하는 협력게임(co-operative game)적인 차원에서 상호에게 모두 도움이 되는 호혜게임(positive-sum game)이라는 인식을 심어주어야 하는 것이다. 따라서 양보할 것과 양보받을 것을 적절하게 구사하며 각각의 경우에 대한 최적의 당위성으로 상대방을 설득시킴으로써 참여자 모두의 공감대를 얻어내야 장기적인 지속 사업으로서의 성공을 보장받게 되는 것이다.

따라서 계약이나 협상에서 진정으로 목적한 바를 달성하기 위해서는 협상이나 계약에 들어가기에 앞서 참여자 개개인의 마음을 사전에 확실히 사로잡을 수 있는 신뢰성과 합리성을 부각시킬 필요가 있다.

3. 협상의 제3자

1) 제3자의 개념

가장 단순화된 협상구성원은 협상당사자와 상대방의 2인구도로 구성되며 여기서 좀더 확장시키면 협상환경을 이루며 협상당사자와 관련된 이해관계자들로 확대될 수 있다. 이렇게 구성원들이 복잡해지면 그들은 각각 다른 관점에서 서로의 이해관계를 주장하게 되고 이러한 경향은 국내협상에 비해 이해관계자가 많고 문화적 배경이 상이한 국제협상에서 더욱 심각한 문제로 대두되게 된다.

국제협상에는 직접적인 이해관계를 가진 협상당사자로서의 협상주체 이외에도 협상의 진행에 상당한 영향을 미치는 제3자들이 있기 마련이다. 이러한 경우, 국제협상의 제3자로서 보통 중재자나 조정자들이 협상에 실제로 간여하는 경우가 상당히 많이 발견된다.

국제협상의 제3자는 협상환경의 주요한 구성요소가 되기도 하고, 독자적으로 협상과정과 결과에 영향을 미치기도 하므로 독립적으로 다루어야 할 정도로 중요한 위치를 차지하고 있다. 이러한 제3자의 활동으로 흔히 알선, 조정 그리고 중재 등이 있다. 이러한 구분은 국내법에서나 국제법에서도 함께 통용되고 있다.

2) 알선자

알선자란 주로 국제적으로 권위있는 기관의 장 또는 그가 임명한 알선인 또는 협상조성자(conciliator, facilitator)가 자주적인 교섭의 장애를 제거하기 위해 쌍방의 의견차이를 근접시켜 나가는 활동하는 자를 말한다. 이러한 알선자는 자신이 직접 타결안을 제시할 수는 없다. 다만, 알선자의 활동으로 쌍방이 자율적으로 이견을 좁혀 타협안이 나오게 되는 경우에는 국제협상의 합의결과와 같은 효력을 가진다. 알선자는 국내외를 막론하고 제도적인 유형이라고 보기보다는 정치의 장에서 찾아볼 수 있는 유형이다.

3) 조정자

조정자는 협상당사자들의 의도를 제약하지는 못하지만, 당사자들에게 협상을 통하는 것이 다른 어떤 행동대안보다 우월하다는 것을 인식시켜 당사자간의 자율적인 갈등해소를 유도한다. 또한 당사자들로 하여금 '모두가 수용할 수 있는 안'에 합의하도록 유도하며, 때로는 자신이 조정안을 작성하여 협상당사자들의 수락을 요구하기도 한다. 이때 그는 공정성이 있는 것으로 인지되는 영역을 의미하는 공정성 인지영역(perceived zone of fairness)내에서 조정안의 구체적인 내용을 통하여 화해를 유도할 것이다.

4) 중재자

협상의 진전과정에 보다 깊이 관여하는 제3자로 중재자(arbitrator)를 들 수 있다. 중재자는 1차적으로 서로의 제안을 듣고, 사실을 인식시키며, 협상당사자들이 그들끼리 해결안을 고안하도록 독려한다. 이러한 1차적 독려가 성사되지 않을 때는 2차적으로 자신이 직접 해결안을 마련하여 제시하기도 한다. 중재자는 대개 당사자간의 합의로 결정되는 경우가 일반적이므로, 여러 차례의 반복된 자율적 화해 시도가 실패로 돌아갈 때는 타협안을 만들어 당사자들을 강제할 수 있는 권한도 가질 수 있다. 협상의 중재에 대한 강제권력을 행사할 수 있다는 점에서 여타 제3자의 협상참여 기능과 다른 점이다.[6)]

국제협상의 전략과 전술

1. 국제협상전략의 개념

1) 개념

협상을 유리하게 진행하기 위해서는 우선 그 협상전체를 어떻게 전개할 것인가 하는 방향과 틀이 필요하다. 그것이 협상전략이다. 전략이라는 단어는 모든 방면에

6) 이달곤, 협상론, 법문사, 1996. pp.75·80; 이승영·최용록, 국제협상 이해, 법경사, 1998. pp.51~61.

서 사용되고 있지만, 반드시 정확하게 이해하고 있다고는 말할 수 없는 경우도 보여지므로, 전략의 기본적인 개념부터 분석하고자 한다.

전략이란 「어느 한정된」 자원을 활용하여 문제해결을 꾀하는 사고방식의 조합을 말한다. 이 전략에서 중요한 것은 「어느 한정된 자원」이다. 자원은 모두 한계가 있다. 따라서 협상전략도 당연히 한정된 자원을 활용하여 상대와의 협상을 함에 따라 문제해결을 꾀하는 것이 전제가 된다.

협상은 어떤 비즈니스부터 파생된 문제를 해결하는 것이 목적이므로 결국 협상전략이 성립하는 기본으로서는 당해 비즈니스를 운영하는 틀, 즉 경영전략이 필요하다. 그리고 그 경영전략의 우열에 따라 협상전략의 협상자원이 결정되기 때문이다.

전략의 기본적 요건은 ① 상황의 객관적 분석에 기인하여 전체를 통합하는 것이다. 그에 따라, 한정된 자원을 어떻게 조합할까라는 기본적인 사고방식이 결정된다. ② 전략목표를 기초로 하는 장기적 전망이다. ③ 전략내용은 명확하고 이해하기 쉽게 하는 것이다. 즉, 관계자가 전략내용을 보았을 때 그것이 복잡하여 간단히 이해할 수 없으면 그것을 실행할 수 없을 뿐만 아니라 덧붙여 한정된 자원을 활용할 대안은 나올 수 없다. ④ 전략은 어떤 구체적인 행위를 의미하므로 혹시 그 행위가 제대로 이루어지지 않는 경우의 대응책을 준비하는 것을 말한다.

한편, 위와 같은 협상전략의 요건을 어떻게 결합할 것인가 하는 문제는 대단히 중요한 문제이다. 왜냐하면 국제협상은 일회단발성 거래나 사업을 위해 행해지는 경우는 극히 드물기 때문이다. 특히, 일회성 거래를 위한 국제기업협상일지라도 국가경제를 배경으로 하고 있는 만큼, 협상전략은 상당히 신중하면서도 광범위한 접근법을 필요로 한다. 국제협상은 다양한 환경적 차이를 배경으로 장시간에 걸쳐 사람에 의해 행해진다는 점에서 어떠한 국제협상에서도 반드시 명심하여야 할 성공적 요소들이 있다. 그러한 성공요소들을 체계화하여 국제협상의 방법론적 전략에 응용하고자 하는 것이 바로 협상전략의 기본원칙이다.

2) 협상전략의 기본원칙

(1) 문화적 자각의 원칙

국제협상의 가장 기본은 문화적으로 서로 다른 사람들에 의해 진행된다는 점이다. 따라서 문화적 자각을 최대로 활용하여 상대방이 호감을 갖도록 노력하는 것이 필요하다. 상대방이 마음을 열기 전에는 협상은 개시되지 않는다는 점을 명심하고 상대방의 인간적인 배경을 최대한 활용하도록 한다. 경우에 따라서는 국내거래보다 외국과의 거래가 오히려 쉽다고 이야기하는 해외진출의 성공담은 대부분 문화적 차이를 최대로 활용한 사람들에게서 비롯되었다는 사실을 알아야 한다.

(2) 눈높이 협상의 원칙

국제협상에서 특히 중요한 것은 상대방의 입장에서 협상을 진행하는 것이다. 눈높이 협상의 첫 번째는 상대방의 입장에서 생각하고 말하는 것이다. 이에 반해 자기중심적 협상전략은 자칫 자기합리화의 모순에 빠짐으로써 상대방의 협상태도를 보수적으로 만들게 된다는 점에서 매우 경계하여야 할 전략적 자세이다. 따라서 상대방의 입장에서 협상의 진행과정을 파악하고 이에 대응할 때, 협상은 비로소 일방적인 경합적 전략이 아니라 반응을 고려하는 협조적 전략으로 바뀌게 되는 것이다. 진정한 의미에서 상대방을 이해하고 협상의제를 정확하게 파악한다는 것은 상대방보다 낮아지고 겸손한 입장에 서지 않는다면 실로 어려운 과제라는 것을 명심하여야 한다.

(3) 흥미유발의 원칙

협상안을 제시하거나 조정할 때에는 항상 "왜?"라는 생각을 가질 수 있도록 흥미를 유발하고 이를 지속적으로 유지하는 것이 좋다. 이를 위해서는 협상자가 늘 뜨거운 가슴과 냉철한 이성을 유지하여야 한다. 협상자의 개별적인 인격체로 볼 때, 서구인들이 갖는 지나치게 합리적이라거나 주고받는(give and take) 것에 익숙해 있는 경우에는 상대방으로 하여금 협상에 몰두하고 성과를 얻고야 말겠다는 강한 애착심을 끌어내기가 매우 어렵다. 따라서 협상자 개개인도 충분히 협상에 몰두할 수 있도록 인간적으로 노력하여야 하며, 가끔은 협상자도 인간임을 부각시킴으로써 협상자의 애로사항을 상대방에게 보다 거부감이 적은 형태로 전달할 수가 있게 된다. 뜨거운 가슴을 가진다는 것은 곧 지칠 줄 모르는 협상에의 의지와 함께 인간적인 어려움을 감정적으로 상대방에게 전달할 수 있어야 한다는 것을 말한다.

(4) 당근과 채찍의 원칙

보상과 징벌은 개별적으로 하는 것이 효과적이라는 원칙이다. 협상이 난항에 빠른 경우는 대개 상호 이해의 절충이 불가능할 정도로 경쟁적일 경우가 보통이다.

이러한 난항을 극복하는 주요한 전략이 바로 당근과 채찍의 원칙이다. 이는 사안에 따라 의제에 대한 간접적인 보상을 유도함으로써 협상상대방에게 당근을 제공하기도 하고, 때로는 스스로를 자포자기식의 배수의 진을 상대방에게 위협함으로써 상대방의 양보를 얻어내는 전략을 말한다.

(5) 자기확신의 원칙

협상에서 상대방을 설득하기 위해서는 먼저 자신이 설득되어야만 하며, 자신이 확신이 없다면 상대방에게도 확신을 줄 수 없다는 점을 명심하여야 한다.

이는 신의성실의 원칙이나 투명성의 원칙에도 부합되는 것으로 상대방에게 협상의제를 제시하기 전에 스스로 협상의제에 대한 당위성과 합리성을 객관적으로 확신하여야 함을 의미한다. 협상전략의 핵심은 항상 적극적이고 낙관적인 시각에서 협상의 진행방향을 결정하여야 한다는 점이다. 이를 위해서는 먼저 포기와 실패를 구분하여야 한다. 자신이 포기하지 않은 일은 결코 실패로 끝난 것이 아니라는 사실을 명심하고 어떠한 사안에 대해서도 최선을 다해 상대방에게 합리적으로 때로는 인간적으로 접근을 시도해야 한다는 사실이다.7)

2. 국제협상의 전술

1) 전술의 개념(concept of tactics)

전략과 전술의 한계는 사실 불분명하다. 한 가지 차이점은 전략은 스케일이 크고 장기적 관점에서 수립되며 종합적인데 비해 전술은 단기적이고 신속성을 요구하며 세부적 실천사항을 담고 있다는 것이다. 또한 전략에는 전술적 행동의 방향, 지속성, 안정성 등을 담고 있다. 협상전술은 모든 협상에 정형화시켜 대입시키기는 어려우므로 협상 상황에 따라 당초 수립된 전략이 바뀌어지고 동시에 전술도 새로이 개발되어져 사용되어야 한다.

협상 중 예상하지 못했던 난관에 부딪쳤을 때 이를 정면으로 돌파할 것인가 아니면 우회하여 나갈 것인가는 객관적 상황과 주관적 여건에 의해 결정되어 진다. 전술 사용의 목적이 협상에서 좋은 결과를 얻고자 하는 것이기 때문에 최초의 전술을 고집하지 않고 전술을 변경시킨다는 사실에 부담을 느낄 필요는 없다. 다시 말

---

7) 이승영·최용록, 국제협상의 이해, 법경사, 1998. pp.291~293.

하면 협상전략이 전체적인 협상의 기본내용을 결정짓는 데 반해 이러한 부분적인 심리적 논쟁기법은 기본방향으로부터 지나치게 이탈되는 것을 막고 효율적으로 상대방에게 개방적인 협상태도를 유발시키는 효과를 가져오게 된다. 협상을 지속적으로 주도하기 위해 간헐적으로 사용하는 이러한 심리적 논쟁기법을 국제협상전술이라 하며, 이러한 전술사용의 목적은 단기적으로 상대방의 희생하에 자신이 얻고자 하는 것을 확보하는데 주로 사용하게 된다.

2) 언어적 전술(verbal tactics)

협상에 있어서 이용되는 언어적 전술을 일반적으로 약속(promises), 위협(threats), 권고(recommendations), 경고(warnings), 보상(rewards), 처벌(punishments), 규범적 호소(normative appeals), 서약(commitments), 자기폭로(self-disclosure), 질문(questions), 명령(commands) 등을 들 수 있다. 이러한 언어적 전술의 활용정도 및 의미는 문화에 따라 많은 차이를 나타낸다. 협상자의 언어적 행위는 협상의 결과에 중대한 영향을 미친다.

〈표 10-1〉 언어적 협상전술

전술	내 용	예
약속	만일 당신이 내가 원하는 것을 해준다면, 나도 당신이 원하는 것을 해 주겠다(조건적, 긍정적).	만일 당신이 좀 더 많은 양을 주문한다면, 가격을 좀 더 깍아 주겠다.
위협	만일 당신이 내가 원하지 않는 바를 한다면, 나도 당신이 원하지 않는 것을 하겠다(조건적, 부정적).	만일 당신이 이 얘기를 언론에 흘린다면, 협상을 파기하겠다.
권고	만일 당신이 내가 원하는 바를 해 준다면, 제3자가 당신이 바라는 것을 해 줄 것이다(제3자, 긍정적).	가격을 인하해 준다면, 모든 10대들이 당신의 제품을 구매할 것이다.
경고	만일 당신이 내가 원하지 않는 바를 한다면, 제3자가 당신이 원하지 않는 바를 할 것이다(제3자, 부정적).	당신이 승낙하지 않는다면, 언론이 비열한 얘기의 전말을 폭로할 것이다.
보상	당신이 원하는 것을 지금 당장 하겠다(무조건적, 긍정적).	당신에게 편리하도록 당신의 사무실에서 만나도 좋다.

처벌	당신이 원하지 않는 것을 지금 당장 하겠다(무조건적, 부정적).	당신이 큰소리치는 것이 듣기 싫다. 따라서 나는 이만 돌아가겠다.
규범적 호 소	사회적인 규범에 근거하여 호소한다.	누구든지 우리의 상품을 1,000원에 구입한다.
서약	당신이 원하는 것은 꼭 이행하겠다(무조건적, 긍정적).	상품은 당신이 원하는 기일까지 꼭 인도하겠다.
자기 폭로	당신에게 나 자신에 대해서 얘기하겠다.	우리는 이번 달에 100명의 종업원들을 해고했다. 따라서 금년 말까지는 이 계약을 꼭 체결해야 한다.
질문	당신에 대해서 물어보겠다.	당신의 브라질 공장에 대해서 설명을 좀 해 줄 수 있는가?
명령	당신이 이 일을 해 주어야 한다.	가격을 인하해 달라. 또는 이제는 상품의 인도에 대해 얘기하자.

3) 비언어적 전술(nonverbal tactics)

비언어적 전술이란 협상자가 구두적인 표시 그 자체보다는 억양, 얼굴표정, 상대방과의 신체적 거리, 의상, 몸짓, 시간의 조정, 침묵, 상징 등을 통하여 자신의 의도하려는 바를 달성하려는 전술을 말한다. 협상자들은 종종 언어적 메시지보다는 비언어적 메시지에 더욱 감정적으로 그리고 민감하게 반응한다. 따라서 비언어적 행위의 효과적 사용은 협상의 목적을 원활히 달성하는데 상당한 도움이 될 수 있다. 언어적 행위와 마찬가지로 비언어적 행위도 각 국가별로 문화에 따라 많은 차이를 나타낸다.

(1) 침묵

일본인들은 협상과정에서 침묵을 가장 많이 이용하고, 미국인들은 중간 정도 그리고 브라질인들은 거의 침묵을 이용하지 않는다. 미국인들은 종종 상대방의 침묵을 그들의 제안에 대한 거부나 반대의 표시로 받아들이는 경향이 있다. 따라서 일본인들과의 협상에서 미국인들은 상대방의 침묵을 거절의 표시로 잘못 이해하고 불필요한 양보를 하는 경우가 발생한다.

(2) 대화의 중복

대화의 중복이란 침묵과는 반대의 경우를 의미한다. 즉, 이는 한사람이상이 동시에 말을 하는 경우를 말함으로써 유능한 협상자들은 적극적인 경청이 협상의 효율성을 높혀 준다는 것을 인식하기 때문에 될 수 있는 한 상대방과의 대화중복을 피하기 위해 최선을 다한다. 또한 다른 사람의 이야기 중에 끼어들지 않는 문화권의 사람들은 대화의 중복을 무례하고 경망스런 행동으로 간주한다.

(3) 안면의 직시

안면의 직시란 상대방의 얼굴을 똑바로 쳐다보는 것을 말한다. 시선의 접촉은 안면직시의 가장 강렬한 형태중의 하나라고 할 수 있다. 시선의 접촉과 안면직시의 정도는 흔히 상대방과의 관계에 있어서 친근함의 정도를 나타낸다. 그러나 직시의 정도는 문화에 따라 그 의미가 달라질 수 있다. 한 문화권에서 친근감을 느낄수 있는 직시의 정도는 다른 문화권에서는 너무 적거나 또는 지나친 친근감의 표시가 될 수 있다. 이러한 경우에 협상상대방은 불편함을 느끼게 된다.

(4) 신체의 접촉

신체접촉의 정도도 문화에 따라 많은 차이를 나타낸다. 즉, 일본인이나 미국인들은 악수를 제외한 기타의 신체접촉은 거의 하지 않는 반면에, 브라질인들은 협상을 진행하면서 상대방과의 신체적 접촉을 빈번히 행하는 경향이 있다. 신체접촉도 안면직시와 마찬가지로 흔히 친근감을 표시하기 위한 행위로 인식된다. 그러나 신체접촉의 방법에 따라 그것이 나타내는 의미는 문화적으로 많은 차이가 있다. 예를 들면 「포옹」은 멕시코에서는 신뢰의 표시로 받아들이지만, 독일에서는 예의에 어긋난 행동으로 받아들여진다.[8)]

---

8) 이승영·최용록, 국제통상의 이해, 법경사, 1998,

Chapter

11

국제통상협상

Chapter 11 국제통상협상

제 1 절 국제통상협상의 의의

오늘날 국가간의 상호의존성이 심화되면서 국가간 경제적인 협력과 마찰이 더욱 증대되고 있기 때문에 이를 해결할 국제경제협상이 더욱 빈번해지고 그 중요성도 증대하고 있다. 지금 세계는 경제전쟁이라 하리만큼 경제활동에서의 경쟁이 치열하다. 이러한 경제전쟁은 한편으로는 기업의 차원에서 이루어지고 있고 한편으로는 국가의 차원에서 이루어지고 있다. 국가의 차원에서 경제전쟁이 가장 치열하게 일어나는 곳이 국제협상의 장이라 할 수 있다.

이 경제전쟁에서 자국의 기업과 국민의 경제적인 이익을 지키기 위해서는 국가가 협상력을 발휘할 수 있어야 한다. 협상력은 국가의 경제력은 물론이고 정치, 군사, 외교, 정보 등의 국력을 형성하는 제반요소를 바탕으로 하여 협상을 유리하게 전개할 수 있는 능력이나 기술에서 나오기 때문에 협상자의 능력이나 기술도 협상의 결과에 큰 영향력을 미치게 된다. 따라서 국제협상주체는 체계적인 협상전략과 기술로써 자국이 갖고 있는 협상자원을 동원하여 협상력을 최대한 발휘함으로써 성공적인 협상을 하지 않으면 안된다.

또한 국제협상은 문화, 가치관, 신념, 언어 등이 사로 다른 사람간의 협상이다. 이러한 문화적인 차이는 표면적으로 나타나지 않는 가운데 중대한 역할을 하기 때문에, 협상당사자는 상대국의 정치, 경제, 문화, 사회의 제반 배경을 충분히 이해하고 이러한 차이를 감안하여 협상에 임할 필요가 있다. 국가간의 협상은 어느 협상보다 중대하며 이러한 문화적 차이에 따른 문제 또한 있기 때문에 그 절차에 있어서도 국제적인 의전이나 예양을 갖추게 된다. 국제협상자는 협상사안에 대한 지적 외에도 언어의 의사소통문제, 문화적 차이에 따른 문제 등을 잘 통제할 수 있어야 하며 국제적인 예의와 같은 기본적인 능력을 갖추고 있어야 한다.

국제협상에서는 상대방과의 의사전달에 있어서 명확성이 줄어들게 된다. 상대방이 표현하는 의사표시의 방법, 언어의 정확한 의미, 뉘앙스, 바탕으로 하고 있는 생각 등에 있어서 전달의 한계가 있기 마련이다. 문화 및 가치관의 차이로 인하여 동일 사실에 대하여 인지의 차이가 있을 수 있고, 상대방의 제스처, 예법, 행동 감정의 표시등에 대하여 오해하거나 불편함을 느끼거나 감정적인 손상을 입을 수 있다. 따라서 당사자가 의도하지 않았거나 통제할 수 없는 요인이 발생할 가능성을 줄이기 위하여 혼동되는 용어의 사용이나 정치적, 종교적, 문화적으로 미묘한 문제는 피할 필요가 있는 것이다.

이러한 국제협상에서의 사회, 문화적인 차이는 협상전략에도 고려되어져야 한다. 국가나 문화에 따라 협상에서 사안에 접근하는 방법이나 진행방법이 다를 수 있으며, 협상단의 역할분담이나 협상단내의 정보의 흐름이나 의사결정형태가 다르다. 일반적으로 문화적인 배경에 따라 차이가 날 수 도 있고 따라서 협상전략에서 고려해야 할 상대방의 성향으로는 ① 명분을 중요시하느냐 실리를 중요시하느냐, ② 당사자 관계를 중요시하느냐 협상내용을 중요시하느냐, ③ 원칙합의를 중요시하느냐 구체적인 합의를 선호하느냐, ④ 집단적인 의사결정을 하느냐 단독결정을 하느냐, ⑤ 상향식 의사결정을 하느냐 하향식 의사결정을 하느냐, ⑥ 연역적인 접근을 하느냐 귀납적인 접근을 하느냐, ⑦ 입장을 은폐하고 표현을 삼가느냐 입장을 공개하고 솔직히 표현하느냐, ⑧ 타협적이냐 비타협적이냐 등을 들 수 있다.[1]

1. 통상협상의 성격

국제협상의 목표는 국익의 수호 또는 증대이다. 국제협상에서 추구하는 가치는 경제적인 문제 이외에도 정치, 사회적인 문제와 같은 다른 많은 요인을 포함한다. 예를 들어 자유무역이 경제적인 차원에서 이익이 된다고 하여도 국내의 다른 사회적, 정치적 사정이 자유무역을 허용할 수 없다면 무역개방이 협상의 목표로 될 수 없는 것이다. 따라서 협상의 목표는 경제적인 면을 포함하여 국가 전반적인 차원에서 국가의 이익이 극대화 될 수 있는 방향으로 설정된다.

---

1) 조영정, 국제통상학, 학현사, 2004, p.234.

협상이 갖는 이러한 성격으로 인하여 협상의 목표설정이 간단하지 않을 뿐만 아니라 협상과정에서 이해관계의 교환도 어렵다. 경제적인 면만 이라면 쌍방에 이익이 증대되는 방안을 찾기가 보다 수월하겠지만 경제외적인 다른 면들도 고려하여야 하기 때문에 쌍방이 가지고 있는 복합적인 면을 상대방에게 이해시키기도 어렵고 이해관계의 교환도 어렵게 된다.

이와 같이 국제협상은 단순하지 않고 여러 가지 면에서 복잡성을 가지고 있는 것이다. 또한 국가는 다양한 이해관계를 가지는 국민들의 집합체이므로 협상의 결과에 대한 국민 개개인의 이해관계는 달라질 수밖에 없다. 협상의 목표나 결과에 대하여 이익을 갖는 집단이 있는 반면 손해를 보든 집단이 있기 마련이다. 국가내의 이해집단은 협상내용에 대한 자기이해에 따라 찬성하기도 하고 반대하기도 하면서 사회여론을 환기시키거나 로비활동을 하는 등 자신의 이해를 반영하고자 노력하게 된다.

따라서 협상과 관련하여 그 국가의 국민들이 가지는 다양한 이해관계를 적절하게 조정하는 것이 중요하다. 그렇기 때문에 국제협상에서는 대외적으로는 외부협상을 하면서 대내적으로는 국내의 의견조정을 위한 내부협상을 해야하는 경우가 많다. 정부내에서는 국내 사회집단이나 계층간의 이해관계를 조정하고 국내정책간에 상충되는 문제를 해결하기 위한 부처간의 협의과정이 따르게 되는 것이다.

2. 국제통상협상의 중요성

경제의 범세계화 추세가 심화되면서 국제적인 상품거래가 많이 이루어지고 국제적인 투자나 서비스교역이 중요해지면서 국제적인 거래를 규율하기 위한 국제통상규범의 중요성도 증대되고 있다. 이에 따라 국제통상규범을 확립하기 위한 국제협상이 더욱 활발히 진행되고 있으며, 경제가 복잡해짐에 따라 국제협상의 내용도 포괄적인 동시에 복잡해지고 있다.

이와 같이 국제통상과 협상이 서로 밀접한 관례를 갖고 있는 것은 국제적인 거래가 협상의 결과로 이루어지기 때문이기도 하지만 기본적으로는 국제통상을 규율하고 이에 영향을 주는 국제경제질서와 국제통상규범이 국제통상협상의 산물이기 때문이기도 하다. 예를 들면, 관세 및 무역에 관한 일반협정(GATT)은 제2차 세계대전 직후 서방국가들의 경제 발전이라는 공동의 목표 아래 이루어진 다자간 협상의 산물이며, GATT에 이어 1995년 출범한 세계무역기구(WTO)는 제8차 다자간

무역협상인 우루과이라운드 협상에서 진행된 수많은 양자간, 다자간 협상의 결과로 탄생한 것이다. 또한 OECD, UN 등 다자간 협력기구 및 APEC, EU 등의 지역적 협력기구 등도 국가간의 대화와 협상을 통해 만들어진 것이다. 이들 국제기구들에서는 지금도 많은 국제통상협상이 진행중에 있다. OECD 산하 여러 위원회에서는 공개적·비공개적 협상이 진행중에 있으며, WTO는 과거에 합의된 협정을 바탕으로 무역관련 의제에 대해 계속해서 협상이 이루어지는 장소 및 근거가 될 것이다.

국제통상에 있어서 이와 같이 많은 협상이 이루어지고 있는 가장 근본적인 이유는 전쟁 등 물리적인 힘을 통한 문제의 해결보다는 공동의 번영을 달성하기 위하여 협력이 필요하다는 데에 모든 국가들이 공감하고 있기 때문이다.

협상은 최소한의 공동의 이해관계 또는 공동의 목표가 존재하는 가운데 당사자간의 이해가 충돌하는 경우, 이를 합의를 통해 해결하는 과정으로 이해될 수 있다. 따라서 국제통상에 있어서 협상이 중요한 역할을 담당하고 있는 것은 국제무역의 활성화가 모든 국가에게 이익이 되며, 통상협상을 통해 당사자 모두가 이익을 얻을 수 있다는 데에 의견을 같이하고 있기 때문이라고 할 수 있다. 물론 개별국가의 입장에서는 상대국의 무역자유화를 주장하는 반면, 자국의 이익을 위해 자신은 무역자유화에 소극적인 자세를 나타내기가 쉽다. 그러나 모든 국가가 보호무역주의를 채택하는 경우 모두에게 손해가 되기 때문에 많은 국가들은 이와 같은 이해의 충돌을 합의를 통해 해결하고 무역자유화 또는 국제적인 무역교범에 대해 협상할 필요를 느끼게 되는 것이다.

그러나 국제통상협상이 항상 만족스러운 결과를 가져오는 것은 아니다. 우선 국제통상협상이 합의를 도출하지 못하는 경우도 존재한다. 협상이 실패로 돌아가 상호간에 이익이 되는 국제거래가 일어나지 않는 경우도 있으며, 국제통상협상이 결렬되는 경우 때로는 연속되는 무역보복조치에 의해 해당국가들 모두가 피해를 보기도 한다. 또한 무역협상의 타결이 지연되어 더욱 발전된 형태의 국제통상규범의 제정이 늦어지기도 한다. 예를 들면, 1986년 시작된 우루과이라운드 협상은 당초 1990년 12월까지 끝나기로 예정되어 있었으나 특히 농산물부문을 둘러싼 미국과 프랑스의 힘겨루기로 말미암아 3년 뒤인 1993년 12월이 되어서야 타결되었다. 새로운 국제통상규범 제정의 지연은 그만큼 모든 국가에게 손해를 가져다 주었다고 할 수 있다. 둘째로 국제통상협상에 있어서 협상의 기술이 부족한 국가는 협상에서 좋은 결과를 얻어내기 어렵게 되어 있다. 협상에서의 불리한 결과는 외부적으로 주어진 낮은 협상력 또는 외교력 때문이기도 하지만, 때로는 협상에 대한 준비가 부족하거나 협상을 제대로 이해하지 못하는 데서 비롯되기도 한다. 우리나라의 경우, 대미협상에 있어서 양보만을 해왔다는 비판이 많이 제기되고 있는데, 이것은 우리의 협상력이 부족해서일 수도 있으나 우리나라 협상 담당자들의 협상에 대한 이해가 부족했기 때문일 수도 있는 것이다. 그만큼 국제통상에 있어서 협상은 중요한 역할을 담당하고 있으며, 국제통상을 올바로 이해하고 국제통상협상에서 더 좋은 결과를 얻어내는 데 있어 협상에 대한 이해는 필수적이다.[2]

3. 국제통상협상의 특성

1) 국제통상협상과 대내외 협상

한 국가는 하나의 구성원으로 이루어져 있지 않고 다양한 의견과 선호를 가진 다양한 구성원들로 구성되어 있다. 따라서 한 국가의 선호는 완전히 획일적이지(monolithic) 않으며, 국제통상협상에 앞서서 대내적인 협상은 필수적이게 된다. 정부는 다양한 이익집단의 로비대상이 되어 이들에 의해 커다란 영향을 받으며, 자유무역을 추구하는 통상협상의 경우에도 자유무역을 지지하는 이익집단과 보호무역을 지지하는 이익집단간에 힘겨루기가 진행되는 것이 일반적이다. 따라서 사회적인 후생을 극대화하는 협상결과가 있다고 하더라도 때로는 그와 같은 협상결과가 정치적으로 받아들여지기 어려운 경우도 많이 있다. 예를 들면, 우루과이라운드 협상에서 우리나라가 가장 적극적으로 반대하였던 쌀시장개방의 경우 결국 2004년까지 국내소비량의 4%까지 수입을 개방하게 되었는데, 4% 쌀시장개방의 경제적인 효과가 다른 서비스시장의 개방(예를 들면, 금융시장의 개방이나 통신시장의 개방)에 비해 적을 것이라는 데 대부분의 협상참가자들은 의견을 같이하고 있었다. 그럼에도 불구하고 그와 같은 쌀시장 개방에 마지막까지 결사적으로 반대한 이유는 쌀시장개방이 다른 서비스시장의 개방보다 정치적으로 받아들여지기 어렵기 때문이었다. 따라서 협상은 협상가능집합 가운데 정치적으로 받아들여지기 어려운 것들을 제외한 대안 가운데 이루어지게 된다.

실제로 국제협상에 있어서는 대내적 협상과 대외적 협상이 동시에 진행되는 경우가 많이 있다. 국제협상에 있어서 정부내 부처간에 이익이 상충되는 경우가 많

2) 강인수 외, 국제통상론, 박영사, 1998.

이 발생하며, 이를 해결하기 위해 대외적인 협상이 진행되는 가운데 대내적인 협상이 동시에 진행되는 경우가 많이 있다. 또한 정치적으로 받아들일 수 없는 영역은 로비에 의해 영향을 받기도 하기 때문에 국제적인 로비도 많이 이루어지고 있다 때로는 이와 같이 통일적이지 않은 국가의 선호는 협상에서 활용될 수도 있다.

2) 국제통상협상의 의제

국제통상협상에서 하나의 의제만을 다루는 경우, 협상이 결렬될 위험이 크다. 그것은 가격을 흥정하는 경우와 마찬가지로 한 국가가 이익을 보면 다른 국가는 손해를 보기 때문이다. 이와 같은 사실은 선진국의 시장개방압력과 이에 대항하는 개도국의 자존심싸움에서도 잘 드러난다. 따라서 한 품목의 관세율에 대해 협상하는 경우보다는 여러 의제를 동시에 다루는 경우에 있어서 협상의 타결 가능성이 높다.

이와 같이 여러 의제를 관련지어 동시에 다루는 것은 협상에 있어서 그 혜택이 협상국 모두에게 골고루 돌아갈 수 있도록 한다는 점에서 바람직할 수 있다. 물론 의제를 잘못 관련시킬 경우, 협상이 더욱 어려워질 수도 있다. 그러나 협상에 있어서 상대국이 일방적인 요구를 하도록 용인하지 않고 자신도 상대국에 어떤 사항을 요구하는 자세는 협상에서 이익의 균형을 가져옴으로써 협상의 타결 가능성을 높이는 동시에 상호 이익의 증진을 가져올 수 있는 것이다. 과거 대부분의 한·미간의 협상은 미국의 일방적인 시장개방요구와 이에 대한 우리나라의 방어로 이루어져 왔다. 이와 같은 협상자세는 상호간에 바람직하지 않으며, 우리에게도 나름대로 필요한 협상의제의 개발이 요구되는 것이다.

국제협상은 포지티브섬(positive-sum) 게임인 경우가 많다. 국제협상은 가격을 단순히 흥정하는 것과 달리 서로의 이익을 위해 택할 수 있는 많은 선택변수를 갖고 있다. 따라서 국제협상은 한쪽만이 이익을 얻는 윈-루즈(win-lose) 게임보다는 양쪽이 모두 이익을 얻는 윈-윈(win-win)게임인 경우가 많다는 사실을 인식하는 것이 국제통상협상에서는 매우 중요하다.

3) 상호주의와 다자간 협상

상호주의(reciprocity)는 중요한 WTO의 원칙 가운데 하나이다. 한 국가는 자신의 무역장벽을 일방적으로 낮추는 데 매우 소극적일 수밖에 없다. 따라서 상대국의 시장개방을 전제로 자국의 시장을 개방한다는 상호주의는 국제통상협상에 있어서 중요한 원칙이 되어 왔다.

그러나 상대국의 시장개방에 상응하는 시장개방을 이룬다는 것은 말처럼 간단하지는 않다. 왜냐하면 시장개방의 정도를 측정하기가 매우 어렵기 때문이다. 따라서 관세의 경우에는 시장개방을 측정하는 방법으로 다양한 방법들이 사용되어 왔으며, 우루과이라운드 농산물협상에서는 비관세장벽의 관세화방법도 사용되었다.

한편, 국제통상협상에는 다수의 협상국이 참여하는 경우가 많다. 즉 양자간에 협상이 이루어지는 경우도 있으나, 지역내 국가들간, 복수국간, 다자간에 협상이 이루어지는 경우도 많이 있다. 이 경우 국제통상협상은 협상참가자가 많음으로 인해 협상의 과정이 복잡하고 타결 또한 더욱 어려워지기 쉽다. 또한 국제통상협상은 형식적으로나마 만장일치제에 의해 모든 국가들의 동의를 얻어야 타결되는 경우도 있다. 이 역시 협상의 타결을 어렵게 하는 요인 가운데 하나가 되고 있다.

이와 같은 다자간 협상의 어려움을 해결하기 위해 국제협상에 있어서는 중재자가 개입되는 경우가 많이 존재한다. 앞에서 살펴본 캠프 데이비드 협상도 그랬거니와, 가까이는 우루과이라운드 협상에 있어서도 제3자 또는 중재자의 노력이 곳곳에서 발견되고 있다. 예를 들면, 우루과이라운드 협상이 별다른 진전을 보지 못하자 둔켈(Dunkel) 당시 GATT 사무총장은 중재자의 입장에서 협상의 초안이라고 할 수 있는 둔켈초안을 만들어 협상국에게 제시하였는데, 이 둔켈초안은 우루과이라운드 협상의 결과인 WTO협정의 골격이 되었던 것이다.

다자간 협상에서 협상을 자국에게 유리하게 이끌기 위해서 일부 국가들은 연합(coalition)을 이루기도 한다. 국제협상에 있어서의 협상력은 일반적으로 국력에 비례하기 때문에, 특히 소규모국가들이 협상에서 좋은 결과를 도출하는데 있어서 다른 국가들의 협조는 필수적이다. 연합은 공동의 통상·외교정책을 펴는 EU의 경우와 같이 공식적이고 강한 결속력을 나타내는 경우도 있지만, 때로는 매우 느슨한 형태의 연합이 시도되기도 한다. 우루과이라운드 농산물협상에서의 케언즈그룹(Cairns Group)이 후자의 대표적인 예라고 할 수 있다. 연합은 국제통상협상뿐만 아니라 만장일치제를 채택하고 있는 OECD와 같은 국제기구에 있어서도 다른 국가들의 정책결정에 압력으로 작용하기도 한다.

제2절 국제통상협상 유형

1. 국제통상협상과 정부

국제협상은 국가간의 통상무역을 촉진하는 원동력이다. 협상은 주로 국제무역의 절차와 방법에 합의하는 형식으로 진행되나 주기적으로 무역장벽을 제거한다든지, 신규통상문제의 제기 또는 무역분쟁과 같은 특별한 경우에도 국제적인 관심과 이해를 통해 국제통상의 방향과 틀을 결정하게 된다. 이러한 국제통상의 진행방식과 절차 및 한국의 통상정책과 조직에 대하여 정부라는 조직을 중심으로 WTO는 이러한 국제통상의 주요한 무대를 제공하며 기존의 무역관행에 대한 수정이나 해석은 물론, 신규 통상의제를 추진하는 중심역할을 담당하고 있다.

WTO의 내부협상은 항구적으로 특별히 설립된 위원회를 중심으로 비공식적으로 개시되는 것이 보통이다. WTO의 협상은 대부분 다자간 무역협상(MTN : Multilateral Trade Negotiation)의 형태로 진행되지만 경우에 따라서는 양국간 쌍무협정이나 몇몇 국가를 중심으로 하는 집단적 협상에 근거하여 진행되기도 한다. 물론 이러한 경우에도 최혜국대우조항(MFN : Most Favoured-Nation)에 의거하여 그 협상결과는 모든 회원국에게 공유될 수 있다.

협상참가자들이 합의를 추진하는 과정에서 발생하는 문제와 이에 대응하는 전략적 기법, 그리고 협상이 참가국들에게 최대의 만족을 가져다주지 못하는 차선의 결과에 이르게 되는 배경에 대해 알아본다.

많은 나라가 국제통상의 자유화를 위하여 쌍무협상 대신에 호혜적인 다자간 협상에 참가하는 것은 경제적이라기보다는 정치적인 동기에 기인한다. 통상자유화는 수입품과 경쟁관계에 있는 대체산업에서 발생하는 반대를 해외시장 확대에 따른 수출산업분야의 지원에 의해 정치적으로는 상쇄될 수 있는 의제일 것이다. 특히, 경제규모가 큰 나라일수록 원칙적으로 통상자유화는 상호 개방을 통해 경제장벽을 제거하며 교역조건의 개선을 가져오는 긍정적인 효과를 미치게 된다.

일반적으로 다자간 협상은 게임이론적 접근에 의해 설명될 수 있다. 게임이론에서와 같이 다자간 협상당사자들은 각자 독립적으로 행동하며 협상결과는 게임의 구조와 법칙, 입수된 정보의 수준과 상대방의 행동에 대한 예상에 의해 결정되기 때문이다. 게임의 기본유형으로는 협조적 게임과 비협조적 게임이 있다. 전자는 게임의 결과가 통상이익을 극대화한다는 점에서 효율적이라 할 수 있으나 문제는 그 최대이익의 분배에 놓여지게 된다.

협조적 게임은 강제적인 구속력이 존재하며 상대방의 배반행위가 다른 당사자에게 관찰되고 있음을 가정한다. 비협조적 게임은 구속력을 갖는 중앙기구가 없고 협상결과가 파레토 최적과는 거리가 멀다고 느낄 경우에 발생한다. 파레토 최적(Pareto optimal)이란 어떠한 사람도 다른 사람의 후생을 감소시키지 않고는 자신의 후생을 증가시킬 수 없는 상태를 말한다. 통상 협상에 임하는 당사자는 경제적인 고려에 못지않게 정치적인 내부조율을 의식하기 때문에 의제선택의 기준 및 이에 따른 협상의 결과가 상당히 달라질 수 있다. 정치적인 관점에서 파레토 최적의 결과는 어떠한 정당도 다른 정당이 피해를 입었다고 느끼지 않고는 개선의 여지가 없는 협상결과를 의미한다. 다만, 정보는 정치 및 경제적인 최적 협상결과가 상호 차이가 많지 않다는 것을 확인시켜준다는 점에서 중요한 역할을 담당하게 된다.

WTO 체제 내에서의 다자간 협상은 국제적인 통상게임의 규칙을 제정하는 것을 담당하게 된다. 국가들은 한자리에 모여 향후 발생될 게임의 유형에 대해 동의를 얻고자 노력하게 된다. 다자간 협상이 동일한 목표로 움직이더라도 파레토 최적의 결과를 도출하는 것은 매우 어렵다. 그 이유는 통제된 게임이라는 다자간 협상의 기본성격에서 기인한다. 다양한 상황이 제약조건의 성립에 영향을 미칠 수 있기 때문이다. 통제된 게임으로 잘 알려진 사례 중의 하나인 죄수들의 딜레마게임에서, 당사자들은 개별적으로 합리적인 전략을 선택하지만 결과는 모두에게 최적이 아닌 균형으로 나타나게 된다.

2. 쌍무간 통상협상(Bilateral Negotiation)

쌍무간 협상은 이해관계가 있는 양당사국에 협상을 행하는 것이다. 쌍무적인 협상은 다양한 형태와 내용으로 이루어지지만 기본적으로 상호주의하에서 양국간에 통상상의 이익을 서로 교환하는 것이다. 통상의 경우 이익의 연계교환은 상호주의에 의하여 받는 혜택과 주는 혜택을 균형되게 함으로써 달성되는 것이며, 서로에게 필요한 이익을 교환함으로써 전체로서의 이익을 증가시키게 하는 작업이라고 할 수 있다.

쌍무적인 협상에서는 다자간의 협상에서보다 개별국가가 가진 힘의 요인이 많이 작용하게 된다. 국제협상에서 약소국은 강대국과의 협상에서 협상력이 약하기 때문에 협상을 유리하게 이끌어 가기가 어려운 것이 일반적이다. 약소국은 강대국에 비하여 협상에서 사용할 수 있는 대안이 적고, 협상이 결렬될 경우에 발생하는 어려움이 강대국보다 더 큰 경우가 많기 때문에 협상에서의 입지가 좁다. 국제협상에 있어서 상대국에 대한 자국시장의 폐쇄위협은 중요한 협상무기이다. 그런데 국제경제관계에 있어서 강대국이 약소국의 시장에 의존하는 것보다 약소국이 강대국의 시장에 더 많이 의존한다.

따라서 약소국의 강대국에 대한 시장폐쇄위협이 보다 약할 수밖에 없다는 점에서 협상력에서 균형이 유지되지 않는다. 뿐만 아니라 약소국은 국제시장에서 가격결정력이 약하기 때문에 무역장벽을 극복할 수 있는 힘이 강대국에 비하여 더 약하다는 점을 비롯하여 여러 가지로 불리한 요인이 많다.

현재의 다자간 국제무역체제 하에서도 미국은 대외 통상관계에 있어서 쌍무간의 협정을 통한 접근방법을 많이 활용하고 있다. 그것은 미국이 우위에 있는 협상력을 쌍무협상에서 최대한 활용할 수 있기 때문이다. 또한 다자주의체제 하에서는 무임승차의 문제가 항상 발생할 수 있기 때문에, 미국이 세계의 통상관계를 주도하는 입장에서 개별 국가와의 쌍무적인 관계로 상호주의적인 접근을 함으로써 무임승차를 방지하고 실질적으로 효과적인 무역규칙을 설정하고 유지할 수 있다는 주장도 있다. 그렇기 때문에 이같은 미국의 쌍무주의는 다자주의 무역체제의 약화를 막고 실질적으로 다자주의를 유도하는 역할을 한다는 것이다.

다자간 통상체제하에서도 다자간의 협상기간이 아닌 통상적인 시기에 양당사국간에 통상상의 협상이 필요한 경우에는 쌍무간의 협상이 이루어지게 된다. 다자간 통상관계도 그대로 쌍무적인 협상에서의 상대국에 대한 혜택은 이어진다. 그래서 쌍무적인 협상에서 개방을 요구받는 국가는 그만큼 상대국의 요구수용이 부담이 된다.

그리고 통상당사국 중의 한나라가 다자간 무역기구의 비회원국인 경우에는 다자간 통상체재의 영역밖에 있으므로 쌍무적인 협상에 의한 통상관계가 성립한다. 또한 다자간 협정회원국간이라도 다자간협정의 범위 밖의 분야에 대해서는 쌍무적인 협상에 의존할 수밖에 없다. 이때는 다자간 관계의 최혜국 대우원칙이 적용되지 않아 이때 주어지는 양허는 협상당사국에 대해서만 효력이 미치게 된다.

3. 다자간 통상협상(Multilateral Negotiation)

다자간 협상은 여러 국가들이 동시에 참가하여 협상을 하는 것이다. 다자간 협상도 기본적으로는 쌍무간의 협상과 마찬가지로 이익의 연계교환으로 이루어진다. 다자간의 협상은 다수의 주체가 참여하여 서로 간에 혜택의 교환을 하는 행위로 이루어지게 되며 다자간 협상의 장은 이러한 거래가 이루어지는 하나의 시장이라고 할 수 있다. 이러한 시장에서 개별국가는 특정 분야에서의 개방이나 관세인하를 제안(offer)하고 승낙(bid)하는 것이다. 이는 혜택들의 물물교환과 같기 때문에 한 국가가 제시하는 혜택을 주되 바로 그 국가에 주지는 않더라도 다른 국가가 원하는 것을 줄 수 있어야 한다.

그리고 주고받는 것의 가치의 동등성이 보장되어야 한다. 다자간체제하에서 혜택의 제공없이 받기만 하는 무임승차의 발생을 방지하는 것은 그 체제의 유지와 관리에 있어서 매우 중요한 것이다. 이러한 가치의 교환을 기반으로 하는 상호주의는 무임승차자를 방지하는 역할을 한다. 그러나 대가의 동등성을 유지한다는 것은 매우 어려운 문제이다. 관세의 경우는 어려움이 덜 하지만 비관세장벽의 경우에는 이러한 동등성을 유지하기가 매우 어렵게 된다. 비관세장벽은 수량적인 측정이 불가능하기 때문이다. 따라서 다자간 협상은 다수 주체간에 동등한 가치의 교환이 이루어지도록 해야 한다는 점에서 성립되기가 결코 쉬운 거래는 아닌 것이다.

한편 다자간협상은 강대국과의 1대 1 협상에서 유리하게 협상을 이끌 수 없는 약소국들에게 연합하여 힘을 발휘할 수 있는 기회를 제공한다. 그리고 다자간 체제의 무차별원칙은 약소국에게 더욱 소중한 것이다. 자국의 힘으로는 얻을 수 없는 혜택을 다른 국가가 얻어내면 그것을 동등하게 누릴 수 있기 때문이다. 세계에는 세계무역을 주도하는 경제대국보다 경제소국의 수가 압도적으로 많다. 따라서 다자간 협상에서는 비슷한 입장에 있는 많은 수의 후진국들이 공동의 입장을 취함으로써 소국의 불리한 입장이 다소 완화될 수 있다. 그러나 후진국들은 개별국가의 경제사정과 이해관계가 매우 다양하다. 또한 경제대국에 정치적, 경제적으로 종속되거나 대국의 입장을 무시할 수 없는 입장에 있는 약소국의 경우에는 강대국의 요구를 정면으로 거부할 수가 없다. 따라서 약소국들이 결집된 힘을 발휘하기 쉽지 않은 것도 현실이다.

다자간 협상에서는 협상을 주도하는 국가들이 있게 되는데 주로 미국을 비롯한 선진국들이다. 다자간의 협상에서는 이미 개방정도가 높은 선진국들이 보다 개방적인 통상관계의 틀을 제시하고, 이에 대하여 후진국들은 어쩔 수 없이 참여하는 다자간 협정을 체결하는 경우도 많다. 반면에 선진국의 입장에서도 많은 국가들이 참여하는 다자간의 협정이 되기 위해서는 후진국의 입장을 반영하지 않을 수 없다. 그래서 후진국의 개발을 지원하거나 후진국이 다자간 무역체제에 참여하여 경제적인 발전과 이익을 누릴수 있도록 GSP의 예와 같이 후진국에 특혜를 주는 방향으로 다자간 무역규칙을 설정하게 되기도 한다.

이러한 다자간 협상은 ① 쌍무적인 협상으로는 수십회의 협상으로도 이루기 어려운 많은 범위의 무역자유화를 이룰수 있다는 점, ② 전 세계가 공통적으로 직면하고 있는 문제를 해결할 수 있다는 점, ③ 제3국의 중재가 가능하고 다른 국가와 보조를 맞추어야 한다는 부담으로 합의가 쉬울 수 있다는 점, ④ 약소국의 입장에서 같은 입장에 있는 국가들이 협조하여 강대국과 교섭할 수 있기 때문에 쌍무적인 협상에서보다 공평한 결과를 도출할 수 있다는 점 등에서 장점을 갖는다.

반면에 ① 양허의 효과가 다른 모든 국가에 미치므로, 양허가 자국경제에 미칠 영향의 불확실성 때문에 양허를 쉽게 할 수 없다는 점, ② 자국은 작은 양허를 하면서 다른 국가들의 많은 양허를 누리는 무임승차국이 생길 수 있으며 이를 이용하려는 유혹이 따른다는 점, ③ 모든 당사자의 이해를 맞추기 어려워 합의가 어려울 수도 있다는 점, ④ 협상이 복잡하고 오래 걸린다는 등의 단점도 있다.[3)]

제3절 주요국들의 문화·상관습

1. 미국 문화·상관습

미국은 우선 문화적 특성으로 시간의 중요성과 일에 대한 효율성을 외국인이 언뜻 이해하기 어려울 만큼 강조하는 편이다. 또 여러 사람이 함께 모이는 것을 좋아하기 때문에 미국인들은 이를 아주 친한 상대로 오인하기 쉽다. 외국인의 눈에는 미국인은 너무 쉽게 친해졌다가 곧 식어 버리는 우정을 지니고 있는 것으로 비치고 있다.

---

3) 강인수 외, 전게서, pp.511-519.

미국시민들은 식당종업원, 택시운전사, 호텔의 벨보이 까지도 평등사상에 젖은 나머지 외국인의 눈에는 무뚝뚝하고 사무적으로 비치기 쉽다. 외국인들은 때때로 이런 미국인의 태도를 이해하지 못해 이들로 하여금 더욱 무뚝뚝한 행동을 취하게 하기도 한다. 또 미국은 격정적 감정의 라틴계와 조용하기 그지없는 동남아인과의 중간적 위치에 있다. 라틴계가 볼 때 미국인은 너무 차갑고 감정이 없는 것처럼 보이나 아시아인에게는 과장이 심하고 정열적으로 보일 수도 있으며 정장이나 공식적 차림에 익숙한 사람은 미국인의 복장을 깜짝 놀랄 때가 있다. 공공장소에서의 사랑표시 행위, 도발적인 옷차림 등에서 미국은 도덕적 파멸의 길로 들어섰다고 여겨질 수도 있다.

일상생활에서 팁 제도가 철저하리만큼 보편화되어 있으며 물건가격에 포함되어 있지 않고 별도로 계산되는 소비세가 때로 외국인을 당황하게 만들기도 하지만 외국인이 놀랄만큼 자국과 자신의 문화에 지적이 부족하다. 이는 본래의 고향을 버리고 신세계로 이민와서 지리적으로 고립되어 있었기 때문일 것이다. 주요 상관습으로 미국 거래선과의 상담시에는 사전 약속을 반드시 해야 한다. 대개 1주일 전에 약속을 하는 것이 좋으며 금요일 오후는 주말임을 명심, 가급적 피하는 것이 좋다. 만약 약속을 지키기 어려운 상황이 발생했을 때는 꼭 사전통보를 해 약속을 변경하거나 이해를 구해야 한다. 미국인은 약속을 지키지 않는 사람을 신용하지 않는다.

미국인은 표현이 직설적이고 분명하다. 상대방의 권위나 기분을 고려해 검토해 보겠다던가 최선을 다해 보겠다는 등의 표현은 상담시 별 도움이 되지 않는다. 상담의 질이 빠르고 실제적으로 명쾌한 것을 좋아하고 결정이 지연되거나 의사가 뚜렷하지 않은 것은 좋아하지 않는다.

미국인은 격식에 구애받지 않는다. 외견상 무례하게 행동하는 것처럼 보일 때도 많으며 친한 경우 상담 중 곧잘 욕지거리를 할 때도 있으나 이에 개의치 말고, 특히 이를 흉내내는 것은 비즈니스에 별 도움이 안 된다. 외견상으로 볼 때는 위아래도 없는 것 같으나 나름대로 룰이 있어 자기 상사에 대해 상당히 의식하며 아울러 상사도 자기 권위를 가지려 노력한다. 특히 다른 부서의 상사에 대해서는 별로 개의치 않으면서도 자기의 업무와 급여결정을 관여하는 직속상사는 깍듯이 예우를 해 준다.

개인과 개인, 회사 대 회사간의 거래 시 미국에서는 상대방을 우선 믿고 인정해 주려는 풍토가 정착돼 있는 반면에 일단 신용을 잃은 사람은 사업에서 재기하기가 힘들다. 신용위주로 모든 거래가 이뤄지고 있는 것이다.

개인적으로 친밀한 유대관계를 가지는 일은 거래에 있어서 매우 중요하다. 퍼스트네임이나 닉네임을 부를 정도거나 서로를 집으로 초대할 수 있을 정도면 상당히 친숙해진 것으로 간주할 수 있다. 상대에게 부담을 주거나 받지 않으려는 생각이 깔려 있기 때문에 미국에서는 상대를 집까지 초대한다는 것은 웬만한 교분이 아니고서는 상상하기 힘들다. 개인적으로 친해지는 방법은 자주 만나고 통화하는 것이 최상이고 상대방의 생일이나 결혼기념일을 기억해 축하해 주거나 사소한 일에 대한 무형의 배려를 표시하는 것이 좋다.

비즈니스상 유의점으로 미국문화에 바탕을 둔 미국의 비즈니스 에티켓을 이해하는 것은 거래선과의 상담이나 미국 주재원으로 근무할 때 매우 중요한 사항 중의 하나다. 자신을 소개할 때 직책을 말하지 말고 본인의 풀 네임과 소속회사를 분명히 말하면 된다. 악수를 할 경우에는 눈을 정면으로 바라보고 손을 굳게 잡는 것이 좋다.

거래선에 전화할 때는 가급적 미스터·미스와 같은 존칭을 붙인 라스트 네임을 사용하는 게 좋다. 전화통화시에는 자기의 풀 네임과 소속회사를 분명히 밝혀야 한다. 업무와 관련된 전화의 경우 회신이 늦어 거래를 망치는 경우가 종종 있으므로 리턴 콜을 반드시 해야 한다. 편지나 팩스 등 문서교류에 대비하여 전화시에는 상대방의 스펠링을 체크해 두는 것이 바람직하다. 대부분 사람들은 잘못 쓰여진 이름의 편지를 받을 경우 매우 불쾌하게 생각하며 심할 경우 읽어보지도 않는다.

미국에서는 업무상 관계로 만나지 않을 경우는 명함을 주고 받지 않는다. 상담시 명함을 교환하는 타이밍은 서로 악수를 하고 자리에 앉도록 권하는 순간 잠깐 동안 대화가 끊어지는 데 이때 명함을 꺼내 주는 것이 가장 적합하다. 명함은 별도의 가죽케이스에 넣고 다니며 깨끗하게 보관하는 것이 좋고 이름은 상대방이 읽기 쉽게 크게 프린팅하는 것이 낫다.

2. EU국가 문화·상관습

1) 영국 문화·상관습

미국인과 동일한 언어와 거의 유사한 문화적 배경을 지녔지만 미국인과는 차이가 있다. 옛날의 화려했던 시절에 비해 경제적·정치적 영향력은 많이 쇠퇴하였지만 영연방의 정신적 지주 역할을 하고 있다.

앵글로색슨족으로부터 아프리카, 아시아계에 이르기까지 여러 종족과 문화가 혼재

되어 있는 영국에서는 스코틀랜드, 북아일랜드 등에서 강한 민족주의 경향을 보여주고 있다.

영국인은 일반적으로 친절하고 공손하여 우호적이라고 알려져 있지만 상황변화에 따라 쉽게 이런 성품을 변화시키기도 한다. 영국인의 이런 성품을 이해하기 위해서는 무엇보다도 먼저 그들의 자존심과 정신적 우월감을 충분히 인식하여야 한다. 산업혁명을 선도했고 아직도 원자핵분야의 기술은 세계 최고의 위치에 있는 영국으로서는 자신들이 세계사에 이바지한 공로를 인정받고 싶어할 것이다. 영국인은 아직도 강한 계급의식을 지니고 있는 것으로 평가받고 있으며 교육제도, 공공의식 등에서 봉건제국주의의 잔재를 찾을 수 있다.

비즈니스상의 유의점으로 영국인의 역사와 전통에 대한 긍지와 자부심을 손상시켜서는 안 된다. 영국인은 미국의 자본, 근로의식, 경영자들에 대해 약간의 피해의식을 가지고 경계하고 있다. 생산성이란 개념은 상류계층에 대한 충성이란 의미와 연결되어 있다. 경영자에 대한 반발심이 내재되어 미국의 노사관계와는 다른 근로의식을 지니고 있다. 물질 소유욕망보다는 여가에 대한 욕구가 미국인에 비해 더 큰 편이다. 영국인은 정보수집능력이 뛰어나고 정치적 음모, 잔재주에도 강한 것으로 알려져 있다. 가끔 평소와 다른 모습을 보이더라도 이들을 업신여겨서는 안 된다. 소수의 인원으로 세계를 제패하여 왕국을 건설한 우호적인 국민성을 지니고 있다.

2) 프랑스 문화·상관습

계층의식이 매우 강한 편이다. 최상류층으로부터 최하류층까지 약 여섯 가지 계층으로 구분될 수 있는데 모든 생활방식에 결정적인 영향을 미친다. 교육정도, 가옥의 크기, 지식수준, 조상의 신분 등에 의해 결정되는 이 신분사회에서는 미국과는 달리 아무리 노력하여도 1~2계층 이상의 신분상승은 어려우며 프랑스인은 인간의 내면성, 인격을 척도로 삼는다. 미국인은 타인의 평가와 기대에 따라 스스로 자존심을 키워가지만 프랑스인은 스스로의 존재를 부각시키는 행동과 사고를 타인에게 보여 준다. 또 프랑스인은 “I”나 “My”와 같은 단어를 대화에 잘 사용하지 않는다. 스스로 내세우는 것이나 자랑하는 것은 약점만 내보이는 성숙치 못한 행동이라 여긴다. 그러나 얼굴이 상기된 채 열을 오려 서로의 주장을 큰 소리를 외치는 프랑스인의 모습을 흔히 볼 수 있는데, 이들은 의견의 차이로 당혹해 하는 미국인과는 달리 상당히 즐기는 편이라 할 수 있다.

프랑스의 관공서나 국영기업에서는 작업의 성취도를 문제삼아 근로자를 해고하는 일이 불가능하기 때문에 상당히 비능률적이라고 알려져 있으며 대부분의 국공립기관은 인센티브제를 실시하지 않고 있다. 그러나 사기성에서는 미국인만큼 일에 투철하지 않지만 책임감이 강한 편이다. 프랑스인은 세계최장의 휴가기간(년 4주~6주)을 즐기며 연장근무를 싫어한다.

기업에서는 권한위임의 범위가 좁은 편이어서 의사결정에 시간이 많이 걸리는 편이다. 프랑스의 최고경영자는 미국의 최고경영자보다 더 권위적·관료적이라 평해지고 있다. 기업조직은 매우 엄격한 편이나 개인의 성취도에 대한 통제는 미국보다 심하지 않은 편이다.

비즈니스상의 유의점으로 악수할 때 꽉 잡는다거나 상하로 손을 심하게 흔드는 것은 피해야 한다. 살짝 잡고 금방 놓아야 하는 것이 프랑스식 악수방법이며 집으로 초대를 받으면 늦지 않도록 주의하고, 꽃을 선물하는 것이 좋으나 장미와 국화는 피해야 한다. 또 식사 때 즐거운 대화를 나누는 것이 좋으나 개인의 신상이나 금전문제에 관한 대화는 금물이다. 그리고 손가락을 젖혀 딱딱 소리를 내거나 손바닥으로 다른 주먹을 감싸 쥐는 행위는 심한 욕이 된다.

3) 독일 문화·상관습

우리와 달리 독일사람들은 고발 정신이 매우 강하다. 함께 모여서 떠들고 놀기를 좋아하는 우리나라 사람들이 가장 수난을 당하는 나라가 독일이다. 개인주의적인 성향이 강한 서구 선진국에서는 모두 비슷한 경향이 있지만 유독 독일에서는 된장국 냄새만 나도 이웃의 고발로 출동한 경찰을 만나야 한다. 독일인의 이 같은 세계 제일의 고발정신은 이방인에 대해서는 지나친 감이 없지 않지만 원리와 원칙을 중시하는 그들의 사회질서의식에서부터 출발하고 있는 것이다. 개인보다는 조직의 공익을 우선시 하는 독일인의 사고방식이 그 밑바닥에 깔려 있다.

독일인들도 토론을 좋아한다. 그러나 독일에서 기차 여행을 하다 보면 기찻간이 너무 조용하다는 사실을 발견할 수 있을 것이다. 연인들도 이야기를 하면 옆에 사람들이 방해를 받을까 봐서 책이나 잡지를 읽거나 아니면 잠을 잔다.

독일인의 특성으로 정확함을 들 수 있다. 실제로 시내 곳곳에서 사람의 눈에 띄는 곳에 시계가 잘 설치돼 있다. 업무상 거래선을 방문할 때 정확히 시간을 맞추지 못하면 실격당할 가능성이 높다.

독일인과의 대화시에는 정확성과 합리성은 절대적이다. 그들은 대개 결론을 먼저 말하고 그에 합당한 논리적인 근거를 제시한다. 애매모호한 표현이라든가 논리성이 결여된 말은 독일인과의 대화시 가급적 피해야 한다.

독일인은 기본을 매우 중요시하고 철저하게 정리정돈을 하는 습관을 가지고 있다. 회사에서뿐만 아니라 가정에서도 각종 영수증이나 서류를 잘 정돈해 보관하고 있다. 정리정돈을 잘하고 정확성을 중요시하기 때문에 독일인은 편지를 무척 많이 사용한다. 팩스나 전화를 통하여 긴급한 것은 연락하지만 편지로 사후 보안을 하는 것이 일반적이다.

독일에서도 줄서는 문화는 보편화돼 있다. 특히 폐점 시간이 임박한 상점에서는 20~30분 이상 계산을 위해 줄을 서 있어야 한다. 일단 자기 차례가 되면 뒤에 서 있는 사람을 생각해 주지 않는다. 계산을 마친 물건을 차곡차곡 잘 정리한 다음 계산대를 빠져나간다. 공중전화에서도 마찬가지다. 기다렸다가 자기 차례가 되면 10분이든 20분이든 자기가 필요한 만큼 통화를 하고 나온다. 우리나라에서처럼 뒷사람을 생각해서 1통화만 하고 끝내자는 말은 통하지 않는다.

특이한 상관습으로 "That is against our principle." 이 말은 독일인들이 거래상담에서 거부의사를 전달하는 데 가장 많이 사용하는 표현이다. 독일 거래선과 상담시 이 말을 들었다면 거래성사 확률은 거의 제로에 가깝다. 독일 거래선이 이 말을 한다면 더 이상 같은 얘기를 반복할 필요가 없다.

독일 거래선과의 상담에서 설득력을 갖기 위해서는 항상 논리적이고 합리적인 근거를 제시해야 한다. 어떤 근거에서 이 같은 가격이 오퍼되는지를 합리적으로 제시되지 못하면 설득력을 인정받기 힘들다. 독일인들은 상담시 결론부터 먼저 말하고 나중에 그 이유나 근거를 말하는 경우가 대부분이다.

독일의 일반적인 상거래 관습은 매우 보수적이다. 이 때문에 처음 거래를 트는 데 매우 신중한 모습을 보인다. 장기간의 시험기간을 거쳐야 하고 처음에는 소량 오더에서부터 시작하는 것이 관례이다. 독일인은 항상 상대와 비즈니스를 시작할 때 "장기거래(Long term basis)"라는 사실을 언급한다.

보수적이고 원칙을 중시하는 국민성으로 계약을 철저히 이행한다. 한 번 계약을 맺으면 비록 자신이 손해를 보더라도 계약된 내용을 지킨다. 거꾸로 이해하면 그만큼 계약 전 준비가 치밀하다는 이야기다. 거래 시작을 위해 독일회사를 접촉해 보면 대부분의 경우 한 번 만나자는 제안을 한다. 이 첫 만남에서 독일인은 상대를 저울질해 보고 앞으로 거래는 이어갈 수 있는 상대인가의 여부를 결정한다. 이 때 중요한 것은 전문성을 충분히 보여 주는 것과 신뢰감을 심어 주는 것이다. 담당자와의 인간적인 친밀도를 높이는 사전작업은 별로 의미가 없다.

비즈니스상의 유의점으로는 독일 사람들은 악수를 참 좋아한다. 남녀 구분 없이 회사복도에서 사람을 만나면 악수를 주고 받는다. 악수를 하고 나서 조금 후에 또 다시 만나도 또 악수를 한다. 구라파 지역 공통이지만 연장자나 여자가 먼저 악수를 청하는 것이 원칙이지만 무시되는 경향이 있다.   독일인은 악수를 할 때 손을 위 아래로 흔들기보다는 상대의 손을 꽉 잡은 경우가 많다. 비즈니스시에는 한 손을 주머니 속에 넣고 악수를 하는 것은 매너가 아니다. 상대방이 악수를 청하면 응하고 앉아서 악수를 하는 것도 경우에 어긋나는 것이다. 독일에서는 다른 구라파 국가들보다 직함이나 자신의 경력을 표시하는 타이틀로 상대를 호칭하는 경향이 강하다. 사람들 중에는 그들의 학사 학위까지도 명함에 새겨 넣는다.

독일인들의 전화받는 습관도 미국이나 우리나라와 다른 데가 있다. 수신자나 송신자 모두 자신의 이름을 정확히 밝히고 나서 용건을 말한다. 독일인이 만약 당신을 집으로 초대했다면 그것은 각별한 우정의 표시이며 당신을 인정한다는 의미가 담겨 있다. 손님을 접대하는 데 있어서도 독일인의 검소함은 그대로 드러난다. 프랑스 등 라틴 계통의 사람들이 풍성한 식탁과 맛있는 요리를 접대하는 것에 비하면 큰 차이가 난다. 독일인이 정식으로 저녁을 준비해 놓고 손님을 집으로 초대하는 경우는 극히 드물다. 독일에서는 2~3월과 9~10월이 비즈니스 활동이 가장 왕성한 시기여서 대개 이 기간 중에 출장이 집중될 가능성이 많다. 7~8월의 하계휴가기간과 연말연시에는 출장을 피하는 것이 상식이다.

3. 일본 문화·상관습

일본인들은 직접적이고 명확한 표현보다는 간접적이고 이중적인 표현이 선호되며, 문장을 끝맺지 않고 상대방이 결말을 짓도록 남겨두는 습관이 있어, 일본어는 사업이나 과학·기술을 표현하는데 부족한 점이 있으나 심적상태의 뉘앙스는 아주 잘 표현할 수 있다. 일상생활에서 공손의 정도에도 여러 가지가 있다. 여성은 경어의 사용에 특히 조심해야 하고, 공식적 협상장소에서 보다는 술자리에게 결론이 나는 경우가 더 많다.

주요 상관습으로 이윤·매출의 극대화보다는 인화·위신 등을 더 중요시하는 기업도 많이 있으며, 제3자의 추천이 있으면 비즈니스에 큰 도움이 된다. 그리고 가급적이면 상급자와 접촉하는 것이 좋다.

일본인은 생활에서 깔끔하고 잘 정돈된 복장을 좋아한다. 제복을 착용하거나 회사 뺏지를 달기도 하며, 공식적 행사에는 정장을 하지만 가족적인 행사에는 전통의상인 "기모노"를 입는데 독특한 색감을 지니고 있다(백: 슬픔, 흑: 기쁨). 식사란 것은 매우 의식적이고 여러 명이 동시에 오랜 시간을 두고 즐기며 일본인이 초대하더라도 부인을 저녁식사 초대에는 데려가지 않는 것이 좋다. 일본인은 시간관념이 대단히 투철하나 의사결정을 하는 데는 매우 신중하기 때문에 협상기간이 비록 몇 년이 걸리더라도 타결이 되면 즉시 행동에 돌입한다. 또 엄격한 테스트를 거쳐 선발된 신입사원은 약 45세까지는 일자리가 보장된다. 대개 45세에 임원으로 승진하면 80세까지 일자리가 보장되나, 승진하지 못하면 자회사로 전보되거나 55세 정도에 퇴직해야 한다.

비즈니스상의 유의점으로 일본 거래선과 상담할 때는 반드시 일본어를 사용해야 한다. 해외부문의 담당자나 고참 부장 정도면 영어로도 비즈니스가 가능할지 모르지만 이런 경우는 극히 드물다. 영어를 사용하면 일본 거래선은 내용을 파악하기 보다는 빨리 상담을 끝내려 한다. 일본인의 영어컴플렉스를 이용하려는 생각을 한다면 이는 매우 위험하다. 일본인과의 대화시에 우리가 가장 주의를 기울여야 할 곳은 '긍정'과 '부정'의 의사표시를 구분하는 것이다.

4. 중국 문화·상관습

중국인은 신용과 상호 인간관계를 매우 중시하여 자신이 한 말에 매우 집착하고, 단기적 이익보다는 장기적 이익에 중점을 두며, 중화사상에 젖어 있어 국가적 모독을 참지 못하며 아직도 정치적 슬로건이나 구호에 익숙해 있다.

인내와 끈기로 무장되어 있는 중국인은 참을성이 부족한 외국인과 협상할 때 그들의 무기를 최대한 이용한다. 신의를 무엇보다 존중하는 중국인의 태도로 볼 때 외국인도 이에 상응하는 우정을 보여 주는 것이 사업의 진행에 큰 도움이 된다. 한 번 최고, 최상이라고 인정한 것에 대해서는 전폭적인 믿음을 보여 준다.

중국인은 굳은 악수나 어깨를 툭 치는 행동은 별로 좋아하지 않는 편이다. 가볍게 목례를 하거나 악수를 하더라도 가볍게 손을 잡아야 한다. 중국인은 외국인이 중국의 정치에 대해 언급하는 것을 싫어한다. 특히 정치적 지도자나 이념에 관한 질문을 금기사항이다. 환영연회를 베풀어주었으면 곧 답례로 그들을 초청하는 것이 좋다. 중국관리에게 소개될 때 차나 담배를 권유받는 경우가 있는 데 특히 담배는 호의의 표시이기 때문에 금연가가 아니라면 거절하지 말아야 한다.

본격적인 협상이 시작되기 전에 차, 검술시범, 환담 등 예법절차가 복잡하게 진행되는 경우가 많다. 특히 비즈니스의 유의점으로 중국거래선은 상담시 거래가격에 가장 큰 관심을 두고 있다. 상거래란 가격을 깎는 것이고 납기나 질·효율 등의 요소는 그다지 중요하게 취급되지 않는다. 가격지상주의라고 할 수 있다. 이는 중국의 무역구조를 조금만 들여다보면 이해가 확실히 된다. 중국 내 무역기관에서 담당자의 책임은 우선 가격에 있고 기록에도 가격만이 남는다. 가격을 많이 깎은 담당자는 유능한 사람으로 평가받는다.

제4절 주요국들의 통상협상배경

1. 미국의 통상정책

1) 미국의 통상기조

제1차, 2차 세계대전을 치르면서 미국을 제외한 각 국가들이 모두 전쟁의 폐해를 입었지만 미국만이 그러한 폐해를 입지 않았다. 제2차 세계대전이 종료되었을 때 세계 각국의 수입수요는 급격히 증가하였다. 이는 전쟁 중 파괴된 생산시설을 부흥시키기 위하여 막대한 자원 및 시설재의 수입이 필요 했을 뿐 아니라, 전쟁기간 동안 사용이 불가능하였던 소비재에 대한 수요도 급격히 증가하였기 때문이다. 전쟁 직후 이를 생산할 수 있는 국가는 미국이 유일하였으며, 시설재와 소비재에 대한 각국의 수요로 미국은 막대한 무역흑자를 기록하며 급성장하게 되었다. 이러한 배경을 바탕으로 미국은 1940~60년대에 GATT체제하에서 다자간 무역협상을 주도했다. 그 결과 선진공업국들은 관세율을 낮추었고 동시에 유럽국가들과 일본은 무역에 대한 수량적인 제한을 축소하였다. 당시 미국은 GATT를 중심으로 한 개방적인 다자간 무역체제와 이를 통한 무역자유화의 추진을 지지하였다.

이러한 미국의 지도력에 힘입어 세계경제는 괄목할 만한 성장을 지속하였으며 세계무역환경은 과거 어느 때 보다 자유롭고 안정적이었다.

1970년대까지 미국은 다자간 무역체제의 강화를 통상정책의 기조로 삼았으며 미국내에는 보호주의를 주창하는 이해집단이 생기게 되었으며 이들은 여러 채널을 통해 의회와 행정부에 대해 압력을 가하기 시작하였다. 그로 인해 일련의 무역법안들이 제정되었으며 미국 내에는 보호무역주의정서가 전개되었다. 1970년대부터 나타나기 시작한 미국의 보호주의 경향은 1980년대 들어 미국이 세계경제에서 차지하는 비중이 상대적으로 낮아지면서 무역수지가 심각할 정도로까지 악화되었고 이의 치유가 용이하지 않다는 위기의식에서 비롯되었다. 이에 따라 미국의 통상정책은 기존의 보호주의 색채를 더욱 짙게 띠면서 이를 확대·강화하게 되었다.

1970년대의 미국 행정부는 미국의 무역수지 적자에 대한 그동안의 수수 방관적 정책에서 탈피하여 달러화의 평가절하에 따른 외국의 양보를 얻어내려는 적극적인 정책을 수행하였으며 이에 따라 1978년 달러화 가치는 급락하였으나 미국 내에서 수입상품 가격의 상승에 따른 인플레이션이 가속화되자, 미국은 1979년 달러화의 추가하락 방지를 위한 국제협력을 추진하면서 아울러 긴축금융정책을 실시하였다. 1980년대 전반에 달러화의 강세로 무역수지 적자규모가 점차 확대되자 미국은 달러화가치의 조정, 무역상대국의 시장개방을 위한 국제적 협력, 그리고 국내산업 보호를 위한 신보호주의 정책을 추진하였다. 즉, 미국은 자국의 무역수지 적자, 유럽 및 일본의 인플레이션, 선진국간 금리격차에 따른 달러화의 변동성 등의 문제해결을 위해 선진국간 정책협조를 적극 모색하였다.

1990년대의 국제무역환경은 급격히 변화하였으며, 특히 일본과 서구제국의 부상 그리고 아시아의 신흥공업국의 빠른 경제성장 등으로 국제무역질서에서 미국이 차지하는 비중이 상대적으로 저하되기 시작하였다. 또한 전후 미국과 소련의 군사력을 바탕으로 한 냉전체제가 1980년대 말 이후 동구와 소련의 극적인 개방화·개혁정책의 추진으로 탈냉전시대가 도래하게 되었다. 따라서 국제정치질서의 구조변화와 함께 세계경제 또한 그동안 축적되어 온 각국의 경제력 변화, 사회주의 국가들의 시장경제원리의 도입, 우루과이라운드 협상 등 새로운 국제무역질서로의 개편움직임 등으로 미국의 새로운 위상과 과제가 요구되게 되었다.

2) 미국의 통상 특징

행정부의 통상정책은 자유무역주의를 표방하고 있으나 미국의 경제체제와 경기부양을 위하여 수출증대의 중요성을 강조하고 있다. 이를 위하여 미국은 무역상대국에 대하여 공정한 무역관행의 확립과 시장접근의 개선을 요구하고 있으며, 불공정한 무역관행이 존재하는 국가에 대해서는 강력한 통상정책을 펴 나간다는 입장이다. 미국의 통상정책은 무역자유화의 추구와 동시에 미국의 수출증대를 도모하되 보호주의에 빠지지 않는다는 입장을 견지하고 있어서 지역주의의 형성 및 쌍무주의를 병행하면서 한편으로는 미국은 공정한 경쟁조건을 강조하고 있다.

2000년 들어 미국은 새로운 부시행정부가 들어서면서 맞게 될 당면 문제로는 물가안정에 기여했던 달러화 강세가 현재 미국의 수출기업과 국제기업의 실적약화를 불러와 경상수지 적자를 확대시키고 있다는 현실에서 부시정부는 무엇보다도 경상수지 적자개선에 초점을 맞출 것으로 예상된다. 따라서 대미 수입장벽 제거는 물론 자국 상품의 경쟁력 제고를 위해 수입규제를 강화할 것으로 보인다. 즉, 미국의 주력상품인 농산물, 항공기, 군수장비 등에 대해 수입장벽이 높은 유럽연합(EU), 일본, 한국 등에 개방압력을 높이는 한편, 자국산업과 경합관계에 있는 전자, 정보통신, 자동차부문 등에 대한 수입규제는 확대할 것으로 예상된다. 부시행정부의 구체적인 통상정책 목표는 제시되지 않았지만 지금까지 미국무역대표부에서 제시된 통상정책목표를 보면 다음과 같다.

첫째, 무역정책은 전반적으로 통합·조정된 경제전략의 한 부분이다. 어떠한 무역협상도 오도된 경제정책으로 인해 미국기업에 지워진 부담을 상쇄시킬 수 없으며 어린이의 교육과 노동자의 훈련을 대체할 수 없다. 대통령의 경제정책 프로그램이 우리들의 성공에 그렇게 중요한 이유는 바로 이 때문이다.

둘째, 통상법의 엄격한 집행으로 뒷받침된 시장개방조치를 통해 무역확대를 추구한다. 미국시장을 폐쇄하는 것은 국민복지에 유해할 뿐만 아니라 문자 그대로 불가능하다.

셋째, 우리는 교역상대국이 그들의 약속사항을 이행하여 시장을 더욱 개방하기를 기대한다. 우리는 각국이 그들의 새로운 경제력에 상응하는 것 정도로 세계무역체제를 유지·강화하는 책임을 공유하기를 기대한다.

넷째, 미국은 적절하다고 판단되면 미국산업에 무역구제조치를 취할 것이다. 그 대신 구제받은 산업은 경쟁력 강화를 위한 개혁조치를 취해야 한다.

다섯째, 앞으로 우리는 외교정책이나 안보적 고려에 경제적 이익이 종속되도록 하지 않을 것이다. 제2차 세계대전 이후 처음 수십년간 무역은 미국경제에서 아주 작은 부분에 불과했다. 우리는 냉전의 승리에 힘을 집중시킬 수 있었다. 그러나 오늘날 우리는 국가안보는 여기 국내의 경제력과 밀접하게 결부되어 있다.

이상의 원칙에서 나타난 미통상정책의 기저는 국민을 최우선으로 한다(putting

people first)는 것이다. 전반적인 국내경제개혁을 통해 미국경제의 경쟁력과 세계경제의 지도력을 회복하고, 대외통상면에서는 국가경제전략과의 연계 하에 공정무역과 상호무역주의원칙을 관철시키겠다는 방침을 천명하고 있다.

2. EU의 통상정책

1) EU의 통상기조

EU는 1973년 제1차 오일쇼크가 발생하기전 까지는 비교적 개방적인 통상정책기조를 유지하였지만 1973년의 제1차 오일쇼크로 인하여 세계경제는 실업증대와 물가상승이 동시에 나타나는 스태그플레이션에 직면하게 되었다. 이에 EU회원국들은 실업문제 해결방편의 하나로 보호주의적 무역정책을 채택하도록 하는 압력을 받기 시작하였다. 그러나 이 당시 EU회원국의 최우선 정책목표인 인플레이션 억제와 보호주의정책의 채택에 따른 세계경제 및 국내경제의 침체를 우려하여 무역규제조치의 사용을 가능한 억제하였다. 그러나 1970년대 중반부터 가속화하기 시작한 일본 및 신흥개발도상국(NIES)으로부터의 경쟁압박과 이로 인한 EU내의 노동집약적인 산업에서의 구조조정에 따른 실업증대 등으로 인하여 대외무역에 있어서 보호주의적인 수단의 채택압력이 가중되기 시작하였다.

이런 상황에서 EU는 1977년 최초로 반덤핑조치를 사용하였고 1982년에는 일본과 수출자율규제(VER)협정을 체결하였다. 또한 1979년 말에 발생된 제2차 오일쇼크로 인하여 EU내의 실업이 확대됨에 따라 보호주의 무역수단의 채택압력이 더욱 가중되기 시작했다.

80년대 중반 이후 EU통상정책의 기조는 미국의 보호주의 정책의 강화, 일본의 지속적인 대규모 무역 흑자의 실현 등으로 인하여 더욱 보호주의정책을 강화하였다. 그러나 세계적인 보호주의 경향의 확대 및 심화추세에 대한 주요국가들의 우려는 우루과이라운드를 1986년 출범시켰고 오랜 기간의 협상결과 1995년 발효된 WTO체제는 매우 포괄적이었고 강화된 규범하에 세계교역의 자유화를 추진하는 기본틀을 제공함으로써 향후 EU의 통상정책도 그러한 방향으로 나아갈 것으로 보여진다.

또한 EU는 1993년 유럽단일시장의 출범이후 EU의 경제성장 추세를 지속적으로 유지할 방안으로 주요 역외국 또는 역외 지역경제협력체와 자유무역지대를 형성하거나 관계강화를 위한 노력을 증대시키고 있다. 미국과의 범대서양 자유무역지대의 출범을 위한 협상을 진행시키고 있으며 21세기 경제성장을 주도할 것으로 예상되는 아시아는 미국을 배제한 채 경제교류 확대 및 정책협조를 위한 아시아유럽회의(ASEM)의 출범시킨 것이 그 예이다.

2) EU의 통상 특징

유럽경제통합을 목표로 하는 EU가 세계경제의 지역주의를 확산시키고 역외국가들에 대해서 상대적인 차별대우를 야기시킴으로써 전세계의 보호주의적 추세를 강화시키는 것이 아닌가 하는 우려가 상존하고 있는 상황이다.

EU의 통상정책에서 특징적으로 나타나는 통상정책들은 다음과 같다.

첫째, 공통통상정책의 운용이다. EU는 역외국가에 대한 공동관세 부과 및 수입쿼터, 수출자율규제협정, 반덤핑조치 및 상계관세 그리고 긴급수입제한조치 등의 공동적용 등 통상정책이 회원국 공동으로 채택, 운영되고 있다. 이는 강제통합단계의 이론적인 설명이기도 하지만 역외국에 대하여는 그만큼 일치된 행동을 보여주고 있는 것이다.

둘째는 다양한 특혜무역협정의 유지이다. EU는 WTO회원국에게 부여하는 최혜국 대우보다 특혜적이고 조치를 부여하는 여러 형태의 특혜무역협정을 유지하고 있다. 이러한 여러 협정들은 EITA협정, EEA협정, 유럽협정(European Agreements), 로메(LOME)협정 GSP시행협정이다.

셋째 반덤핑 조치의 적극적 활용이다. EU는 현재까지 상계관세 조치활용도 전무하며 현재 다자간 무역협정을 통하여 EU의 공동관세가 점차적으로 낮아지고 개별회원국의 수입규제조치가 완전히 철폐됨에 따라 무역규제수단으로서의 반덤핑조치에 대한 의존도가 최근에 크게 증대되고 있다. 특히 반덤핑조치는 특정산업의 보호를 위하여 집중적으로 사용되어지는 경향이 있다.

넷째 통상정책의 투명성 및 개방성이다. EU는 통상정책은 집행위원회에 의해서 입안, 제안되고 최종적으로 각료이사회에서 결정되며 중요한 사안의 경우에는 그 과정에서 회원국간의 실질적인 토의가 이루어지기 때문에 각 회원국은 관련내용을 보다 정확히 파악할 수 있으며 각국의 이해관계를 감안하며 협상전략을 수립한다.

3. 일본의 통상정책

1) 일본의 통상기조

2차 세계대전의 최대 피해국으로 불려질 정도로 일본은 전쟁의 후유증이 컸다. 그러나 1950년대 일본의 통상정책은 산업의 부흥에 앞서 경제자립 기반을 확립하는 것이 최우선 과제였으므로 국제수지 균형의 확보, 수출에 의한 수입대금의 충당, 나아가서 경제성장에 필요한 공업용 원료와 해외시장 확보라는 세 가지의 기본방향에 입각한 강력한 수출지원과 수입억제로 특징지워 진다. 이러한 정책을 추진하기 위한 각종 정책수단과 무역 및 외환관리제도가 1950년부터 도입되기 시작했고, 선진국의 보호주의 압력하에서 자유무역체제의 유지를 위해 일본이 시장개방 등 적극적 대응을 하였다. 1960년대 들어서 일본은 1964년 동경올림픽을 개최하면서 점차로 일본경제는 고도성장을 시작하였다. 이에 따라 무역규모도 크게 확대되어 외환의 축척도 상당히 진행되었을 뿐만 아니라, 유치산업의 보호·육성과 왕성한 투자로 경공업뿐만 아니라 중화학공업분야에서 경쟁력을 갖추어 선진국과 경쟁이 가능한 수준에 이르게 되었다. 이렇게 일본의 국제경쟁력이 향상됨에 따라 국제사회에서 일본의 역할에 대한 많은 국가들의 개방화 요구가 급증하기 시작하였고, 그 이외에도 경제구조의 합리화와 고도화, 해외시장의 보다 광범위한 확충을 위해서 개방체제로의 이행이 불가피하다고 판단한 일본정부는 무역 및 외환자유화를 단계적으로 추진하였다.

그러나 1970년대 들어서 일본경제는 고도성장에서 안정성장으로 이행되었지만 두 차례에 걸친 석유파동으로 인하여 현저한 물가등귀현상과 공해문제 등으로 고도성장이 한계에 봉착하게 되어 저 성장으로 전환하게 되었다. 이 무렵 일본은 충격적인 인플레이션과 수출증가에 따른 상대국들과 많은 통상마찰을 야기했다. 따라서 일본은 전후 20년 이상 지속되어온 수출에 대한 국가의 지원을 축소 내지 철폐하는 단계에까지 이르렀다.

1980년대 들어서면서 일본의 무역흑자 폭이 해를 거듭할수록 커지자 통상마찰 분야가 자동차, 금융, 서비스분야는 물론 첨단산업까지 확대되었으며, 미국은 일본의 무역수지 흑자자체를 문제삼게 되었다. 이 때문에 일본은 지속적인 자유화조치를 시행해 왔고, 미국과의 쌍무적 통상협상을 통해 실질적인 시장개방 조치를 취해왔다. 그러나 일본은 지속적인 무역수지 흑자로 인해 미국을 비롯한 대부분의 선진국과는 물론이고 우리나라를 포함한 주요중진국들과도 통상마찰이 끊이지 않고 계속되었다. 이처럼 대규모의 무역수지 흑자문제에 비롯된 통상마찰로 인해 일본경제는 수차례의 위기를 겪었다.

그러나 1985년 플라자 합의(Plaza Agreement)에 따른 엔고로 인하여 일본제품이 국제시장에서 경쟁력을 상실하여 수출감소와 수입증대로 국내경기가 후퇴하자, 일본정부는 이에 대처하기 위하여 적극적인 공공투자 확대와 감세정책을 실시하였다. 1990년 이후 일본의 경제동향을 살펴보면 경기불황의 조짐이 현저하게 나타나 실질성장률이 감소하고 있는 추세이다. 그러나 경기회복을 위한 금융·재정정책 및 기업재고조정에 힘입어 3년여에 가까운 경기불황의 최저점에 들어섰다는 편가도 있을 만큼 전반적인 불황세를 벗어나고 있는 상황이다.

현재 일본은 무역의존도가 15%정도로 선진국 중 가장 낮지만 교역규모가 크고 대규모의 무역흑자를 보고 있다. 따라서 일본의 국별 수출입구성에서 수출을 살펴보면 미국, 동남아시아, 유럽(EU) 세 지역에 집중되어있고 특히 유럽으로의 수출이 급격히 증가하다가 최근 다소 소강상태에 머무르고 있다. 수입의 경우에는 산유국으로부터 원유수입이 있기 때문에 위 세 지역에 대한 편중도가 수출보다는 작다. 미국으로부터의 수입비중은 1980년대까지 미국의 비중이 계속 낮아지다가 1990년부터 다소증가, 미·일간의 무역불균형이 1980년대에 극에 달하면서 일본시장개방을 위한 미국의 압력 때문에 1990년대 미국으로부터의 수입비중이 다소 증가한 것으로 보인다. 유럽과의 무역불균형은 미국에 비해 상대적으로 심한 편이 아니기 때문에 일본의 통상마찰은 미국과의 마찰이 주를 이루고 있다. 한편, 한국의 對日무역수지는 한·일 국교정상화 이후 지속적인 적자를 보이고 있다.

1998년에는 우리의 경제위기로 인한 對日 수입의 급감으로 무역수지적자가 대폭감소(46억 불)하였으나, 1999년 우리경제의 회복으로 투자재·원·부자재 수입이 급증하면서 적자폭이 확대(83억 불)되었고, 2000년 들어서도 이러한 대일무역적자는 더욱 확대될 전망이다. 1999년도 한국의 일본에 대한 수출은 전년동기 대비 29.6% 증가한 15,862백만 달러이고, 수입은 전년동기 대비 43.4%증가한 24,142백만 달러를 기록하였고 2000년 10월 현재 수출은 16,832백만 달러(36.9%), 수입은 26,547백만 달러(39.9%)를 기록하고 있다. 개별국가를 기준으로 할 때, 일본은 미국, EU 다음으로 한국의 수출에 큰 비중을 점유하고 있다.

또한 한국의 對日투자는 1998년 경제위기 여파로 인한 일본진출지 상사들이 철수하는 등 크게 감소하였으나, 1999년 이후 회복세를 보이고 있다. 그러나 우리나라의 해외직접투자에서 차지하는 비중은 미미한 편으로, 2000년 9월 현재 순신고 기준으로 대일 투자누계액은 362건에 643백만 달러에 그치고 있는 실정이다.[4)]

2) 일본의 통상 특징

일본의 주요 통상정책(commerce policy)의 특징은 다음과 같다.

첫째, 수출자율규제 등의 적극적 활용이다. 일본은 외부환경 변화에 빠르게 적응하고 통상정책의 유연성을 발휘함으로써 오늘날 세계 경제대국이 되었다. 1950년대에 섬유에서 시작하여 그 후 수십년간 여러 가전제품들, 자동차, 공작기계, 반도체 등으로 이어지는 일본의 주력 수출품목들은 지속적으로 일본의 무역흑자 폭을 확대시켜 왔다. 이에 따른 무역마찰이 심화되자 일본은 다른 나라에 비해 수출자율규제(Voluntary Export Restraints: VER)를 보다 적극적으로 활용했다.

둘째, 일본의 관세정책(customs policy)이다. 일본은 선진국 중 가장 낮은 관세율을 책정하고 있는 국가 중 하나이다. 일본의 경우 통상정책특징으로서 관세의 부과율이 다른 선진국에 비해 상대적으로 높지 않다는 것을 의미하는 것으로 해석할 수도 있지만, 일본의 지속적인 무역흑자문제로 인해 수입규제 자체가 부담으로 작용할 수 있기 때문이라고 볼 수도 있다. 그러나 일본의 경우에도 일부 품목에는 고관세체제가 유지되고 있고, 농산품과 공산품의 경우 많은 품목에서 가공도별 경사관세(tariff escalation)가 존재한다. 공산품보다는 농산품에서 이러한 가공도별 경사관세가 심하고, 산업별로는 피혁 및 신발, 목제품 및 종이, 석유 및 의류 등의 산업에서 심하게 나타나고 있다. 이러한 관세구조는 선진국보다는 우리나라를 포함한 중진국 및 개발도상국에 불리한 구조로서 일본의 정책의도를 드러내는 일면이라 할 수 있다.

셋째, 비공식 채널을 통한 민관협력체제(Public-private partnership)의 구축이다. 일본의 통상정책은 정부와 의회의 긴밀한 협조하에 입안되고 실행된다. 법이 정한 한도 내에서 정부는 상당히 구체적인 사항까지 입안·실행 할 수 있는 권한을 보유하고 있는데, 최근에는 내각이 집권당과 연합본부를 설치하여 이를 시행하고 있다. 정부와 민간부문 간에는 자문기구를 통한 긴밀한 협조가 이루어지고 있는데, 이러한 자문기구들은 소비자보다는 생산자와 무역업자들의 이익을 대변하는 경향이 있다.

---

4) 외교통상부, 외국의 통상환경, 2000.12. p.276,

4. 중국의 통상정책

1) 중국의 통상기조

중국이 개혁·개방 정책을 시행하기 시작하면서 국제무대에 얼굴을 내민 이후 무서운 속도로 부상하고 있다. 개혁개방을 외치면서 불과 20여년이라는 짧은 기간 동안 중국은 이미 세계의 중요한 경제 대국으로 자리하게 되었으며 전통적인 국력과 새로이 축적된 경제력을 바탕으로 하여 국제사회에서의 정치적 영향력 또한 막강해져 가고 있다. 세계은행(IBRD), 경제협력개발기구(OECD) 등 유수의 국제기구와 영국의 국제전략문제연구소(IISS), 미국의 FBI 등 권위 있는 기관들은 중국이 빠르면 2020년 늦어도 2030년에 가면 세계 최대의 경제 대국으로 부상하게 될 것이라고 전망하고 있다.

1970년대 말 개혁개방 정책이 추진된 가운데 중국경제는 빠른 속도로 성장을 지속하였으며, 아시아 외환위기 이후에도 중국은 경제적 위상 강화를 하였다. 2018년 중국의 GDP(Gross Domestic Product)는 고성장을 하였으며 장기적으로도 7~8%의 안정적 성장 지속 전망이다. 따라서 향후 미국을 추월하는 경제대국으로 부상할 것으로 전망된다.

더구나 중국은 1980년 이후 연평균 9.6%의 유례없는 고도성장을 구가하였고, 95계획기간 중(1996~2000년)에는 연평균 8.3% 성장을 하였다. 1997년 아시아 외환위기 이후 오히려 중국의 위상은 강화하였는데 구체적으로 1997~1999년 기간 중 주변 아시아 국가들의 경제위기 영향으로 중국경제의 성장률도 다소 둔화되었으나 여전히 7~8%의 성장률을 유지하였고, 외환위기 당시 아시아경제의 안전판 역할을 하면서 중국의 경제적 영향을 과시하면서 이 무렵 아시아 국가들의 통화절하로 위안화 평가절하 압력이 있었으나 환율을 그대로 유지함으로써 아시아 금융위기를 확산 방지하였다.

21세기를 맞이하면서 중국은 정치·군사적 측면에서뿐만 아니라 경제적으로도 대국으로서 세계의 주목을 받을 것으로 보인다. 이러한 이유는 아시아 경제위기의 영향 속에서도 의연한 모습을 보이고 개혁·개방 20년의 성과가 가시화된 2014년 중국경제는 정부목표를 상회하는 7.3%로 성장, 2018년에는 6.5%로 성장하였고 현재 세계 7대 경제대국으로 2018년에 최초로 GDP 규모 1조 달러를 돌파하였다.[5)]

---

5) 조석홍, 중국경제 변화와 통상전망, 한국통상정보학회, 2001.6..

중국의 경제지표상 거시경제지표는 2017년 기준으로 중국의 인구는 13억 9,008만 명 세계 인구의 18.54%(세계 인구; 약 74억 8,764만 명)를 차지하고 있으며, GDP는 12조 150억 달러이다. 또한 중국은 지속적인 경제성장과 함께 수출 2조 1,582억 달러와 수입 1조 7,400억 달러를 기록하고 있으며, 외국인직접투자(FDI) 유입액도 1,310억 달러이며, 외환보유고도 2018년 5월 말 기준으로 3조 1,120억 달러로 세계 1위를 기록하고 있다[6].

〈표 11-1〉 세계경제와 중국경제(2017년)

	인 구 (백만명)	명목GDP (10억달러)	수 출 (10억달러)	수 입 (10억달러)	외환보유고 (10억달러)	FDI (억달러)
중국(A)	13,90	12.015	2,1582	1,740	3,112	1,310
세계(B)	74,87	76.865	16,307	16,636	-	-
A/B(%)	18.5	15.6	13.2	10.5	-	-

주 : 외환보유고는 2018년 5월 말 기준임.
자료 : IMF, http://keri.koreaexim.go.kr(한국수출입은행 해외경제연구소)

〈표 11-2〉 중국의 주요 국내경제 지표추이

	경제지표	단위	2014	2015	2016	2017e	2018f
국내경제	GDP	억 달러	105,345	112,262	112,321	119,376	131,187
	1인당 GDP	달러	7,702	8,167	8,123	8,583	9,377
	경제성장률	%	7.3	6.9	6.7	6.8	6.5
	재정수지/GDP	%	-0.9	-2.8	-3.7	-3.7	-3.7
	소비자물가상승률	%	2.0	1.4	2.0	1.8	2.4
대외거래	환율(달러당, 연중)	Rmb	6.1	6.2	6.6	6.8	6.8
	경상수지	억 달러	2,360	3,042	1,964	918	1,555
	경상수지/GDP	%	2.2	2.7	1.7	0.8	1.2
	상품수지	억 달러	4,350	5,762	4,941	4,178	4.951
	수 출	〃	22,438	21,428	19,900	21,582	22.892
	수 입	〃	18,087	15,666	14,954	17,404	17.941
	외환보유액	〃	38,592	33,459	30,300	31,400	31,094
외채현황	총외채잔액	억 달러	1,771	1,419	1,457	1,548	1,674
	총외채잔액/GDP	%	16.8	12.6	13.0	13.0	12.8
	단기외채	억 달러	1,239	921	905	999	..
	외채상환액/총수출	%	6.5	7.9	7.9	8.3	8.5

주 : 2017년은 잠정치, 2018년은 추정치임
자료 : http://keri.koreaexim.go.kr/(한국수출입은행 해외경제연구소)

6) 김종득 외, 최신 중국무역환경론, 도서출판 두남, 2019, pp.43~44.

중국의 2017년 무역규모는 2014년 이후 3년 만에 다시 4조 달러대를 회복하며 1년 만에 미국을 제치고 세계 최대 무역국 지위를 재탈환하였다. 중국의 대외무역 현황은 2017년을 기준으로 수출이 2조 2,791억 달러로 최근 2년간 마이너스에서 6.8%가 증가하였으며, 수입 또한 1조 7,900억 달러로 2016년 대비 17.5% 증가하였다. 하지만 수입증가율이 수출증가율을 상회한 결과 무역수지는 2016년에 이어 2017년에도 -20.1%로 마이너스(-) 성장률을 나타냈다. 이러한 수입 증가는 중국 내수경기 회복, 국제 원자재 가격 상승 등에 주로 기인한 것으로 보인다.

이러한 중국의 고도성장 배경에는 첫째, 정부정책의 측면에서 경제의 점진적인 시장화·자유화와 제조업 중심의 연해개발전략과 단계적 대외개방을 추구한 중국식 개혁·개방 정책의 성공에 연유하고, 둘째, 공급 측면에서 노동과 자본의 투입이 빠르게 증대됨으로서 성장이 촉진되었다. 이는 13억 명에 달하는 인구와 농촌의 충분한 잉여 노동력으로 인해 노동력 투입의 증대가 용이했고, 높은 저축률과 외자의 대규모 유입으로 투자율 또한 높았기 때문이다. 셋째, 경제의 공업화, 시장화, 대외지향화가 착실하게 진전되면서 노동과 자본이 생산성이 낮은 쪽에서 높은 쪽으로 빠르게 이동하고 산업내 경쟁이 촉진되었으며 외국인투자의 대규모 유치로 선진기술과 경영기법의 도입이 촉진됨으로써 생산효율이 크게 향상되었다.

현재도 경제구조의 급속한 변화는 계속 진행중이며 이는 최근 중국경제구조가 21세기에는 중국 경제의 모습이 전혀 새로운 모습으로 재편되는 조짐을 보이고 있다. 과거 중국의 개혁·개방은 개방지역을 확대하는 형식으로 진행되었으며 진행시 조세혜택 등 인센티브 부여로 지역적 개방의 추진과정은 대체적으로 4단계로 나누어 볼 수 있다.

제1단계(1987년 12월∽1983년) - 농업 개혁 시기로 등소평(邓小平)체제가 확립되어 중국적 특색을 지닌 사회주의 건설을 위한 기본방침을 채택함으로써 경제건설에 치중하는 실용주의 노선에 의한 개혁·개방정책이 본격적으로 추진되기 시작하여, 1980년대 최초 개방지역으로 광동성 심천, 주해, 산두와 복건성 하문에 경제특구를 설치하였고, 제2단계(1984년∽1987년) - 도시 상공업 개혁시기로 1984년 14개 연해지역의 주요 항만도시를 개방도시로 지정하고 경제기술개발구 설치와 85년 장강삼각주, 주강삼각주 및 민남삼각주를 개방지역으로 지정하여 동남아 화교국가와 이접한 지역으로 화교자본을 유치하고 선진기술을 도입, 공업도시화를 도모하기 위해 경제기술개발구가 설치되었다. 제3단계(1988년∽1991년) - 치리정돈(治理 整頓) 시기로 88년 산동반도, 요동반도, 환발해지구 및 해남도를 계획단열도시 경제개방구로 지정하였으며 마지막 제4단계(1992년 이후 현재까지)는 92년 이후 전방위 개방단계로 등소평의 남순강화(南巡講話: 1992년초 심천, 광주 등 남부지역을 순시하며 개혁개방의 가속화를 역설) 이후 국경지역 및 내륙지역으로 개방 확산하였다. 그러나 지금 중국은 발전의 기초를 만들기 위한 지역적 개방의 확대로부터 산업발전을 고려한 산업정책적·전략적 차원의 개방으로 전환중이다. 개방확대로 발전하는 추세로 정보통신, 인터넷, 금융, 유통 등 산업적 측면에서 기존의 개방은 제조업을 중심으로 한 전통산업 분야 위주로 옮겨가고 있는 것이다.

2) 중국의 통상특징

중국은 2001년 11월 WTO에 가입하였다. WTO의 가입으로 전망되는 중국통상정책의 특징들은 다음과 같다,

첫째 중국의 WTO가입으로 가장 큰 변화는 세계경제에의 편입가속화이다. 중국의 WTO가입은 글로벌 경제에의 편입을 의미하는데, 즉 국제무역규범과 준칙을 준수해야 할 의무와 책무를 갖게 됨으로서 지금까지의 전근대적이고 불합리한 국내법규, 관행에서 벗어나, 공정무역과 자유경쟁이란 틀 속에서 움직여야 한다. 또, 중국의 WTO 가입은 무역·투자장벽을 완화시키고, 업종별 진입장벽을 낮추게 됨으로서 중국경제의 대외개방이 가속화 될 것이므로 따라서 중국내 비즈니스 환경의 큰 변화와 시장 재분할이 이루어지고 그동안 연해지역, 제조업종에 치우쳤던 개방효과가 내륙지역과 서비스, 하이테크 업종으로까지 확산될 것으로 전망된다.

둘째, 중국은 그간 중국산업 보호를 위한 관세·비관세 장벽의 점진적 폐지에 따라 왜곡되었던 자원배분이 개선될 것으로 예상되며 이에 따라 중국산업의 경쟁력이 제고될 것으로 보이는데, 이는 장기적으로 자원배분이 효율적으로 이루어진다면, 단기적으로는 특히, 현재 관세·비관세 장벽의 보호를 받고 있는 농업부문(면화, 밀, 콩, 옥수수 등)과 일부 기계공업(자동차 등)이 충격을 받을 것으로 예상된다.

셋째, 중국의 WTO 가입은 대외적으로는 중국경제의 투명성 및 예측가능성 제고로 대외무역과 외국인 투자가 증대되는 효과를 가져 온다.

넷째, 중국이 대만과의 WTO 동시가입으로 향후 경제교류가 적극화 될 경우 중국대륙·홍콩·대만을 묶는 중화경제권내에서의 교역 및 투자활동이 더욱 강화될 수 있으며, 이에 따른 영향력 증대가 예상된다. 그러나 중국의 WTO 가입이 중국경제전반에 주는 영향으로 거시경제, 무역정책변화, 투자제도 개혁, 산업구조 고도화,

기업구조조정 등에서 긍정적인 영향과 부정적인 영향의 양면성을 보여주고 있다.

한편 중국의 통상 협상전략을 예측하여 보면 다음과 같다,

첫째, 융통성이다. 중국 통상정책의 특징 중 첫째로 꼽을 수 있는 것이 융통성이다. 중국은 그들의 민족성처럼 만만디 전략을 가지고 통상협상 상대에 따라 유효적절한 전략을 취해 온 것으로 평가되고 있다. 중국은 자국의 국력을 기준으로, 협상상대국에 비해 자국의 국력이 약하다고 판단하는 경우 다자간 협상을 선호하고 국력이 우월하다고 평가하는 경우 양자간 협상에 의존해 왔다. 이는 중국이 1986년 이후 지속적으로 추진하고 있는 WTO 가입 협상에서 잘 나타나고 있다.

둘째, 실리성이다. 지금까지 개혁·개방정책 채택 이후 양자협상의 가장 중요한 상대자는 미국이었고, 미국과의 협상에서 특히 실리적인 태도를 취해 왔다. 최근 미국과의 경제관계로 인한 협상은 대체로 3가지로 집약된다. 지식재산권 관련 협상, MFN(Most Favored Nation treatment) 연장 협상 및 WTO 가입 협상이 그것이다. 특히 지식재산권 및 MFN 연장 협상시 막판까지 협상을 진행시키면서 최대한 양보를 얻어 내는 협상전략을 구사했는데, 이것이 실리를 추구하는 중국 통상정책의 특징을 잘 드러내고 있다.

셋째, 상호 경제성이다. 중국이 자주 사용하고 있는 또 하나의 통상협상 전략은 상호 엇비슷한 국가들을 견제시키는 것이었다. 이 전략은 주로 WTO 가입 협상에서 사용되었다. 미국과의 협상이 거듭된 난관에 봉착함에 따라 미국과의 협상을 진행시키면서 EU 및 일본과의 관계를 강화시키는 방법을 자주 사용하였다.

이와 관련하여 중국이 우리나라와의 유대를 강화하는 목적이 기술과 자본이 월등하면서도 중국을 견제하고 있는 일본을 끌어들이기 위한 전략이라는 예측도 나오게 한다.

Chapter

12

수출확대와 기술이전

Chapter 12 수출확대와 기술이전

제1절 수출형태전략

1. 간접수출

간접수출은 국내의 중간상이나 외국의 구매자를 개입시켜 수출하는 것이기 때문에 사실상 제조업체는 수출관리기능을 그들에게 위임하고 통제권을 포기하는 것이다. 즉 제품계획에서부터 수출경로의 설계, 판매촉진, 금융의 기능은 중간상이 담당하고 제조업체는 중간상의 주문에 따라 제품을 납기에 맞추어 생산해 주기만 하면 되는 것이다. 또한 간접수출은 제조업체가 중간상을 통해서 제품을 해외판매하는 것이기 때문에 근본적으로 국내판매와 크게 다를 바 없다. 왜냐하면 대리인을 통하여(by proxy) 국제마케팅에 관여하는 것이기 때문이다. 간접수출은 주로 기업이 수출경험이 없거나 전문인력이 부족할 경우, 그리고 생산규모 및 재정면에 있어서 적극적인 수출활동을 할 수 없는 경우 최초의 수출활동으로 이용된다. 따라서 간접수출의 경우에는 시장선택이나 국제마케팅 노하우를 배우고 판매액을 증대시키는 데는 제한을 받지만, 수출에 다른 위험은 존재하지 않는다.

우리나라의 경우 간접수출의 형태를 많이 취하고 있는 것으로 알려져 있는데, 이 방식에서는 가격과 품질 및 납기의 세 가지 기능을 어떻게 효과적으로 수행하느냐에 따라 기업의 성패가 달려 있으며, 노무관리에 실패하거나 가격경쟁력을 상실하면 수출에 큰 타격을 입게 된다.

제조업체의 입장에서 볼 경우 간접수출의 일반적인 장점은 다음과 같다.

① 수출업무에 전문성(expertise)이 있고 경험이 풍부한 수출업체 또는 수입상을 활용하기 때문에 안심하고 수출거래를 할 수 있다.

② 특히 대규모 무역회사, 종합무역상사(국내에 지사를 갖고 있는 외국상사 포함), 합작투자 기업체의 외국인 파트너 기업체 등은 세계적인 해외판매망을 통하여 풍부한 해외시장정보를 얻을 수 있고, 해외시장의 거래선과 접촉이 많고, 명성(reputation)이 높기 때문에, 그들에게 편승하여 수출을 증대시킬 수 있다.

③ 수출상사(export merchant)는 제조업체로부터 제품을 매입할 때 소유권을 이전해 가고 자체의 계정으로 수출하기 때문에, 수출클레임(export claim)이 발생하면 수출상사가 위험부담을 진다.

④ 제조업체는 수출부, 해외지사 등을 운영하지 않아도 되므로 수출운영비와 수출광고촉진비 등을 절감시킬 수 있다.

⑤ 제조업체는 수출상사로부터 자금지원을 받을 수도 있다.

⑥ 제조업체는 여러 시장국에 광범한 판매망을 갖고 있는 수출상사를 통하여 시장국별로 수출함으로써 시장국별로 수출판매고를 증대시킬 수 있다.

⑦ 제조업체가 수입을 하여야 할 경우 무역회사, 수출입상 등에게 수입도 의뢰할 수 있는 이점이 있다.

위와 같은 장점에 반해 간접수출의 일반적인 단점은 다음과 같다.

① 수출이 간접적이기 때문에 일단 제조업체가 수출업체에게 제품을 판매한 후에는, 그 제품의 해외마케팅에 대한 통제권을 상실하고 어느 해외시장에서 누구에게 어떤 가격으로 유통되었는지 알 수가 없다.

② 수출이 간접적이기 때문에 해외고객과 직접 접촉할 수 있는 기회가 없어 해외시장기반을 구축하기가 어렵고, 해외시장정보, 소비자·거래상 등의 요구·요망·반응이 제조업체에게 제대로 전달되지 않는 경우가 많아 해외 판매활동에 대한 적절한 계획을 세우고 집행하기가 어렵다.

③ 수출상사는 여러 제조업체의 제품을 수출하기 때문에 이익성이 낮거나 수출규모가 적은 제품의 수출을 등한시할 수도 있다.

④ 수출상사와 제조업체는 공동이익도 추구하지만 각기 나름대로의 목적을 추구하기 때문에, 이해가 상충되거나 분규가 발생하면 수출상사가 수출대행을 거부할 가능성이 항상 존재한다.

⑤ 해외클레임이 발생할 때 수출상사는 자기에게는 유리하게, 제조업체에게는

불리하게 처리하는 경우가 있다.

⑥ 수출상사는 자체 이익을 위하여 운영하는 독립기업이므로 이익성이 확실한 제품을 제외하고는 시장조사나 시장개척을 등한시하거나 필요한 투자를 하지 않는 경우가 많다.

⑦ 수출상사들이 해외고객의 유치를 위해 지나친 수출경쟁을 할 경우, 제조업체가 피해를 볼 수 있다.

⑧ 제조업체는 가격·수요 등에 대한 해외시장정보가 어둡기 때문에 수출상사는 이를 이용하여 지나치게 많은 이익을 올리고 제조업체의 수입(收入)을 감소시킬 수 있다.

⑨ 수출상사들은 제품수출에 따르는 사전·사후 서비스(pre and after service)를 철저히 제공하지 않아서 제품과 그 제조업체의 해외고객에 대한 성가(good-will)가 손상될 가능성이 있다.

⑩ 간접수출은 국제경영을 확장하려는 기업체에게 해외요원의 개발, 경험의 축적 등의 기회를 제공하지 않음으로써 미래의 기업확장에 하나의 애로요인이 될 수 있다.

2. 직접수출

직접수출은 제조업체가 수출의 업무 및 기능의 전부와 대부분을 타인(중간상)에 위임하지 않고 직접 수행하는 것으로서 시장개입의 범위가 크게 확대된다. 그리고 직접수출을 하게 되면 제조업체는 해외시장접촉, 시장조사, 물적 유통, 수출관계서류, 가격결정 등의 제반 마케팅 활동을 직접 계획하고 수행하여야 한다. 일반적으로 직접수출은 간접수출의 형태보다 수출매상고가 증대되지만, 이익이 어느 정도 증대될 것인가는 수출매상고를 증대시키는 데 지출되는 수출경비의 정도에 따라서 결정된다.

직접수출은 수출매상고의 증대 외에 수출기능과 유통경로에 대한 통제의 증대, 시장정보수집 및 이용상의 이점, 기업체 내의 국제마케팅 전문성을 개발할 수 있는 등의 이점이 있다. 그러나 수출규모와 진출하는 해외시장국의 수에 따라서 직접수출비용이 많이 들 수도 있다. 왜냐하면 직접수출을 하게 되면 제조업체가 수출과 연관된 모든 비용을 직접 부담해야 하기 때문이다.

이상의 간접수출과 직접수출은 제조업체가 선택할 상호 배타적인 수출형태는 결코 아니며 상황에 따라서, 예컨대 대규모 시장에 대해서는 직접수출을 소규모 시장에 대해서는 간접수출을 병행할 수 있다.

제조업체의 입장에서 본 직접수출의 장점을 살펴보면 다음과 같다.

① 제조업체는 해외거래업체 및 시장과 직접 접촉을 할 수 있으므로 시장정보를 비교적 정확하고 용이하게, 그리고 충분히 얻을 수 있다.

② 국내수출중간상에게 이문, 중개료(commission), 수수료(fee) 등을 지불하지 않아도 되기 때문에 제조업체는 간접비용을 절약하여 이익을 증대시킬 수 있다.

③ 제조업체는 자사 제품에 대한 해외거래선의 희망, 주문, 불평 등에 직접 접할 수 있어서 제품계획과 판매계획을 적절히 적응시킬 수 있다.

④ 제조업체는 해외마케팅 기능을 직접 수행하기 때문에 통제를 강화하고 판매를 증대시킬 수 있다.

⑤ 특허제품의 판매에 다른 사전 및 사후 서비스를 제공할 수 있어서 신용도의 유지와 성가를 증대시킬 수 있다.

⑥ 자사 내에 수출 및 국제마케팅 전문성을 개발할 수 있다.

반면에 직접수출의 단점은 다음과 같다.

① 직접수출을 처음 시작할 때는 무역실무, 외국어, 해외시장 등에 대한 경험·전문성 등의 부족으로 거래에 실패할 가능성이 많다.

② 거래에 따른 손실과 클레임 때문에 위험부담이 늘어날 수 있다.

③ 수출부와 해외지사 등을 설치하고 요원을 충원하고 마케팅 직무를 직접 수행해야 하기 때문에 처음에는 판매고보다 비용이 더 증가해서 기업손실이 발생할 수 있다. 특히 소규모의 제조업체가 그러한 경비를 계속 지출해야 할 때, 기업손실이 누적될 수 있다.

④ 유력한 수출상사를 활용하지 않음으로써 판매증대가 어렵고 시장정보의 수집비용이 많이 들 수 있다.

3. 해외 자회사를 통한 수출

이는 직접수출의 일종으로서 해외에 제품판매를 담당할 지사나 현지 법인을 설치하여 현지의 판매경로에 한 단계 더 개입해 들어가는 보다 발달된 형태의 수출이다. 이 단계가 되면 대부분의 수출기능은 수출기업이 담당하게 되며, 현지의 상거래 관습에 따라서 현지의 중간상에게 판매를 하게 된다. 이 단계의 사업은 사실상 수출과는 그 성격이 매우 다르기 때문에 새로운 접근방법이 요구된다.

우선 장기적으로 경쟁력 있는 상품이 있어야만 현지 시장에 대한 장기적인 투자가 가능하다. 또한 현지 시장에 침투하게 되면 현지 중간상 관리가 중요한 과제로 등장한다. 현지 상관습에 따라 외상거래를 해야 하는 경우 중간상의 신용조사와 외상매출금 관리가 필요하게 된다. 이와 더불어 현지 금융을 이용하여 운전자본을 확보하여야 할 필요성이 생긴다. 시장이 크고 중간상의 수가 많아짐에 따라 물적 유통이 중요시되고 상품에 따라서는 전국적인 사후서비스망을 형성하여야 할 필요성이 생긴다.

이러한 기능에 대하여 충분히 준비되었을 경우 기업체는 해외시장에 해외마케팅 자회사를 설치·운영하게 되는데, 그 설치 목적은 해외시장 현지에서 고객들에게 판매서비스를 제공하고 제품의 저장·재고 유지를 통하여 판매를 강화하여 해외 판매고를 증대시키고, 현지 유통경로에 자체적으로 개입도 하는데, 이는 현지인의 유통기구에 대해 통제를 강화하기 위해서다. 그렇게 함으로서 궁극적 목적인 기업체의 이익성과 안정성을 증대시킬 수 있다.

기업체가 해외시장에서 위와 같은 큰 목적을 달성할 수 있는 능력은 해외마케팅 자회사가 수행할 수 있는 다음의 기능과 역할에서 비롯된다.

첫째, 기업체가 수출만을 할 때는 해외마케팅 기능의 상당한 부분을 사실상 포기하는 것으로 보아야 한다. 왜냐하면 기업체로서는 통제 불가능한 해외시장국의 현지 수입·유통업체가 구입 상품의 현지 마케팅을 전담하기 때문이다. 그러나 기업체의 해외마케팅 자회사는 현지국 시장 및 인접국 시장을 포함한 제3국 시장(본사국 시장과 현지국 시장 이외의 모든 국가 시장을 뜻함)을 대상으로 국제마케팅을 전개할 경우에, 주요 마케팅믹스인 제품(product)·가격(price)·유통(channels of distribution과 physical distribution을 합친 place)·촉진(promotion) 등 4P를 그 시장환경에 맞추어 적응시키고 또한 직접적으로 통제할 수 있다.

둘째, 해외마케팅 자회사는 재판매할 상품을 ① 본사국(본사의 제품과 다른 기업체의 제품), ② 현지국, ③ 제3국 등 적어도 세 가지의 대안적 공급원으로부터 구매할 수 있기 때문에 시장성이 높은 상품을 경제적으로, 신속하게 구매할 수 있다. 그리고 위와 같은 대안적 공급원으로부터 구입한 상품을 ① 현지국 시장, ② 제3국 시장, ③ 본사국 시장까지도 상대로 하여 국제마케팅을 할 수 있어서, 이질적인 시장환경에 적응하면서 이익적인 마케팅활동을 전개할 수 있는 능력이 크다.

셋째, 해외마케팅 자회사는 보편적으로 제품을 직접 생산하지도 않고 구입한 제품에 추가적인 생산과정을 가하지 않고 그대로 재판매(전매)하는 것이 원칙이다. 그러나 필요할 경우 판매할 제품을 현지 시장국에서 ① 단순조립(partial knockdown으로 수입한 주요 상품에다가 몇 개의 나사못을 기워서 완성품을 만드는 등의 simple assembly), ② 몇 가지 성분이나 원료를 배합(mixing, blending)하는 단순가공(simple processing), ③ 벌크(bulk)로 수입한 제품을 개별적으로 재포장(repackaging)하는 등의 단순한 생산활동을 전개할 수도 있다. 그렇게 함으로써, 해외마케팅 자회사는 ① 제품원가, ② 수입관세, ③ 국제 물적 유통비 등을 절감하면서, ④ 시장국별의 수요조건에 맞추어 판매할 제품을 어느 정도 개조·개량 또는 단순화할 수 있어서 마케팅의 효율성을 높일 수 있다.

넷째, 기업체가 본사국에서 수출만을 할 때는, 대체적으로 공장도 수출가격(ex factory export price) 내지 FOB(free on board) 수출가격 정도밖에는 통제할 수 없다. 그러나 해외마케팅 자회사는 현지 판매가격 및 현금할인, 신용판매 등을 포함한 가격조건 등까지 상당부분 통제할 수 있어서 수요상태의 변화와 경쟁에 효과적으로 대응할 수 있다.

다섯째, 기업체가 해외시장국의 수입·유통업체에게 수출할 때는 그 수입·유통업체가 최종 소비자까지 연결하는 유통기구(마케팅 중간기구)를 직접 선정하고 통제한다. 그러나 해외마케팅 자회사가 있으면, 현지에서 마케팅 목적을 달성하는데 가장 적합한 자체의 유통지사를 활용하든지 이와 병행하여 현지 유통기구를 활용하고 통제할 수 있는 이점을 누릴 수 있다. 물적 유통 역시 마찬가지로 직접 관리할 수 있다. 그 결과로 비용을 절감하면서 마케팅의 효율성을 높일 수 있다.

여섯째, 해외마케팅 자회사는 해당 해외시장국의 경제·정치·문화·교육 등 환경조건에 부합하는 어필(appeal), 메시지(message) 등을 갖춘 광고와 판매촉진활동을 전개하고 판매서비스를 제공할 수 있어 마케팅 촉진의 효율성을 높일 수 있다.

일곱째, 해외마케팅 자회사는 해외시장에 직접 진출·개입하여 마케팅 활동을 전개하는 만큼 제품 조사, 소비자 조사 등에 대해 정확·신속하고 경제적인 마케팅 조사가 가능하여, 현지 마케팅 활동을 지원하는 데 뿐만 아니라 해외시장정보를 본사에 피드백하는 데도 많은 이점을 누릴 수 있다.

여덟째, 기업체들은 일반적으로 외국의 고객으로부터 신용장을 받은 후에야 수출을 하는 과정을 밟는다. 그러나 해외마케팅 자회사는 자체계정(own account)으로 수출입을 할 수 있으므로, 해외시장의 현지 수요를 예견하여 본사 제품과 본사가 수출대행하는 제품의 수입을 증대시킴으로써 본사의 수출활동을 촉진시킬 수 있다.

아홉째, 해외마케팅과 연관된 활동 이외에 해외마케팅회사는 본사를 대표하고 또한 본사를 위하여 여러 가지 활동을 전개할 수 있다. 본사를 위한 해외기채 (overseas debt financing), 잠재적 거래선 내지 합작선과의 접촉기반을 바탕으로 본사가 해외생산단계로 전환·발전하는 중요한 계기를 마련해 줄 수 있다. 사실상 그것이 해외마케팅 자회사의 중요한 목적의 하나에 속한다.

제2절 수출지원 정책

1. 수출경쟁전략

경쟁력이란 한 기업이나 국가가 경쟁자를 누르고 판매고를 확보할 수 있게 하는 가격 이외에 배달속도, 품질, 디자인 및 사전·사후 서비스 등에서의 우위를 말하는데, 이러한 경쟁력의 원천은 크게 가격요인과 비가격요인으로 나눌 수 있다. 비가격요인으로는 제품의 차별화, 서비스 및 금융, 상표 이미지, 납기준수를 포함한 물적 유통관리를 들 수 있다. 오늘날의 수출경쟁은 가격경쟁에 의해서만 이루어지는 것은 아니며 비가격경쟁의 중요성이 날로 더해 가고 있다. 물량위주 및 가격경쟁 일변도의 수출전략만이 아니고 수익성 위주, 비가격 위주의 전략도 채택되고 있고, 또한 더 구체적으로 다른 마케팅믹스 변수의 하나 하나에 대해서도 다양한 전략이 이루어지고 있는 것이다.

수출에 있어서 가격경쟁의 여부는 한 나라의 경쟁력에 의해서도 좌우된다. 특히 노임을 포함한 생산요소비용의 높고 낮음에 따라서 가격경쟁을 할 수 있는 범위가 달라질 것이다. 그러나 국가 특유의 원가구성요소 범위 내에서 특정기업이 가격위주의 경쟁을 할 것인가 그렇지 않으면 비가격경쟁을 할 것인가의 선택의 여지는 있는 것이다. 우리나라의 경우 저임금에 의존하는 가격경쟁이 상실됨에 따라 비가격경쟁 요인을 강화해야 하는 국면에 있는 만큼 차별적 우위의 선택은 수출전략의 수립에 있어서 중요한 요소임에 틀림없다.

가격경쟁과 비가격경쟁 등에서 어떤 형태의 경쟁을 할 것인가를 결정하는 데 고려

해야 할 요인은 다음과 같다.1)

① **기업요인** : 기업의 수출목표와 기업의 국제화의 관계 등을 말한다. 수출비중이 크지 않은 국제화 초기단계의 기업이거나 수출비중이 크더라도 규모가 작은 기업의 경우 단기적으로는 자원이나 전문적인 무역 지식이 부족하여 비가격경쟁을 하기 어려울 것이다. 물론 소규모 수출기업이라도 품질, 제품 전문화를 통해 수출할 수 있음은 물론이다.

② **제품요인** : 제품은 기업의 경쟁전략선택에 있어서 가장 중심이 되는 요인이라 할 수 있다. 수출제품이 경쟁제품에 비해 품질, 신뢰도, 서비스 등의 비가격경쟁을 추진할 만큼 우수하지 못할 때 가격경쟁 이외의 다른 대안을 찾기 어렵게 된다. 장기적으로는 품질이나 마케팅의 개선에 많은 투자를 해야겠지만 가격경쟁밖에는 선택할 대안이 없는 것이다.

③ **시장요인** : 전략의 선택은 시장요인에 따라 달라진다. 특정 해외시장에서 경쟁이 좌우되는 것이 무엇인가 하는 것은 중요하다. 개도국 시장에서는 가격중심의 경쟁이 지배적이며, 선진국 시장에서는 가격과 품질, 서비스 등의 다양한 변수가 복합적으로 작용하게 된다. 일본의 경우 개도국에서 가격경쟁을 통해 제품, 규모, 마케팅의 측면에서 훈련을 쌓은 후에, 선진국의 주요시장을 공략하는 전략을 택한 기업이 많다.

④ **마케팅의 실효성** : 마케팅이 특정시장에서 얼마나 사용 가능한 상황인가를 의미한다. 소비자가 가격에 대해서 탄력적이면 비가격경쟁의 여지는 그만큼 줄어든다. 시장에 늦게 진입한 후발기업의 경우에도 선발기업에 비해 비가격경쟁을 할 여지는 적어질 수 있다.

2. 수출시장전략

수출전략은 시장과 제품의 두 가지 기본에 의해 정의되는데, 시장은 수요 측면에서, 제품은 공급 측면에서 정의된 것이다. 그러므로 수출전략은 수출시장전략과 수출경쟁전략 중 어느 한 전략만으로 정의할 수 없고 두 가지 전략을 동시에 정의하여야 한다.

수출시장전략은 포터(M. Porter)2)에 의해 제시된 시장전략의 유형으로 정의할

---

1) Niepel Piercy, Exprot Strategy : Markets and Competition(London: George Allen & Unwin, 1982).

수 있다. 포터는 본원적 시장전략의 유형을 전략시장의 선택과 전략적 우위요인의 선택에 따라 <그림 12-1>에서와 같이 저비용전략(cost leadership strategy), 차별화전략(differentiation strategy), 집중전략(focus strategy)으로 대별하였다.

전략적 우위요인

		고객들이 인식하는 제품의 특성	저비용
전략시장	시 장 전 체	차별화전략	저비용전략
	특정부문시장	집중전략	

자료 : 조석홍 외, 기술경영, 두남, 2013.

〈그림 12-1〉 본원적 시장전략의 유형

1) 저비용전략

저비용전략이란 특정기업이 자기가 경쟁하는 산업에서 평균비용보다 낮은 비용이라는 전략상의 이점을 이용하여 다른 기업과 경쟁하는 전략이다. 저비용전략을 취하는 기업은 산업 내의 여러 세시장(細市場)에서 경쟁에 참여하며 경우에 따라서는 관련 산업에까지도 참여한다. 저비용의 원천은 경험곡선, 규모의 경제, 독점적 기술, 저렴한 원료원의 확보 등 여러 가지이며 산업에 따라 각각 상이하다. 저비용생산자는 표준화되고 필수적인 기능만을 수행하는 제품을 판매하는 것이 보통이며 규모의 경제를 확보하고 가능한 모든 원천으로부터 절대적인 비용상의 이점을 확보하는 것에 중점을 둔다.

특정기업이 저비용전략에 성공하여 자사가 생산한 제품을 산업의 평균가격 또는 평균가격보다 낮은 가격으로 시장에 판매할 수 있다면 그 기업의 영업성과는 산업의 평균성과보다 높을 것이다. 그러나 저비용전략을 취하는 기업이라고 해서 어느 정도의 제품차별화를 무시할 수는 없다.

만약에 저비용전략을 추구하는 기업이 생산한 제품이 구매자들이 보기에 여러 가지 면에서 경쟁기업의 제품보다 떨어진다고 느낀다면 그 기업은 제품을 판매하기 위하여 판매가격을 낮출 수밖에 없을 것이다. 그러한 경우에는 아무리 저비용을 달성했다 하더라도 경쟁상의 우위를 달성할 수 없을 것이다.

특정기업이 저비용전략에 성공하려면 최저비용생산자가 되어야지 최저비용생산

2) Michael E. Porter, *Competitive Strategy*(Free Press, 1980).

자가 되려고 경쟁하는 기업들 중의 하나가 되어서는 안 된다. 이점을 인식하지 못했기 때문에 실패한 회사들도 많다. 만약에 특정한 산업에 최저비용생산자가 되려는 기업이 둘 이상이면 시장지분 쟁탈전이 치열해진다. 그 중의 한 기업이 최저비용생산자의 위치를 확보하여 다른 기업들을 물리치지 않는 한 경쟁기업들간의 치열한 경쟁으로 모든 기업의 수익성이 심각한 타격을 입게 된다.

따라서 저비용전략에 성공하려면 남보다 먼저 시장확보에 나서는 것이 유리하다. 물론 남보다 앞선다고 해서 저비용전략에 성공한다는 보장은 없다. 예컨대, 산업의 기술상에 주요한 변화가 일어나서 비용의 패턴이 갑자기 변한다면 이러한 신기술을 이용하여 새로이 산업에 참여하는 거업의 비용이 과거의 투자 때문에 변신이 어려운 선발기업의 그것보다 낮을 수 있기 때문이다.

한편, 저비용전략을 채택하는 기업은 규모와 경험을 진입장벽으로서 지나치게 의존할 경우 다음과 같은 위험에 직면하기 쉽다.

첫째, 과거의 투자나 교육훈련을 헛되이 만드는 기술상의 변화.

둘째, 요망에 의해서나 또는 최신 시설에 대한 투자에 의해서 산업에의 신규 진입자나 추종자들이 저비용을 이룩한 기술이나 묘책을 터득하는 경우.

셋째, 비용에 지나치게 관심을 기울여서, 생산과 마케팅의 변화를 깨닫지 못하는 경우.

넷째, 경쟁기업의 상표 이미지나 기타의 비가격경쟁요소를 상쇄하기에 충분한 가격 차이를 보장해 주던 기업능력의 감소.

2) 차별화전략

차별화전략을 추구하는 기업은 자기가 생산하는 제품의 특성이 같은 산업에 속하는 다른 기업들이 생산하는 제품의 그것보다 독특하다는 느낌을 고객에게 줄 수 있어야 한다. 차별화전략을 택하는 기업은 그 산업의 고객들이 중요하다고 생산하는 제품의 속성을 정확히 파악하여 고객의 수요를 독특하게 충족시킬 수 있어야 한다. 이 전략에 성공한 기업은 제품의 독특성 때문에 자기가 생산한 제품을 산업의 평균가격 이상으로 팔 수 있게 된다.

제품차별화 방법은 산업마다 각기 다르다. 제품차별화의 원천은 제품자체가 될 수도 있고, 제품의 분배경로, 마케팅방법, 기타 여러 가지 요인이 될 수도 있다. 예컨대 자동차산업의 경우에는 자동차의 내구성, 안전성, 스타일, 부품의 적기공급, 제품의 이미지 등이 차별화의 원천이 된다.

차별화에 성공한 기업은 자사제품의 가격이 산업평균가격을 초과함으로써 발생하는 가격프리미엄이 차별화를 위하여 투입한 추가비용을 초과하는 경우에 산업의 평균기업보다 높은 영업성과를 올릴 수 있다. 따라서 차별화전략을 추구하는 기업은 차별화에 따른 비용보다 큰 가격프리미엄을 얻을 수 있는 차별화방법을 모색하여야 한다. 차별화전략을 추구하는 기업은 비용문제에도 관심을 기울여야 한다. 왜냐하면 비용이 너무 높으면 가격프리미엄이 있어서도 소용이 없을 수 있기 때문이다. 따라서 차별화전략을 택하는 기업은 차별화와 관련이 없는 모든 분야의 비용을 절감하여 경쟁기업의 비용과 비슷한 비용으로 생산하되 제품의 독특성을 살려 가격프리미엄을 확보해야 산업평균 이상의 영업성과를 올릴 수 있을 것이다. 그러나 저비용전략은 저비용이라는 단 하나의 전략만이 있을 수 있으나, 고객이 중요시하는 제품의 속성은 여러 가지이기 때문에 성공적인 차별화전략에는 여러 가지가 있을 수 있다. 그러나 차별화전략도 ① 저비용전략을 채택하고 있는 경쟁기업과의 가격 차이가 너무 커서 상표 충성도가 제 역할을 못하게 되는 경우, 구매자는 낮은 가격에 이끌려 차별화전략을 채택하는 기업의 제품특성, 서비스, 제품 이미지 등의 일부를 포기하게 된다. ② 구매자의 차별화 요소에 대한 욕구가 줄어든다. 이러한 현상은 구매자가 더욱 많은 정보에 의해서 합리적인 판단을 하게 될수록 현저하게 나타난다. ③ 모방에 의하여 차별화는 더욱 줄어든다. 등과 같은 위험을 수반한다.

3) 집중전략

이 전략은 산업 내의 여러 세시장(細市場)을 경쟁시장으로 하는 앞의 두 전략과는 달리 산업 내의 경쟁범위를 좁게 선택하는 전략이다. 집중전략을 추구하는 기업은 산업 내의 특정 세시장이나 소수의 세시장들을 선정한 후 이 시장의 수요를 다른 경쟁기업들보다 더 능률적으로 충족시킬 수 있는 전략을 구사한다. 집중전략을 채택하는 기업은 목표로 하는 세시장에 가장 적합한 전략을 개발함으로써 산업 전체적으로는 경쟁상의 우위를 보유하고 있지 못하나 목표시장 내에서는 경쟁상의 이점을 확보하려 한다.

집중전략에는 목표시장에서 저비용으로 경쟁하는 저비용 집중전략과 목표시장에서 제품차별화로 경쟁하는 차별화 집중전략이 있다. 어떤 종류의 집중전략을 추구하든지 간에 특정기업이 집중전략으로 성공할 수 있으려면 산업 내에서 그 기업이 목표로 하는 세시장과 다른 세시장들 사이에 차이가 있어야 한다.

따라서 목표시장 내의 고객의 수요가 독특하다든가 목표시장의 수요를 가장 잘 충족시키기 위하여 기업이 보유해야 하는 생산시설이나 분배시설이 산업 내의 다른 세 시장들의 그것과 다를 때에만 집중전략이 성공할 수 있다. 세 시장들간에 차이가 있으면 여러 세시장들의 수요를 동시에 충족시키는 기업보다는 특정한 또는 소수의 세시장의 수요를 충족시키는 기업이 그 시장의 수요를 보다 잘 충족시킬 수 있을 가능성이 높아진다.

집중전략을 택한 기업이 목표시장에서 지속적인 비용상의 우위를 확보하거나 제품차별화에 성공하고 동시에 목표시장구조가 경쟁에 유리하다면 그 기업은 그 산업에서 평균 이상의 영업성과를 올릴 수 있을 것이다. 이러한 경우 목표시장의 구조가 경쟁에 유리해야 되는데 이는 산업 내의 특정한 세시장은 다른 세 시장들보다 수익성이 높을 수 있기 때문이다.

대부분의 산업은 여러 가지 세 시장을 가지고 있다. 고객의 수요가 다른 세 시장이 있거나, 최적 생산시스템 또는 최적분배시스템이 다른 시장의 그것과 다른 세 시장이 있다면 그러한 시장은 집중전략의 대상이 될 수 있다.

한편, 집중전략은 다음과 같은 위험을 수반한다.

〈표 12-1〉 본원적 전략의 경쟁상의 우위

저 비 용 전 략	차 별 화 전 략	집 중 전 략
• 제품디자인	• 품질	• 제품라인의 축소
• 노무비	• 제품 신뢰성	• 목표시장의 축소
• 원재료 통제	• 특허권에 의한 보호	• 지역 세분화
• 입지선정 문제	• 제품혁신	• R&D 집중
• 자동화	• 부대적 서비스	
• 총경비의 절약	• 제품특성	
• 생산공정의 개선	• 서비스	
• 경험효과	• 상표명/기업명	
	• 유통경로	

자료 : 이영덕 외, 기술경영, 도서출판 두남, 2015, p.355..

첫째, 넓은 범위에서 경쟁하는 기업과의 가격 차이가 특정시장에 집중하여 얻은 원가상의 이점과 차별화를 상쇄한다.

둘째, 특정시장과 시장 전반이 요구하는 제품 및 서비스간의 차이가 줄어든다.

셋째, 경쟁기업이 특정시장 내에서 더 좁은 범위의 집중화 전략을 채택함으로써 자신을 어중간한 상태로 밀어낸다.

이상에서 살펴본 전략대안이 경쟁우위를 어떻게 확보하고 있는지를 구체적으로 요약하면 <표 12-1>과 같다.

이들 세 가지 전략대안 가운데 한 가지를 선택하여 그것을 수행하기 위해서는 기술적·자원적 측면과 조직체 차원에서 요구되는 사항들이 있는데, 이들은 <표 12-2>에 나타나 있다.[3)]

〈표 12-2〉 본원적 전략의 수행에서 요구되는 사항

1. 원가우의전략

(1) 공통적으로 요구되는 자원 및 기술상의 요인

대규모의 자본투자와 재원 확보
생산공정의 기술적 관리
집중적인 노동관리
생산에 편리한 제품설계
유통시스템의 비용절감

(2) 공통적으로 요구되는 조직의 대응책

철저한 원가관리
빈번하고 세부적인 통제 및 관리보고체계
체계적 조직화와 책임소재 명확화
목표달성을 위한 인센티브제도

2. 차별화전략

(1) 공통적으로 요구되는 자원 및 기술상의 요인

강력한 마케팅 능력
생산기술
창의적인 안목과 재능
기초적인 조사·연구 능력의 강화

---

3) Michael E. Porter, op. cit, pp.40-41.

품질 및 기술의 선도자라는 명성
특정산업 내에서 오랫동안 활동해 온 전통이나 다른 업종에서 익힌 독특한 기술의 배합능력
유통경로의 적극적인 협력
(2) 공통적으로 요구되는 조직의 대응책
연구개발 및 제품개발
주관적 평가 및 인센티브제도 실시
인재를 확보할 수 있는 근무조건

3. 집중전략
(1) 공통적으로 요구되는 자원 및 기술상의 요인
특정전략목표에 집중해서 1, 2사항을 결합
(2) 공통적으로 요구되는 조직의 대응책
특정전략목표에 집중해서 1, 2사항을 결합

자료 : Michael E. Porter, op. cit., pp.40-41.

3. 수출전략

시장전략과 경쟁전략을 종합하여 두 개의 변수로 수출전략을 표시하면 <표 12-3>와 같이 4가지의 전략유형으로 분류될 수 있다. 분류된 4가지의 수출전략 유형 가운데서 어는 것이 특정기업에 적합한가는 기업이 처한 상황에 따라서 다르게 나타날 것이다. 즉 기업의 목표, 전략적 능력, 시장성격 등에 따라 적절한 전략이 선택되어야 한다.

〈표 12-3〉 수출전략

구 분		경 쟁 전 략 패 턴	
		저 비 용	차 별 화
시장선택전략	시장집중	시장집중·저비용전략	시장집중·차별화전략
	시장확산	시장확산·저비용전략	시장확산·차별화전략

자료 : 조석홍, 국제통상론, 도서출판 두남, 2013.

1) 시장집중·저비용전략

이러한 전략을 채택하는 기업은 세계적으로 자사가 가장 효율적으로 서브(serve)할 수 있는 틈새를 식별한 후 전 세계의 모든 또는 대부분의 시장에서 그 틈새에 경쟁적인 품질의 제품을 최적생산비로 공급하고자 한다.

세계적으로 좁은 제품시장을 정해 놓고 가능한 한 가장 능률적으로 제품을 생산하고 분배하는 전략이며, 기술적 능률이 성공의 열쇠이다. 따라서 이 유형에 속하는 기업들은 경영조직도 이러한 전략에 맞게 조정해야 하며 생산 및 비용관리전문가로 최고경영층을 구성하고 분업을 광범위하게 이용하여 경쟁적인 품질의 유지와 비용절감에 노력해야 한다.

이러한 전략은 기술변화가 완만한 자동차산업이나 식품가공 산업에서 경쟁하는 기업에게 특히 적절한 전략이다. 이 전략을 채택하는 기업은 효과적인 품질관리를 위하여 시설의 자동화를 추진하고 사무관리의 효율을 높이기 위하여 사무자동화를 추진하기도 한다. 비용절감과 안정적인 생산을 위하여 산업로봇의 적극적인 도입도 추진한다. (주)현대자동차가 추구하고 있는 소형차 생산판매 전략이 그 좋은 예이다. (주)현대자동차는 국내에서는 그랜저 등 대형차를 일부 제작·판매하고 있으나 국제시장에서는 소형차인 엑셀자동차로 경쟁하고 있다. 현대는 국제소형차시장이라는 틈새에 집중하여 경쟁적인 품질의 소형차를 저비용으로 생산·판매함으로써 국제소형차시장에서 강력한 경쟁력을 가진 회사로 부상했다. 이 전략을 추구하는 기업들은 기술변화 등 국제경쟁환경의 변화에 보다 민감하게 대처하기 위하여 개발국의 기업들과 주식의 교환 등을 통하여 사업제휴를 하기도 한다. 이미 한국의 기아자동차는 미국의 포드, 일본의 마스다와 제휴하고 있으며 한국의 현대자동차는 미국의 크라이슬러 및 일본의 미쓰비시와, 한국의 대우자동차는 미국의 제너럴 모터즈 및 일본의 이스즈와 제휴하거나 제휴를 모색하고 있다.

2) 시장집중·차별화전략

이러한 전략을 채택하는 기업들은 자사가 가장 효과적으로 서브할 수 있는 틈새를 식별한 후 전세계의 모든 또는 많은 시장에서 그 틈새에 차별화된 제품을 경쟁적인 가격으로 공급하고자 한다. 이 전략을 추구하는 기업은 국제적으로 특정한 틈새에서 생산하는 제품의 특성이, 동일계열 산업 내의 다른 기업들이 생산하는 제품의 그것보다 독특하다는 느낌을 고객들에게 줄 수 있어야 한다. 그러나 단순히 제품이 독특하다는 것만으로 고객들로부터 다른 경쟁회사들보다 높은 가격을 받을 수 있는 것은 아니다. 우리 회사의 제품이 다른 회사의 제품들보다 높은 가격으로 판매되기 위해서는 그 높은 가격을 정당화할 수 있는 어떤 가치를 고객들에게 제공할 수 있어야 한다. 고객들에게 더 높은 가치를 제공하는 방법은 크게 보아 고객이 부담하는 비용을 낮추는 것과 고객에게 더 나은 성능을 제공하는 것이다.

예를 들면 일본의 소니(Sony)와 같이 다른 회사의 제품보다 화면의 선명도가 높은 컬러TV를 제조·판매하든가, 미국의 메이택(Maytag)과 같이 다른 회사의 제품들보다 수명이 길고 고장율이 낮은 세탁기를 제조·판매하는 기업은 다른 회사들보다 높은 가격으로 제품을 판매할 수 있다.

그러나 자사가 고객들에게 어떤 가치를 제공한다 할지라도 고객들이 그러한 가치를 인식하기란 쉬운 일이 아니다. 따라서 고객들에게 자사가 어떤 가치를 제공하고 있다는 것을 인식시키기 위해서는 기업은 신문이나 TV에 광고를 내기도 하고, 회사의 외관을 꾸며서 고객들에게 자사에 대해 신뢰감을 갖도록 하게하며, 제품의 포장을 개선하거나 종업원들의 고객접대태도를 개선하기도 한다. 고객들은 제품이 실제로 제공하는 가치가 얼마이든 상관없이 자기들이 감지하지 못하는 가치에 대해서는 대가를 지불하려 하지 않는다. 따라서 다른 기업들이 생산·판매하는 제품에 비해 자사가 생산·판매하는 제품이 보다 높은 가격에 팔린다는 것은 자사가 고객들에게 보다 많은 가치를 실제로 제공하였으며 고객들도 그러한 가치를 감지하고 있다는 것을 의미한다. 이것은 또한 고객들에게 가치를 많이 제공하지 않는 기업이라도 그러한 가치를 고객들에게 전달하는 병법이 좋으면 가치전달방법이 좋지 않은 기업보다 높은 가격으로 제품을 판매할 수 있다는 것을 의미한다. 또한 이는 고객에 대한 효과적인 가치전달방법을 갖추고 있는 기업은 일시적으로는 자기가 실제로 제공하는 가치 이상으로 높은 가격을 고객들로부터 받을 수 있다는 것을 의미하기도 하지만 그러한 현상은 오래가지 못한다. 높은 가격에 어울리지 않는 가치를 고객들에게 제공하는 기업이 있다면 경쟁기업들이 가만있지 않을 것이기 때문이다. 여기에서 중요한 문제는 충분한 가치를 고객들에게 제공하고는 있으나 이를 효과적으로 고객들에게 전달하지 못하기 때문에 높은 가격을 받지 못하는 경우이다. 이러한 잘못은 시간이 지난다고 해서 경쟁기업들이 노력하여 고객의 인식을 바꾸어 주지는 않는다.

우리나라 기업들은 지금까지 추구해 온 시장집중·저비용전략으로 적절한 수익률을 달성하였지만, 최근에 임금인상과 환경문제 등으로 인하여 상황이 점점 어렵게 되고 있다. 더구나 저가품의 경우에는 중국 및 동남아시아국가 등 후발개도국들의 추격이 예상 밖으로 빨라지고 있다. 한국기업들은 이제부터는 높은 기술이 필요하고 높은 가격을 받을 수 있는 제품을 생산하여야 한다. 그보다 더 중요한 점은 우리 상품의 진정한 가치를 반영하는 가격을 받기 위하여 마케팅 방법의 국제화를 추진할 필요가 있다는 것이다. 최근에는 현대자동차의 수출 등으로 세계시장에서 한국의 기술수준에 대한 인식이 높아지고 있다. 그러나 과거에는 독재국가라는 인식 등 한국에 대한 일부 부정적인 국제적 시각 때문에 한국제품이 정당한 가격을 받는데 어려움이 많았던 것도 사실이다.

시장집중·차별화전략을 추구하는 기업은 기술과 경영조직도 융통성 있게 활용하여야 하며 기회가 있으면 새로운 기술을 개발하거나 도입하는 민첩성이 있어야 한다. 따라서 반드시 특정한 기술에 얽매여야 할 필요는 없으며 최고경영층도 국제마케팅 전문가나 R&D 전문가를 포함하여 구성할 필요가 있다. 또한 조직을 분권화하고 수평적 의사전달체계를 활성화하고 해외, 특히 높은 기술능력을 보유한 개발국들에 연구개발센터를 설치하거나 해외두뇌의 유치와 국내두뇌의 개발에 노력할 필요가 있다. 이러한 전략을 추구하는 기업은 경영의 분권화, 능률보다 창의의 중시, 지구적 정보망 구축, 이단적 사고를 조장하는 기업문화, 다기능형 인간 등을 강조해야 할 것이다.

3) 시장확산·저비용전략

이는 기업들이 저비용전략을 추구하되 국제산업의 모든 또는 많은 새시장에서 지구적 경쟁을 하는 전략이다. 국제가전산업의 예를 보면 우리나라의 금성사, 삼성전자, 대우전자는 저비용과 시장집중에 속하며 일본의 마쓰시다, 산요, 도시바, 히다치 등은 저비용과 시장확산에 속한다고 할 수 있다. 그러나 국제 컬러TV 시장에서는 한국기업들도 소형뿐만 아니라 중형 그리고 초대형화면의 TV까지 생산·판매하고 있으므로 일부 부문에서는 이 전략으로 이동하고 있다고도 볼 수 있다.

<그림 12-2>는 한국의 가전 3사가 저비용·집중전략으로부터 약간의 제품차별화를 시도하면서 다수의 제품라인에서 저비용을 추구하는 전략형태로 이동하고 있음을 보여준다. 이와 같이 몇몇 경우에는 예외가 없는 것은 아니지만 아직도 국제경쟁에 나선 많은 한국기업들이 저비용·집중전략을 추구하고 있는 것이 현재의 실정이다.

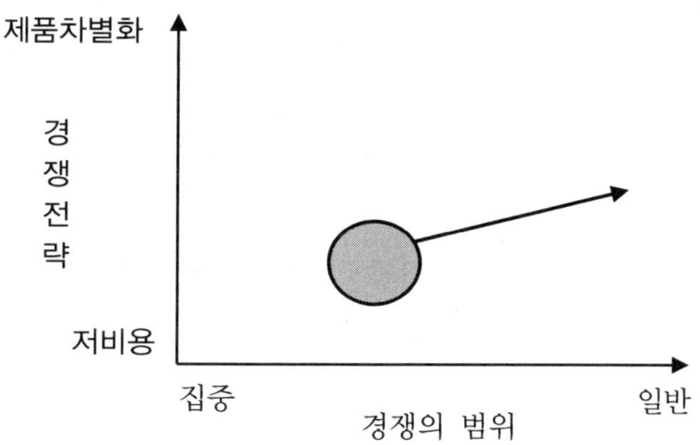

자료 : 이장호, 『국제경영정책』(서울 : 느티나무, 1990), p.222.

〈그림 12-2〉 가전 3사의 전략군 이동방향

<그림 12-3>은 국제가전산업에 있어서 주요 경쟁기업들의 경쟁전략을 전략군별로 묶은 것이다. 그림에서 원의 크기는 매출액의 상대적인 규모를 나타낸다. 금성사와 삼성전자는 집중·저비용전략을 추구하며 마쓰시타보다 매출액의 크기가 떨어진다. 제니스, RCA 등은 어느 정도의 제품차별화로 산업일반에서 경쟁하고 있다. 소니는 다양한 제품라인으로 제품차별화 전략을 추구하는 기업이다.

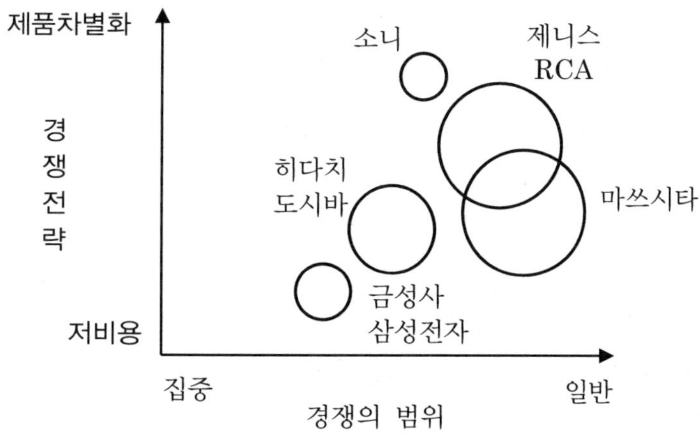

자료 : 이장호, 전게서, p.222.

〈그림 12-3〉 주요 국제경쟁기업의 전략분류

제5군에 속하는 기업은 산업 일반에서 경쟁자 대비 비용상의 우위를 확보하여 환경의 변화에 대응하고 국제경쟁에서 승리하려는 기업들로 구성되어 있다. 여기에서 말하는 비용상의 우위는 단순한 제조비용상의 우위만을 나타내는 것은 아니다. 기업의 경영활동은 여러 가지의 세부 경영활동으로 구성되어 있다.

원재료를 조달하여 제조공업으로 운송하면 조립, 가공 등 생산활동이 일어난다. 생산된 제품은 시장으로 운반되어 마케팅 활동에 의해 고객에게 판매되며 일단 판매된 제품에 대해서는 수리 등 사후서비스가 제공된다. 또한 이러한 세부 경영활동을 수행하려면 여러 가지 지원활동이 필요하다. 기업의 회계제도, 전략계획수립, 경영활동 인력의 개발, 경영활동에 필요한 기술과 지식의 개발 등이 그것이다.

따라서 어떤 기업이 산업일반의 국제경쟁에서 비용상의 우위를 확보한다는 것은 광범위한 제품라인에 있어서 위에서 언급한 여러 가지 경영활동의 전부 내지는 그 중의 일부를 경쟁기업보다 능률적으로 수행한다는 것을 의미한다. 특정기업이 광범위한 제품라인에 있어서 위에 언급한 경영활동들을 경쟁기업보다 싼 비용으로 수행할 수 있기 위해서는 그 기업은 그러한 저비용전략을 제품 일반에 적용할 수 있는 핵심기술을 보유할 필요가 있다. 이러한 핵심기술의 개발에 성공한 기업은 경쟁자 대비 비용상의 우위를 가지며 저비용전략에 성공한 것이다. 그러나 여기에서 말하는 핵심기술이란 반드시 제조기술만을 의미하지는 않는다. 복잡한 생산과정을 남보다 능률적으로 배치하는 기술 역시 핵심기술의 일부이다. 일본의 도요다 자동차회사가 JIT(just-in-time)재고관리시스템을 도입하여 비용절감에 성공한 것이 좋은 예이다. 또한 이러한 비용상의 우위가 경제적 의미를 가지려면 일시적인 것이어서는 안되며 상당한 수준의 지속성을 보유해야 한다. 지속적인 비용상의 우위는 그 기업의 향유하는 비용상의 우위의 원천을 경쟁기업들이 모방하거나 재현하기 어려운 경우에 달성되는 것이다.

한 기업의 비용상 우위는 그 기업의 고객이 만족하는 수준의 제품을 경쟁기업보다 저렴한 비용으로 공급하는 데서 나오며 그 결과 그 기업은 경쟁자에 비하여 우수한 영업성과를 거둘 수 있다. 예를 들면 원화절상에 직면하고 있는 기업이 원재료의 조달을 강세통화국으로부터 약세통화국으로 이전할 수 있으며, 이러한 대응을 다른 경쟁기업보다 싼 비용으로 원만하게 지속적으로 할 수 있다면 그 기업은 조달이라는 세부경영활동에 있어서 비용상의 우위를 달성할 수 있다. 또한 임금인상에 봉착한 중소기업이 공장자동화를 추진하여 생산비를 절감한다면 생산이라는 세부경영활동에서 비용절감을 달성하는 것이다. CNC(computer numerically controlled) 기계를 이용한 공장자동화로 기술 및 정보처리능력의 급속한 변화와 발전에 대응하는 중소기업은 이에 따른 비용절감으로 후발개도국의 추격을 성공적으로 뿌리칠 수 있을 것이다. 기업은 또한 앞에서 언급한 세부 경영활동 중의 일부를 해외로 이전함으로써 지속적인 비용절감을 실현할 수 있다. 예를 들면 많은 인력이 소요되는 조립공정을 인건비가 저렴한 카리브 해 연안국가나 동남아국가로 이전하는 것이다. 이러한 해외투자는 인건비 절약에 따라 국제경쟁력이 제고된다는 효과를 가져올 뿐 아니라 이들 지역에 개발국들이 제공하는 GSP 혜택의 이용도 가능케 하므로 개발국의 신보호주의에 따른 무역규제를 처리하기 위한 우회수출전략으로서도 효과적이다.

끝으로, 저비용전략을 채택하는 기업은 경쟁의 범위를 좁게 정의하든 넓게 정의하든지 간에 될 수 있는 한 여러 가지 세부경영활동에서 경쟁자 대비 비용상의 우위를 확보할 필요가 있다. 예를 들면 JIT시스템 의한 비용상의 우위에만 집착하는 기업은 다른 국제기업들이 경쟁적으로 JIT시스템을 성공적으로 도입하면 비용상의 우위를 상실하게 된다. 그러나 한 기업이 회계제도, 인력관리, 연구개발, 운송제조와 조립, 마케팅, 사후서비스 등 모든 세부 경영활동에 있어서 경쟁자 대비 비용상의 이점을 구축한다면 다른 기업이 이를 따라잡기가 쉽지 않을 것이다. 특히 이러한 세부경영활동들을 성공적으로 통합하여 지속적인 비용상의 우위를 확립한 기업은 쉽게 공략하기가 어렵다. VTR의 생산판매에 있어서 선구적인 역할을 수행한 것은 일본의 소니였다. 소니의 β-포맷방식은 후발주자인 마쓰시타의 VHS방식보다 화면의 선명도 등 모든 면에서 결코 뒤떨어지지 않는다. 그러나 마쓰시타가 자사가 확보한 광범위한 판매망을 통하여 VTR에 대한 수요를 VHS로 몰아가자 카세트 테이프의 개발 등이 VHS위주로 이루어져 VHS방식이 VTR시장을 지배하게 되었다. 이것은 마쓰시타의 종합적인 노력이 성공을 가져온 좋은 예이다.

4) 시장확산·차별화전략

이 전략은 기업들이 제품차별화전략을 추구하되 국제산업의 모든 또는 많은 부분시장에서 지구적 경쟁을 하는 것이다. 전략유형에 속하는 기업들은 제품을 고객에게 단순히 싼값으로 판매하는 것에 그치지 않고 고객이 가치가 있다고 느끼는 어떤 독특한 것을 제공함으로써 자사를 경쟁기업들로부터 차별화하는 전략을 국제산업의 모든 부문 내지 다수의 부문에서 구사한다. 차별화전략은 저비용전략과 마찬가지로 기업 전체를 보아서는 이해할 수 없고 기업이 수행하는 세부경영활동들과 그러한 활동들이 고객에게 미치는 영향을 음미해 보아야만 정확히 이해할 수 있다.

따라서 기술개발, 인력개발, 조달, 보관, 생산, 인도, 마케팅, 서비스 등 세부 경영활동의 어느 것이나 차별화의 원천이 될 수 있다.

예를 들면 원료나 수입품의 조달이 그 기업이 생산하는 최종 제품의 성능에 영향을 미쳐 그 기업으로 하여금 차별화를 가능하게 할 수 있다. 또한 기술개발활동의 결과로 독특한 성능을 가진 제품디자인을 개발함으로써 차별화할 수도 있다. 사후서비스의 개선이나 적기의 인도가 차별화의 원천이 될 수도 있다. 차별화전략을 추구하는 기업들은 총비용 중에서 특정한 세부경영활동을 수행할 때 발생하는 비용이 차지하는 비중이 작은 경영활동이 차별화에 큰 영향을 미칠 수 있다는 것을 염두해 두어야 한다.

제3절 수출경로의 기능과 선택

1. 수출경로의 기능

수출시장이 일단 선택되면 기업체는 수출경로를 선택해야 한다. 여기에서 수출경로란 어떤 수출상품을 외국의 최종 사용자나 소비자가 이용할 수 있도록 하는 과정에 참여하는 중간상 구조를 의미한다. 이 중간상 구조도 일국 또는 기업의 국제경쟁력에 영향을 주는 중요한 요소이다. 특히 소규모 제조업체의 수출성과는 그들 제품의 경쟁력뿐만 아니라 수출경로의 이용가능성 및 성과에 의해서도 영향을 받는다. 수출경로에 있어서 중간상인이 수행하는 기능을 종합무역상사의 기능으로 보면, 종합무역상사의 기능은 그 중요성에 따라 중추적 기능과 보완적 기능을 구분할 수 있는데, 중추적 기능에는 거래기능, 금융기능, 정보기능이 포함되고, 보완적 기능으로는 위험부담기능, 조직화기능, 재고·수송기능 등 여러 가지를 제시할 수 있다.

1) 거래기능

거래기능이란 상품의 수요차이를 조정해서 필요로 하는 곳에 필요로 하는 물건을 판매한다는 의미이며, 거래기능은 형태에 따라 국내거래, 수출입거래, 삼국간 거래 등의 기능으로 구분할 수 있다. 우리나라의 종합상사가 국제도매상과 같은 역할을 수행하고 있는데, 이의 거래기능, 특히 수출기능의 중요성이 부각될 수 있다. 특히 종합상사는 거래기능을 통해 국가발전에 중요한 역할을 담당하고 있다. 또한 종합상사의 존립 근거로 수요자와 공급자 사이의 거래비용의 최소화라 할 경우, 종합상사의 거래기능이 이론적으로 설명이 가능하겠다.

2) 금융기능

금융기능이란 종합상사가 상품거래에 수반해서 국내외의 기업에 금융기관으로서의 기능을 수행하는 것을 뜻한다. 즉 종합상사는 자신의 공신력을 기초로 해서 정부자금, 국내 및 해외의 민간자금을 도입함으로써 상업베이스로서의 신용공여를 하고 있다. 해외활동사업 면에서는 장기연불금융, 자원개발자금, 운전자금의 융자 등이 있다. 또한 국제금융시장에서 조달할 자금을 프로젝트에 도입하는 금융기능도 가지고 있다.

3) 정보기능

종합상사는 거래의 성립과 그 확대·발전을 위하여 국내외 지점을 통하여 상품과 시장, 고객 및 거래선에 대한 신속하고 정확한 정보를 파악할 수 있다. 또한 종합상사는 국내외 관련 정보를 다각적으로 수집·처리하여 새로운 산업투자의 계기를 마련해 주거나 촉진시키는 정보기능을 수행하고 있다. 특히 3국간 거래와 같이 이질적 환경에서 현지 거래를 할 때에는 종합적인 정보기능이 거래의 필수적 사전조치라 하겠으며, 따라서 정보기능은 상사의 새로운 사업기회 창출은 물론 거래위험 감소와 환경에 대응하는 영업전략 조정의 기본기능으로 평가되고 있다.

4) 위험부담기능

위험부담기능은 거래기능, 금융기능 등과 밀접하게 관련되어 있다. 즉, 종합상사는 환위험 등 상품거래에 따른 위험과 금융기관이 회피하는 소규모 거래선에 대하여 금융상의 위험을 부담하는 기능을 수행한다. 다시 말해, 무역거래 및 국내거래에 있어서의 선적 불이행 및 지연, 수량부족, 품질 및 규격의 상위 등의 계약조건 위반이나 불이행에 따르는 손해, 시황변동에 따른 재고의 누적, 판매대금의 회수불능, 수급가격변동, 환율시세의 변동 또는 거래 상대국 정부에 의한 돌연한 수출입금지 등에 의하여 발생하는 모든 위기 등과 상품유통에 따르는 각종의 위험을 종합상사의 위험부담기능이 일괄 담당하여, 신시장·신사업에의 진출을 용이하게 하고 있다.

제4절 수출지원정책

수입국의 수입수요가 존재한다는 전제 아래에서 수출을 확대시키기 위한 필요조건은 수출상품가격(=생산비+이윤)을 인하하는 것이고, 충분조건은 수출상의 애로요인을 제거하는 것이다. 수출상품가격의 인하는 다시 수출상품가격 그 자체를 인하시키는 것, 즉 이윤의 감소, 생산비의 절감과 수출상품의 대(對) 외국표시가격을 인하시키는, 즉 국내화폐의 평가절하 등의 조치에 의해 가능해진다. 그러므로 수출국 정부가 수출을 확대시키기 위한 지원책으로는 이윤의 감소를 보전하는 지원책, 생산비의 절하를 가져오는 지원책, 국내화폐의 평가절하 및 수출애로의 요인을 제거하는 지원책 등의 4가지 대안이 있다.

1. 이윤감소보전을 위한 지원책

1) 수출보조금(export subsidy)

이는 수출상품에 대하여 정부가 일정한 금액을 교부하는 것을 의미하는데, 이로 인하여 생산비가 절하되어 국제경쟁력이 강화됨으로써 수출증대를 기할 수 있다. 수출보조금은 수출생산산업을 적극적으로 보호·육성하는 밑바탕이 된다. 그러나 이것은 국내산업의 경쟁력을 악화시키고 자원의 합리적 이용을 저해시키며 수입국으로부터 상계관세의 보복을 유발시키는 단점이 있다. 현재에도 이 제도가 널리 이용되고 있는데, 예컨대 일본, 한국 등의 조선산업에게 시장을 잃어 가고 있는 서유럽의 조선국가에서는 선가의 20~30%에 달하는 수출보조금을 조선회사에게 제공하고 있다.

2) 수출입 링크제(export-import link system)

정부가 수출업자의 일정한 수출실적에 대하여 이에 상응하는 수입을 수출업자에게 허용하는 제도로서 연계무역제라고도 한다. 이것은 높은 이윤이 보장된 수입으로써 적자가 예상되는 수출활동을 촉진하기 위한 조치로서 효과적인 수출진흥책이라 할 수 있으나, 비효율적인 수입을 유발할 가능성도 있다.

2. 생산비의 절하를 위한 지원책

생산비는 원재료비, 임금, 이자, 세금 등으로 이루어진다. 이 중 임금을 낮추는 방법에는 노동의 보수율을 낮추거나(예 : 노조운동의 제한 등) 효율을 높이는(예 : 생산성 향상 또는 자본투자의 증가 등) 두 가지의 방법이 있지만, 이는 일반적으로 산업정책의 범주에서 취급할 문제이다. 원재료비와 이자를 줄이는 방법으로는 수출금융지원제도가 있으며[4] 세금을 줄이는 방법으로는 관세의 환세·감세·면세와 보세제도가 있다.

1) 수출금융제도

수출상품을 생산하는데 필요한 원료와 자본재 등의 구입에서부터 이에 의해 생산된 상품의 수출판매에 이르기까지의 각 단계에 필요한 자금을 융통하여 주는 제도이다. 수출금융지원은 개념적으로 다음과 같이 분류할 수 있다.

이 중 부가가치금융지원은 수출상품을 제조·가공하는 부가가치 부문(예 : 임금 등)에 투입되는 자금에 대한 지원이고, 가득액금융지원은 국내에서 조달되는 모든 생산요소를 얻기 위하여 필요한 자금에 대한 지원이며, 전액금융지원은 수출액 전액에 대해 이루어지는 금융지원이다. 논리적으로는 부가가치 또는 가득액 금융지원이 옳으나 현실적으로 수출업자에게 전액금융지원이 이루어지지 않는 경우, 부가가치 이외 또는 가득액 이외의 부분에 대한 자금능력이 없는 수출업자는 수출활동에 애로가 발생할 것이다. 따라서 당국에서는 각 요소에 대하여 지원비율에 차등을 두는 범위에서 전약금융지원제도를 실시하고 있다.

4) 수출금융지원은 저리의 이자율인 경우 생산비를 줄이는 효과가 있으나, 필요자금이 제공된다는 점에서 자금이 부족한 수출업자의 애로요인을 제거해 주는 의미도 있다.

2) 관세의 감세, 면세 및 환급제도

관세가 부과되는 수입화물 중 수출용 또는 수입대체용 원자재에 대해서 관세의 일부가 면제(감세)되거나 전부가 면제(면세)되는 경우, 또는 이미 납부된 관세의 전부 또는 일부를 환급하는 제도이다. 이 제도는 수입관련업체의 국제경쟁력을 강화시키는 효과를 발휘하게 된다. 그러나 환세제도의 경우 물품 수입시점과 완성품 수출시점의 시차로 인하여 관세에 해당하는 자금이 동결된다는 단점이 있고, 감세·면세 제도의 경우에는 수입물품의 수출을 확인 감독해야 한다는 행정상의 어려움이 따른다.

3) 보세제도

수입물품에 대한 관세특혜 보세지역 내에서 완성품으로 가공하여 수출하게 함으로써 앞서 언급한 환세 및 감세·면세에 따르는 문제점을 배제시키는 제도로서 보세공장제도라고도 한다. 그 종류로서는 특정 보세지역, 보세창고, 보세공장 이외에서의 보세작업 등이 있으며, 특수한 경우로서는 보세전시용, 보세운송이 있다. 또한 보세지역의 개념을 확대시킨 자유항, 자유무역지역 또는 수출자유지역(free export zone)이 있다. 한국에는 현재 보세공장과 보세공장 이외에서의 보세작업, 보세운송이 실시되고 있으며, 마산에 수출자유지역이 설정되어 있다.

3. 수출애로의 제거를 위한 지원책

수출상품가격이 국제경쟁력을 갖고 있다 할지라도 수출의 과정에 애로요인이 존재하고 있으면 수출의 증진은 기대하기 어렵다. 따라서 정부에서는 외환제도, 상역제도, 수출보험제도 등을 통해서 수출업자들의 어려움을 제거·경감시켜준다.

① **외환제도** : 수출업자의 외환거래에 있어 편의를 도모해 주는 제도로서 한국에서는 이들이 수출용 원자재를 적기에 조달할 수 있도록 외화표시 지급보증, 국내신용장, 선물환, 보증신용장의 회전사용 허용 등의 제도를 실시하고 있다.

② **상역제도** : 수출업자는 각종 법규에 따라 수출상품의 수출허가에서 시작하여 수출통관 및 수출대금의 결제에 이르기까지 실로 많은 행정적 절차를 밟아야 한다. 따라서 정부에서는 일정기준에 도달한 수출업에 대해서 수출절차의 일부를 면제시켜 줌으로써 이들의 편의를 도모할 수 있다. 한국에서는 수출업체를

차등화하여, 종합무역상사와 수출실적 우수업체에 대해 특정혜택을 제공하고 있다.

③ 수출보험제도(export insurance system) : 수출 등의 국제거래에서 발생하는 여러 가지 위험 중에서 해상보험과 같은 통상적 보험으로는 구제될 수 없는 수입국의 전쟁, 내란, 환거래 제한 등의 정치적 위험(political risk)이나 수입자의 파산, 대금지급 거절 등의 신용위험(credit risk)을 구제하는 제도로서 수출보상제도(export indemnification system)라고도 한다. 한국에서는 1969년 이 제도를 채택하여 일반수출보험, 수출금융보험, 수출어음보험, 중·장기연불수출보험, 수출대금금융보험, 위탁판매수출보험, 수출보증보험 등이 있다.

이상의 수출보험 가운데, 일반수출보험, 중·장기연불수출보험, 위탁판매수출보험은 수출업자 또는 해당기업이 직접 보험에 가입하는 종목이며, 수출금융보험, 수출어음보험, 수출대금 및 수출보증보험은 은행이 보험에 부보하여 수출업자를 보호하는 보험이다.

제5절 기술도입전략

1. 기술도입의 의의와 경로

1) 기술도입의 의의

기술은 학자에 따라 여러 가지로 정의되고 있다.

UNCTAD의 발표에 의하면[5] 기술이란 생산에 필수불가결한 요소로서 ① 기계와 중간재를 포함한 자본재, ② 숙련되고 전문화된 인력 및 관리상의 인적 노동, ③ 쉽게 이용가능하고 자산적 권리가 따르는 기술 및 상업상의 정보 등으로 정의하고 있다. 그러므로 기술이란 단순히 기계류, 공정, 제품, 서비스, 생산방법 등의 생산기술에 한정되는 것이 아니라 엔지니어링, 관리 마케팅, 포장 등을 포함하는 지식과 정보가 모두 여기에 포함된다.

5) UNCTAD, Guidlines for the Study of the Transfer of Technology(New York : UN, 1972), p.5.

기업이 이와 같이 생산활동에 필수불가결한 기술을 습득하고 익히는 방법에는 자체 내의 기술개발과 외부로부터의 기술도입이라는 두 가지 방법이 있다. 외부로부터의 기술도입이란 기술도입국의 입장에서 본 것이며, 기술제공국의 입장에서 보면, 자국기술의 제공이 된다. 그러므로 기술의 국가 간 흐름을 객관적 입장에서 보면 기술이전이 된다.

이러한 국가간 기술이전은 상품이나 다른 생산요소의 국제적 이동과는 몇 가지 면에서 차이점을 가진다.

첫째, 기술의 공급원은 대부분 선진국의 국제기업이다. 이들 기업이 기술이전을 행하는 까닭은 기술도입국의 경제발전에 공헌하기 위한 것이 아니라 자신의 이윤 극대화를 추구하기 위한 수단이다. 따라서 이들은 자신이 소유하고 있는 독점적 우위요소의 하나인 기술능력을 라이선싱(licensing)의 형태로 그대로 팔거나 또는 다른 생산요소인 자본, 경영능력 등과 결합하여 해외직접투자의 형태로 진출시켜 현지 자회사에서 생산된 상품을 판매함으로써 이윤을 취득하게 된다. 이 때 국제기업이 자신이 소유하고 있는 기술을 그대로 판매할 수 있는 시장이 현지에 존재한다면 라이선싱의 형태로 이를 팔 것이고 그렇지 않다면 해외직접투자의 형태를 취하게 될 것이다. 다만 개발도상국에 기술을 판매할 수 있는 현지 시장이 있는 경우에도 국제기업은 선진국 내에서 잔존가치가 높은 첨단기술보다는 시장이 포화상태에 달하거나 경쟁력이 뒤지는 낙후기술을 판매하려 할 것이다. 반면 개발도상국은 기술도입을 통하여 수입대체와 수출증대를 도모하려 하기 때문에 선진국과의 기술격차를 줄이려는 노력을 하게 된다. 따라서 기술공여자와 도입자 간의 동기와 이해가 일치하지 않는 것이 보통이다.

둘째, 기술은 그 내용과 특성에 있어 일반적으로 비밀이 지켜지기 때문에 독점적 성격을 띠는 데 반해 이러한 기술은 도입하려는 기업이나 국가의 수효가 많은 것이 보통이다. 따라서 기술이전시장은 공여자의 입김이 크게 작용하는 판매자시장의 성격을 가진다. 따라서 기술공여자가 기술의 가격, 이전조건, 기술관리, 그리고 사후감독에 이르기까지 강한 통제권을 행사하려고 할 때 기술도입자는 이를 어쩔 수 없이 따를 수밖에 없게 된다. 특히 기술도입국이 기존의 기술능력, 이전기술의 내용을 파악할 수 있는 능력, 그리고 신규기술을 개발할 수 있는 능력 등을 가지지 못하고 있는 경우는 기술도입에 대한 교섭능력(bargaining power)이 크게 뒤떨어지게 되어 기술공여자의 독점적 횡포가 더욱 강하게 나타나게 된다.

셋째, 기술은 대개 다른 요소와 함께 이전된다. 이미 설명한 바와 같이 기술은 자본, 노동 등과 마찬가지로 하나의 생산요소인 동시에 다른 생산요소와 기술을 유기적으로 결합시키는 시스템이라는 이중적 성격을 가지고 있다.

따라서 기술이전만을 대상으로 하는 라이선싱계약에 있어서도 기술은 생산, 판매 등의 시스템으로 이전되거나, 투자에 대한 예비조사에서 공장설계, 기계·공구의 선정, 건설, 생산, 종업원 훈련 등의 과정(process)으로 이전되는 것이 보통이다. 따라서 기술이전은 그 내용을 어떻게 결정하는가에 따라 자본, 노동과 같은 다른 생산요소의 이용을 제한시키는 결과를 초래하게 된다.

2) 기술도입의 경로

기술도입은 이전되는 경로(channel)에 따라 다음의 6가지로 분류된다.

① 개인의 체화(體化)에 의한 도입
② 기술정보의 형태로 비공식적으로 도입
③ 장비나 시설의 체화(體化)에 의한 도입
④ 군사원조의 일환으로 도입
⑤ 정부차원에서의 기술원조 형태로의 도입
⑥ 상업적 계약에 의한 도입

이상의 6가지 경로 중 앞의 네 가지는 객관적으로 연구할 수 있는 형태가 아니다. 따라서 여기에서는 정부 간의 기술도입과 상업적 계약에 의한 기술도입을 다루기로 한다.

제6절 기술 도입 종류

1. 정부간의 기술이전

1) 공적 개발원조

정부간의 기술이전은 일반적으로 공적 개발원조(official development assistance)의 일환으로 이루어지며, 그 중에서도 특히 기술부문의 원조를 기술원조(technical assistance)라고 한다. 이는 주로 공적 개발원조로서 정부차원에서의 금융지원을 통한 기술이전의 형태로서[6] 주로 공공재 부문에서 사업별로 광범위하게 진행된다. 일반적으로 후발개도국이 기술도입국이 되는데, 이들의 기술흡수능력이 미약한 탓으로 대개는 사업을 조정·감독하는 감리단이 선진국으로부터 파견된다. 이 경로는 재원의 규모가 아주 크고, 비교적 장기적인 개발계획이 존재하며, 연구시설 또는 대규모 설비의 설치를 통한 비교적 종합적인 기술이전이 요구되는 경우에 적합하다.

2) 기술원조

이것은 기술협력(technical cooperation)이라고도 하며, 대개 공적 개발원조의 한 형태로서 기술도입국의 인력양성 및 관리·기술능력을 배양시키기 위한 방법이다. 기술원조는 단순히 개별적인 생산기술의 증대에만 그 목적이 있는 것이 아니고 보다 광범위하고 장기간에 걸쳐서 진행되며, 각종 연구센터의 설립 등을 포함한다. 대상 업종은 주로 농업과 수산업, 그리고 초보적인 공업분야인 경우가 많고 사회간접자본도 그 대상이 되며, 피원조국 내지 기업의 기술수준은 상당히 미약한 상태인 경우가 일반적이다.

2. 상업적 계약에 의한 기술이전

여기에는 기술이라는 단일생산요소만을 이전시키는 라이선싱과 기술뿐 아니라 자본, 경영 등을 포함한 복합생산요소를 이전시키는 해외직접투자의 두 가지 기본 경로가 있으며, 그 밖에도 국제공동기술연구, 자본재 교역, 선진공업국 내에 현지 공장 설치, 기술인력의 파견, 경영관리계약, 기술용역기업 등의 경우가 있다.

1) 라이선싱

라이선싱(licensing)은 최근 국제간 기술이전에 가장 흔히 사용되는 방법으로서 특정 기술의 제공에 대한 대가로 기술도입자가 기술공여자에게 로열티를 지불하는 형태를 취한다. 라이선싱은 외국자본이 현지 기업의 지분을 소유하지 않는 것이 기본적 원칙이지만 경우에 따라서는 직접투자와 함께 이 방법이 사용되기도 한다.

---

6) Stephen P. Magee "Information and the Multinational Corporation : An Appropriability Theory of Direct Foreign Investment," The North-South Debate(Cambridge : MIT Press, 1981), pp.333-335.

라이선싱이 이루어지기 위해서는 기술이 현지 시장에서 상품으로서의 가치를 지녀야 한다. 다시 말해서 기술도입국에 기술의 흡수능력이 어느 정도 존재하여야 하고, 기술공여국은 연구개발투자를 통하여 기술상의 우위를 계속 확보할 수 있어야 한다. 따라서 현지의 기술능력이 기술을 흡수하기가 어려울 정도로 현격하게 뒤떨어져 있거나, 기술공여국의 기술수준과 별 차이가 없는 경우에는 라이선싱이 이루어지기 어려울 것이다.

2) 해외직접투자

해외직접투자는 단순히 자본만이 이동하는 것이 아니고, 여러 생산요소의 포괄적 이전(packaged transfer)이다. 따라서 이전되는 생산요소에는 기술이 포함되는 것이 보통이며, 오히려 라이선싱보다 더 보편적인 기술이전의 방법으로 인정되고 있다. 해외직접투자에 의한 기술이전에도 외국인 단독투자와 합작투자의 방식이 있는데, 경험적 연구에 의하면 합작투자가 단독투자보다 더 효과적인 기술이전방식으로 평가된다. 그러나 기술도입국의 흡수능력이 아주 낮거나, 기술의 격차가 클 때는 부득이 외국인 단독투자방식이 채택될 수밖에 없다.

3) 국제공동기술연구

국제공동기술연구(international joint technical research)는 주로 첨단산업분야의 기업간의 기술도입수단이다. 오늘날 선진공업국간에는 우주항공산업, 해양산업, 원자력산업 등에 관하여 많은 공동기술연구 프로젝트가 진행되고 있다. 또한 민간기업간에도 GM-도요다간의 신형차 공동개발과 같은 공동연구작업이 일어나고 있다. 이러한 공동연구가 이루어지기 위해서는 참여국이나 기업의 풍부한 재정적·기술적 능력이 필수요건이며, 참여국 내에서는 기업의 흡수능력이 비슷하여 긍정적인 시너지(synergy)효과를 기대할 수 있어야 한다. 오늘날 군사기술협력면에 있어서의 공동생산체제도 국제공동기술연구의 한 예라고 볼 수 있을 것이다.

4) 자본재 무역

전 세계의 교역물품 중에선 자본재(capital goods)는 그 자체가 고도의 기술을 내포하고 있기 때문에 그 이동은 기술이전과 밀접한 관계가 있다. 특히 개발도상국은 비록 일시적인 외환상의 압박은 있지만, 자국의 장기적인 목표, 즉 수입대체 산업의 육성 및 수출의 단계를 지향하기 위해서 자본재의 수입을 추구하게 된다. 자본재의 교역이 성립하기 위해서는 이에 대한 국제적인 수요가 존재하고, 자본재의 수출·수입국간의 기술수준에 격차가 크지 않아야 한다. 또한 자본재 교역을 통하여 이전되는 기술은 첨단산업분야의 기술이 아니라 도입국가가 기술을 흡수할 수 있는 비교적 표준화된 기술인 경우가 보통이다. OECD의 보고서에서는 자본재의 교역량을 기술이전의 동향지표로 삼고 있으며, 그 기술도입효과는 자본재 도입국의 기술흡수능력 미비로 인하여 비교적 낮은 것으로 평가되고 있다.

5) 선진공업국 내에 현지 공장설치

전통적인 해외직접투자의 방향, 즉 선진공업국에서 개발도상국으로의 방향과는 역으로, 공업생산기술이 상당한 정도로 성숙된 개발도상국의 기업은 선진공업국 내에 현지 공장을 설치하여 기술의 흡수를 보다 적극적으로 추구할 수 있다. 이는 기존의 기술도입 경로로는 만족할 만한 도입효과를 거두기가 어렵다고 판단될 때 현지에 직접 진출하는 것으로 우리나라 전자부문 제조기업이 미국 전자산업의 본산지인 캘리포니아의 실리콘밸리(Silicon Valley)에 직접 진출하여 현지 공장을 세워 이 지역의 기술자로부터 첨단기술을 흡수하고 있는 사례가 바로 여기에 해당된다. 이 경우로는 투자하는 측에 재정적 능력과 인적 자원이 어느 정도 갖추어져 있어야 하며, 현지의 시장규모가 상당히 커서 수익성이 보장될 수 있어야 한다. 또한 현지의 기술 및 투자개방정책의 정도에 의해 많이 좌우된다.

6) 기술인력의 파견

기술인력의 파견 역시 하나의 훌륭한 기술이전수단이 되며,[7] 특히 비교적 표준화된 기술의 도입에 많이 사용되고 있다. 한국 정부에서는 기술인력교류에 관한 기본방향으로서 우리와 기술격차가 크지 않은 ASEAN 국가와는 전문가 교류 등의 정책을 취하고, 우리와 기술격차가 큰 아프리카 국가에 대해서는 훈련생 초청, 전문가 파견 등을 도모하고 있다.

7) C. R. Michalet, “transfer of Technology by TNCs : Traditional versus New Forms,” Paper, Korea-France Joint Symposium(Seoul : September 1981), pp.9-12.

7) 프랜차이징 계약(Franchising Agreement)

프랜차이징이란 Franchisor(영업본부)가 Franchisee(가맹회사)에게 상표의 사용권을 허가해 주고 사업체의 조직과 경영방법의 이전을 통해 계속적으로 운영을 지원해 주는 방식이다. 가맹자의 소유권은 독립되어 있으며, 본부는 프랜차이징에 따른 수수료를 받고 대개 가맹자의 운영에 필요한 물품을 공급하기도 한다.

따라서 프랜차이징은 라이선싱의 한 형태라고 볼 수 있으나, 프랜차이징이 라이선싱보다는 가맹사(또는 기술도입기업)의 운영에 보다 강한 통제를 하게 된다는 차이가 있다. 즉, 가맹회사는 본부의 정책과 운영절차를 따라야 하는 것이다. 본부는 가맹회사에게 설비, 간판, 촉진물, 제품과 기타 원재료 등을 공급하는 한편 훈련, 재정, 기술, 회계, 상품계획, 일반적인 관리면에서 지원을 하게 된다. 또한 기업의 이름을 알리고 제품이나 서비스를 사전판매하기 위한 촉진 및 광고 지원도 한다.

프랜차이징은 19세기에 태동하여 1960년대에 성행하기 시작했으며 1970년대 들어 유력한 해회시장 진입형태로 부각되었다. 애초에는 소매업에 국한된 운영방식이었으나 이제는 즉석식품(fast food), 자동차 임대, 건설, 음료수, 호텔, 모텔, 주유소 등의 산업에서도 많이 채택되고 있다. 또한 이전의 프랜차이즈 본부는 주로 미국에 근거하고 있었으나 지금은 미국뿐만 아니라 캐나다, 일본, 영국 등 여러 나라로 확산되고 있다.

프랜차이징의 확산과정상 문제점은 본부나 프랜차이징 자체가 비교적 잘 알려져 있지 않으며 현지 금융이 쉽지 않아 현지 가맹사 선발이 용이하지 않다는 것이다. 또한 정부의 규제도 확산의 장애요인이 될 수 있다.

본부가 가지고 있는 문제는 자국에서의 성공요인이 해외에 그대로 적용되기 힘들다는 데 있다. 본부의 성공요인은 ① 제품과 서비스의 표준화, ② 촉진을 통한 고도의 인지도, ③ 효과적인 비용통제라고 할 수 있다. 그러나 해외에 진입할 때는 여러 가지 제약조건 때문에 자국에서와 똑같은 운영방식을 그대로 이식하는 것은 어렵고 해외시장이 정치·경제·사회·문화적 여건에 따라 조성이 가해져야 하는 경우가 많다. 조정할 부분이 많다는 것은 그만큼 본부의 역할이나 필요성이 적어지게 됨을 의미하는 것이다. 진입방법에서 프랜차이징의 유리한 점은 ① 적은 자본으로 해외시장에서의 신속한 확산, ② 독특한 이미지로 표준화된 마케팅, ③ 고도로 동기부여된 가맹점, ④ 낮은 정치적 위험 등이다.

반면에 불리한 점은 ① 본부의 이익의 한계, ② 가맹점의 운영에 대한 완벽한 통제 불가, ③ 경쟁자의 양성 가능성, ④ 계약상에 대한 정부의 규제 등이다. 프랜차이징은 제품의 수출이 어렵고 해외투자를 기피하며, 생산과정이 쉽게 이전될 수 있는 경우에 적합한 방법이다. 따라서 프랜차이징 대상은 대개 자본투자가 많지 않고, 높은 수준의 관리나 기술이 필요 없는 제품으로 서비스 및 소비재가 많다.

특정 본부회사의 입장에서 해외시장에 대한 진입대안으로 프랜차이징과 단독이나 합작 등의 직접투자 중 어느 것을 선택할 것인가는 전략적 문제인데, 통제와 리스크를 고려하여 결정하게 된다. 대개 해외시장에 최초로 진입할 때는 위험이 낮은 프랜차이징을 선택하고 경험을 쌓은 뒤 통제력을 강화시키기 위한 직접투자를 하게 된다. 그러니까 프랜차이징은 직접투자를 하기 위한 과도기적 진입전략이라고도 볼 수 있다.

8) 하청계약

하청계약은 라이선싱과 직접투자의 절충형이라 할 수 있다. 해외의 독립된 제조업체로부터 제품을 조달하면서 그 제품을 현지 시장이나 제3국에 판매하게 된다. 해외생산을 위해서도 기술이 이전되는데 이 기술이전은 양자간의 협상에 따라 별도의 라이선싱이나 기술지원계약을 통해 이루어질 수도 있다.

하청계약의 장점은 자본과 경영자원이 적게 소요되고 신속히 해외시장에 진입할 수 있으며 현지에서의 소유문제를 회피할 수 있다는 것이다. 또한 라이선싱과 달리 마케팅 판매 후 서비스에 대해 통제할 수 있다. 이 하청계약은 현지국 시장이 아주 협소하여 직접투자하기가 곤란하고, 수출에 제한이 가해지거나 수출비용이 너무 들 때 적합한 전략이다. 단점은 라이선싱과 비슷한데, 적합한 현지 제조업자를 찾기가 힘들고 일단 선정이 된다 해도 제품의 질을 원하는 수준까지 높이기 위해서는 기술적인 지원이 필요한 점이다. 또한 하청기업이 미래의 경쟁자로 등장할 위험도 있다.

9) 턴키 프로젝트

턴키 프로젝트(turn-key project)는 생산설비를 건설하고 설비가 가동되어 생산이 개시될 수 있는 시점에서 소유권자에게 넘겨주는 계약형태이다. 때로는 경영자나 작업자의 훈련과 같은 서비스까지 제공하는 경우도 있는데 이를 Turn-key Plus

라고 한다. 턴키 공사는 프로젝트에 설비공급을 하는 산업설비 제조업자가 맡게 되는데, 대개 건설회사인 경우가 많다.

턴키 베이스 공사계약의 수요자는 주로 정부인데, 이 때 특정제품을 정부 후원하에 현지에서 생산하도록 요구하기도 한다. 턴키 계약을 위한 협상은 매우 복잡하고 시간과 비용이 많이 들며 법적인 문제도 게재된다. 계약상에 명기해야 할 점은 프로젝트상의 공장과 설비, 양측의 의무와 책임조항, 불가항력과 계약위반의 의미, 그에 따른 법적 결과, 논쟁의 해결절차 등이다. 턴키 계약도 경영계약처럼 미래의 경쟁자를 양성하게 될 위험이 있는데, 여태까지는 해외기업의 소유를 허락지 않는 공산권이나 인도에서 행해졌고 현재는 주로 산유국에서 행해지고 있다. 물론 모든 턴키 프로젝트가 경쟁자를 키우게 되는 것은 아닌데, 비행장이나 항만시설에 대한 프로젝트가 그 예이다. 정부를 상대로 한 턴키 프로젝트의 수주를 위해서는 기업의 이미지를 제고하기 위한 PR활동뿐만 아니라 가격, 수출금융, 관리기술수준, 경험, 평판 등에서 우위를 지니고 있어야 한다.

턴키 프로젝트는 대규모 사업인 경우가 많아서 소수의 대규모 기업이 시장을 점유하고 있다. 턴키 공사계약은 특정 자산이나 자원에 독점적 우위를 가지고 있는 기업이 있을 때는 여타 기업이 경쟁하기 힘들지만, 생산과정이 잘 알려지게 되면서 경쟁자가 증가하고 있다. 과거 미국의 기업이 고수준의 기술을 요하는 분야로 전환하고 한국과 같은 나라의 기업이 저노임의 강점을 잘 살릴 수 있는 전통적인 프로젝트에서 경쟁력을 가졌던 것이 그 예이다.

턴키 프로젝트는 계약취소, 강압적인 재협상, 은행보증의 독단적인 청구 등의 정치적 위험을 수반하기도 하고, 장기간의 계약기간 중 정치적인 변화로 계약이 중단되거나 지불 중지되는 경우도 있다. 따라서 이러한 정치적 위험이 협상에 반영되도록 해야 하며 중재나 불가항력 조항의 설정, 또 보험을 통해 위험을 회피하거나 컨소시엄을 형성하여 위험부담을 분산시킨다. 턴키 공사계약에 따른 대금지불은 대개 공사의 진행에 따라 단계적으로 이루어지는데, 장기간의 계약기간 중 환율변화의 위험에 노출되게 된다. 이를 피하기 위하여 물가상승에 따라 계약액을 증가시키는 규정(escalation clause)과 원가가산법(原價加算法)을 사용하기도 한다. 또한 외진 지역에서 수행되는 것이 보통이어서 대규모 주택건설과 인력 파견이 필요한 경우가 많다. 그리고 불리한 지역여건하에서는 도로, 항만시설과 같은 하부구조(infrastructure)의 설립이 필요하기도 한 것이다.

10) 경영계약

국제경영계약은 해외기업의 일상적인 운영을 관리할 수 있는 권리를 계약하는 것이다. 이 권리에는 새로운 자본투자, 장기부채의 기채, 배당정책, 기본적인 경영정책, 소유권 등에 대한 결정권한은 포함되지 않는다. 따라서 경영계약상의 경영통제는 진행중인 사업운영에만 국한되는 것이다. 경영계약이 체결되는 경우는 ① 해외투자기업이 현지 정부에 의해 수용되었을 때 현지 경영자가 훈련될 때까지 계속 경영하도록 위탁하는 경우, ② 공장설비를 판매한 기업이 그 사업체를 위탁경영하게 되는 경우, ③ 운영이 어려울 때 방향전환을 위해서 해외기업에게 위탁경영하게 하는 경우 등으로 나눌 수 있다. 그러나 국제경영계약만 별도로 체결되는 경우는 극히 드물며 대개 합작 투자나 턴키 프로젝트의 일환으로 사용된다. 이런 방법으로 자본투자가 되지 않은 해외기업을 통제하게 된다. 경영계약에 따른 수수료 수입은 합작투자의 경우 대단치 않지만 턴키 플러스 프로젝트인 경우에는 상당한 수입이 될 수 있다.

경영계약만 따로 놓고 보면 리스크가 낮은 해외시장 진입방법이나, 수입(收入)은 계약기간 동안으로 제한되고 해외시장에 영구적인 교두보를 확실하게 구축하지 못한다는 점에서 불만족스런 진입전략이라 하겠다. 또 다른 단점으로는 협상시 시간이 오래 걸리고 미래의 경쟁자를 양성하게 된다는 것이다. 결국 경영계약은 다른 계약과 더불어 사용될 때 유용한 전략이라 하겠다.

11) 기술용역기업

기술용역기업(consulting engineering firm)은 공장설비의 설계 및 이에 필요한 인력의 양성에 관한 가능성의 탐색 및 그 세부계획을 작성하는 기업으로서 일반 건축물, 석유화학설비, 정유공장 등과 같은 표준화된 기술이전에 중요한 역할을 하고 있다. 기술용역기업은 재원공여 또는 기술공여와는 달리 거시적 차원에서의 공학 분야의 관리기술 등이 부족할 때 그 필요성이 강조된다. 다만 기술공여측은 상당한 컨설팅(consulting) 경험을 가져야 하며, 도입측과 상당한 기술상의 차이를 가져야 한다.

Chapter

13

해외직접투자

Chapter 13 해외직접투자

제1절 해외직접투자의 개념과 이론

1. 해외직접투자의 의의

해외직접투자(foreign direct investment)는 일반적으로 해외간접투자(international indirect investment)에 대한 상대적 개념으로 정의된다. 즉, 해외직접투자와 해외간접투자는 국제간의 자본이동이라는 측면에서 동일하나, 후자는 투자하는 기업이 경영에 직접 참가함이 없이 주식이나 채권 등에 투자하여 배당수익이나 이자수익을 목적으로 하는 데 반하여 전자는 투자하는 기업이 경영에 직접 참가할 목적으로, 즉 의사결정과정에서 영향을 미칠 수 있는 통제권을 발휘할 목적으로, 한다는 점이 다르다.

한편 수출이나 라이선싱 계약방식과 비교하여 볼 때, 해외직접투자는 자국의 생산요소인 자본, 경영능력, 생산기술, 인력 등을 해외로 이전하여 현지국의 생산요소인 토지, 노동 등과 결합하여 생산·판매하는 반면, 수출은 자국 내의 생산요소들은 자국 내에서 결합하여 제품의 상태로 국제적으로 이전시킨다는 점에서, 라이선싱 계약방식은 자국 내의 특정기업이 보유하고 있는 기술이나 노하우 등을 일정한 대가를 받고 구체적으로 이전시킨다는 점에서 해외직접투자와 구별된다.

해외직접투자의 개념은 두 가지의 관점에서 이해되는데, 그 중 하나는 해외직접투자를 국제자본이동의 한 현상으로 보고 간접투자와 비교하는 것으로, 이는 경제학자의 일반적인 흐름이다. 다른 하나는 해외직접투자를 해외시장진출의 한 방법으로서 수출과 같은 제품의 단독이동에 대립되는 개념으로 이해하는 경영학자의 관점이다. 이러한 경영학자의 관점에서 해외직접투자를 정의해 보면, 해외직접투자는 투자기업이 피투자기업의 경영에 직접 참여함을 목적으로 자본, 경영능력, 생산기술, 인력, 상표 등의 경영자원을 포괄적으로 해외에 이전시키는 기업활동이라 할 수 있다. 그런데 여기에서 경영에 직접 참여한다는 개념에 대한 기준설정이 해외간접투자와 구별하는 기준이 되며 그 기준설정은 나라마다 다르다.

미국의 경우에는 다음과 같은 요건을 갖는 미국의 해외지분을 직접투자로 간주하고 있다.[1)] 첫째, 의결권주식의 10% 이상을 미국 국민이 보유하고 있는 외국법인기업, 둘째, 의결권주식 총수의 50%를 미국에 거주하는 주민들이 보유하고 있는 외국법인기업, 셋째, 미국 국민이 보유하고 있는 해외자산, 넷째, 미국법인기업의 해외지사에 대한 투자이다.

한편 우리나라는 해외직접투자의 요건을 투자가, 투자방법, 투자업종에 따라 규정하고 있는데, 최소지불비율은 50% 이상을 원칙으로 하고 있으나 실질적인 경영통제권을 갖고 있는 경우는 예외로 하고 있다. 기타국의 규정을 보아도 나라마다 정도의 차이는 있지만 공통점은 경영통제권 확보를 위한 일정비율 이상의 해외지분을 해외직접투자의 요건으로 명시하고 있다.

2. 해외직접투자와 국제기업과의 관계

자국의 자본, 경영능력, 생산기술, 인력 등의 경영자원을 구체적으로 이전하여 현지국에서의 경영통제에 직접 참여한다는 개념으로 해외직접투자를 정의할 때 해외직접투자는 기업 자체의 국제적 이전으로 파악할 수 있다. 따라서 해외직접투자와 국제기업은 밀접한 관련성을 갖고 있으며 본질적으로 유사한 개념이다.

지금까지 해외직접투자와 국제기업에 대한 연구는 사실상 같은 방향으로 진행되었다고 할 수 있다. 그러나 최근 들어 해외직접투자의 대부분이 선진국의 국제기업에 의해 이루어짐에 따라 행위로서의 직접투자에 대한 관심으로부터 이러한 직접투자를 행하는 제도로서의 국제기업을 강조하는 기업이론의 확장에 의한 연구방향이 나타나고 있다.

한편 국제기업과 해외직접투자와의 차이점으로는 다음과 같은 점을 둘 수 있다.

첫째, 해외직접투자는 정부 또는 개인과 같은 기업 이외의 경제주체에 의해서도

---

1) N. Howestine "Growth of U.S. Multinational Companies, 1966~1977," Survey of Current Business(April 1982), p.34.

행해질 수 있다.

둘째, 해외직접투자는 국제기업의 해외활동 범위를 정확히 반영하지 못한다. 그 이유는 국제기업의 해외활동에는 해외직접투자 이외에도 수출이나 라이선싱이 포함될 수 있기 때문이다.

셋째, 해외직접투자액은 국제기업이 소유하고 있는 해외지사의 자본만을 포함하고 있으며 기업통제하에 있는 모든 자원의 크기를 반영하지 못한다.

그러나 일반적으로는 국제기업이 해외직접투자를 통해서 생성·발전되어 왔으며 현재는 해외직접투자의 대부분이 다국적 기업에 의해서 일어나고 있기 때문에 해외직접투자나 국제기업에 대한 연구에 있어서 양자간의 명확한 구분은 불가능하거나 이러한 구분이 실질적으로 별 의미를 갖지 못하는 경우가 많다고 할 수 있다.

제2절 해외직접투자이론

1. 해외직접투자이론의 요건

지금까지 해외직접투자에 대한 연구는 많았지만 국제무역에 있어서 헥셔-오린모형(Hecksher-Ohlin Model)에 필적할 만한 대표적인 단일의 해외직접투자이론은 없는 실정이다. 다만 현재까지 연구된 해외직접투자이론들의 대부분은 각기 배타적·독립적인 이론이라기보다는 상호 보완적인 관계에 있는 이론이다.

이러한 많은 해외직접투자이론들은 ① 왜 기업은 직접투자로서 해외에 진출하는가?, ② 해외직접투자 기업들은 익숙한 기업환경 속에서 유리하게 영업활동을 전개하고 있는 현지 기업과 어떻게 성공적으로 경쟁하는가?, ③ 기업은 왜 수출이나 라이선싱을 하지 않고 외국에서 직접 생산하려 하는가? 과 같은 세 가지의 근본적인 질문에 초점을 맞추고 있다.[2)]

이들 문제 이외에도 해외직접투자이론은 ④ 해외직접투자는 왜 과점적 대기업에 의해 지배되는가?, ⑤ 해외직접투자는 왜 특정산업분야에서 많이 발생하는가?, ⑥ 왜 국가적·산업적 차원에서 역투자(reverse investment)가 발생하는가?, ⑦ 왜

2) Franklin R. Root, International Trade and Investment, 5th ed.(Cincinnati : South-Western Publishing Co., 1984), p.455.

소수의 국가(예컨대 미국)만이 세계 해외직접투자의 주요 투자국이 되는가? 등과 같은 관련된 문제를 설명하여야 한다.

이러한 현상들이 보편성 있는 현상인가 아니면 일시적인 현상인가로 나눌 수 있는데 이에 따라 이론도 일반이론과 특수이론으로 나누어 진다.

해외직접투자이론이 설명하여야 할 요건은 규범적 측면이다. 왜냐하면 해외직접투자의 이유, 효과 등을 검토하는 데에 실증적인 접근으로는 거의 불가능하고 규범적인 가치판단이 요구되는 경우가 대부분이기 때문이다. 또한 해외직접투자 현상을 연구하는 목적도 해외직접투자 현상의 진상을 규명하여 그것에 대한 명확한 지식을 갖는 것 외에 해외직접투자가 나아가야 할 바람직한 방향을 제시하는 실천적 동기도 큰 비중을 차지하므로 해외직접투자에 관한 규범적 이론의 확립이 필요하다 하겠다. 일반적으로 해외직접투자의 규범적 이론에서 고려되는 가치판단의 기준은 효율, 공평, 정치적·경제적 독립성등을 들 수 있다.[3)]

그러나 이러한 요건들을 모두 동시에 충족시키는 단일의 이론은 아직 존재하지 않으며 단지 이들 이론들이 상호 보완적으로 이러한 점들을 설명해 줄 뿐이다.

여기에서는 근본적 문제에 대하여 회답하는 이론들을 중심으로 살펴보기로 한다.

2. 해외직접투자이론

1) 독점적 우위이론

독점적 우위이론(monopolistic advantage theory)이란 그 명칭에서도 알 수 있듯이 경제학의 한 분야인 산업조직론에서 연유한다. 킨들버거(C. P. Kindleberger)가 지적하였듯이 완전경쟁상태 아래에서는 직접투자가 존재할 수 없다.[4)] 즉 모든 시장이 자유경쟁 아래에 있고 생산이나 마케팅에 외부경제가 존재하지 않으며 정보가 자유롭고 교역에 대한 장벽이 존재하지 않는다면 국제거래의 형태는 무역만이 존재할 수 있다. 이러한 상태아래에서는 외국기업이 현지 기업에 비해서 우위를 가질 수가 없고 따라서 직접투자가 존재할 수 없다.

---

3) John H. Dunninig., International Production and the Multinational Enterprise (London : Georege Allen & Unwin, 1981), pp.9-18.

4) C. P. Kindleberger, American Business Abroad (New Haven : Yale University Press, 1969).

독점적 우위이론이란 외국기업이 해외사업활동에서 정상적인 활동을 하기 위해서는 현지 기업에 비해 외국기업으로서 갖는 필연적인 불이익을 보전할 수 있는 기업 특유의 우위(firm-specific advantage)를 가져야 한다는 것이다. 어떤 나라에서 그 나라의 국내기업과 외국기업이 경쟁한다고 하였을 때 외국기업은 언어와 문화가 낯설고, 정부로부터 차별적 대우를 받을 가능성이 많으며 또한 본사로부터의 거리가 멀어서 관리하는 데 더 많은 비용이 발생하고 나아가서는 환율변동이나 정치적 변동 등의 추가적인 리스크에 노출되게 된다. 이러한 외국기업으로서 갖는 불리점을 가지고도 사업을 영위할 수 있다는 것은 그러한 불리점을 극복해 주는 우위가 있을 것이며 또한 있어야 한다는 것이다. 무역의 요소부존도이론에서 교역에서 있어서의 우위요건(노동, 자본)이 국가 특유(country-specific) 또는 장소 특유(location-specific)의 특징을 갖는 데 비해서 투자에 있어서의 우위요건인 지식은 기업 특유(firm-specific)의 성격을 가진다. 기업 특유란 특정기업에서 비교적 장기간에 걸친 투자를 통해서 축적된 지식으로서 그 기업과 분리하기 어려운 성격을 가리킨다. 기업 특유의 지식의 종류로는 기술, 마케팅 노하우 및 경영능력을 들 수 있다.

기술이란 장기간의 연구개발투자를 통해서 형성된 지식이고, 마케팅 노하우는 광고나 판매경로 등에 대한 투자를 통해서 구축해 놓은 지식이며, 경영능력은 인력에 대한 투자와 경영시스템 개발을 위한 투자를 통해서 형성해 놓은 지식이다.

이러한 지식은 모두 공공재의 성격을 가진다. 공공재(public good)란 한 사람이 소비한다고 해서 다른 사람이 소비할 수 있는 기회가 배제되지 않는 재화라고 정의할 수 있으며, 공원, 등대, 도로 등이 공공재의 예가 된다. 지식도 공공재의 성격을 가진다. 지식은 일단 축적되면 여러 군데에서 동시에 사용될 수 있기 때문에 한계사용비용이 거의 영(零)에 가깝다. 그러나 현지 기업이 그러한 지식을 획득하는 데는 상당한 투자가 필요하게 된다. 따라서 국제기업은 이러한 지식을 사유화(appropriate)함으로써 경쟁력을 갖게 된다.

앞서 설명한 바와 같이 독점적 우위이론은 산업조직이론에 기초를 두고 있으며 특히 시장의 불완전성에 입각하고 있다. 독점적 우위이론의 효시라고 할 수 있는 하이머(S. H. Hymer)도 베인(J. S. Bain)의 진입장벽에 관한 연구에 기초하고 있으며, 그의 이론은 후에 케이브스(R. E. Caves)에 의해 정립되었다. 특히 케이브스는 하이머와 킨들버거에 의해 제시된 기업 특유의 우위를 제품차별화 능력으로 설명하면서 개별기업은 이를 통하여 세계 여러 시장에 동시에 진출할 수 있다고 설명하고 있다.[5)]

이상에서 보았을 때 독점적 우위이론은 국제기업이론이 설명하여야 할 세 가지 물음에서 한 가지는 거의 완벽하게, 다른 하나는 부분적으로 설명하고 있다. 먼저 해외시장에서의 불리점을 보전할 우위를 기업 특유의 우위로 설명하고 있다. 다음으로 사업형태로서 왜 해외직접투자를 택하느냐는 물음에 이 이론은 독점적 우위인 지식의 공공재적인 성격을 통해서 국제기업이 이를 사유화하는 과정으로 설명하고 있다. 그러나 후자에 대한 보다 완전한 설명은 다음의 내부화이론에 의해서 이루어졌다.

독점적 우위이론에 따르면 직접투자는 기술집약적인 산업과 광고 집약적인 산업에서 빈번할 것으로 예상할 수 있는데, 대체로 미국의 직접투자의 패턴은 이러한 가설을 뒷받침하여 준다. 예를 들어서 화학, 제약, 기계, 정유 등의 기술집약적 산업과 가공식품, 화장품과 같은 광고집약적 산업에의 직접투자가 많은 반면, 제철이나 섬유 등에서는 그다지 투자활동이 활발하지 않다.

2) 내부화이론

직접투자가 수출이나 기술계약과 다른 점은 전자가 자회사를 세움으로써 해외사업을 기업의 내부로 끌어들이는 데에 비해서, 수출 및 기술계약은 일단 독립된 두 기업간에 거래가 이루어진다는 점이다. 내부화이론(internalization theory)은 바로 이 점에 착안해서 국제기업의 사업활동을 설명하는 이론이다. 다시 말해서 국제기업이 어떠한 이유에서 시장거래를 지양하고 해외사업을 기업의 내부로 끌어들이느냐 하는 점이다.

〈표 13-1〉 내부화의 이유

자연적 시장불완전성	인위적 시장불완전성
1. 우위의 공공재적 성격 2. 거래비용의 과다 ① 구매자 불확실성 ② 품질관리 ③ 계약체결의 어려움	1. 정부의 규제 ① 관세 및 비관세장벽 ② 외환관리

자료 : 조석홍, 국제통상론, 도서출판 두남, 2005.

5) R. E. Caves, "International Corporation : The Industrial Economics of Foreign Investment," Economica, Vol. 38(1971), pp.1-27.

내부화의 이유는 시장의 불완전성에서 찾을 수 있으며, 시장불완전성은 다시 크게 두 가지로 나눌 수 있다. 첫째는, 자연적 시장불완전성이라고 할 수 있는 것으로서 시장을 통할 경우 거래비용이 과다하게 지출되기 때문이다. <표 13-1>에 제시되어 있는 바와 같이 시장의 자연적 불완전성에는 다시 두 가지의 요인이 작용하고 있다. 우선 국제기업이 가진 우위의 성격이 공공재적이라는 것은 앞에서 이미 설명하였다. 다음으로는, 시장을 통하는 경우 거래비용이 과다하여서 시장을 회피하게 된다는 것이다. 거래비용이 과다하게 되는 이유는 ① 구매자 불확실성(buyer uncertainty), ② 품질관리, ③ 계약체결의 어려움의 세 가지로 집약할 수 있다. 구매자 불확실성이란 구매자의 입장에서 상품에 대한 정보가 불충분하여 구매를 주저하게 되는 현상을 가리킨다. 국제기업의 독점적 우위인 지식은 거래가 있기 전에는 상품에 대한 자세한 내용을 알기 어려우므로 구매자 불확실성이 존재하게 된다.

다음으로 품질관리란 특히 기술 계약에 적용되는 것으로서, 기술의 판매자의 입장에서 볼 때 기술구매자가 자기의 상표로 생산해 놓은 제품의 품질이 조악할 경우에 자기기업의 성가에 미칠 악영향에 대한 우려를 가리킨다.

마지막으로, 계약체결의 어려움이란 일단 계약이 체결되었다 하더라도 과연 쌍방이 각각 상대방이 계약대로 실행할 것인가에 대한 불안감을 가지는 것을 가리킨다. 쌍방이 모두 기회주의적으로 행동함으로써 계약을 제대로 이행하지 않을 가능성은 항상 있게 마련이다. 따라서 계약체결 자체가 어려워지게 된다.

다음으로 인위적 시장불완전성은 정부의 개입으로 인해서 수출이나 기술계약 등의 거래형태가 어렵게 되는 상황을 가리킨다. 대표적인 경우는 관세 및 비관세장벽의 부과로 인해서 이미 개발해 놓은 수출시장이 위협을 받게 되는 상황으로 이러한 불완전성을 극복하기 위해서 직접투자를 하게 된다.

일부 학자들에 의하여 국제기업의 일반이론으로 받아들여지고 있는 이 이론은 코스(R. coase)에 연구로부터 시작하여 윌리엄슨(O. Willilmson)에 의해 보다 체계적으로 계승되었고, 이를 처음으로 국제기업에 적용시킨 이는 버클리와 캐슨(P. Buckley and M. Casson)이었다.[6] 러그만(A. Rugman)은 내부화이론을 더욱 발전시켜 이를 국제기업의 일반이론으로 제시하면서 지금까지 제시된 여러 해외직접투자이론을 내부화이론의 하위이론으로 분류하였다.[7]

6) R. H. Coase, "The Nature of the Firm," Economica, Vol. 4(1937) ; O. E. williamson, "Markets and Hierarchies : some Elementary Consideration," American Economic Review(May 1973), pp.316-325 ; P. J. Buckley and M. C. casson, The Future of the Multinational Enterprise(London : MacMillan, 1976), pp.176-178.

버클리와 캐슨은 내부화의 동기가 되는 불완전시장의 발생요인으로서 ① 미래시장의 부재, ② 가격차별화를 할 수 없을 때, ③ 경쟁의 증가로 인한 비용 및 사회적 불확실성의 증가, ④ 판매자와 구매자간에 상품에 대한 지식의 차이, ⑤ 국제시장에 있어서의 정부의 간섭 등을 들면서 시장의 불완전성을 완제품 시장에서뿐만 아니라 중간재 시장에서도 파악하여야 한다고 주장하고 있다.[8)]

따라서 국제기업이 해외직접투자를 통하여 내부화하는 유형은 중간재 시장의 내부화를 통한 수직적 통합(vertical integration), 지식시장의 내부화를 통한 수평적 통합(horizontal integration), 그리고 국제자본시장의 내부화를 통한 다각적 통합(conglomerate integration)으로 나누어 볼 수 있다.[9)] 이러한 접근방법은 제품시장의 불완전성, 요소시장의 불완전성, 자본시장의 불완전성 및 노동시장의 불완전성 등에 모두 적용될 수 있다.

그러므로 내부화이론은 시장불완전성만 가정한다면 어는 시장에도 적용될 수 있는 이점을 가지고 있다. 하지만 내부화이론을 국제기업의 일반이론으로 해석하기에는 다음과 같은 한계성을 가지고 있다.

첫째, 내부화이론은 기업의 해외진출동기를 설명하는 데 어려움이 있다. 다시 말해서 내부화이론의 출발점인 시장 불완전성이 존재하는 것만으로 해외에 진출한다고 볼 수 없기 때문이다. 비록 국내시장에서뿐만 아니라 국제시장에서도 시장불완전성이 존재할지라도 국내시장에서의 내부화가 더욱 매력적이라면 구태여 해외진출을 하지는 않을 것이다.

둘째, 기업이 오히려 시장 불완전성을 창조할 수 있다는 점을 고려하지 못하고 있다. 즉 내부화이론에 의하면 기업은 외생적인 시장 불완전성에 반응하여 스스로 내부시장을 창조한다고 하였는데 국제기업은 그들이 향유하는 기업 특유의 우위를 영속하기 위하여 스스로 시장 불완전성을 창조할 수도 있다는 것이다.

셋째, 내부화이론은 생산입지나 국제기업의 행동적 측면은 설명할 수 없다는 것이다. 특히 생산입지요인은 주로 국가 및 지역 특유의 요소이기 때문에 이들은 기업의 내부화대상이 되기 어렵다.

---

7) A. Rugman, "Internalization as a General Theory of Foreign Direct Investment : A Re-appraisal of the Literature," Weltwirtschaftliches Archiv., Vol. 116(1980), pp.355-379.

8) P. J Buckley and M. C. Casson, op. cit., pp.37-38.

9) P. J Buckley and M. C. Casson, op. cit., pp.36-49.

3) 절충이론

더닝(J. H. Dunning)은 독점적 우위이론과 내부화이론에 해외직접투자의 방향에 관한 입지이론을 부가하여 국제생산에 관한 절충이론(eclectic theory)을 주장하였다. 그는 개별기업의 해외직접투자가 그 기업이 해외의 다른 기업에 비하여 가지고 있는 소유 특유의 우위요소(ownership-specific advantage), 내부화 요소(internalization) 및 생산입지상의 우위요소(location-specific advantage)에 의하여 결정된다고 보고 자신의 절충이론을 전개하고 있다.[10)]

지금까지 해외직접투자의 기본적 요건으로 여겨져 왔던 기업특유의 우위요소로서의 독점적 우위는 해외직접투자가 아니더라도 수출이나 라이선싱에 의해서도 충분히 향유될 수 있기 때문에 독점적 우위가 직접투자의 필요충분조건은 되지 못한다. 따라서 독점적 우위를 가진 기업이 직접투자를 행하는 현상을 설명하기 위해서는 내부화우위와 입지적 우위요소에 대한 추가적인 설명이 가능하여야 한다. 더닝의 세 요소의 구체적인 내용은 <표 13-2>에 제시되어 있으며, 더닝의 이론은 세 요소의 영문 머리글자를 따서 'OLI 패러다임'이라고도 불리운다.

〈표 13-2〉 더닝의 절충이론의 세 요소

1. 소유 특유 우위(ownership-specific advantage)
   - 기업 특유의 지식 우위
   - 경영과 마케팅 및 재무관리능력
   - 수직적 통합능력(원료와 시장에 대한 통제력)
   - 위험분산
2. 내부화 우위(internalization advantage)
   - 거래비용을 없애기 위해서
   - 구매자 불확실성을 감소시키기 위해서
   - 정부의 규제를 극복하기 위해서
3. 장소 특유 우위(location-specific advantage)
   - 국내시장의 규모와 경쟁여건
   - 국가의 요소부존도와 기술수준(생산함수)
   - 정부의 지원과 규제
   - 정치리스크와 문화적 특징

10) J. H. Dunning, "Toward an Eclectic Theory of International Production," Journal of International Business Studies(Spring/Summer, 1980), pp.10-12.

소유 특유의 우위요소는 그 기업이 일정기간 동안 배탁적으로 사용할 수 있는 무형자산으로서 새로운 진입기업에 대해서 진입장벽을 제공하는 요소들을 말한다. 내부화 우위요소에서 말하고자 하는 것은 그 기업이 기업 특유의 우위요소를 수출이나 라이선싱과 같이 외부시장을 이용하는 것보다 자체 내의 조직체계를 이용하여 직접 이용함으로써 얻는 이익이 더 커야 한다는 것이다.

즉 내부화를 통한 이익이 다른 대체적인 사업방법으로부터 얻어지는 이익보다 더 커야 한다는 주장이다. 마지막으로, 입지우위요소는 국제기업을 특정국가로 끌어들이는 그 국가의 매력으로서 구체적으로는 성장속도가 빠르고 규모가 큰 시장, 싼 인건비, 우수한 노동력, 정부의 지원 등이 포함된다. 이렇게 볼 때, 소유 특유의 우위는 다국적 기업의 해외진출을 작동시키는 푸시(push)적 역할을 하고, 입지 우위는 국제기업을 특정국가로 끌어들이는 풀(pull)적 역할을 하는 셈이다. 더닝은 이 세 요소가 모두 작용해야만 해외투자가 일어날 수 있다고 주장한다.

따라서 앞에서도 설명한 바와 같이 해외직접투자가 이루어지려면 애초에 기업 특유의 독점적 우위가 존재하여야 하는데 이를 외부시장에서 판매하는 것보다 내부화하는 것이 유리할 때 기업은 라이선싱방식을 버리고 수출이나 해외직접투자의 방식을 택할 것이다. 그 다음에 자본, 기술을 해외로 이전하여 현지에서 생산하는 것이 국내생산보다 유리할 때, 즉 현지 특유의 우위가 있을 때 기업은 수출 대신 직접투자를 택하게 된다는 것이다.

이상에서 살펴본 바와 같이 해외직접투자이론의 출발점은 경쟁우위의 원천을 설명하는 독점적 우위이론이었으나 직접투자가 여러 가지 가능한 사업활동대상 중 가장 유리한 방식이라는 조건들에 대한 설명은 없었다. 이에 1970년대 중반 이후로 라이선싱과 직접투자의 선택기준으로서 내부화이론이 나오게 되었고, 다시 수출과 직접투자의 선택기준으로 생산입지 이론을 포함한 절충이론이 나오게 되었다. 이와 같이 더닝의 절충이론이 국제기업의 형태를 설명하는 연구의 폭을 넓힌 것이 사실이지만 다음과 같은 결점도 가지고 있다.

먼저, 절충이론 역시 국제경영학적 분석의전형인 부분분석이론이라는 것이다. 즉 더닝은 직접투자를 무역의 일반균형이론과 결합시키지 못하고 단순히 기업의 측면에서만 분석함으로써 직접투자이론과 무역이론과의 통합모형을 제시하지는 못하였다.

둘째, 절충이론은 시장내부화를 통한 직접투자의 유인을 제시하였는데 이러한 유인은 가장 많이 가지고 있는 기업은 역시 세계적으로 규모가 큰 국제기업이라

할 수 있으므로 결과적으로 독과점적인 대규모 국제기업의 여러 행위를 합리화하고 옹호하는 결과를 낳을 수 있다는 것이다.

마지막으로, 더닝의 이론은 이미 독점적 우위이론과 내부화이론에서 제시된 기업 특유 우위와 내부화 요인 이외에 장소 특유의 우위만을 추가한 이론으로서 그다지 큰 독창성이 엿보이는 것은 아니며, 단지 여러 이론을 결합시킨, 글자 글대로 절충에 지나지 않는다고 비판할 수 있을 것이다.

제3절 해외직접투자의 동기와 유형

1. 해외직접투자의 동기[11]

해외직접투자는 자본의 한계수익이 낮은 국가에서 높은 국가로 이동한다는 이른바 국제간의 한계수익률 격차 때문에 발생한다고 보는 것이 국제경제학자 입장에서의 일반적인 견해이다. 그러나 개별기업의 입장에서 보면 해외직접투자는 각 기업의 보다 구체적인 동기와 목적에 따라서 행하여지고 있는데 이러한 동기나 목적은 투자국 내의 기업환경, 투자기업의 경영전략, 피투자국의 투자환경 등에 따라 변화하며, 또한 제반동기와 목적이 복합적으로 작용한 결과로 투자가 이루어지는 것이다.

개별기업의 입장에서 볼 때 해외직접투자의 동기는 전략적 동기, 행동적 동기, 경제적 동기, 재무적 동기로 대별할 수 있다.

1) 전략적 동기

기업이 전략적 목적으로 해외직접투자를 추구하는 경우는 그 동기에 따라 ① 시장지향형(market seekers), ② 생산효율지향형(production-efficiency seekers), ③ 자원지향형(raw-material seekers), ④ 지식지향형(knowledge seekers) 등의 4가지 형태가 있다.

첫째, 시장지향형 동기는 기존의 시장과 판매망을 유지하면서 제3국의 새로운 수출시장을 개척하기 위하여 현지에 진출하여 현지 생산을 하는 것으로 미국의 자동화회사들이 유럽에서 자동차공업을 영위하는 경우를 예로 들 수 있다.

11) 조동성, 전게서, pp.161-164.

둘째, 생산효율지향형 동기는 생산에 비추어 생산요소가격이 상대적으로 저렴한 지역에 진출하고자 하는 것으로, 노동집약적 산업에서 이러한 동기를 갖고서 투자가 이루어지는 경우가 많다. 예를 들어 선진국들의 전자회사들이 전자제품조립을 위하여 상대적으로 임금이 저렴하면서 풍부한 노동력을 보유하고 있는 동남아, 중남미 등의 개도국에 합작투자형태로 진출하여 제품의 조립만을 영위하는 경우를 들 수 있다.

셋째, 자원지향형 동기는 각종 생산원료가 풍부하고 저렴한 지역을 찾아 투자를 하는 것으로, 그 생산물은 현지 수요에 충당되거나 투자국 또는 제3국에 재수출되며 원유, 광업, 농업, 임업 등의 자원개발투자와 관련된다.

넷째, 지식지향형 동기는 외국의 선진기술이나 경영관리기술법 등을 습득하기 위한 동기에서 투자를 하는 것으로, 유럽계 회사들이 때때로 미국계 회사들을 현상 그대로 인수하는 경우가 이에 속한다.

이상의 4가지 전략적 동기 이외에 해외용역지향형, 정치안정지향형 등이 있는데 이들은 상호 보완적이며 일반적으로 한 가지 이상의 동기가 결합되어 해외직접투자가 이루어진다.

2) 행동적 동기

기업의 해외직접투자는 외부환경 또는 조직내부에서 최고경영층의 개인적 편견이나 필요에 따라, 또는 기업의 조직구성원이나 그룹(group)에 대한 공약 등의 이유에서 이루어지기도 한다. 이러한 행동적 동기에 의한 투자의 경우에는 특정한 사업에 진출하게 된다. 아하로니(Yair Aharoni)는 해외직접투자의 행동적 동기를 유발하는 외적 자극 요인을 다음과 같이 들고 있다.

① 주요요인
- ㉠ 외국정부, 자사제품의 해외대리점 및 고객 등의 권유
- ㉡ 자사제품의 판매시장 상실에 대한 우려
- ㉢ 선도적 역할수행 효과(bandwagon effect) 기대
- ㉣ 국내시장에서의 외국기업과 경쟁 예상

② 부차적 요인
- ㉠ 생산요소 및 관련제품의 시장 창조
- ㉡ 노후화된 기계 등의 생산설비 재이용
- ㉢ 노하우의 자본화-연구개발(R&D) 및 기타 고정비의 분산
- ㉣ 피투자국과 무역관계협정을 맺고 있는 제3국 시장에의 우회진출

이상의 행동적 동기에서 볼 때 해외직접투자는 특정한 동기나 기회가 주어졌을 때 기존의 원칙을 벗어나 새로운 차원의 의사결정으로 이루어지는 경우가 많음을 알 수 있다.

3) 경제적 동기

경제적 동기에 의한 해외직접투자는 각국의 실물자산, 생산요소, 금융 등 국내시장이 불완전상태에 있기 때문에 이루어지고 있다. 일반적으로 실물자산(real asset) 시장이 불완전한 것은 정부의 국내시장 보호정책이나 독점기업들의 경쟁 때문에 형성된다. 이러한 불완전한 실물자산시장에도 충분한 잠재적 수요만 있으면 국제기업이 진출하여 해외직접투자가 이루어진다. 국제기업이 불완전한 실물자산 시장에 진출하여 성공할 수 있는 것은 ① 규모의 경제, ② 전문적 경영관리기법, ③ 제품 및 생산요소시장에 대한 충분한 지식, ④ 전문적 기술, ⑤ 충분한 자금공급능력 등의 사항을 보유하고 있기 때문이다.

특히 규모의 경제는 생산, 마케팅, 재무, R&D, 운송, 구매 등 전분야에 걸쳐 비교우위의 폭을 확대하였으며, 해외직접투자는 기업의 다국적화 과정의 매개물로 기업의 대규모화에 따른 필연적 산물이다.[12] 그러나 국제기업의 비교우위는 해외직접투자를 할 때의 '위험-수익(risk versus return)'과 국내투자할 때의 '위험-수익'을 비교 분석한 후에 기업적 측면에서 평가되어야 한다.

4) 재무적 동기

해외직접투자는 재무적 동기에 의해서도 이루어지는데, 이는 기업이 재무적 위험을 국제적으로 분산시키려는 목적 때문이다. 일반적으로 투자자는 위험이 보다 적은 곳에 투자하고자 하기 때문에 어떤 투자안에 대한 최저필수 수익률은 다음과 같이 구성된다.

$$Rj = r + \text{위험 프리미엄}$$

Rj : 자산 j에 대한 최저 필수 수익률
r : 위험이 없는 증권의 명목 이자율

12) S. Lall and P. Streeten, Foreign Investment, Transnationals and Developing Countries(The Macmillan press, 1977), pp.16-28.

위의 식에서 투자자산의 수익률이 상이하면 투자자산의 위험도 차이가 있는바, 자산의 분산화는 집중의 경우보다 위험이 적게 된다. 이는 유가증권의 적절한 분산으로 인한 체계적 위험(systematic risk)이 집중으로 인한 총체적 위험(total risk)보다 적기 때문이다.

이와 같이 해외직접투자에 따른 자본이동의 주요 결정인자인 다양화 동기(diversification motive)에는 두 가지 유형이 있다.

첫째, 자본이동에 따른 장애가 적으면 적을수록 투자자가 국제적으로 다양하게 증권을 소유(portfolio)해도 이익수준은 동일하다는 것이다.

둘째, 국제기업의 경영자들은 경제적 이론에 따라서만 행동하는 것이 아니라는 점이다. 즉, 다양화에 의한 주주의 최대이익보다 국제기업 경영자들의 취향이나 욕망이 다양화를 촉진시키기도 한다는 것이다.

2. 해외직접투자의 유형

학문분야나 학자에 따라 또는 학문적으로나 실무적으로 해외직접투자에 대한 견해에 차이가 있을 수 있으므로, 여기에서는 이를 전제하고서 해외직접투자의 일반적인 유형을 설명한다. 일반적인 유형으로는 통상 자원지향형, 시장지향형, 생산요소지향형, 수출지향형의 4가지가 있다.

1) 자원지향형 투자

자원지향형은 유전·광물과 같은 광물자원 및 임산·수산자원 등을 개발하기 위해서 직접투자를 하여 현지국에서 기업을 운영하는 경우를 말한다. 자원의 개발은 개발하고자 하는 자원이 존재하고 있는 장소에서만 이루어진다는 성격을 지니고 있다.

자원개발을 위해 투자하는 목적은 ① 투자기업 자체의 본사 생산활동을 지원하고, ② 본사국의 타 기업체에게 수출하고, ③ 제3국에 판매하는 것 등에 있다. 자원개발형 투자는 단순히 자원의 개발에만 그치지 않고 개발·가공·판매가 수직적으로 통합되는 경우가 많다. 중동 산유국, 인도네시아, 브라질 등에 대한 투자에 그러한 형태가 많다.

한편 1970년대 초부터 자원민족주의의 대두로 자원의 확보가 더욱 중요한 문제로 부각됨에 따라 이에 대한 중요성이 더해 가고 있다.

2) 시장지향형 투자

수출품으로 해외시장 개척이 어느 정도 진행되면, 그 다음 단계로 어떤 해외 시장국이나 지역시장의 중심지가 되는 국가에 직접 진출하여 생산마케팅 활동을 전개하는 것이 유리한 경우가 많다.

기술상의 우위와 규모의 경제가 시장지향형 직접투자의 유인이 될 수 있다. 그리고 상대국의 높은 무역장벽 역시 시장지향적 직접투자를 유발시킬 수 있다.

시장지향형 투자는 특정 국가시장 또는 지역시장의 규모가 크고 잠재성 역시 클 때에 한하여 이루어지며, 그러한 시장에 진출하여 시장을 개척·유지·장악하는 데 그 목적이 있다. 미국, EU, 인도네시아, 브라질 등에 대한 생산설비투자에 이런 유형이 많다.

3) 생산요소지향형 투자

생산요소 중에서 노동력은 국제이동에 있어서 자본에 비하여 법적 제한을 많이 받으며, 토지는 이동성이 전혀 없다. 그러므로 그러한 풍부한 생산요소를 찾아서, 특히 노동력이 풍부하고 저렴한 나라에 직접투자를 하여 생산활동을 전개하는 것이 생산요소지향형이다. 특히 싼 임금을 이용하기 위하여 투자하는 것을 노동지향형이라고 한다.

과거에 미국기업들이 서유럽 및 일본에 직접투자로 진출한 것은 다이내믹하게 확장하는 시장을 침투·장악하려는 것과 병행하여 저렴한 생산요소(특히 노동력)의 활용에 목적이 있었다는 것을 부인할 수 없다.

과거에 미국, 일본 등의 기업들이 한국, 대만 등 동북아 지역과 동남아 지역 등을 대상으로 하는 생산설비투자(특히 노동집약제품 생산을 위한)를 할 때 가장 큰 비중을 차지하는 것의 하나가 저임금 때문이었다. 최근에는 우리나라 기업체들 역시 생산성을 감안한 저렴한 임금을 이용하고자 동남아 지역에서 봉제품 등의 분야의 직접투자를 확대하고 있다.

4) 수출지향형 투자

위에서 설명한 세 가지 유형의 해외직접투자 이외에도, 주로 수출용 제품의 생산을 위해 특정국가에 투자하는 경향이 많은데, 이런 것을 수출지향형이라고 한다.

이 투자형태는 투자국의 국내시장을 침투·장악하려는 데 목적이 있는 시장지향형과는 정반대로, 생산한 제품을 본사국 시장 및 제3국 시장에 수출하기 위해 특정국가에 생산시설투자를 하는 것을 말한다. 이러한 직접투자의 대상은 한국, 대만, 싱가포르, 홍콩 등인데, 국내시장이 비교적 협소한 반면에 특히 양질(良質)의 저렴한 노동력, 풍부한 공업단지, 외국인에 대한 투자유인 등을 제공하기 때문에 수출원제품의 저원가 해외생산기지로 적합하기 때문이다.

상대적으로 노임이 대단히 비싼 미국, 일본 등 선진국 기업체들로서는 특히 노동집약적인 부품(예 : TR, IC)이나 완제품(예 : 봉제품 계통) 등을 저원가 해외생산기지에서 생산하지 않고서는 본사국 시장에서 경쟁하기가 어렵고 제3국으로 수출할 수 있는 경쟁력마저도 상실할 수 있기 때문에 수출지향형 해외직접투자를 많이 하고 있다. 제품 분야에 따라서 정도의 차이는 있겠으나, 노동집약적 제품을 수출해 온 우리나라 기업체들은 그러한 유형의 해외직접투자를 점증적으로 늘리고 있는 실정이다.

제4절 해외합작투자

1. 합작투자의 의의

1) 합작투자의 의의

해외로 진출하는 기업들의 대부분은 해외영업에 대해 완전한 지배권과 해외영업에서 발생하는 이익을 확보하기 위하여 해외영업에 대해 단독소유권을 선호하는 경향이 있다. 해외영업에 대하여 100%의 소유권을 확보하면 투자기업은 다른 주주들에 대하여 별도의 배려를 할 필요가 없으며 해외영업에서 발생하는 이익도 단독으로 확보할 수 있다. 물론 해외영업에서 손해가 발생할 경우에도 단독으로 손해를 부담하여야 한다.

현지의 기업이나 현지인 또는 둘 이상의 현지인들과 합작하여 해외영업을 하는 경우에는 외국의 투자기업이 합작회사의 이익에는 배치되나 외국투자기업의 이익에는 부합하는 조치를 취하면서 현지 파트너가 현지 정부에 불만을 제기할 수 있기 때문에 그 만큼 투자기업의 재량권은 줄어든다. 사실상 대부분의 국가들은 합작 파트너들을 보호하는 법적장치를 보유하고 있다. 예를 들면 프랑스와 같은 선진국도 프랑스측 합작 파트너의 요구에 따라 미국기업이 투자한 합작기업에게 생산물을 수출할 것을 명령한 바 있다.13)

외국인 투자기업이 합작회사의 이익을 위하여 어떤 조치를 취하더라도 현지의 합작 파트너가 그렇게 받아들이지 않을 수도 있다. 합작 파트너들간에 의견의 충돌이 일어날 수 있는 분야는 여러 가지이다. 예를 들면 이익배당률의 결정문제, 영업활동의 대외적 공개 정도 문제, 이사회 구성문제, 현지의 정부기관과의 유대관계 정도 문제 등에서 파트너들간에 의견 차이가 생길 수 있는 것이다.

그러나 단독투자하여 해외영업에 대해 100%의 지배권을 보유하면 여러 가지 이점이 있음에도 불구하고 최근에 들어와서 합작투자가 늘고 있는 실정이다. 합작투자가 증가하는 이유는 물론 해외투자수입국 정부의 압력과 같은 외부적 이유도 있고 투자기업이 능동적으로 합작투자를 원하는 내부적 이유도 있을 것이다.

내부적인 관점에서 보면 최근에 들어서 해외영업에 현지 기업의 참여를 허용할 필요가 증대되었다. 그 이유는 현지 기업과 합작하면 국제진출을 가속화할 수 있기 때문이다. 구제진출을 가속화하면 경쟁기업들이 지배적인 세계시장지분을 선점하는 것을 막을 수 있을 뿐만 아니라 판매량 증대를 극대화함으로써 연구개발비와 같은 고정비용을 배분할 수 있는 유리한 점이 있다. 외부적으로는 현지 정부들이 그들의 정치적·경제적 목적을 달성하기 위하여 합작투자의 형태로 해외투자를 유도하는 경우가 늘어나고 있다. 현지 정부가 해외투자기업에게 가하는 압력에는 여러 가지가 있다. 앤디안(Andean)조약국들의 경우에는 법으로 규제하고 있으며, 일본의 경우에는 외국기업이 합작투자의 형태로 일본 내의 투자를 신청하면 보다 수월하게 허가를 내주고 있으며 캐나다의 경우에는 합작기업에 세금혜택을 부여하고 있다. 그 밖에 해외투자기업들이 대개 합작회사를 설립하면 현지기업의 색채가 짙어져 현지 정부나 현지 사회로부터 비판을 회피할 수 있다고 느끼고 있다.

합작투자의 파트너는 현지 기업이 될 수도 있고 현지의 정부기관이나 국영회사가 될 수도 있다. 합작 파트너이 수도 둘 이상일 수도 있다. 합작 파트너의 수가 늘면 늘수록 관계도 복잡해진다. 예를 들면 '오스트레일리아 알루미늄'이라는 회사는 두 개의 미국회사, 두 개가 일본회사, 한 개의 네덜란드회사와 한 개의 독일회사가 합작해서 설립한 회사이다.14)

---

13) C. H. Fulda and W. F. Schwarz, Regulation of International Trade and Investment (Minela, New York : The Foundation Press, 1970).

2) 합작투자의 특징

국제합작기업의 설립은 기업이 추구하는 완전한 지배권이 확보라는 측면과 부족한 기업자원의 보충이라는 양면성을 지니고 있다. 현지 기업과 합작하면 현지 사저에 정통한 현지 경영인들을 활용할 수 있으며 현지 시장에의 접근도 보다 용이하고 현지인의 감정에도 부합되는 면이 있다. 그러나 현지 파트너가 해외투자기업의 국제전략을 수행하는 일환이 되기를 거부하면 범세계적 전략수행에 어려움이 따르게 된다. 반면에 국제기업의 합작투자목적이 단지 현지 시장에 판매하기 위한 것이라면 국제기업은 기꺼이 합작회사 설립에 나서게 될 것이다.

따라서 범세계적인 마케팅기법의 활용, 생산의 합리화, 혁신제품의 생산, 원료공급원에 대한 지배권행사 등에 관심을 두고 있는 국제기업은 합작 파트너가 범세계적 전략수행에 방해가 될 수 있으므로 합작회사 설립에 소극적이거나 합작회사 설립을 기피할 수 있다. 그 대표적인 예가 IBM인데, IBM은 범세계적인 생산의 합리화, 혁신제품의 계속적 도입, 지구적 마케팅기법의 활용을 위하여 합작투자를 기피하고 있다. IBM은 그 대신에 각국에서 생산하는 부품과 제품 등의 수입·수출을 조정하거나 현지 인력이 훈련을 내세워 현지 정부의 불만에 대처하고 있다.

국제합작회사의 설립목적은 위에서 언급한 것 이외에도 여러 가지가 있을 수 있다. 해외투자기업들은 투자대상국에 있을 수 있는 국수주의에 대처하기 위해서 또는 규모의 경제나 경험효과를 달성하기 위해서, 또는 균형된 기술을 개발하고 공급처·구매처나 경쟁자와의 상호관계를 관리하기 위해서 또는 사업을 다각화하기 위해서 국제합작회사를 설립하고 있다.

이상에서와 같이 국제합작투자는 어떠한 목적을 달성하기 위해 설립되든지 간에 새로운 형태의 국제진출방법은 아니다. 그러나 제2차 세계대전 전까지만 하더라도 합작투자는 주로 무역업, 광업, 농장(plantation) 경영분야에서 이루어졌다. 반면에 제2차 세계대전 후에는 제조업 분야의 합작투자가 크게 증가했다.[15] 그러나 미국, 일본, 유럽을 중심으로 합작투자가 본격적으로 증가하기 시작한 것은 1980년대 이후이다. 이처럼 1980년대에 들어 주요국가의 기업들간에 합작투자가 증가하고

---

14) John D. Daniels and Lee H. Radelbaugh, International Business, 4th ed. (Reading, Mass. : Addison-wesley Publishing Company, 1986).

15) Karen J. Hladik, "International Joint Ventures Work," Lars Otterbeck ed., The Management of Headquaters-Subsidary Relationships in Multinational Corporations (New York : St. Martin's press, 1981), pp.255-267.

있는 것은 무엇보다도 급변하고 있는 국제경영환경에 기인하는 바 크다. 일본과 유럽시장이 폭넓게 개방되고 있으며 세계시장의 규모가 급속히 확대되어 가고 있다.

이와 같이 성장률이 높은 시장을 점유하는 데 필수적인 연구개발비와 마케팅비용도 기하급수적으로 상승하고 있다. 더구나 많은 국가에서 국산품 우선구매 등 보이지 않는 규제를 가지고 있는 것도 사실이다. 세계의 많은 기업들이 이러한 현상들에 대처하기 위하여 합작투자에 나서고 있는 것이다.

2. 합작투자의 편익과 비용

국제합작투자를 올바르게 이해하기 위해서는 이를 국제경쟁전략이라는 관점에서 살펴볼 필요가 있다.[16] 국제경쟁전략 수립에는 두 가지 문제가 중요하다. 하나는 국제경영활동을 어느 국가에서 또는 몇 개의 국가에서 수행할 것인가 하는 문제이며, 다른 하나는 서로 다른 나라에서 수행되는 국제경영활동을 어느 정도로 조정할 것인가 하는 문제이다. 국제합작투자는 국제경영활동을 독자적으로 수행하지 않고 다른 기업과 공동으로 수행하는 수단이라는 의미에서 두 번째 문제와 관련된다. 국제합작투자를 선택하는 이유는 특정한 국제경영활동을 자체적으로 수행하는 기술을 개발하거나 그러한 기술을 가지고 있는 기업을 흡수·합병하거나 그러한 기술이나 제품을 시장을 통하여 구입하는 것보다 비용이 저렴하다든지 더 효과적이기 때문이다.

국제합작투자가 이루어지면 국제경영활동이 수행되는 지리적 위치가 변할 뿐 아니라 투자기업의 국제경영활동을 투자파트너기업의 그것과 조정하는 문제가 발생한다. 그 이유는 합작회사가 설립되면 목적이 서로 다를 수 있는 독립된 두 개 이상의 기업들이 업무상 긴밀한 관계를 맺게 되기 때문이다.

국제합작투자의 종류는 국제기업이 수행하는 세부경영활동에 따라 구분할 수 있다. 기업이 수행하는 주요한 경영활동에는 생산과 운송, 마케팅 및 서비스, 기술개발 등이 있다. 이러한 경영활동들은 경제적 특성이 각기 다르기 때문에 국제경쟁형태와 합작투자의 성격에 중요한 영향을 미친다. 기술개발은 연구개발에 소요된 비용을 지구적인 판매에 배분할 때 발생하는 이점이 크기 때문에 세계적인 규모의 경제가 중요하다. 이와는 반대로 마케팅과 서비스 활동은 현지 상황에 맞추어 수행해야 할 경우도 적지 않다. 한편 생산과 운송은 산업에 따라 다르지만 일반적으로는 규모의 경제라는 측면에서 보면 중간쯤에 속한다고 볼 수 있다.

16) 이장호, 『국제경제정책』(서울 : 느티나무, 1989), pp.325-329.

국제기업이 국제합작투자로부터 기대할 수 있는 편익은 다음과 같은 네 가지로 요약될 수 있다.

첫째는, 특정한 경영활동을 공동으로 수행하여 규모의 경제나 경험효과를 얻을 수 있다. 둘 이상의 기업들이 특정한 경영활동을 공동으로 수행하면 각 기업이 독자적으로 할 때보다 규모의 경제나 학습효과를 더 많이 누릴 수 있을 것이다. 예를 들면 자동차산업에서 제조업체들이 합작하여 각각 특정한 부품의 제조에 전문화하면 분업에 의한 규모의 경제를 달성할 수 있을 것이다.

둘째는, 합작투자를 통하여 특정한 경영활동을 수행하는 능력이나 지식, 기술 등을 구입하거나 공동으로 이용 내지 매각하는 데서 오는 편익이다. 이것은 특정기업이 이미 비용을 투입하여 그러한 능력을 개발하였기 때문에 그러한 능력을 필요로 하는 경영활동을 수행함에 있어서 다른 기업들에 비하여 우위에 있든가, 보다 우수한 자원을 확보하고 있는 경우에 그러한 기업과 합작함으로써 발생하는 편익을 말한다. 이와 같은 형태의 합작투자가 목표로 하는 것은 현지의 유통경로에 접근한다든가, 현지인들로부터 현지 기업의 일원으로 인정받는다든가, 기술·신제품 개발능력·전문적 노하우(know-how)·자본 등에 접근하는 것 등이다. 따라서 이러한 합작투자는 특정한 기업이 다른 기업들과 비교하여 생산이나 고객에 대한 서비스의 제공에 있어서 보다 풍부하게 축적된 경험을 지니고 있어서 경험효과에서 오는 편익을 상당히 누리고 있든가, 희소한 특정 자원을 선점하고 있을 때 흔히 발생한다. 또한 이러한 합작투자는 특정한 기업이 특정한 경영활동을 수행함에 있어서 다른 나라의 기업들보다 비교우위를 누릴 수 있는 국가에 위치하고 있든가, 그 기업이 위치하는 국가의 정부가 외국인 투자에 대하여 엄격한 규제를 가하고 있는 경우에도 일어난다. 이와 같은 합작투자로 국제기업은 특정한 경영활동을 효과적으로 수행하는 능력을 습득하는 데 필요한 시간과 비용을 절감할 수 있다.

국제합작투자가 제공하는 또 다른 편익은 국제경영활동의 수행에 수반되는 위험을 감축시킬 수 있다는 것이다. 이것은 합작 파트너들이 합작대상인 경영활동을 수행하는 과정이나 그러한 경영활동을 수행한 결과에서 발생하는 위험과 비용을 분담하기 때문이다. 예컨대 광물탐사활동은 수익률 분산의 절대규모가 매우 크기 때문에 위험의 분담이 바람직한 활동이라 할 수 있다. 이러한 경우에 합작투자는 위험을 분산시키는 좋은 방법이 될 수 있다. 위험분산을 위한 합작투자는 규모의 경제와는 상관이 없는 경우도 많다.

마지막으로, 합작투자가 제공하는 편익은 경쟁기업과 경쟁의 룰(rule)에 영향을 미쳐 경쟁을 관리할 수 있다는 것이다. 합작투자를 통하여 다른 경쟁기업들이 같은 산업에 진출하는 길을 열어 신기술개발을 촉진하거나 주요한 비용항목에 영향을 미치거나 경쟁기업으로 하여금 특정한 기술을 사용하도록 유도함으로써 경쟁기업의 비용구조에 영향을 미칠 수 있다.

특정한 경영활동을 수행하기 위하여 합작을 하면 다른 경영활동들도 합작 파트너와 조정할 필요가 생긴다. 예를 들면 기술개발을 위한 합작을 한다면 그에 따라 사후 서비스 체제를 변경할 필요가 발생하기도 한다. 이와 같이 부수적으로 발생하는 경영활동 조정의 필요성 때문에 합작이 어려워지기도 하고 합작의 범위를 확대하지 않을 수 없게 되기도 한다. 따라서 여러 가지 경영활동을 결합한 합작이 많이 이루어지고 있다.

합작투자가 성공하려면 합작투자에 참여하는 기업들이 모두 합작에서 편익을 얻을 수 있어야 한다. 그러나 합작 파트너들이 반드시 모두 같은 정도의 편익을 누리게 되는 것은 아니다.

국제합작투자에는 편익적 측면만 있는 것이 아니고 비용적 측면도 있다. 국제합작투자가 성공하려면 합작파트너들간에 계속적으로 업무의 조정이 이루어져야 하며 이러한 조정이 효과적으로 이루어지려면 경영자의 시간과 비용이 많이 투입되어야 한다. 뿐만 아니라 합작 파트너들간의 합작투자회사에 대한 이해관계가 다를 수도 있다. 경영활동의 조정은 그러한 경영활동이 하나의 기업 내에서 일어날 때조차도 어려운 것이다. 또한 합작 파트너들이 경영활동의 일부만 합동으로 수행하고 있다면 총체적 경영활동의 원만한 수행이 지장 받을 수도 있다. 예를 들면 제조활동에 대해서만 합작을 하고 사후 서비스에 대해서는 합작을 하고있지 않다면 문제가 발생할 수 있다. 특히 합작투자회사가 합작 파트너회사들의 최고경영층이 계속적으로 조정업무를 수행하지 않으면 안 되는 형태로 설립된다면 비용이 대단히 큰 합작 형태가 될 것이다.

국제합작투자로 한 파트너의 경쟁상의 우위가 사라지고 산업구조가 달라질 수 있다는 것이 또 다른 문제점이다. 합작투자로 새로운 경쟁자가 출현할 수 있으며 경쟁기업의 경쟁력을 강화시켜 줄 소지도 있다. 또한 합작투자로 인하여 자기 기업이 활동하고 있는 산업의 진입장벽이 낮아지고 산업구조가 악화될 위험도 있다.

합작에 따른 비용은 시간이 감에 따라 바뀔 수 있다. 조정비용은 합작파트너들이 서로 협력하는 경험이 늘고 상호간에 신뢰가 쌓이면 감소할 것이다. 경쟁사의 비용도 합작이 상호 이익이 되며, 한 파트너가 독자적으로 행동을 취할 가능성이 줄어들면 더욱 감소할 것이다. 그러나 합작투자 당사자들의 이해관계나 목표로 하는 바가 바뀌면 조정비용이 상승할 수도 있을 것이다. 한 파트너가 합작을 통하여 모색했던 전문지식이나 경쟁상의 위치를 자체 내에 확보하거나 형성하여 다른 파트너의 협력이 없어도 성공할 수 있다고 인식하면 경쟁상의 비용은 상승한다.

예를 들면 과거에 미국기업들과 합작한 일본기업들은 미국기업들로부터 기술을 전수받았다. 그러나 미국기업들은 일본에서의 경영에 성공할 수 있는 일본식 경영을 합작 파트너인 일본기업으로부터 배우는 데 실패했다. 이렇게 되자 나중에 일본기업들이 미국인 합작 파트너들을 몰아내고 독자적으로 기업을 경영하고자 했을 때 미국기업이 취할 수 있는 대처방법이 별로 없었던 것이다.

한편, 합작 파트너들간에 계속적인 조정이 성공하고 서로의 목적에 대한 이해가 깊어지면 같은 파트너들끼리 다른 사업을 위한 합작투자도 할 수 있을 것이다. 특정한 합작관계에서 얻은 경험은 두 파트너의 상대적인 기여도가 바뀌지 않는 한 다른 사업분야의 합작에 이전될 수 있을 것이다. 같은 파트너들이 여러 가지 사업분야에서 제휴한다면 그 중의 한 파트너가 기회주의적 행동을 할 위험도 줄어든다.

3. 합작투자의 문제점

합작투자는 합작 파트너들이 각기 보유하고 있는 독특한 자원들을 상호 보완적으로 활용할 수 있다는 점에서 적절한 형태로 구성되면 성공할 가능성이 높을 것이다. 그러나 합작투자의 실패율은 높으며 이러한 실패로 인하여 합작 파트너들이 큰 손실을 입을 가능성도 크다. 미국의 Boston Consulting Group이 실시한 한 조사에 의하면 1972년과 1976년 사이에 일본 내에 있던 합작회사 중에서 90개 이상이 사업을 그만두었다. Killing(1982)이 조사한 37개의 북미나 서구의 회사와 현지 기업과의 합작회사 중에서 7개의 사업이 실패했으며 5개의 사업이 완전히 개편되었다. 합작투자가 직면하는 문제점은 여러 가지이나. 이를 정리하면 대략 다음과 같은 몇 가지 주요한 이유들로 분류할 수 있다.

1) 지구적 경영에 따른 상호의존성

합작기업이 한 국가에서 차지하는 경쟁사의 위치가 그 기업이 다른 국가에서 차지하는 경쟁사의 위치에 의하여 크게 영향을 받는다면 그 기업은 지구적인 경영을 하고 있다고 할 수 있다. 예를 들면 자동차산업, TV산업, 시계산업 및 상업용 항공기산업 등 지구적 산업에서 경쟁하는 국제기업은 국제경영활동을 지리적으로 집중하든가 국제적으로 분산되어 수행하는 경영활동을 지구적으로 통합·조정함으로써 국제경쟁에서 승리할 수 있다. 자동차 생산의 경우를 예로 들자면, 지구적 전략은 필요한 부품의 생산과 연구개발 활동 등을 국제적으로 비교우위가 있는 지역에서 분산수행하는 동시에 지구적 경영목표 달성을 위하여 분산수행되는 경영활동을 본부에서 집중적으로 통합·조정하는 것이다. 지구적 전략을 추구하는 기업은 투자기업의 각 부분이 상호 의존적이기 때문에 경영의사결정을 합작회사에 위임할 수 없다.

합작기업에서 이루어지는 의사결정과 통합·조정되어야 투자기업 전체로서 능률이 극대화되기 때문에 지구적으로 경쟁하는 기업은 합작회사가 최종 결정을 내리도록 허용할 수가 없다. 만약에 투자기업의 각 부분의 경영활동이 통합·조정되지 않는다면 투자기업의 각 자회사들이 세계시장에서 상호 가격경쟁을 할 수도 있고, 최적의 제품디자인을 통일적으로 이용하지 않을 수도 있으며, 시장쟁탈전을 시작할 수도 있다. 그러나 경영의사결정이 투자기업의 본부에 집중되면 합작 파트너의 불만이 고조되고 파트너간의 긴장이 고조된다.

2) 경영방법상의 차이

합작 파트너들은 경영정책이나 경영방법에 대한 의견의 차이를 나타낼 수가 있다. 예컨대 배당정책, 부채비율, 마케팅정책 및 품질관리 등 경영정책이나 경영방법에 대한 의견을 달리할 수 있다. 합작 파트너들은 또한 경영스타일이나 회계통제제도에 대해 의견을 달리하기도 하며, 어떤 생산 공정을 택할 것이며 어떤 기술을 어느 회사로부터 어떤 조건으로 도입할 것인가에 대해서도 의견을 달리하기도 한다. 수출증대 등과 같은 현지국 정부가 추구하는 정책에 어느 정도로 부응할 것인가 하는 문제가 두 파트너간에 쟁점으로 부각되기도 한다. 특히 합작회사의 이사회나 최고 경영층에서 회사가 수행할 사업의 우선순위나 회사운영방향 등에 의견 차이가 있으면 경영의사 결정에 지연과 혼란이 발생하므로 경쟁상 불리한 위치에 서게 된다.

3) 기회주의, 합작대상기업의 소수문제, 불확실성

합작투자가 단독투자보다 불리할 수 있는 또 하나의 이유는 합작 파트너가 기회주의적 행동을 취할 가능성이 있고 합작대상기업이 소수이며 불확실성이 크다는 것이다. 기회주의의 대표적인 예가 이전가격 문제이다.

투자기업은 합작회사에 국제시장가격 이상의 가격으로 부품, 자본재 및 원재료 등을 제공함으로써 합작회사의 장기적인 이익보다는 자신의 단기이익 극대화를 추구할 위험이 있다. 현지 파트너 역시 합작회사가 생산하는 제품의 소비자 판매를 담당하여 자신이 소유하는 마케팅회사를 통하여 이전가격을 조작함으로써 단기이익의 극대화를 모색하기도 한다. 합작대상기업의 수가 소수인 것도 문제이다. 합작투자의 경우에는 투자기업이 처음에 투자할 때 현지의 여러 회사들 중에서 파트너를 선정할 수 있다고 하더라도 나중에 계약을 변경하여 파트너를 바꾸고자 하면 대상기업이 소수라는 문제가 발생한다. 투자기업과 이미 파트너 관계에 있는 현지 기업은 투자기업과 경영을 같이한 경험을 가지고 있으므로 처음에 파트너로 선정되지 않은 현지 기업들보다 비용상의 우위를 누린다. 따라서 나중에 현지 파트너를 바꿀 수 있는 투자기업의 선택권이 그만큼 제약을 받게 된다 합작 파트너들이 기여하는 자원, 합작 파트너들이 부담하는 책임, 각 파트너의 주관업무 등이 모호하거나 그에 관한 의견이 파트너들간에 다를 경우에 발생하는 불확실성도 합작투자가 직면하는 문제점 중의 하나이다.

4) 합병을 통한 직접투자

직접투자는 해외에 새로운 기업을 설립하는 형태로 이루어지기도 하지만 기존의 해외기업을 인수·합병하는 경우도 많다. 해외기업을 인수하게 되는 이유는 제품다양화, 지역적 다각화, 특정 자산(관리, 기술, 유통경로, 작업자)의 획득, 원재료의 조달, 재무적 다각화 등 때문이다. 해외기업의 합병유형에는 본사와 유사한 제품계열과 시장을 가진 기업을 통합하게 되는 수평적 합병, 본사의 공급업자나 소비자를 통합하는 수직적 합병, 본사의 시장이나 기술의 어느 한쪽과 유사한 기업의 통합인 집중적 합병, 기존사업과는 다른 사업체를 인수하는 다각화 합병 등이 있다. 여기에서는 해외시장침투라는 관점에서 수평적 합병을 중심으로 논의한다.

합병을 통한 해외시장 진입은 합병대상 기업의 선택에 따라 그 성공 여부가 결정되므로 합병전략의 장점도 그에 따라 가변적이 된다. 즉, 선택이 잘못되면 합병의 장점도 없어진다는 의미이다. 합병을 통한 진입의 가장 중요한 장점은 이미 제품과 시장을 가지고 있는 계속 기업을 인수하기 때문에 가장 신속하게 해외시장에 진입할 수 있다는 점이다. 진입이 빠른 만큼 수익도 즉각적으로 발생하므로 투자회수기간이 짧기도 하다. 합병전략의 경우 합병 후에 합병 전 기업을 모기업의 운영방식과 정책에 적응케 하기 위한 과정이 필요한데 이 과정에 따라 성과가 달라지게 된다. 합병에는 소유권 이전과 통제의 문제가 따르게 된다.

둘째, 합병을 통해 다른 국가에는 없는 목표 해외시장의 희귀한 자원을 활용할 수 있다. 대개 이러한 자원은 관리적·기술적인 특성을 지닌 인적 기술인 경우가 많다. 따라서 새로운 기업을 설립할 때 인력충원에 어려움이 있는 경우 합병전략을 사용하게 되는 것이다. 인적 자원활용을 위해서는 기업합병시 피합병기업의 기존 인력이 떠나지 않도록 해야 할 것이다.

셋째, 합병을 통해 새로운 제품라인을 얻을 수가 있다. 그러나 본사에서 새로운 제품에 대한 경험이 전혀 없는 경우 오히려 단점이 될 수도 있다. 본사와 유사한 제품라인이어야 본사의 지식이나 기술을 활용할 수 있게 되는 것이다.

이와 같은 장점이 있는 반면에 단점도 있는데, 우선 합병대상기업의 선정과 평가가 매우 어렵다는 것이다. 적당한 합병대상기업의 탐색도 어려우며 적당한 합병대상기업이 나타나더라도 대상기업의 비밀유지, 서로 다른 회계기준, 허위재무기록, 기타 문제점 은폐 등 때문에 올바른 평가를 하기 힘들다. 때로는 공장설비가 노후하여 교체를 위한 투자가 필요하거나 지리적 입지조건이 좋지 않을 경우도 있을 것이다. 그리고 현지국이나 본국의 정책상 합병에 제한이 가해질 수도 있다. 일반적으로 현지 정부는 외국기업에 의해 현지 기업이 합병되는 것을 신규설립에 비해 호의적으로 보지 않는다. 그것은 합병이 신규설립에 비해 경제적 효과가 적다고 생각하거나 외국기업에의 소유권 이전에 따른 부정적 효과를 상쇄하지 못한다고 생각하기 때문이다. 따라서 합병에 관한 협상은 새로운 기업의 설립에 비해 더 어려우며, 정부에 의해서 기각될 위험도 높다. 때로는 본국 정부의 제한이 가해지는 경우도 있다. 미국의 경우 해외 합병 시에는 독점규제법에 저촉되는가를 고려해야 하는 것이다.

제5절 해외직접투자가 미치는 효과와 평가

1. 양국에 미치는 효과

해외직접투자는 자본, 경영능력, 기술 등을 해외로 이전시킴에 따라 투자국과 투자대상국의 정치·경제·사회·문화에 긍정적으로는 물론 부정적으로도 영향을 미치게 된다. <표 13-3>에서 해외직접투자가 양국에 미치는 효과 중에서 특히 중요한 몇 개의 항목을 선정하여 그 내용을 파악하기로 한다.[17]

17) 조동성, 전게서, pp.176-188.

〈표 13-3〉 해외직접투자가 본국 및 대상국에 미치는 효과

구 분	투자본국에 미치는 효과	투자대상국에 미치는 효과
긍정적 효과	• 국제수지의 개선 • 국제경쟁력의 강화 • 국제시장의 확보 • 고용의 증대와 질의 개선 • 생산요소의 확보 : 원재료, 노동, 기술 등 • 경제 및 정치협력의 강화 • 산업구조의 조정	① 경제적 효과 • 자본 형성 • 고용 증대 • 소득 증대 • 신제품 이용 • 가격 인하 • 생산성 증대 • 조세 증대 • 경제성장 촉진 • 시장 개척 • 전후방산업에 사업기회 제공 • 기술이전 및 자체기술 능력 배양 • 경쟁 조성 • 국제수지의 개선 ② 사회적 효과 • 지역사회 개발 • 정적사회에서 동적사회로 전환 • 수평적·수직적 이동 증진 • 중간소득층의 확대 • 경제성장에 대한 적극적 자세 확립 ③ 정치적 효과 • 건전한 투자여건에 대한 대외적 인지도 증대 • 투자기업의 보호를 위한 투자 본국의 군사적 개입
부정적 효과	• 국제수지의 악화 • 기술수출에 의해 국제경쟁력의 약화 • 공장수출에 의한 국내고용의 감소 • 이전가격의 조작에 의한 비시장경제의 조성 • 국내기업에 비해 불공정한 혜택 향유 • 소득분배의 불균형 • 산업집중과 금융지배 • 조세손실과 조세회피 • 정부정책에 영향력 행사 • 반경쟁 효과	① 경제적 효과 • 국내기업의 발전 저해 • 경제발전의 불균형 • 소득분배의 불균형 • 외국자본에 의한 경제력지배 • 국제수지의 악화 • 자체연구개발 노력의 저하 ② 사회적 효과 • 전통적 가치의 파괴 • 공해발생 ③ 정치적 효과 • 국내문제 간섭 • 주권의 침식 • 민족주의와 충돌

2. 투자국에 미치는 효과

일반적으로 국민경제적 입장에서 해외직접투자가 투자국 경제에 미치는 효과는 생산요소의 확보효과, 시장확보효과, 국제수지 개선효과, 고용효과, 그리고 국제경쟁력 강화효과로 나타난다. 이와 같은 제 효과는 독립적이 아니고 상호 관련 아래에 투자본국의 산업구조와 경제성장에 복합적으로 작용하므로 기회비용의 측면에서 평가하여야 한다.

해외직접투자의 효과는 자본과 기술 및 경영인력의 유출에 따른 단기적인 부(負)의 효과와 해외직접투자가 가져오는 장기적인 정(正)의 효과와의 비교에서 설명된다. 따라서 해외직접투자에 대한 한 나라의 정책결정은 단기적 부의 효과와 장기적 효과와의 조정에 의하여 결정된다고 하겠다.

1) 생산요소의 확보효과

생산요소 확보효과는 천연자원, 노동력 등의 확보효과로서 주로 자원지향형과 노동력지향형 투자에서 나타난다. 생산요소의 확보효과에 대한 기회비용은 경영인력자원과 자본의 유출, 이에 따른 투자본국에서의 요소비용 변동과 이의 생산비에 대한 점유율의 변화로서 파악된다. 투자본국으로부터의 경영 및 기술인력자원의 유출은 투자 본국에서의 이 생산요소의 수급에 영향을 주어 이에 대한 요소비용의 상대가격을 증가시킨다. 자본에 해외유출도 이와 마찬가지로 국내자본의 한계효율을 증대시키고 나아가서 이에 대한 요소비용으로서의 상대가격을 증가시킨다.

경영 및 기술인력에 대한 상대가격의 등귀, 자본의 한계효율의 증가와 이에 대한 요소비용의 증가는 결과적으로 일반 노동력에 대한 요소비용의 점유율을 감소시키게 되며 국내임금 상승의 압력요인으로 작용한다.

2) 시장확보 효과

시장확보 효과는 기술시장, 자본시장, 완제품·원료·중간재 및 시설재 등의 상품시장이라는 세 가지로 구분할 수 있다. 이 중 기술시장의 확보에 의한 로열티의 취득, 자본시장의 진출과 확보에 의한 외자의 활용(특히 현지 금융을 이용하는 경우 자본시장의 확보)은 해외직접투자의 중요한 효과이다.

완제품, 원료, 중간재 및 시설재 등의 상품시장 확보효과는 수출증대 효과로 나타난다. 일반적으로 현지 직접투자활동은 현지 조립공장 또는 제조회사의 설립을 통하여 현지에서는 생산·조달될 수 없는 플랜트, 기초원자재 및 부분품 등의 직접적인 수출증대에 기여할 수 있으며, 현지에서의 적극적인 수출마케팅을 통하여 안정적인 수출시장을 확보할 수 있다. 또한 현지 법인의 설립을 통하여 대상국 외국환관리법상의 거주성을 취득함으로써 관세, 비관세장벽을 비롯한 각종 수입규제조치를 회피할 수 있는 효과적인 방법이 된다.

근년에 들어와 세계 각국이 자국산업의 보호육성, 국제수지방어를 위하여 무역제한조치를 상호 보완적으로 실시하고 있는데, 해외직접투자를 통한 기업진출은 이러한 각국의 수입규제조치를 효과적으로 극복할 수 있으며 투자국의 지속적인 수출증진에 기여하게 된다.

그러나 시장확보를 통한 수출증진이라는 정(正)의 효과와 아울러 해외직접투자는 투자국의 수출상품과 경쟁적인 상품생산으로 현지국의 수입대체효과를 가져오며 나아가 제3국 시장에서의 수출경쟁으로 인한 수출기회상실(수출전환)과 본국에로의 수출 등 단기적으로는 부(負)의 효과를 야기하기도 한다.

3) 국제수지 개선효과

국제수지 개선효과는 상품시장의 확보에 의한 수출증진, 기술시장의 확보에 의한 로열티 취득, 자본시장확보에 의한 외자의 도입, 해외직접투자 과실의 본국 송금, 해외직접투자기업과 관련된 기업에 취업한 노동자 임금의 본국 송금 등으로 나타난다.[18)]

국제수지 개선효과도 일시적으로는 자본의 해외유출과 투지기업으로부터의 경쟁상품 수입으로 인한 부의 효과를 수반하지만 전후 미국·영국 등 주요 자본수출국의 동향에서 볼 때 자본유출액에 비하여 투자수익이 크게 증대됨으로써 해외직접투자에 의한 국제수지 개선효과는 장기적으로 볼 때 정의 효과를 나타낸다고 볼 수 있다.

4) 고용효과

해외직접투자는 수출전환, 역수입 등에 의하여 국내고용을 감소시키고 국내투자의 상대적 위축으로 고용기회를 감소시킬 수 있다. 그러나 다른 면에서 보면 해외직접투자는 국내의 유휴경영자원과 자본이 유출되는 것이므로 해외직접투자에 따른 국내투자의 감소는 있을 수 없으며 오히려 유발수출 등에 따른 수출증가로 고용기회

18) C.P. Kindleberger, International Economics, 5th ed(Homewood, Illinois : Richard D. Irwin, 1973), pp.255-258.

의 증대를 가져온다고 할 수 있다.

해외직접투자가 고용에 미치는 효과는 수출입 및 국내산업에 대한 해외직접투자의 효과와 상관관계를 갖고 있으므로 고용효과만의 정·부효과를 독립적으로 평가할 수는 없다.

3. 투자대상국에 미치는 효과

해외직접투자는 투자국과 투자대상국이 공동이익을 추구할 수 있도록 이루어져야 한다. 해외직접투자는 간접투자와 달리 소유권에는 물론 경영권에도 관여하여 생산기술의 이전을 수반하기 때문에, 투자대상국에 보다 광범위한 영향을 미치게 된다. 특히 개발도상국의 입장에서는 선진국의 해외직접투자를 적절히 유치함으로써 그들이 목표로 하는 경제 발전을 촉진시킬 수 있다. 따라서 여기에서는 해외직접투자가 투자대상국에 미치는 영향을 살펴보기로 한다.

1) 실물자원에 대한 효과

① **인력** : 개발도상국에서 일반적으로 관찰되는 특성은 숙련된 경영기술인력의 부족현상이다. 이러한 개발도상국에 선진국으로부터의 해외직접투자가 이루어지면 우수한 생산 및 경영기술을 이전시켜 현지인력의 고용효과를 가져오게 된다.

② **기술과 연구개발** : 해외직접투자에 의하여 선진국의 국제기업이 선진기술을 이전하는 동시에 투자대상국의 실정 적합한 기술을 개발하기 위하여 연구개발에 많은 투자를 행함에 따라 투자대상국의 기술다양화와 생산성 향상이 이루어진다.

③ **자본** : 해외직접투자는 투자국으로부터 투자대상국으로 장기적인 자본의 이동을 가져오는 동시에 투자대상국을 자극하여 국내자본 동원효과를 가져온다.

2) 생산, 시장구조, 가격에 미치는 효과

① **생산** : 해외직접투자에 의하여 새로운 제품 또는 보다 양질의 제품이 생산되면 투자대상국 국민은 보다 크고 다양한 소비효용을 얻을 수 있다.

② **시장구조** : 새로운 기술과 자산의 도입은 투자대상국 기업을 자극하여 궁극적으로는 경쟁력을 높이고 가격인하의 요인이 된다.

③ 가격효과 : 해외직접투자에 의하여 직접적으로는 새로운 생산기술의 도입에 의한 가격절감과 실물자원의 이전에 의한 생산의 증대가 촉진되고 간접적으로는 투자대상국 기업의 경쟁을 자극하여 시장구조와 가격조건의 변화에 의한 가격인하효과가 발생한다.

3) 자원사용 증가 및 요소가격 상승

① 자원사용량의 증가 : 해외직접투자에 의한 기술과 자본의 유입으로 그것과 결합되는 노동, 토지 국내자본 등의 부가적인 사용량 증가가 이루어진다.
② 요소가격의 상승 : 자원사용량의 증가는 요소가격의 상승을 유발한다.

4) 국민총생산과 실질소득의 증대

① 내부경제 : 외국기업의 새로운 기술, 경영관리기법 등을 도입·활용하게 되면 생산성의 향상을 가져오고, 고용효과를 얻을 수 있다.
② 외부경제 : 특정산업에서 생산이 증가하면 이에 따라 최종상품에 대한 원자재산업이 발달하고, 생산된 제품의 판매를 위한 마케팅체제가 확립되는 등 전·후방 연관효과를 얻을 수 있다. 또한 외국기업의 노동수요와 교육·훈련을 통하여 노동의 질을 높이고 궁극적으로는 경제성장이 촉진된다.

5) 국제무역과 국제수지효과

① 무역 : GNP의 상승, 요소가격의 변화는 무역의 구조와 패턴에 영향을 미친다.
② 국제수지효과 : 외국인의 해외직접투자를 유치하는 개발도상국의 입장에서 가장 중요시하는 요소 중의 하나로서, 직접투자는 해외로부터의 자본의 유입, 생산에 필요한 원자재의 수입, 수입대체, 수출소득, 국내자본의 유보 등의 형태로 투자대상국의 국제수지에 직접적인 영향을 미친다.

6) 정치사회적 개입 및 지배[19)]

① 산업지배의 우려 : 여기에는 거대주의를 통한 잠재적 지배, 산업부문내의 집중화 및 경쟁적 태도를 들 수 있다.

---

19) Jack N. Behrman, National Interests and the Multinational Enterprise (Englewood Clifts, New Jersey : Prentice-Hall, 1970), pp.32-87.

② **기술적 의존의 우려** : 기술개발에 대한 외국기업에의 의존화 및 국내 연구개발 시설 발전의 저하 등을 가져올 염려가 있다.

③ **경제계획에 대한 방해** : 현지국의 국가적 계획에 대한 무관심, 경제적 불균형의 발생 및 국제수지 적자의 발생 등의 우려를 들 수 있다.

4. 해외직접투자의 투자대상국에 대한 경제적 수익-비용 측정

해외직접투자는 투자대상국의 경제에 복합적인 영향을 미치는데 그 범위는 앞에서 본 바와 같이 생산, 고용, 소득, 가격, 수입, 수출, 국제수지 및 후생 등의 여러 분야에 걸쳐 있다. 이들 가운데 어떤 것은 수익으로, 또 어떤 것은 비용으로 작용하게 된다.

해외직접투자가 투자대상국에 미치는 영향 가운데서도 가장 중요한 것은 국민소득효과와 이와 관련된 국제수지 효과라고 할 수 있다.

1) 국민소득효과

외국인 투자기업이 투자대상국의 경제에 기여하게 되는 수익은 그 기업이 산출한 가치보다는 적을 것이다. 그 가치를 산출하는 데는 다른 기업이 생산한 투입물이 원자재 등으로 사용되는 수도 있기 때문이다.

따라서 수익은 ① 수익=O－I이 된다. 여기에서, O는 외국인 투자기업의 산출이고, I는 국내 및 해외의 타기업으로 구입한 투입다. 이러한 수익은 기업의 국민생산에 대한 순부가가치(net value added)이며, 이는 그 기업이 사용한 생산요소에 대한 대가, 즉 임금, 이자, 집세, 이윤 등의 총합과 같다. 즉 ② 수익=O－I=F+R이다. 이때 F는 그 기업이 사용한 노동, 자본, 토지 등 생산요소에 대한 대가의 총합이고, R는 경영에 대한 대가, 즉 이윤이다. 여기에서 전통적인 순부가가치 개념은 외국인 투자기업이 투자대상국의 국민생산에 공헌한 수익 부분을 올바르게 나타내 주고 있지 못하다. 외국인 투자기업이 사용한 생산요소는 그 기업이 사용한 현지의 생산요소가 갖는 기회비용을 고려하여야 한다. 다만 그 생산요소들이 외국인 투자기업의 생산에 사용되어 현지의 기업에 의해 사용될 때보다 더욱 생산적이 되었을 경우만 수익 부분으로 인정될 수 있다.

만약 놀고 있는 노동자나 자원을 외국인 투자기업이 이용한 경우라면 기회비용이 제로(0)이고, 그와 반대로 그 기업과 동등한 생산성을 지닌 현지의 다른 기업에서 사용되고 있던 노동자나 자원을 이용한 경우라면 기회비용이 커져서 결국 그 생산요소에 대하여 지불하는 대가만큼이 기회비용으로 된다.

따라서 수익은 ③ 수익=(F+R)−N가 된다. 여기에서 N은 현지 생산요소가 갖는 기회비용이다.

지금까지는 외국인 투자기업이 현지국의 경제에 미치는 직접적 수익만을 살펴보았는데, 외부경제와 외부불경제를 합한 개념인 간접적 수익까지 고려한다면 보다 완전한 수익을 측정할 수 있을 것이다. 외부경제나 외부불경제는 한 기업의 생산활동이 다른 기업의 생산에 영향을 미치는 파급효과인데, 공해는 외부불경제의 대표적인 예이다.

외국인 투자기업이 갖는 외부경제에 의하여 타기업의 생산성이 향상되고 이는 곧 국민생산의 증가로 나타난다. 예를 들면 국내 소비자들에게는 보다 낮은 가격으로 신뢰할 수 있는 제품이나 새로운 제품을 판매하여 비용을 절감하고 다른 생산활동에 전념할 수 있는 여유를 주며, 국내의 원료공급자들에게는 규모의 경제를 이룩할 수 있는 수요를 제공하거나 기술지도 등을 통하여 도움이 된다. 또한 외국인 투지기업이 등장함에 따라 국내기업이 경쟁합력을 받게 되어 경영 및 생산효율이 증가할 것이다. 외국인 투자기업이 실시하는 훈련프로그램은 노동의 수준을 높일 것이고, 진보적인 외국인 투자기업에 자극을 받아 국내기업의 혁신이 촉진될 것이다(긍정적 시위효과).

한편 이와 반대로 부정적인 효과, 즉 외부불경제도 나타날 것이다. 외국인 투자기업의 경쟁에 의한 구조적인 실업이 있을 수 있고, 국내기업이 의기소침해지는 경우도 있을 수 있다(부정적 시위효과).

따라서 수익은 ④ 수익=(F+R)−N+L이 된다. 이 때 L은 순외부경제(= 외부경제−외부불경제)이다. 이는 다시 ⑤ 수익=(F+R*+T)−N+L가 된다. 여기에서 T는 외국인 투자기업이 투자대상국 정부에 내는 세금을 고려하여 그 기업이 얻은 이윤(R)에 대해 내는 세금이고, R*는 그 나머지 부분이다.

외국인 투자기업이 투자대상국 경제에 대하여 비용으로 작용하는 부분은 기술을 포함하여 해외로부터 도입한 생산요소에 대한 대가, 즉 로열티, 배당금, 이자 등이고 이들은 투자대상국으로부터 빠져나가는 유출의 합계이다. 즉, 비용은 ⑥ 비용=E 단, E : 해외로부터의 생산요소에 대한 대가이고, 따라서 외국인의 해외직접투자가 투자대상국의 경제에 작용하는 순수익−비용비율은

$$\frac{(F+R^{*}+T)-N+L}{E}$$

이 된다. 여기에서 순수익-비용비율이 1보다 크면 외국인의 해외직접투자가 현지국 경제에 작용하는 수익이 크다는 의미이며, 1보다 작으면 비용이 커서 현지국 경제에 부정적 영향력을 행사함을 뜻한다.

실제로 이러한 해외직접투자가 현지국 경제에 미치는 수익－비용을 측정하는 문제는 결코 용이하지 않을 것이다. UN에서 나온 통계자료를 이용하여 요소가격(F)과 조세 후 이윤(R*), 현지의 세금(T)을 추정할 수는 있지만, 현지 생산요소가 갖는 기회비용(N)이나 순외부경제(L) 등을 측정하기에 많은 문제점을 안고 있다. 왜냐하면 객관적인 계량화가 거의 불가능하기 때문이다.

2) 국제수지

외국인의 해외직접투자는 투자대상국의 국제수지에 여러 가지 영향을 미치며 그 영향은 시간의 경과와 함께 상당히 변화한다. 현지에 제조 자회사를 설립할 때 해외로부터 유입해 오는 초기자본은 현지국의 국제수지에 많은 수익적 효과를 가져 온다. 일단 현지에서의 생산활동을 시작한 이후에도 수입대체효과나 수출효과 등으로 국제수지에 수익이 되는 수가 많다. 그러나 이와 반대로 원자재나 기타 투입물을 수입해야 하는 경우에는 국제수지에 비용적 효과를 초래할 것이다. 과실송금이나 해외로부터의 생산요소에 대한 대가지불 등도 비용으로 인식된다. 외국인 투자기업이 진출하여 현지인의 소득수준이 올라간다면 수입도 따라 증가하게 된다. 또 그 기업을 처분하고 철수할 때의 자본유출은 투자대상국의 국제수지에 심각한 비용이 된다. 국제수지수익은 ① 국제수지수익=K+X+S이 된다. 이때 K는 투자자본의 최초 유입, X는 외국인 투자기업이 수출, S는 그 기업의 생산물이 수입을 대체한 부분(수입대체)이다.

한편, 국제수지비용은 ② 국제수지비용=(R**+F*)+(M+M*)+D이 된다. 여기에서 R**은 이익의 송금액, F*은 해외의 생산요소에 대한 대가, M은 외국투자기업에 의한 수입, M*은 현지인의 높아진 소득수준에 의하여 유발된 수입, D은 투자기업을 처분하고 철수할 때의 자본유출이다.

따라서 외국인 해외직접투자가 현지국의 국제수지에 미치는 영향을 비율로 나타내면 아래와 같이 된다.

$$\frac{K+X+S}{(R^{**}+F^{*})+(M+M^{*})+D}$$

장기적으로 볼 때 외국인의 해외직접투자가 현지국에 미치는 국제수지 효과는 국민소득 효과와 밀접하게 관련되어 있다. 즉, X−M=GNP−(C+Id+G)에서 GNP의 성장(국민소득효과)이 국내소비·투자(C+Id+G)의 증가보다 크다면 외국인의 해외직접투자가 현지국의 국제수지를 개선시키는데 기여함을 나타낸다. 그러나 단기적으로는 현지국의 생산요소가 완전 동원되기 어려우므로 외국인의 해외직접투자가 현지국의 국제수지를 악화시키는 결과를 초래할 수도 있다. 국내수요에 적합한 제품을 생산하다가 수출제품이나 수입대체품을 생산하는 데는 얼마간의 시간이 요구된다. 따라서 외국인의 직접투자에 의하여 직접·간접으로 유발된 수입의 증가는 국제수지에 비용으로 작용하게 된다.

개발도상국의 정책입안자들은 이러한 부정적 국제수지효과에 대하여 지나치게 민감한 경향이 있다. 그들은 단기간 내에 수입을 억제하고 수출을 증진시키는 외국인의 해외직접투자에 대해서는 적극적으로 유치하려고 애쓰는 한편, 비록 장기적인 관점에서 그들의 경제성장에 커다란 도움이 되더라도 단기적인 국제수지효과가 나타나지 않는 외국인의 직접투자에 대해서는 회의적인 반응을 보인다. 다시 말해서 개발도상국의 외국인 해외직접투자에 대한 정책은 장기적인 국민소득효과와 경제성장보다 단기적인 국제수지 개선에 더 많은 중점을 둔다.

따라서 개발도상국에 해외직접투자를 시도할 때는 해외직접투자가 자원의 효율적 배분과 우수한 기술, 현지 생산요소 효율의 증진 등을 통하여 보다 근본적으로 현지국의 경제성장에 기여하고 있다는 사실을 강조해야 한다.

3) 그림자가격(shadow price) 조정

국민소득효과와 국제수지효과를 평가하는 데에 있어서 우리는 시장가격(market price)을 적용하여 왔다. 그러나 그러한 시장가격은 개발도상국의 경우에 독점이나, 수입제한, 환율의 과대평가 등 시장의 불완전성(market imperfection)으로 말미암아 투입물이나 산출물의 올바른 가격을 대표하고 있지 못하는 경우가 많다. 시장의 불완전성은 시장가격을 왜곡시켜 사회적 수익을 극대화시켜 주는 자원의 올바른 배분을 방해한다.

투자대상국 정부는 외국인의 직접투자를 분석하는 데 이러한 왜곡된 시장가격 대신에 그림자가격(shadow price)을 적용하기도 하는데, 그림자가격이란 투입물의 사회적 기회비용(social opportunity cost of inputs)과 산출물의 사회적 효용(social utility of outputs)을 정확하게 측정하기 위하여 시장가격을 적절히 조정한 가격을 일컫는다.

<표 13-5>는 투자대상국 정부가 외국인 직접투자 계획안(손익계산서)에 그림자 가격으로 조정한 예를 보여 준다. 외국의 투자자는 손익계산서를 작성하는 데 시장가격을 적용하여 2,500만 페소의 이익을 추정하고 있지만 현지국 정부는 실제의 시장가격 대신에 그림자가격을 적용시키고 있다. 그림자 가격은 수입제한(수입제한은 현지의 제품가격을 수입가격보다 높게 한다.) 과대평가된 환율(환율이 과대평가되면 수입되는 제품의 가격이 낮게 평가된다.) 등의 요인에 의한 가격왜곡을 제거한다. 실제의 환율은 달러당 1.0페소이지만 그림자 환율(shadow exchange rate)은 달러당 1.2페소로 적용된다.

① 현지국 정부는 매출액을 1,100만 페소로 평가하는데, 그와 동등한 수량을 수입할 때 그림자 환율을 적용하면 110만 페소가 되기 때문이다(수입제한에 의한 가격왜곡요인 제거+그림자 환율 적용).

② 현지 노동자에 대한 임금은 '0'으로 평가한다. 그 노동자가 외국인 투자기업에 고용되지 않으면 실업상태에 있을 것이기 때문이다.

③ 수입된 원자재의 관세부과 전 가치가 그림자환율로 계산되고 현지에서 조달하게 되는 원자재의 가치는 국제시세를 그림자환율로 계산한 가치로 평가된다(수입제한에 의한 가격왜곡을 제거).

④ 간접비(overhead)도 역시 그림자환율을 적용한다.

⑤ 해외로 송금된 이자에는 그림자환율을 적용하는 한편 현지에 지불된 이자에는 사회적 현지 자본비용으로 조정한다(20%를 적용).

<표 13-4>와 같이 그림자가격을 적용한 결과, 사회적 이익이 부(負)로 판명되면 투자대상국 정부는 그 투자안을 거부하게 된다.

위의 표는 외국인 직접투자가 현지국 경제에 미치는 외부효과를 고려하지 않고 있다. 따라서 현지국 정부가 그 투자안의 외부효과를 220만 페소보다 크게 평가한다면 그 투자안은 사회적 수익-비용 테스트에 통과할 것이며 그렇지 못하면 탈락될 것이다. 외국인 투자자의 입장에서는 현지국 정부가 적용하는 그림자가격과 외부효과가 객관성을 잃은 자의적인 것이라고 불평하지만, 많은 개발도상국에서 외국인의 직접투자를 심사하는데 점차 많이 적용될 전망이다.

〈표 13-4〉 외국인 투자자의 손익계산서에 대한 그림자가격 조정

항 목	투자기업의 손익계산 (시장가격)	그림자가격 조정	투자대상국의 사회적 손익계산(그림자가격)
매출액	20.0	-9.0	11.0
매출원가	14.0	-5.0	9.0
현지노동	6.0	-6.0	0.0
수입원자재	6.0	+1.2	7.2
현지원자재	2.0	-0.2	1.8
간접비용	2.0	+0.4	2.4
지급이자	1.5	-0.3	1.8
해외송금분	1.0	+0.2	1.2
현지분	0.5	+0.1	0.6
순이익	2.5		-2.2

4) 시간의 경과에 따른 인식 변화

외국인 직접투자의 초기 단계에 현지국 정부가 인식하는 수익은 비용을 훨씬 초과한다. 수익적 측면에서는 외국인 직접투자에 의하여 새로운 자본과 기술·경영기술이 이전되며, 국내시장에 경쟁을 가져와 국내기업의 경쟁력을 높이고, 높은 수준의 교육훈련을 실시하는 등 외부경제효과도 바람직한 것으로 인식된다. 한편 비용적 측면에서는 그 투자기업이 초기 단계에는 거의 이익을 내지 못하며 설사 이익을 낸다고 하더라도 그 이익을 재투자하는 경우가 많기 때문에 외국인 직접투자에 의한 비용은 적은 것으로 인식된다.

그러나 시간이 경과하면 투자대상국 정부가 인식하는 상황은 뒤바뀌게 된다. 자본과 기술의 이전은 더 이상 기대할 수 없게 되고 시간이 어느 정도 지나 기업활동이 정상적인 것으로 되면 외부경제효과도 더 이상 발생하지 않게 된다. 반면 그 기업의 영업활동이 성공적으로 되면 과실송금은 점차 늘어나게 되고 또 해외에 지불하게 되는 생산요소대금은 대가(수익)없이 치르는 비용으로 인식된다. 게다가 현지국 정부는 외국인 투자 기업을 자국의 경영자와 종업원이 맡더라도 잘될 수 있을 것이라고 생각하거나 아니면 다른 외국인 투자자들과는 더욱 만족스러운 협약을 맺을 수 있을 것이라고 생각하게 된다.

이처럼 현지국 정부의 수익/비용 비율이 점차 하락하는 반면 외국인 투자자의 인식은 점차 상향세를 보이는 것이 일반적이다. 외국인 투자자는 자신이 현지국에 진출하여 늘어난 국민생산과 매출액, 현지 정부의 조세수입증가 등은 현지국 경제에 대한 자신의 공헌이고, 그 공헌은 점차 늘어나고 있다고 인식한다. 더욱이 해외로 유출되는 과실송금이라는 것이 자신의 기업가적 노력에 대한 대가라고 생각한다.

따라서 외국인 투자자는 자신의 현지국 경제에 대한 공헌을 점차 크게 생각하게 되고, 현지국 정부는 그러한 공헌을 점차로 무사히게 된다. <그림 13-5>는 현지국 정부와 외국인 투자자 사이에 존재하게 되는 수익-비용에 관한 인식의 차이를 나타내고 있다.

<그림 13-1>에서 '경제적 수익-비용 비율 > 1'이면 외국인 직접투자가 현지국 경제에 수익으로 작용한다고 인식함을 나타내고 '경제적 수익-비용 비율 < 1'이면(즉, B시점 이후 현지국 정부의 인식), 외국인 직접투자가 현지국 경제에 오히려 비용으로 작용한다고 인식함을 뜻한다. A지점까지는 현지국 정부가 인식하는 경제적 수익-비용 비율이 외국인 투자자가 인식하는 경제적 수익-비용 비율보다 커서 현지국 정부로서는 아무런 불만이 없다. 그러나 A점을 지나면 외국인 투자자와의 인식의 불일치가 점점 커지기 시작하여 외국인 투자기업에게 불리한 여러 가지를 요구하게 된다.

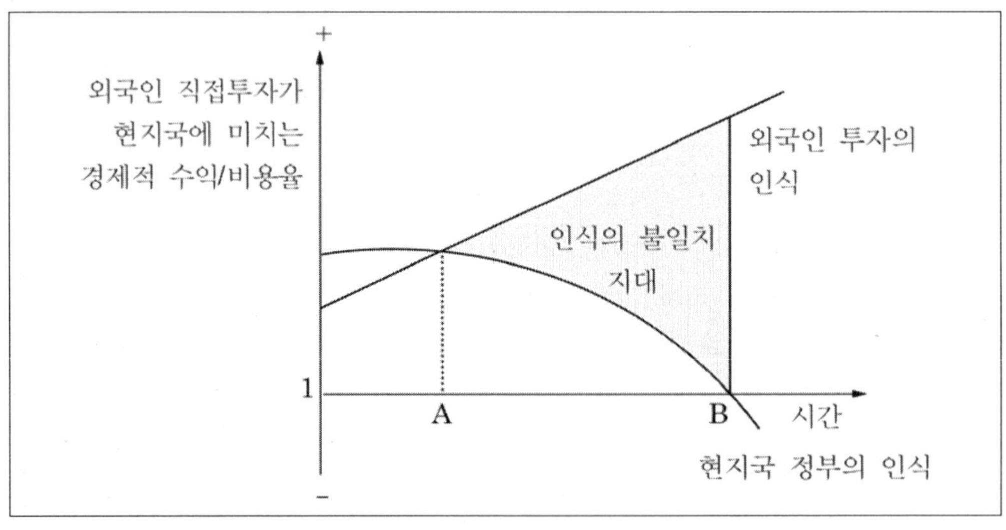

〈그림 13-1〉 외국인 투자자와 현지국 정부의 경제적 수익-비용 비율에 대한 인식의 차이

그 때 요구되는 것을 나열하면 다음과 같다.

① R&D센터의 설립

② 수출의 비중을 증대

③ 외국으로부터의 원자재 수입 감소와 국산원자재나 부품의 사용 증대

④ 내국인의 최고경영층에의 참여

⑤ 더 많은 세금 납부

⑥ 외국의 투자 모기업에 대한 로열티 지불 중지

그리하여 B지점을 지나 경제적 비용이 수익을 초과한다고 인식하게 되면 투자자에게 기업을 팔 것을 요구하거나 극단적인 경우에는 강제수용의 사태까지 발생한다. 그러나 아주 부정적인 정치적 요인에 의하여 인식이 왜곡되지 않은 이상 현지국 정부의 인식이 B점을 넘어서는 경우는 극히 드물다.

이와 같이 경제적 수익과 비용에 관한 인식이 변화하는 것은 상대적 힘의 균형(relative power position)과 관계가 있다고 볼 수 있다. 외국인의 직접투자가 이루어지기 전에는 대체로 투자대상국 정부보다는 외국인 투자자의 힘이 강하다. 왜냐하면 여러 나라 중에서 어느 한 나라를 선택할 수 없기 때문이다. 이 때는 투자대상국 정부가 금융·세제상의 혜택 등 외국인 투자자에게 유리한 여러 조건을 앞세우면서 투자를 유치하고자 한다. 그러나 일단 투자가 이루어진 다음부터는 상황이 바뀌게 된다. 자본과 기술, 경영 노하우, 수출시장 확립, 외부경제효과 등 외국인 투자기업에서 얻을 수 있는 것을 이미 획득한 이후이기 때문에 현지국 정부는 자국에게 보다 유리한 조건을 주장할 수 있다.

반면 외국인 투자기업은 투자대상국에서 계속적인 기업활동을 전개하기 위해서는 약세에 놓일 수밖에 없다. 예를 들면 시간의 경과에 따라 세력 관계가 변했던 산유국과 석유메이저와의 관계가 이에 속한다고 할 수 있다.

모든 직접투자에 있어서 이러한 세력관계의 변화가 일어나는 것은 아니다. 만약 외국의 투자 모기업이 현지국의 자회사에서 계속적으로 새로운 기술이나 신제품, 새로운 수출시장 등을 제공할 수 있다면, 외국인 투자자의 세력위치가 항상 유리할 수 있다. 예컨대 IBM과 같이 고도의 기술 집약적 산업분야에서 일어나는 해외직접투자는 외국인 투자자의 세력위치가 투자대상국 정부보다 항상 유리하게 작용하고 있다.

5. 해외직접투자의 평가

직접투자란 수출이나 라이선싱과는 달리 기업의 관리능력, 마케팅, 재무, 기술, 기타 지식 등을 본사의 통제 아래 해외에 이전시키는 것이므로 기업이 가지고 있는 경쟁적 우위를 최대한 발휘할 수 있는 형태이다. 그러나 직접투자는 자본, 관리 등의 자원이 많이 소요되므로 위험이 크다. 특히 다른 해외사업형태에 비해 정치적 위험에 더 많이 노출된다. 또한 초기에 많은 자금이 소요되는 데 비해 투자회수기간이 길고, 유사시에 투자회수가 어렵다. 따라서 직접투자사업의 결정에는 정치, 경제, 사회, 문화, 법률 및 시장에 대한 많은 양의 정보가 필요하게 된다. 여기에서는 수익성 분석을 중심으로 논의한다.

6. 해외직접투자의 평가기준

정치적 위험분석을 통한 직접투자가 장기적으로 시장에서의 위치를 강화할 수 있는 방안이라고 평가되면 다음 단계로 경제적 분석을 통해 수익성을 평가해야한다. 투자사업의 수익성을 평가하기 위해서는 사업 규모와 그에 따른 수익과 비용을 결정하고, 다음의 요인들을 규명하고 측정해야 한다.[20]

첫째는 시장요인인데, 여기에는 시장의 잠재규모와 성장률, 마케팅 및 유통의 하부구조, 마케팅에 소요되는 비용과 노력 등이 포함된다. 여기서 투자대상국 내에서의 판매 이외에 제3국에 수출할 수 있는 여지나 본사의 현지 회사에 대한 수출을 측정할 때 현지에서의 생산 때문에 본사의 수출이 대체되는 부분을 고려해야 한다.

둘째는 생산·공급요인으로, 계획된 생산수준에 필요한 모든 투입자원의 가용성과 비용을 분석해야 한다. 여기에는 소요자본의 규모, 공장부지, 설비, 원재료, 수송, 창고시설 등이 포함된다. 이 중 수입해야 하는 자원의 비용에는 운송비와 수입관세가 고려되어야 한다. 모기업으로부터 부품 등을 수입해야 하는 경우 모기업에서 이익을 보게 되므로 이를 사업의 평가시에 반영해야 한다. 때로는 수입제한으로 현지에서 조달해야 하는 경우가 있는데 그 가용성이나. 품질이 수입품에 비해 떨어지기도 한다.

셋째, 노동도 주요한 요인이 된다. 가급적 현지노동을 사용하는 것이 비용도 적고 현지정부의 정책에도 부합되지만, 때로는 사업을 진척시키기 위해 모기업에서 인력을

20) 정구현, 「마케팅전략」, 무역경영사, 2015, pp.280-282.

파견하기도 한다. 노임의 평가를 위해서는 임금 생산성, 부대급여(fringe benefit)에 관한 정보가 필요하다. 개도국에서는 노동숙련도를 높이기 위해 교육설비와 교육프로그램이 마련되어야 할 경우도 있다. 관리자는 현지 노동자와의 관계, 즉 노조의 이념과 힘, 고용·해고의 권리, 노무관리상의 역할 등을 평가해야 한다. 노동의 가용성은 사업의 규모에 영향을 주고 노임은 자본과 노동의 적정 믹스에 영향을 준다. 대개 개도국에서는 자본을 노동으로 대체하는 것이 더 수익성이 좋다.

넷째, 자본조달의 원천은 사업의 재무구조, 즉 현지 재원과 모기업 재원의 비율을 결정하게 된다. 현지에서의 장기융자, 자본조달 및 현지 정부의 자금지원이 가능하다면 모자본의 투자규모는 축소될 수 있다. 현지 자본조달은 합작투자나 현지 기채(起債)의 형태를 취하게 된다. 단독투자의 경우에도 모기업이 전액 출자하는 것이지만 운전자본을 현지에서 조달하는 경우도 있다.

다섯째, 사업의 수익성은 세금공제 후의 수익으로 평가해야 하기 때문에 사업의 자금흐름에 대한 세금의 효과는 계산해야 한다. 현지국과 본국의 세금체제가 다른 경우 송금에 대한 현지 정부의 조세효과를 계산하여 유리한 곳에서 더 많은 이익을 내도록 해야 하는 것이다.

이상의 요인들은 기업의 상황에 따라서 그 중요도가 달라지든가 새로운 요인이 추가될 수도 있다.

7. 수익성분석

1) 투자회수기간법(payback period)

투자회수기간법은 투자의 우선순위를 결정하기 위해 사용하는 기준으로서 투자총액을 회수하는 데에 순현금 흐름이 어느 정도의 기간이 걸리는가를 살펴보는 것으로서, 다음과 같이 표시할 수 있다.

$$\text{투자회수기간} = \frac{\text{총투자비용}}{\text{과세 후 연간 순현금유입액}}$$

이 기준을 사용하여 기업은 총자본지출이 회수기간이 가장 빠른 투자계획에 우선순위를 부여한다. 이 때 기업에 따라서는 국제투자의 현금유입에 대한 개념을 달리하고 있어 이것이 가끔 문제가 되는데, 국제기업에게 가장 적합한 현금유입의 개념은 조세와 감가상각 후의 순증가분이익을 포함하는 것으로 정의할 수 있다.

투자회수기간법은 자본회수기간이 지난 후에 발생하는 수익과 현금유입은 고려하지 않고 있어서 장기간에 걸쳐 수익성이 있는 대부분의 사업계획을 탈락시킬 가능성이 있으며, 수익의 시간적 가치를 고려하지 못하고 있는 것이 단점으로 지적되고 있다.

하지만 이 방법은 위험감소를 위한 방법으로 이용된다. 국제기업은 국제투자에 대해서는 조속한 투자회수를 요구하기 때문에 최우선적으로 이 투자결정기준을 이용하고 있다. 더욱이 투자회수기간의 역수는 투자수익률의 개략적 수치를 나타내 준다.

2) 회계적 투자수익율(accounting rate of return)

이 방법은 추정재무제표나 제반 회계자료를 근거로 하여 투자지출액의 장부가액가 투자로부터 기대되는 이익을 비율로 표시하여 투자의 수익성을 평가하는 방법으로서 총자본이익률(= 이익 / 투입된 자본 × 100)로 널리 알려져 있다. 이 방법을 회계적 투자수익률(accounting rate of return : ARR)이라고 부르는 것은 회계자료를 근거로 한다는 점을 강조하는 것이다.

ARR를 산출하는 데 있어 기대이익과 투자지출액의 평균치를 사용하는 것이 가장 보편적이나 경우에 따라서는 다른 수치를 이용하기도 한다.

ARR방법은 계산이 간편하여 현재 진행중인 기존사업에 대한 수익성평가에 가장 적합한 것으로 알려지고 있다.

3) 순현재 가치법(net present value method)

먼저 순현재가치법(NPV로 표시되며 순현가법이라고도 함)을 살펴보기 위해서는 현재가치의 개념을 명백히 하는 것이 필요하다.

통상 현재의 가치에 대한 미래가치를 구하는 데는 이자율로 시차를 조정한 복리식이 이용된다.

$$\text{미래가치} = \text{현재가치} \times (1 + I)\, n$$

단, i : 이자율

n : 기 간

위 공식에서 미래가치를 현재가치로 환산하면

$$\text{현재가치} = \text{미래가치} \times \frac{1}{(1+i)^n}$$

이 성립한다.

위 식에서 볼 수 있듯이 특정 가치를 비교 가능한 시점의 가치로 환산하는 데는 할인율(discount rate) i가 결정적 역할을 하게 된다. 일반적으로 미래가치가 불확실성을 포함하는 경우에는 화폐의 시간가치만을 고려한 이자율 대신에 위험에 대한 대가까지도 포함한 필요수익률 k를 이자율로 사용한다.

순현재가치는 어떤 투자기회로 얻게 될 미래순현금 흐름을 필요수익률로 할인한 현재가치 합계에서 최초 소요투자액을 뺀 것으로 정의하며, 다음의 식으로 표현한다.

$$\text{순현재가치} = \frac{CF_1}{(1+k)} + \frac{CF_2}{(1+k)^2} + \cdots\cdots \frac{CF_n}{(1+k)^n} - IC$$

$$= \sum_{t=1}^{n} \frac{CF_t}{(1+k)^t} - IC$$

단, CF_1, CF_2, ⋯, CF_n : t=1, 2, ⋯, n기에서의 현금흐름
IC : 소요투자액
k : 필요수익률

위의 식에서 순현재가치가 0보다 큰 경우만 그 투자계획이 채택되게 된다. 위의 경우는 투자안이 한 개인 경우이지만 두 개 이상의 투자안을 고려하는 경우에는 순현재가치가 높은 쪽을 채택하게 된다.

4) 내부수익율법 (internal rate of return)

내부수익률(IRR)은 미래현금유입의 현재가치와 현재 소요투자액의 현재가치를 일치시켜 주는 할인율로 정의되는 것으로 수익률이라고도 한다. 어떤 투자기회의 내부수익률은

$$\frac{CF_1}{(1+r)} + \frac{CF_2}{(1+r)^2} + \cdots\cdots + \frac{CF_n}{(1+r)^n} = 1$$

$$\sum_{t=1}^{n} \frac{CF_t}{(1+k)^t} = 1$$

단, r : 구하고자 하는 내부수익률(IRR)

가 성립하도록 하는 r의 값을 의미한다. 내부수익률이 투자가가 요구하는 필요수익률(required rate of return)보다 클 때 투자계획이 채택되게 된다.

이상에서 살펴본 두 가지 방법, 즉 순현재가치법과 내부수익률법에서 중요한 역할을 하는 것은 필요수익률이다.

순현재가치의 계산에서 필요수익률은 할인율로서 사용되며, 내부수익률의 경우에서는 내부수익률과 필요수익률을 비교함으로써 투자기회의 채택여부가 결정된다.

5) 수익성 지수법

수익성지수법(PI)은 근본적으로 NPV 방법과 유사하나 NPV 방법에서와 같이 절대치에 의존하는 것이 아니라 현금 흐름을 지수로서 표시하여 투자가치를 평가사는 방법이다. PI는 다음과 같은 식으로 표현된다.

$$PI = \frac{\sum Q_t(1+k)^t}{\sum_t Ct(1+k)^{-t}}$$

즉, PI란 투자로부터 기대되는 현금의 유출과 유입의 현가(現價)를 현금지출액의 현가로 나누어 주는 것으로서 이 지수가 1보다 클 때 그 투자안을 받아들임으로써 기업의 가치가 증대된다. 그러므로 PI=1은 NPV=0과 동일한 의미를 가진다.

이상에서 해외투자 평가법에 대하여 고찰하여 보았는데, 그렇다면 현실적으로 국제기업들은 어떠한 기법을 활용하여 해외투자안을 평가하고 있는가? 연구에 따라서는 약간씩 다른 결과를 보이고 있지만 상기 다섯 가지 평가방법이 모두 이용되고 있고, 한 가지 투자안에 대해서도 3~4가지의 기법을 이용하여 평가하고 있다. 그리고 그 가운데도 IRR, NPV, ARR 등이 가장 많이 이용되는 것으로 분석되고 있다.[21] 그러나 국제투자의 경우 최근 일련의 정치적 위험에 따라 회수기간법이 이들 평가기법보다 우선적으로 고려되고 있는 실정이다.

---

21) Lawrence D. shall, Gary L. Sundem and William R. Geijsbeek, Jr., “Survey and Analysis of Capital Budgeting Methods,” Journal of Finance, Vol. XXXⅢ, No. 1(March 1978) ; David J. Oblak and Roy J. Helm, Jr., "Survey and Analysis of capital Budgeting Method Used by Multinationals," Financial Manage-ment, Vol. 9, No. 4(Winter 1980), pp.37-41.

Chapter

14

해외자원개발

Chapter 14 해외자원개발

제1절 해외자원개발의 의의

1. 자원의 국제화와 효과

자원은 모든 산업과 가계가 유지되는 데 없어서는 안 될 필요불가결한 요소임과 동시에 모든 국가에 있어서 그 국가의 발전에 기반이 되는 중요한 요소이다. 일반적으로 개발도상국의 경우 그 나라 보유자원의 효과적인 활용은 곧 경제발전을 촉진시키는 자본축적의 가장 효과적인 방책의 하나가 되며, 선진국의 경우 경제와 국민생활을 건전하게 운영하는 필수적인 요소이다. 그러나 현실적으로 자원의 생산지와 소비지간의 불일치, 세계 경제규모의 확대에 따른 자원소비량의 급증, 자원을 둘러싼 공급측과 수요측간의 이해대립 등으로 인하여두차례의 자원위기를 경험한 오늘날에 있어서는, 국가의 지속적인 경제발전과 안정적 경제운영을 위한 관건이 자원의 안정적 확보에 있음을 인식하게 되었다. 여기에서 해외자원의 개발문제가 기업의 국제화현상과 더불어 그 의의를 깊게 하고 있다.

국제기업경영측면에서 자원산업을 보면 두 가지 문제가 야기된다.[1)]

첫째로, 자국이 자원을 충분히 보유하고 있으나, 그것을 개발할 만한 제반 여건, 곧 기술, 자금 등이 부족하여 그것을 충분히 활용하고 있지 못하는 상태에서 생기는 문제이다.

1) 조동성, 21세기를 위한 국제경영, 서울경제경영, 2004.

둘째로, 자금이나 기술은 충분하나 자원이 없는 경우의 문제이다. 이러한 점에서 자원의 국제적 이동 내지 자원의 해외개발이 문제가 되는 것이다. 즉 자원이 부족한 선진국들은 자원은 있으나 자금, 기술 등이 부족한 개발도상국과 일정한 형식의 개발계획을 수립하여 국제합작기업을 설립하는 경우가 많이 생기게 된다. 이러한 자원개발수입은 자원개발수입국의 입장에서 볼 때, ① 경제성장추진을 위한 필요자원의 장기적 안정공급을 확보할 수 있고, ② 개발수입을 매체로 한 소유자원 및 상품의 결합수출을 도모하며, ③ 자원개발을 핵으로 호혜적 통상외교를 전개할 수 있고, ④ 자원수입선의 분산, 다변화를 할 수 있는 장점이 있다.

한편 자원보유국의 입장에서 볼 때는 ① 수출산업을 개발·육성함으로써 외화가득원을 확대할 수 있고, ② 이를 계기로 공업화의 기반을 다질 수 있으며, ③ 선진투자국의 기술 미 경영노하우를 습득할 수 있고, ④ 지원시설(infrastructure)건설을 통한 경제개발을 촉진할 수 있다.

또, 국제경제면에서 볼 경우 ① 세계경제의 확대와 발전 및 균형화과정에서 소모되는 국제자원의 공급량을 증대시킬 수 있고, ② 국제교역의 촉진으로 세계경제의 안정적 성장에 기여하며, 동시에 ③ 자원협력을 통한 남북문제의 대립을 완화시키는 구실도 하고 있다.

해외자원개발수입은, 수용국과 진출국 양측에 정(+)의 효과를 줌과 동시에 부(-)의 효과도 초래한다.

〈표 14-1〉 해외자원개발의 효과

구 분 / 국 가	(+)효과	(-)효과
보유국	생산 및 고용창출 소득의 증대, 지역개발 효과, 국제수지개선, 인프라스트럭쳐정비, 선진기술 및 경영노하우의 습득, 경제발전	외자에 의한 독점지배 민족기업의 성장저해 (과거 국제기업의 예)
소비국	경제성장에 필요한 자원의 장기안정공급(가격안정, 물량안정), 개발수입을매체로 한 기술 및 상품의 결합수출	국유화 리스크

자료 : 남금식 외, 세계자원무역론, 명경사, 1997.

2. 해외자원의 확보방안

일반적으로 해외자원을 확보하는 방식으로는 다음과 같은 세 가지의 대안적 형태들이 있다.

첫째, 타국기업이 이미 채굴한 자원을 상품베이스에 의한 계약으로 구입하는 단순수입방식이다. 이 방식은 가장 일반적으로 사용되는 가장 손쉬운 방식이겠으나 자원의 양적 확보면이나 가격의 안정성이라는 문제에 있어서 매우 불안정한 점이 수반된다. 그러므로 이러한 방식을 채택하는 경우에는 이런 불안정적 요인을 다소나마 제거하기 위하여 ① 계약시와 계약이행시까지의 가격을 미리 약정하는 선도시장 이용, ② 비상시나 어떤 예기치 않았던 외부적 충격으로 인하여 공급의 불확실성에 대비한 자원의 국내 비축, ③ 장래에 발생하게 될 자원공급량의 경직과 가격의 상승에 대비하기 위한 장기계약의 체결 등과 같은 보완적 방법들이 이용된다.

둘째, 자원보유국 기업의 자원개발에 대하여 필요한 자금을 융자하여 생산물의 거래량을 상호 보증하고 수입함으로써 채권을 회수함과 동시에 필요한 자원을 확보하는 융자수입방식이다.

셋째, 자국기업이 해외에 직접 진출하여, 자원을 조사하여 채광의 위험을 부담하고 스스로 자본, 기술, 노동력을 투입하여 수입하는 개발참가방식이다.

이 밖에 융자수입방식과 개발참가방식의 중간적인 방식인 생산물분여방식이나 청부계약방식이 자원보유국의 민족주의 대두에 따라 새로운 형태로 등장하고 있다. 이러한 여러 가지 방식 가운데 융자수입방식과 개발참가방식을 넓은 의미에서의 해외자원개발이라고 부른다.

제2절 해외자원개발수입

1. 해외자원개발수입의 의의

상술한 바와 같이 해외자원개발수입이란 통상의 무역거래에서의 단순수입과는 달리 해외에서 자본, 기술, 인력 등을 직접·간접으로 투입하여 필요한 자원을 탐사·개발·1차 가공하여 수입해 오는 자원의 조달방식을 말한다.[2)]

따라서 자원에 대한 단순수입방식이나 이와 병행한 선도시장이용·비축제도·장기계약 등의 방식들이 어느 정도의 안정성을 도모하지만 장기적으로 또는 기본적으로 문제를 해결해 주지는 못하는 데 반해 이러한 자원의 개발수입방식은 수요자가 자원공급을 직접 장악하거나 공급원과 장기적 관계를 맺는다는 점에서 다른 방식과는 근본적으로 다르다. 그렇기 때문에 다음과 같은 국민경제적 이점들을 가지게 된다.

자원개발수입국의 입장에서 볼 때는 다음과 같은 장점이 있다.

① 경제성장을 위한 필요자원에 대한 안정적 공급원을 확보할 수 있다.
② 개발수입을 매체로 한 소유 자원 및 상품의 결합수출을 도모할 수 있다.
③ 이를 통하여 경제협력의 증대를 꾀할 수 있다.
④ 자원수입선의 분산과 다변화를 기할 수 있다.

한편 자원보유국의 입장에서 볼 때는 다음과 같은 효과가 있다.

① 이러한 수출방식을 통하여 외화가득원을 확대할 수 있다.
② 이를 계기로 공업화의 기반을 확충할 수 있다.
③ 선진투자국의 기술 및 경영상의 노하우를 습득할 수 있다.
④ 이를 통하여 자원의 개발에 따르는 자본과 기술 등의 부족을 보전 받을 수 있으며, 또한 지원시설의 건설을 통한 경제개발의 촉진을 기할 수 있다.

또 국제경제면에서 볼 때 다음과 같은 이점이 있다.

① 국제자원공급량의 증대를 통하여 세계경제의 확대와 발전 및 균형화를 기할 수 있다.
② 이를 바탕으로 국제교역의 촉진으로 세계경제의 안정적 성장에 기여한다.
③ 자원협력을 통해 남북문제의 대립을 완화시킬 수 있는 역할을 수행한다.

이처럼 부족한 자원을 해외에서의 개발수입을 통하여 확보함은 기업에 있어서나 국가에 있어서 유용하며 또한 매우 필요한 일이다. 그러나 한편으로 자원의 개발수입에는 다음과 같은 문제점들이 그 특성상 야기되고 있다.

① 자원의 개발수입을 위한 탐사, 시추, 생산에 소요되는 기간이 대체로 길기 때문에 야기되는 개발투자의 장기회임성의 압박이 있다.
② 자원의 개발을 위해서는 막대한 소요자본이 요구되며 또한 시설투자비의 대형화에 따르는 자금의 압력이 있다.

---

2) 조동성, 전게서, p.200.

③ 자원의 개발은 여러 가지 기술적·환경적 제약이 존재하므로 개발과 투자에 따른 높은 투자위험을 감수하여야 한다.
④ 자원의 개발수입에는 고도의 전문적 기술이 필요하며 현지국의 자원 내셔널리즘과의 조화, 소비국간의 확보경쟁 및 선진독점자본의 선점압력 등에 대한 대처와 같은 문제점과 장벽들이 따른다.

제3절 해외자원개발수입의 형태

자원개발수입의 형태는 융자형과 투자형으로 구분할 수 있으며, 전자에는 다시 장기수입계약방식과 생산물분여방식 등의 구체적인 형태가, 후자에는 소유와 경영에의 참여 정도에 따라 합작형과 단독형이 있다. 합작투자는 현지합작방식과 국제컨소시엄방식으로 구분할 수 있다. 융자형과 투자형의 구별은 자본참가비율에 의해서가 아니고 경영권에의 참여냐 장악이냐에 따라서 결정될 문제이다.

1. 장기수입 계약방식

이는 단순수입방식이 갖는 불안전성을 보완하는 방식으로서 투자대상국이 광업회사에 자금을 융자해 주고 상대기업으로 하여금 그 융자금의 상환을 장기수입계약으로 이행하게 하는 방식이다. 따라서 이 방식은 자원의 양적 확보가 가능하면서 자금 및 투자위험의 부담이 적고 현지국의 자원민족주의화의 대립도 피할 수 있다는 장점을 가지나, 품질이나 가격조건 등에서 불리한 단점을 가진다.

2. 생산물분여방식

이는 자원개발에 필요한 시설기자재나 자금을 제공하고 그 대가로 개발된 생산품을 미리 합의된 일정비율에 따라 수취하는 방식이다. 그러므로 이 방식은 자금 및 기업의 위험부담이 적고, 기술 부담도 없으며, 또한 공급물량 및 가격에 안정성이 있고, 자원보유국의 민족적 감정과도 대립이 없다는 장점이 있는 반면, 제한된 수입선에 의한 공급의 비탄력성과 품질면에서 불리한 단점을 가지고 있다.

3. 단독투자방식

투자국 기업이 단독적으로 자본, 기술, 인력 등을 직접 투입하여 자원 보유국에서 자원을 탐사·채광·생산·가공하여 직접 취득하는 방식이다. 따라서 이 방식은 자원의 공급에서 있어서 자주적으로 장기간에 걸쳐서 안정적인 확보를 할 수 있으며 개발수입에 따른 초과이윤은 독점할 수 있다는 장점이 있는 반면, 개발수입에 다른 위험과 탐사·개발·생산에 따른 기술 등의 부담이 크고, 자원보유국의 민족주의와 대립될 우려가 여타 방식보다 큰 것이 단점이다.

4. 현지합작방식

투자국 기업과 자원보유국 기업 또는 정부가 현지에 공동출자하여 현지법인을 설립하여 자원개발을 수행하는 방식이다. 따라서 이는 단독투자의 방식에서 야기되는 투자위험이나 자원민족주의와의 대립 위험을 분산·완화시킬 수 있으며, 동시에 현지국과의 경제협력기반을 조성함으로써 해외 자원개발수입을 통한 수출의 증대와 기업의 국제화 능력을 제고시킬 수 있는 장점이 있다. 반면 경영의 자주성이 부족하고 합작선과의 의견대립가능성이 존재하는 단점이 있다.

그러나 개발프로젝트의 대형화와 투자위험의 분산 및 개발기술의 고도화로 인하여 현지 정부 또는 현지 기업의 참가가 증가되는 경향이 있다.

5. 국제 컨소시엄 방식

이는 국제적으로 두 개 이상의 투자기업이 국제컨소시엄을 형성하여 자원보유국에 투자하여 개발수입하는 방식이다. 따라서 이 방식은 기술과 자금면에서 우수한 선진제국의 기업과 자원에 대한 이해를 동조화하고 이들의 선진기술 등의 습득할 수 있으며 자금과 위험의 분산화를 기하면서 판매시장의 확보가 가능하다는 장점이 있다. 반면 기업경영에 있어서 자주성이 결여된다는 단점이 있다.

이상과 같은 여러 가지 자원개발수입의 형태가 가지는 장·단점을 요약한 것이 <표 14-2>이다. 그러나 이러한 여러 가지 대안적 형태 중에서 어느 것이 가장 바람직한가는 구체적인 기업의 능력, 자원의 성적 등에 달려 있으며, 또한 많은 경우에 자원보유국의 정부규제 등에 의해서 대안들이 선택되고 있다. 현재 자원개발수입

형태는 융자형에서 투자형으로 변하고 있으며, 또한 단독개발의 형태에서 합작개발의 형태로 변화하고 있다. 특히 자원민족주의의 대두 이래로 소위 개발참가란 명목으로 합작투자하는 형태가 주류를 이루고 있다. 이러한 합작투자에 의한 개발참가방식의 기본적 의의는 다음과 같다.3)

첫째, 세계의 자원공급량의 확대에 적극적으로 공헌하고, 자원보유개발도상국의 경제개발에 참가함으로써 자원민족주의와 협조가 가능하다.

둘째, 질적인 면과 양적인 면에서 자원의 안정확보는 물론 단순수입에 따른 특정 중요자원의 특정 지역에의 집중이란 모순에서 탈피하여 수입선의 다각화를 이룰 수 있는 지름길이 된다.

셋째, 가격면에서 국제가격의 급격한 변동을 억제시킴은 물론 대기업의 가격지배에서 벗어날 수 있는 수단이 된다. 이에 따라 개발참가형태의 추세가 지속될 것으로 전망된다.

〈표 14-2〉 개발수입방법의 장·단점 비교

구 분	장 점	단 점
융 자 방 식	① 자금·위험부담이 가장 적음 ② 자원민족주의와 대립 없음 ③ 기술부담이 없음	① 공급조절 불능 ② 개발이윤 불능
장기수입계약방식		① 품질·가격면에서 불리
생산물분여방식	① 공급물량·가격의 안정	① 품질면에서 불리
단독투자방식	① 공급의 자주·안정·장기성 확보 ② 개발이윤 독점	① 자금·위험·기술부담이 가장 큼 ② 민족주의와 대립
합작투자방식	① 민족주의와 대립 완화 ② 자금·위험부담 분산	① 경영의 자주성 부족 ② 합작선과 의견대립 가능
현지합작방식	① 현지국과 경제협력기반 조성	① 기술부담
국제컨소시엄방식	① 선진국과 자원이해 동조화 ② 잉여분의 판매시장 확보 가능 ③ 선진국의 경영·기술 노하우 습득	① 경영의 자주성 결여

3) 조동성, 전게서, p.207.

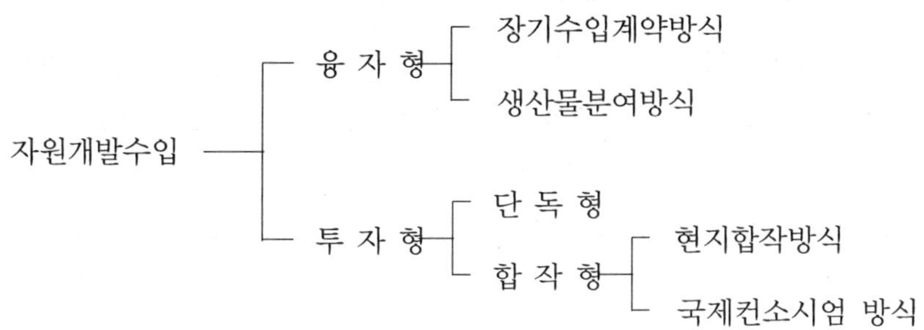

〈그림 14-1〉 자원개발 수입

제4절 해외자원개발수입의 전략적 선택

우선 해외자원을 개발하여 수입하는 방법에는 크게 구미형(歐美型)의 독점개발-수직통합방식과 일본형의 개발수입-장기계약방식이 있다. 기업이 해외자원을 개발·확보함에 있어서 어떠한 전략을 채택하는가는 대단히 중요한 문제로서 이 두 전략의 특성과 그 차이점을 살펴보면 다음과 같다.

1. 독점개발(수직통합방식)

미국 및 유럽제국의 자원개발투자는 여타국에 비해 훨씬 오랜 역사를 가지고 있을 뿐 아니라 전통적으로 수직적 통합기업에 의한 자체개발이 대부분을 차지하고 있다. 즉 미개발지역 정부의 허가를 얻어 100%지분 소유의 직접투자를 함으로써 독점배분하에 자원을 개발·생산하여왔다. 또한 수직적 통합기업들은 상류부문(upstream)뿐만 아니라 수송, 가공, 판매 등 하류부문(downstream)까지도 수직적으로 통합함으로써 전세계적으로 생산, 유통, 판매, 재무 등의 지구적(地球的) 전략에 의하여 독점이윤을 획득하고 당해산업을 독점적·과점적으로 지배하게 된다.

이와 같이 해외자원개발방식을 독점개발-수직통합방식이라고 하는데, 이 방식이 갖는 특성을 사용하면 아래와 같다.[4)]

4) 한국동력자원연구소, 『자원개발』(1991.6), pp.116-118.

첫째, 100% 완전소유 자회사에 의한 독점개발을 고수하여 자원의 개발·생산이라는 상류부문에서의 이윤획득을 목적으로 하고 있다. 다국적 기업은 자원민족주의가 확산되기 이전에는 여러 지역에서 다수의 자원개발프로젝트에 참여하여 그 중 한두 개의 프로젝트를 성공시켜 많은 이익을 얻을 수 있었다.

둘째, 국제기업은 위와 같은 상류부문에서의 이윤획득뿐만 아니라 하류부문, 즉 지구적 마케팅에서도 막대한 이윤을 획득하고 있다.

셋째, 국제기업은 상류부문과 하류부문을 수직적으로 통합하여 각종분야의 규모경제를 종합하고 지구적 전략을 전개하여 많은 이윤을 획득할 수 있다.

이와 같이 이 방식은 국제기업의 독·과점체제를 가지고 자원산품을 지배하는 것으로서 투자본국의 입장에서는 가장 안전한 자원확보방식이다. 그리고 이것은 투자본국의 입장에서 보면 자원산품의 생산과 판매가 세계도처에 걸쳐 있는, 다각적 계약의 형식을 취하고 있다.

그런데 이러한 구미형의 자원개발방식은 자원민족주의의 대두 이래 개도국으로부터 크게 압력을 받아 점차 독점개발이 어려워져 가고 있는 실정이다.

2. 개발수입(장기계약방식)

개발수입-장기계약방식은 1960년대 일본이 채택한 자원확보 방법으로서 필요한 자원의 안정적 확보를 위하여 최소한의 개발참가를 하고 장기구매 계약을 맺어 수입하는 방식이다. 일본의 경우에는 수요는 급증한 데 반해 세계시장 진출은 구미제국에 비해 현저히 늦었기 때문에 이 방식을 채택할 수밖에 없었다.

특히 이 방식은 오스트레일리아, 브라질 등의 새로운 자원공급국이 구미 국제기업에 의한 독·과점적 지배를 경원시하고 수요만을 보증하는 장기 구매계약을 선호하였기 때문에 대규모 수요자인 일본과의 연계가 가능하였고 이 방식이 나타나게 된 것이다.[5)]

이 자원개발 수입방식의 특징을 살펴보면 다음과 같다.

첫째, 상술한 구미형 자원개발방식과는 달리 이 방식은 자원의 안정적 확보가 주목적이다. 따라서 수요국은 시장을 자원공급국에게 보증해 주는 것이 되기 때문

5) Kiyoshi Kojima, Direct Foreign Investment : A Japanese Model of Multinational Business Operations(New York : Praeger, 1978), pp.197-219 ; Terutomo Ozawa, Multinationalism, Japanese Style(Princeton, New Jersey : Princeton University Press, 1979), pp.159-192.

에 이를 이용하여 협상력을 강화할 수 있었다. 그리고 이 방식은 장기계약에 의한 안정적 거래를 주축으로 하기 때문에 2국간 계약의 성격이 강한 통합상사의 역할이 크게 작용하였다.

둘째, 이 방식은 자원의 개발과 생산이라는 상류부문에서의 이익에 그 목적이 있는 것이 아니다. 다만 자원개발에 부득이 필요한 경우에 한해서 생산물분여방식, 융자매광(融資買鑛), 소수의 지분참여를 하기 때문에 소유나 지배에 그 목적을 두고 있지는 않다.

이 방식은 기업의 관점에서 볼 때에는 비록 총체적인 이익이 전술한 독점개발-수직통합방식에서 보다 낮아지지만 오늘날 만연되고 있는 자원민족 주의에 대처할 수 있을 뿐 아니라 대규모 개발에 의한 규모의 경제 및 대규모 장기구매계약에 따른 수송비나 계약체결 코스트 절약 등의 면에서 선호되고 있다.

실제로 국제기업의 독점개발-수직통합방식은 점차 감소되고 있을 뿐 아니라 일본형의 개발수입-장기계약방식과 유사하게 대폭적으로 수정되어 가고 있다.[6)]

6) David N. Smith and Louis T. Wells, Jr., Negotiation Third World Mineral Agreement : Promises and Prologue(New York : Ballinger, 1975).

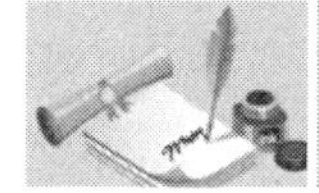

참고문헌

강인수, 외 국제통상론, 박영사, 1998.
김성호, 글로벌 경쟁시대의 국제통상협상, 도서출판 두남, 2011.
김영춘, 중국통상환경론, 도서출판 두남, 2014.
김정수, 국제통상정책론, 박영사, 2003.
김종득 외, 최신 중국무역환경론, 도서출판 두남, 2019.
김종수, 「한국경제와 무역」, 형설출판사, 2005.
남금식, 세계자원무역론, 명경사, 1997.
남풍우 외 3人, 『무역학 개론』, 도서출판 두남, 2005.
남풍우, 무역상무론 도서출판 두남, 2012.
반병길·강호상, '국제경영', 박영사, 2001.
박건식, 국제협상 -글로벌 통상시대- 도서출판 두남, 2015.
박명섭, 서비스무역, 다산출판사, 1998.
박정식, 중국경제론, 도서출판 두남, 2015.
박종수, 국제통상원론, 박영사, 1997.
박종수, 중국경제, 도서출판 두남, 2016.
박희종, 국제통상정책론, 도서출판 두남, 2011.
방희석, 무역실무, 박영사, 2002.
서정두, 국제통상법, 삼영사, 1998.
여택동 외, WTO 체제하의 국제통상론, 도서출판 두남, 2014.
오세영·박종수·강경훈, 최신무역실무, 도서출판 두남, 2002.
이남구, 글로벌 경쟁시대 한국무역, 무역경영사, 2004.
이달곤, 협상론, 법문사, 1996.
이대근, 「한국무역론-한국경제, 선진화의 길-」, 법문사, 2004.
이승용, 외 국제협상의 이해, 법경사, 1998.
이원기 외, 21세기 산업발전 조류와 우리나라 산업의 발전방향, 한국은행, 2002.
이무원, 글로벌 무역환경론, 도서출판 두남, 2015.
이원재, 산업재산권 보호, 도서출판 두남, 2000.

이신규, 국제통상론, 도서출판 두남, 2018.
이장호, 국제경제정책, 느티나무, 1989.
이천우 외, 현대 아시아경제론, 도서출판 두남, 2014.
외교통상부, 외국의 통상환경, 2000.12.
정구현, 마케팅 전략, 무역경영사, 2015.
조동성, 21세기를 위한 국제경영, 서울경제경영, 2004.
조석홍, 국제통상론, 도서출판 두남, 2005.
조석홍, 한국무역론, 도서출판 두남, 2010
조석홍, 국제협상의 이해, 도서출판 두남, 2010
조영정, 『국제통상론』, 법문사, 2003.
최낙복 외, 아시아경제론, 도서출판 두남, 2013.
한국동력자원연구소, 자원개발, 1991.6.
한국무역협회, 한·미 FTA 상품교역효과 분석과 시사점, 2017.
한국무역협회, 한·EU FTA와 Brexit, 2016.
한국무역의 역사, 재단법인 해상왕장보고기념사업회, 2004.
한국무역 40년 발자취와 비전, 한국무역협회/산업자원부, 2003.
한국은행, 『조사통계 월보』, 2006.
한국수출입은행, 「해외직접투자 동향분석(2006년 1/4분기」, 2006.
한국은행, 국제금융국 외환제도혁신팀, 「해외투자 활성화방안」, 2005.
한국수출보험공사, 「한국수출보험공사 10년의 이야기」, 한국수출보험공사, 2002.

A. Rugman, “Internalization as a General Theory of Foreign Direct Investment : A Re-appraisal of the Literature,” Weltwirtschaftliches Archiv., Vol. 116(1980).

C. H. Fulda and W. F. Schwarz, Regulation of International Trade and Investment (Minela, New York : The Foundation Press, 1970).

C. P. Kindleberger, American Business Abroad (New Haven : Yale University Press, 1969).

C. P. Kindleberger, International Economics, 5th ed(Homewood, Illinois : Richard D. Irwin, 1973).

C. R. Michalet, “transfer of Technology by TNCs : Traditional versus New Forms,” Paper, Korea-France Joint Symposium(Seoul : September 1981).

David N. Smith and Louis T. Wells, Jr., Negotiation Third World Mineral Agreement : Promises and Prologue(New York : Ballinger, 1975).

David J. Oblak and Roy J. Helm, Jr., "Survey and Analysis of capital

Budgeting Method Used by Multinationals," Financial Manage-ment, Vol. 9, No. 4(Winter 1980).

Franklin R. Root, International Trade and Investment, 5th ed.(Cincinnati : South-Western Publishing Co., 1984).

J. H. Dunning, "Toward an Eclectic Theory of International Production," Journal of International Business Studies(Spring/Summer, 1980).

Jack N. Behrman, National Interests and the Multinational Enterprise (Englewood Clifts, New Jersey : Prentice-Hall, 1970), pp.32-87.

John D. Daniels and Lee H. Radelbaugh, International Business, 4th ed. (Reading, Mass. : Addison-wesley Publishing Company, 1986).

John H. Dunninig., International Production and the Multinational Enterprise (London : Georege Allen & Unwin, 1981), pp.9-18.

Karen J. Hladik, "International Joint Ventures Work," Lars Otterbeck ed., The Management of Headquaters-Subsidary Relationships in Multinational Corporations (New York : St. Martin's press, 1981).

Kiyoshi Kojima, Direct Foreign Investment : A Japanese Model of Multinational Business Operations(New York : Praeger, 1978).

L. Altinger & A. Enders, The Scope and Depth of GATS Commitments, The World Economy, Vol.19(1996), No.3.

Lawrence D. shall, Gary L. Sundem and William R. Geijsbeek, Jr., "Survey and Analysis of Capital Budgeting Methods," Journal of Finance, Vol. XXXⅢ, No. 1(March 1978).

Michael E. Porter, Competitive Strategy(Free Press, 1980).

N. Howestine "Growth of U.S. Multinational Companies, 1966~1977," Survey of Current Business(April 1982).

Niepel Piercy, Exprot Strategy : Markets and Competition(London: George Allen & Unwin, 1982).

P. J. Buckley and M. C. casson, The Future of the Multinational Enterprise (London : MacMillan, 1976).

R. E. Caves, "International Corporation : The Industrial Economics of Foreign Investment," Economica, Vol. 38(1971).

R. H. Coase, "The Nature of the Firm," Economica, Vol.4(1937) ; O. E. williamson, "Markets and Hierarchies : some Elementary Consideration," American Economic Review(May 1973).

S. Lall and P. Streeten, Foreign Investment, Transnationals and Developing Countries(The Macmillan press, 1977).

Stephen P. Magee "Information and the Multinational Corporation : An Appropriability Theory of Direct Foreign Investment," The North-South Debate(Cambridge : MIT Press, 1981).

Terutomo Ozawa, Multinationalism, Japanese Style(Princeton, New Jersey : Princeton University Press, 1979).

UNCTAD, Guidlines for the Study of the Transfer of Technology(New York : UN, 1972).

관세청 홈페이지 http://www.customs.go.kr/
대외경제정책연구원 http://www.kiep.go.kr
대한무역투자진흥공사 http://www.kotra.or.kr/
매일경제신문 http://www.mk.co.kr/
무역연구소 http://tri.kita.net/
무역홍보관 http://www.kita.net/info/index.jsp
법무부 http://www.moj.go.kr/
삼성경제연구소 http://www.seri.org/
LG경제연구소 http://www.lgeri.org/
외교통상부 http://www.mofat.go.kr
전국경제인연합회 http://www.fki.or.kr
통계청 http://www.nso.go.kr
한국개발연구원 http://www.kdi.re.kr
한국무역협회 http://www.kita.net/
한국수출보험공사 http://www.keic.or.kr/
한국수출입은행 http://www.koreaexim.go.kr/kr
한국은행 http://www.bok.or.kr
현대경제연구소 http://www.hri.co.kr/

찾아보기

저자 약력

조 석 홍(Jo Seok Hong)

- 울산대학교 경영대학 경영학부 교수 역임
- KAIST/안동대학교 교수
- 국민대학교 대학원 경제학 박사
- 한국원자력연구원 책임연구원
- 한양대학교, 고려대학교 등 출강
- 한남대학교 대학원, 고려대학교 경영정보대학원, 한양대학교 경영대학원 출강.

〈주요 저서〉

- 무세계화와 국제재무관리, 도서출판 두남, 2016.
- 기술경영(공저), 도서출판 두남, 2015.
- 세계화와 무역, 도서출판 두남, 2014.
- 국제협상의 이해, 도서출판 두남, 2012.
- 최신 한국무역론, 도서출판 두남, 2011.
- 무역관계법, 도서출판 두남, 2010.
- 국제통상법, 도서출판 두남, 2005.
- 국제통상론, 도서출판 두남, 2005.

김 만 길

- 충남대학교 경영경제연구소 전임연구원
- 청주대학교 경제통상학부 무역학전공 강의전담 교수
- 고려대학교, 대전대학교 등 출강
- 현, 한남대학교 무역학과 강의전담 교수(경영학박사)

〈주요 저서〉

- 대외무역법(도서출판 두남, 2002)
- WTO 통상법(대왕사, 2006)
- 최신 대외무역법(우용출판사, 2006)
- 최신 관세법(우용출판사, 2007)
- 세계화와 무역(도서출판 두남, 2007)
- 무역실무(도서출판 두남, 2014)
- 수출입실무가이드(도서출판 두남, 2015)

● **국제통상환경론 – 개정판**

초　판 1쇄 발행 —— 2014년　8월 10일
초　판 2쇄 발행 —— 2015년　2월 25일
개정판 1쇄 발행 —— 2019년　2월 25일
지은이 —— 조 석 홍 · 김 만 길
펴낸이 —— 전 두 표
펴낸곳 —— 도서출판 **두남**
서울시 강동구 성내로6길 34-16 두남빌딩
신 고 : 제25100-1988-9호
TEL : 02) 478-2065~7, 2311
FAX : 02) 478-2068
E-mail : dunam1@unitel.co.kr
http://www.dunam.co.kr

● **정가 29,000원**

ISBN 978-89-6414-832-7　93320